어린이 광고

:기초적인 이해를 위한 이슈와 논의

어린이 광고

:기초적인 이해를 위한 이슈와 논의

초판1쇄 인쇄 2023년 6월 20일
초판1쇄 발행 2023년 6월 27일

지 은 이 김광협
펴 낸 이 신일희
펴 낸 곳 계명대학교 출판부
출판등록 제347-1998-1호(1970. 9. 1)
주 소 대구광역시 달서구 달구벌대로 1095
대표전화 053-580-6233
팩 스 053-580-6235
홈페이지 www.kmupress.com

ISBN 979-11-6516-187-3 93320 정가 24,000원

어린이 광고

:기초적인 이해를 위한 이슈와 논의

김광협

계명대학교 출판부

Preface

머리말

어린이는 우리 사회의 부정적인 영향으로부터 보호받아야 할 약자이기 때문에 사회의 특별한 관심과 보호를 받아야 할 대상이라는 점에 대해서는 우리 모두가 어느 정도 동의할 것이다. 광고 산업에서도 어린이는 보호의 대상으로 인정받고 있으며, 일반적인 광고뿐만 아니라 어린이를 직접적인 대상으로 하는 어린이 광고는 특별히 사회가 더 관심과 주의를 기울여야 할 대상 및 주제로 인정받고 있다.

인지발달과 관련된 이론을 발전시킨 피아제(Jean Piaget)에 따르면, 어린이는 자신의 나이에 맞는 인지발달 단계를 가지고 있으며, 또한 그 인지발달 단계에 맞는 커뮤니케이션 메시지 처리 능력을 갖추고 있기 때문에, 마케팅 메시지를 인지적으로 처리하는 과정에서 성인과는 다른 미숙함을 보일 수 있다는 것이 어린이 광고에 대한 우려의 출발점이라고 할 수 있다.

실제로 어린이가 광고를 제대로 인지하지 못하고 광고의 의도를 제대로 파악하지 못하는 상태일 때, 오히려 이러한 광고 메시지가 더 효과적일 수도 있다는 연구 결과가 있어 어린이 광고에 대한 우려가 더 커질 수도 있다. 또한 어린이 광고라는 개념 자체가 아직 완성되지 않은 어린이를 그 대상으로 하고 있기 때문에, 그 출발부터 불공정하고 비윤리적이라는 비판을 받기도 한다.

최근 미디어 환경이 빠르게 변화함에 따라 어린이를 대상으로 하는 미디어 콘텐츠의 양과 다양성이 증가하면서, 어린이 광고 규제에 대한 필요성이 더욱 높아지고 있다. 그러나 이전까지 사용하던 전통적인 방법으로는 이러한 새로운 미디어의 콘텐츠를 효과적으로 관리하기가 어려워지고 있다는 점이 문제점으로 대두되고 있다.

어린이들을 대상으로 하는 광고에 대한 관심과 주의는 중요하며, 아이들을 보호하기 위한 실질적인 노력이 아직 부족하다는 점에 대해 우리는 모두 공감할 수 있다. 이런 의미에서 어린이 광고에 대한 연구 결과를 점검하는 것이 필요하다. 대부분의 어린이 광고 연구는 그동안 가장 큰 영향을 주었던 TV의 광고를 대상으로 하고 있기는 하지만, TV 어린이 광고 연구들로부터의 어린이를 대상으로 하는 광고나 마케팅에 대한 이해의 기초를 마련할 수 있을 것이다

어린이와 청소년은 경계가 모호하며, 발달 수준에 따라 다르기 때문에 연구의 대상으로 폭넓게 이해해야 할 필요가 있다. 그러나 이 책에서는 어린이 광고의 대상으로 12세 이하의 시청자를 정의하고 있다. 이 정의는 다른 국가에서 광고 규제나 어린이 광고 연구에서 가장 일반적으로 사용되는 기준으로 이해할 수 있다.

어린이는 제품 소비의 주체로서 역할이 증대하는 추세이지만, 가족 구매 결정 과정에도 많이 참여하며, 이러한 참여 과정에서 어린이의 영향력은 어린이를 위한 제품에 국한되지 않고, 가족이 선택하거나 구매하는 대부분의 제품에도 직접적이거나 간접적인 영향을 미치고 있음이 밝혀졌다. 이러한 어린이의 영향력 중에서 가장 대표적인 예는 어린이가 가족을 조르는 행동이다.

미디어와 광고 분야의 빠르게 변화하는 환경을 고려할 때, 이전에 다루어졌던 어린이 광고 관련 연구 주제를 다시 검토하고 새로운 연구를 진

행할 필요가 있다. 현재 미디어는 더욱 다양해지고 그 채널도 증가하고 있으며, 이러한 환경 변화로 인해 어린이들은 미디어 내에서 선택의 폭이 더욱 확대되었다. 따라서 기존의 전통적인 미디어 중심의 연구에 추가적인 보완과 업데이트가 필요하다.

이 책에서는 어린이 광고 특히 그동안 가장 많은 연구가 진행된 TV 속의 어린이 광고를 중심으로 어린이 광고와 관련된 내용을 설명하고자 한다. 이 주제에 대한 모든 내용을 포괄적으로 다루는 것은 불가능하지만, 먼저 어린이와 어린이 TV 광고의 개념 및 정의와 함께 어린이 광고의 전반적인 성격에 대한 요약을 제시하고자 한다.

이 기초적인 이해를 바탕으로 어린이 광고를 설명할 수 있는 이론들을 설명한다. 먼저 광고 처리 과정을 설명하는 인지발달 이론을 제시하고 다음으로는 광고 처리 과정을 설명하는 데에 자주 사용되는 광고 이론을 제시하고 설명하고 있다. 다음으로는 어린이 광고의 구체적인 측면을 설명하는데, 먼저 어린이 광고의 특징은 무엇인가를 설명하고, 어린이 광고에 자주 등장하는 제품군과 함께 자주 쓰이는 광고 기법을 설명한다. 다음으로는 어린이들이 광고를 인지하고 또 광고를 이해하는 전체적인 처리 과정을 설명하고자 하는데, 단순히 광고와 프로그램을 구분하는 초기적인 이해부터 광고의 의도나 목적 그리고 더 나아가서 광고의 경제적 역할까지를 포함하는 광고에 대해 완전히 이해하는 과정까지를 모두 포함한다. 마지막으로는 어린이 광고가 과연 어린이들에게 어떤 효과를 가지고 있는지 그리고 전체 책의 내용을 전반적으로 정리하는 것으로 이 책을 마무리한다. 어린이 광고를 충분히 설명하고자 하는 목적을 쉽게 달성하기는 어렵지만, 이 책이 어린이 광고 주제에 대한 기초적인 이해를 하는 데에 도움이 되었으면 한다.

Contents

목차

Chapter

01

도입

어린이 광고가 가진 가장 중요한 특징은 광고가 전달되는 대상이 특별한 수용자인 어린이라는 점이다. 광고의 직접적인 대상이 되는 어린이가 특별한 수용자라는 것은 결국, 어린이가 어른과는 여러 가지 측면에서 다르다는 것이고, 그 다름의 출발은 그들이 아직 성장하는 과정에 있는 불완전한 존재라는 사실이다. 성장하는 즉 아직 완전하지 못한 어린이의 이런 특징 때문에 어린이와 관련된 광고의 효과에 대해서는 '사회적 보호'라는 개념으로 접근하는 것이 바람직하다는 것이 사회의 일반적인 의견이다.

이런 사회적 보호의 관점에서 이해하는 어린이는 외부로부터의 부정적인 영향으로부터 보호받아야 할 약자이며, 우리 사회의 특별한 관심이 필요한 대상이라는 점에는 모두가 어느 정도 동의할 수 있을 것이다. 이런 맥락에서 이미 다양한 산업 분야에서 어린이를 보호하기 위해 만들어진 규제 및 법률은 그 정당성을 인정받고 있으며, 규제의 근거인 어린이가 보호받아야 할 약자라는 취지에도 대부분의 사람이 동의하고 있다. 물론 어린이들을 보호하기 위한 구체적인 실행 과정이나 방법에는 이견이 있을 수도 있다(김광협, 2020). 어린이는 아직 완전히 성장하지 못해서 메시지를 처리하는 능력에서 한계를 가지고 있다는 사실과 어린 시절에 겪은 경험들이 성인으로 성장하고 나서도 지속적으로 영향이 있을 것이라는 가정이 어린이를 보호하기 위한 규제와 법률의 또 다른 근거이다.

어린이는 광고 산업에서도 특별한 보호 대상으로 인식되며, 어린이를 직접 대상으로 하는 어린이 광고는 사회적으로 더 많은 관심과 주의를 기울여야 할 대상으로 인정받고 있다(유승엽 & 김구성, 2013).

그렇다면 과연 광고나 마케팅 분야에서 어린이들에게 특별히 더 관심을 기울여야 하는 이유는 무엇일까? 이 질문에 대한 논리적인 답이 먼저 필요하다. 이 질문에 대한 답으로 먼저 광고나 마케팅을 실행하는 기업과 광고대행사가 가진 마케팅 능력(커뮤니케이션 능력)이 수용자인 어린이와는 비교할 수 없을 만큼 월등히 뛰어나기 때문이다. 마케팅을 집행하는 기업의 목표가 설득에 의한 제품의 판매라는 점을 고려하면, 최종 목표인 경제적인 이익을 취하기 위한 기업의 강력한 마케팅에 어린이들이 무방비로 노출되는 상황이 벌어지고 있다는 것이다. 어린이 소비자의 보호와 광고 산업의 윤리적 책임을 함께 강조하는 것이 필요하다는 것을 보여주고 있다(이기춘 & 박수경, 1990).

어린이의 미숙한 인지발달 단계를 이론과 연관 지어 설명하면, 심리학자인 진 피아제(Jean Piaget)[01]는 그가 주장한 인지발달 이론에서 개인마다 어느 정도의 차이는 있지만, 어린이는 자신의 나이에 맞는 인지발달 단계에

01 스위스의 심리학자. 어린이의 정신발달, 특히 논리적 사고 발달에 관한 연구를 통하여 인식론의 제반 문제를 추구, 여기서 인지는 인간의 지적 능력, 사고, 개인이 정보를 지각하고 이해하며 평가할 수 있는 지적인 능력을 습득하는 과정이며, 인간의 인지는 환경(외부 세계)과의 끊임없는 상호작용으로 발달한다.

맞는 능력을 갖추고 있으며, 이런 능력에 맞는 메시지 처리 능력 또한 갖고 있다고 설명하고 있다. 이렇게 어린이의 인지 발달 단계에 따른 메시지 처리 능력이 광고의 처리 과정에 영향을 주게 된다(Wartella & Etterma, 1974). 어린이의 이런 미성숙한 인지발달 단계와 부족한 능력을 고려하면, 마케팅 메시지를 처리하는 과정에서 어린이는 성인과는 다른 미숙함을 보일 수 있다는 것이 어린이 광고에 대한 우려의 출발점이라고 할 수 있다.

어린이들은 자신들을 대상으로 하는 광고를 제대로 이해하지 못하는 경우가 많다. 이렇게 되면, 광고 메시지에 담긴 설득 내용을 비판하지 못하고 받아들이고, 자신을 보호하기 위해 필요한 비판적 사고를 하지 못할 가능성이 있다. 이러한 상황에서 일상에서 받는 메시지의 처리 능력도 미흡한 어린이들이 전문적인 마케팅 메시지에 제대로 대처할 수 있는지에 대해서는 의문이 들 수밖에 있다.

어린이가 광고를 제대로 인지하지 못하고, 설득적인 의도를 제대로 파악하지 못할 때, 광고 메시지가 더 효과적일 수도 있다는 연구의 결과를 고려하면 어린이 광고에 대한 우려가 더 커질 수도 있다. 실제로 어린이 광고 자체가 아직 완성되지 않은 어린이를 대상으로 하고 있기 때문에, 시작부터 불공정할 수밖에 없고, 더 나아가서는 비윤리적인 성격을 가지고 있다는 비판을 받을 수도 있다.

한 연구에서는 어린이 광고와 연관된 다양한 윤리적 쟁점에 대한 일반인의 인식을 조사하는 설문 조사를 진행했는데, 개인적으로 차이가 있기는 했지만, 어린이 광고에 대한 규제에는 대부분의 응답자가 찬성하고 있는 것으로 나타났다(남경태, 2018). 일반 소비자인 성인을 대상으로 하는 마케팅에도 어느 정도의 규제가 필요하다는 의견이 받아들여지는 현실을 고려하면, 아직 마케팅 메시지에 대한 인지적인 대응 능력을 제대로 갖추지 못한 어린이를 대상으로 하는 마케팅에 대한 규제는 당연하고 또 더 필요하다고도 주장할 수도 있을 것이다. 이런 주장에 대한 근거가 될 수 있는 연구의 결과를 살펴보면, 성인에 대한 광고의 영향력과 비교해서 어린이에게 미치는 광고의 영향력이 더 크다는 주장도 존재한다(Desmond & Carveth, 2007; Feshbach et al., 1979; Rossiter, 1977).

앞에서 제시된 여러 이유들에 근거한 규제 필요성에 대한 주장의 결과로 국내에서도 13세 미만의 어린이를 대상으로 하는 광고에는 규제가 적용되고 있다(정민수, 2000)[02]. 규제 내용을 살펴보면, 먼저 어린이에게 해가 될 수 있는 방송 광고를 전면 금지하고 있으며, 어린이들에게 사행심이나 불건전한 소비를 조장하거나, 어린이들의 건전한 식생활을 저해하는 광고 등이 이런 규제의 대상이라는 것을 알 수 있다. 규제의 내용은 어린이 광고에 대한 사회의 우려를 어느 정도 반영하고 있다고 할 수도 있지만, 규제가 되는 행동이 어린이들에게 실질적인 피해가 발생하는 상황에 한정되어 있다는 것을 알 수 있고, 정의된 규제 상황도 애매모호할 수도 있다는 비판도 가능하다.

그동안 산업 개발과 경제 발전을 우선시해 왔던 대한민국의 상황을 고려한다면, 어린이 광고와 관련된 정부와 기관의 자율적인 혹은 타율적인 규제가 미흡할 것으로 예측할 수 있으며, 이런 규제를 자발적으로 준수하기 위한 기업의 노력도 미흡할 것으로 추측할 수 있다. 이미 지금까지 진행된 여러 연구에서 어린이 광고에 대한 보호의 정당성을 제시하는 이론

---

02 방송법 제73조에서는 방송 광고와 방송 프로그램이 혼동되지 않도록 명확하게 구분해야 하며, 어린이를 주 시청 대상으로 하는 방송 프로그램의 방송광고 시간 및 전후 토막광고 시간에는 대통령령이 정하는 바에 따라 반드시 광고임을 밝히는 자막을 표기해 어린이가 방송 프로그램과 방송광고를 구분할 수 있도록 해야 한다고 규정하고 있다.

적인 혹은 실무적인 결과들이 제시되고 있다.

어린이 보호에 관심을 가져야 할 또 다른 이유도 있다. 그 이유는 우리의 삶에 영향을 미치는 미디어 환경의 빠른 변화이다. 이런 빠른 변화가 어린이 광고의 규제에 관심을 기울여야 할 필요성을 높이는 동시에 규제의 실행을 점점 더 어렵게 만드는 이유가 되기도 한다. 케이블 TV, 인터넷, 스마트폰 등의 연속되는 미디어의 등장은 개인의 삶과 사회의 모습을 바꾸어가고 있다. 먼저 미디어가 개인의 일상이나 사회에서 차지하는 중요성이 점점 커지고 있으며, 기존에 존재하던 전통적인 미디어나 콘텐츠들도 새로운 미디어의 영향을 받고 공진하고 있다.

이런 환경 변화를 맞이하여 어린이는 더 많이 또 다양하게 미디어를 사용하고 있으며, 어린이의 교육 등 사회화의 과정에서도 미디어가 담당하는 역할이 더 중요해지고 있다. 이렇게 새로운 미디어가 늘어나면서, 어린이에 대한 미디어의 영향력이 커지고 있는 동시에 이렇게 늘어난 미디어와 채널에서 전달되는 콘텐츠에 대한 모니터링과 실질적인 규제는 점점 더 어려워지고만 있다.

그 이유는 단순히 미디어의 수만 늘어나는 것이 아니라 새로운 미디어의 성격이 기존 미디어와는 다르기 때문이다. 또한 이런 미디어의 변화를 맞이하여 어린이의 미디어 이용에도 실제적인 변화가 일어나고 있기 때문이다. 과거에는 성인들이 주로 사용하는 매스미디어의 틀 안에서 어린이들이 미디어 콘텐츠를 주로 이용하고 있었다면, 이제는 어린이들이 새로운 미디어의 자신들만의 영역에서 그들을 위한 콘텐츠를 이용하고 있다는 것이다. 이런 이유로 어린이의 미디어나 채널, 그리고 콘텐츠에 대한 어른들의 이해가 부족할 수밖에 없고, 이런 이해 부족은 어린이를 보호하는 것을 어렵게 만들고 있다. 예를 들면, IPTV(Internet Protocol TV) 같은 미디어에서 어린이를 대상으로 하는 어린이 전용 채널들이 생겨났으며, 소셜네트워크서비스(SNS)와 같은 새로운 미디어 혹은 채널에서는 어린이들이 주로 사용하는 개별 채널의 등장과 함께 어린이를 직접 그 대상으로 하는 다양한 콘텐츠가 만들어지고 있다.

이런 새로운 미디어 환경에서 어린이가 소비하는 콘텐츠를 모니터링하는 것은 매우 어려운 문제가 되고 있다. 새로운 미디어의 등장과 함께 어린이는 기업의 상업적인 메시지와 홀로 마주해야 하는 상황에 놓였다고도 생각할 수 있다. 따라서 이런 새로운 미디어 환경의 변화 또한 우리가 어린이 광고에 관심을 기울여야 할 또 다른 이유가 될 수 있다.

물론 어린이를 대상으로 하는 광고가 소비자 단체나 규제 기관들에 의해 모니터링 되고 있다는 점과 자율심의기구나 방송법 등의 규제를 받고 있다는 사실을 위안으로 삼을 수는 있겠으나, 어린이가 겪는 실질적인 피해를 직접 증명할 수 없는 현재 상황에서는 어린이 광고가 사회의 큰 관심을 받지 못할 것이라는 한계 또한 존재한다. 같은 맥락에서 어린이 보호를 위한 주장을 뒷받침하기 위해서는 어린이들이 입은 눈에 보이는 실질적인 피해를 증명하는 것이 필요하지만, 광고의 효과는 장기적이고 또 누적적으로 발생하므로, 이런 실질적인 피해의 증명이 어렵고, 마케팅 및 커뮤니케이션의 자유를 주장하는 기업의 입장이 규제 입장보다 큰 힘을 얻을 수도 있다는 현실적인 문제도 있다.

이상에서 살펴본 바와 같이, 완전하지 못한 어린이를 대상으로 하는 어린이 광고는 그 성격상 이미 공정하지 못할 수도 있으며, 미디어 환경의 급격한 변화가 어린이들이 홀로 마케팅 메시지와 맞서는 상황을 만들 수도 있는 현실을 고려할 때, 어린이 광고에 관심과 주의를 기울일 필요가 있다는 점에는 모두가 동의할 수 있을 것이다. 또한 어린이를 보호하기 위한 정부와 기관 그리고 기업들의 실질적인 노력이 아직은 미흡하다는 점에도 이 주제에 관련된 사람들은 어느 정도 공감할 수 있을 것이다.

어린이 광고가 문제가 될 수 있는 이유를 아래와 같은 구체적인 특징으로 설명할 수도 있는데, 먼저 어린이의 미성숙한 판단력을 그 이유로 할 수 있다. 어린이는 성인에 비해 판단력과 비판적 사고 능력이 미성숙하기 때문에 광고에 노출될 때 올바른 판단을 내리기 어렵다는 점이다. 다음으로는 어린이의 소비 영향을 고려할 수도 있는데, 어린이는 자신이 소유하고 있는 것을 자랑하거나 다른 어린이와 동일한 것을 가지고 싶어 하는 경향이 있고, 광고가 어린이들에게 이런 불필요한 소비를 만들 수도 있다는 것이다.

어린이의 건강 문제도 또한 어린이 광고 규제를 고려해야 할 중요한 이유가 된다. 어린이들은 아직 성장과 발달 과정에 있기 때문에, 식품 때문에 건강 문제가 발생할 가능성이 높지만, 광고는 어린이들의 건강 문제를 무시하고 식품을 촉진하는 경향이 있다. 예를 들어, 불필요한 첨가물이나 당과 지방 등이 과도하게 들어간 음식이나 음료수 등을 어린이들에게 광고하고 있는 것이다.

광고의 부적절한 내용과 광고에서 사용되는 기법 등도 비판의 대상이다. 어린이들이 노출되는 광고에는 선정적이거나 폭력적인 내용, 불건전한 가치관 등이 포함될 수 있고, 이런 내용은 어린이의 건강한 성장에 부정적인 영향을 미칠 수 있는 가능성을 배제할 수 없다. 또한 광고 효과를 높이기 위한 커뮤니케이션 기법은 어린이가 이해하고 대처하기에 어렵다.

이런 다양한 이유로 어린이 광고를 주제로 한 연구가 국내외에서 활발하게 진행되었다. 어린이 광고 연구는 대부분이 등장 초창기에 어린이에게 가장 큰 영향을 주었던 TV 광고를 그 대상으로 하고 있다. 이런 연구의 결과로부터 어린이를 대상으로 하는 광고나 마케팅에 대한 기초적인 이해를 얻을 수 있을 것이다. 그리고 이런 기초적인 이해로부터 효과적으로 어린이를 보호하기 위한 방법을 도출할 수 있을 것이다.

지금까지 수행된 어린이 광고를 이해하기 위한 연구의 성격은 크게 두 가지 접근 방법으로 분류될 수 있다. 첫 번째 접근은 어린이를 사회적으로 보호할 필요가 있는 취약한 대상으로 인식하는 어린이 보호 차원의 연구이다. 여기서는 주로 어린이 광고에 대한 비판과 규제 방안을 다루는 연구가 이루어졌다. 두 번째 접근은 어린이를 중요한 마케팅 대상으로 인식하고, 이에 따른 효과적인 마케팅 커뮤니케이션을 개발하기 위한 마케팅 측면을 고려한 연구이다. 이 접근은 어린이가 제품이나 브랜드에 대한 영향력이 높은 소비자임을 인식하고, 그들의 소비 행태와 특성을 파악하여 마케팅 커뮤니케이션 전략을 세우는 것을 그 목적으로 한다.

미국, 유럽 등 마케팅 선진국과 비교할 때, 이 두 개 분야 모두에서 국내의 연구는 양과 다양성에서 아직 부족하다고 평가할 수 있다. 또한 어린이 광고와 관련된 연구가 최근에 특히 부족했다고 평가할 수도 있다. 이렇게 국내에서 어린이 광고 관련 연구가 부족한 원인으로는, 광고 산업 내에서 어린이를 대상으로 하는 광고나 마케팅의 중요성에 대한 실무자들의 인식이 아직 부족하다는 점을 들 수 있고, 어린이를 상업성의 위험으로부터 보호해야 한다는 측면에서의 인식도 부족하여, 어린이 광고가 충분히 관심을 받지 못하는 것으로 생각된다.

국내에서 진행된 어린이 광고 관련 연구를 분석한 결과에 따르면, 어린이를 대상으로 하는 마케팅 커뮤니케이션 효과를 높이기 위한 연구는 거의 찾아볼 수 없었다. 반면에, 어린이를 보호해야 할 대상으로 개념화한 어린이 보호를 주제로 한 연구는 비교적 다양하게 진행된 것으로 나타났다. 또한 어린이 건강에 직접적으로 영향을 줄 수 있는 식품 광고와 관련된 연구들도 많이 진행되고 있다.

하지만 새로운 미디어의 등장을 반영한 어린이 광고에 대한 연구는 여전히 부족한 실정이다. 기존의 전통적인 미디어에서는 어린이를 대상으로 하는 광고 콘텐츠가 상대적으로 한정적이었지만, 새로운 미디어에서는 이러한 콘텐츠가 양도 많고 다양하게 활용되고 있기 때문에 연구 주제로 다루기 어렵다는 기술적인 한계가 있는 것도 사실이다. 또한 새로운 미디어 콘텐츠 규제 영역에서도 관련된 연구가 부족한 현실이다. 이는 새로운 미디어의 발전 속도가 너무 빠르기 때문이며, 초기 연구 영역에서는 산업 발전에 필요한 영역이 우선적으로 학계의 관심을 받기 때문이기도 하다.

그러나 다행인 것은 전통 미디어에서 활용되는 기존 광고나 마케팅 커뮤니케이션 콘텐츠와 기술이 새로운 미디어에서도 어느 정도 그대로 사용되고 있기 때문에, 일부 연구 결과를 그대로 적용할 수 있다는 것이다. 또한 어린이가 미디어와 같이 빠르게 변화하지는 않는다는 점에서, 이전 연구 결과가 여전히 유용한 정보를 제공할 수 있다.

이 책은 어린이 광고에 대한 다양한 상황을 고려하여, 전통적이고 전형적인 TV에서 진행된 광고를 중심으로 어린이 광고 내용을 설명한다. 먼저, 어린이와 어린이 TV 광고의 기본 개념과 정의를 제시한다. 이어서, 발달 인지 이론과 광고 효과 이론 두 분야의 이론을 중심으로 어린이 광고를 이해하기 위한 이론적 배경을 설명하고, 그 의의를 살펴본다.

다음 장에서는, 어린이 광고의 여러 주제들과 광고에 자주 등장하는 제품군의 특징, 그리고 광고 기법에 대해 설명한다. 이에 더불어, 어린이의 광고의 이해 과정과 관련하여 초기 이해부터 광고의 의도, 목적, 경제적 역할까지 광고를 완전히 이해하는 과정까지를 설명한다. 마지막으로, 어린이 광고의 효과와 함께 어린이 광고와 연관된 중요한 분야를 정리하며 마무리한다. 이 책이 어린이 광고에 대한 기초적인 이해를 높이는 데 기여할 것으로 기대한다.

먼저 어린이 광고에 대한 이해를 시작하기 전에 지금까지 진행된 어린이를 대상으로 하는 광고에 대한 다양한 논의를 소개하고 이 과정에서 제기되는 우려를 설명하고자 한다. 이 논의는 건터 등(Gunter et al., 2005, p. 1)이 그들의 책에서 제시한 질문을 그 바탕으로 하고 있으며, 제시된 어린이 광고와 관련된 질문 중 일부를 제시하면 아래와 같이 구성할 수 있다.

- 광고주의 상업적 의도를 완벽히 이해하지 못하고 있는 어린이에게 광고를 하는 것이 과연 공정한 일인가?
- 만약에 어린이들이 이런 광고의 상업적/설득적 의도를 제대로 이해하지 못한다면 과연 어린이들은 언제쯤 이런 능력을 개발하게 되는가?
- 광고가 술이나 담배 같은 사회적으로 부적절한 제품들을 어린이들이 구매하거나 사용하도록 유도하고 있지는 않은가?
- 광고가 어린이들에게 물질주의[03]적인 태도를 갖도록 조장하지는 않는가?
- 어린이가 어린 나이에 효과적인 소비자가 되도록 교육받는 것이 과연 필요한가?
- 어린이들에게 광고를 교육해야 하는가? 그렇다면 누가 그 역할을

---

03 물질주의는 돈이나 소유물에 대한 집착을 말하며, 개인의 부나 물질의 소유가 성공적인 삶을 위한 가장 중요한 요건이라고 보는 것이며, 소비를 통해서 행복을 추구하려는 성향이다.

해야 하는가?

- 어린이들이 제품을 사도록 유도하는 것이 어린이들이 부모를 조르도록 하거나 가족 간 불화의 원인이 되지는 않는가?

물론, 여기에 제시된 질문들에 대한 완벽한 답을 제시하는 것은 어렵다. 앞으로 어린이 광고에 대해 더 많은 연구와 논의가 필요하다는 것을 인정할 필요가 있다. 앞에서도 언급한 것처럼 특히 미디어 환경 변화와 새로운 미디어로 인해 더 많은 후속 연구가 필요하다는 것이다.

어린이를 대상으로 하는 어린이 광고는 사회적으로 중요한 주제이기 때문에, 이 질문들에 대한 논의는 계속해서 진행되고 있으며, 각각의 이슈를 주제로 한 개별 연구도 진행되고 있다. 따라서 이 책에서는 이런 질문들에 대한 답이 될 수 있는 다양한 연구 결과를 제시하면서, 어린이 광고에 대한 기초적이고 중요한 사실들을 이해할 수 있도록 설명하기 위해 노력하고 있다.

1) 어린이와 TV 광고

한국소비자원의 조사[04] 결과에 따르면, 2020년 기준 국내 어린이 소비

---

04 "2021 아동·청소년 소비실태조사"는 2021년 4월부터 5월까지 전국 만 9세 이상 만 18세 미만의 아동 및 청소년을 대상으로 실시한 조사이다. 이 조사의 목적은 국내 어린이 소비자 시

자 시장 규모는 약 76조 원으로 추산되며, 이는 전년 대비 약 3.5% 증가한 것으로 나타났다. 이 중 가장 큰 비중을 차지한 소비 항목은 게임, 장난감, 교구 등이었으며, 다음으로는 패션, 액세서리, 생활용품 등이 차례로 이어졌다. 이 조사에서는 부모 및 보호자들의 소비 인식과 행태에 대한 조사도 이루어졌다. 이 결과, 대부분의 부모 및 보호자들이 자녀들의 소비를 어느 정도 제한하고 있다는 것이 밝혀졌다. 부모들은 자녀들에게 "올바른 소비 습관을 기르기 위해서"와 "가정 경제 상황을 고려하여" 등의 이유로 그들의 소비를 제한하고 있음이 드러났다.

또한 Euromonitor International에서 발행한 보고서인 "Children's Goods and Services"[05]에 의하면, 2020년 전 세계 어린이 소비자 시장의 규모는 약 16,190억 달러(약 1,820조 원)로 추산되며, 이는 전년 대비 약 2% 증가한 것으로 나타났다. 이런 큰 규모의 시장을 형성하고 또 규모가 성장하고 있는 어린이 시장의 특징을 고려하면, 어린이는 이미 소비자로서 중요한 역할을 하고 있으며, 또한 중요한 소비자로서 마케팅의 대상이 되고 있다.

장에 대한 규모와 동향을 파악하고, 부모 및 보호자의 소비 행태와 관련된 인식 등을 조사하는 것이다.

05 Euromonitor International에서 발행한 보고서 중 하나입니다. 이 보고서는 어린이를 대상으로 하는 제품과 서비스 시장의 동향 및 예측, 소비자 행동 등에 대한 정보를 제공한다. 이 보고서는 어린이 관련 산업의 비즈니스 전략 수립과 마케팅 의사결정에 도움을 주는 중요한 자료 중 하나이다.

◇ 어린이

어린이 광고에 대한 개념적인 설명을 위해서 어린이와 어린이 광고에 대한 정의를 기존 연구에서 찾아보면, 먼저 어린이 광고의 대상인 어린이는 국가별로 정한 법적인 연령 기준이나 문화적, 사회적 배경에 따라서 차이가 있을 수 있지만, 일반적으로 만 12세 이전에 해당하는 시청자를 의미한다고 할 수 있다.[06] 어린이는 신체적, 인지적, 사회적으로 아직 미성숙한 아동기의 단계에 속하며, 여러 연구에서도 12세에서 13세 정도의 나이를 기준으로 어린이를 설명하는 것이 일반적이다.

어린이와 청소년의 경계가 불분명하고, 개인의 발달 정도가 다르기 때문에 조금 폭넓게 연구 대상을 정하고 어린이와 청소년을 함께 고려해서 이해해야 하겠지만, 일단 기본적인 개념으로 연구 대상인 어린이에 대한 명확한 정의를 내리는 것이 필요하다고 볼 수 있다.

어린이 광고는 어린이를 대상으로 제작되고 방영되는 제품이나 서비스를 판매하거나 홍보하기 위한 광고를 의미한다. 어린이들이 좋아하는 캐릭터, 애니메이션, 노래, 춤 등을 활용하여 제작되며, 어린이들이 이해하고 받아들일 수 있는 수준으로 구성된다. 대표적인 제품으로는 장난감, 음식, 음료수, 옷, 화장품, 교육 서비스 등이 있다.

어린이 광고를 정의하는 기준은 여러 가지가 있지만, 일반적으로는 어린이를 주요 커뮤니케이션 대상으로 하는 광고, 어린이가 주로 시청하는 시간대에 나오는 광고, 어린이를 통해 어른에게 광고 효과를 전달하고자

---

06 일반적인 규제에서도 “어린이”를 13세 미만의 자로 규정하고 있다.

하는 광고 등이 있다. 또한 어린이가 수용자의 절반 이상인 프로그램 시간대에 방영되는 광고도 어린이 광고로 분류된다.

국내 방송 광고 심의 규정에서는 어린이를 만 13세 미만으로 정의하고 있으며, 이런 어린이를 대상으로 하는 광고를 규제하고 있다. 규제 내용은 어린이의 품성, 정서, 가치관을 해치는 광고를 금지하고, 어린이의 사행심을 조장하거나 건전한 식생활을 저해하는 표현을 금지하며, 부모 등에게 구매를 요구하도록 자극하는 표현 등도 금지하고 있다. 이러한 규제는 어린이 광고로부터 발생할 수 있는 부정적인 피해 가능성을 어느 정도 방지하고 있다고 이해할 수 있다. 그러나 충분치 않은 규제로 인해 어린이에게 피해가 발생할 가능성이 있거나, 현재의 규제가 너무 추상적이고 애매모호하다는 비판도 존재한다.

어린이가 마케팅 소비자로서 중요해진 이유에 대해 기존 연구들은 다양한 설명을 제시하고 있다. 먼저, 가계 소득의 증가와 함께 가정의 소규모화 등의 사회적 변화로 인해, 어린이가 가정 내에서 차지하는 지위와 역할이 달라지면서 어린이가 소비자로서의 지위가 향상되었다고 설명한다. 또한 어린이들은 직접적으로 소비할 수 있는 경제적 능력도 함께 증대되었으며, 가족의 소비 결정 과정에서도 직접적으로 또 간접적으로 큰 영향을 미치고 있는 것으로 나타났다.

◇ 어린이 TV 광고

현재 TV를 통한 어린이 광고는 사회적 약자로 보호받는 어린이를 직접적인 마케팅 대상으로 삼고 있어서 사회적으로 비판을 받고 있는 상황이다. 이러한 문제를 해결하기 위해서는 어린이 광고의 특성에 대한 이해와 함께 왜 이러한 특성을 가진 TV 광고가 사회적으로 우려의 대상이 되는지를 살펴볼 필요가 있다. 어린이 광고에 대한 다양한 우려가 존재하는데, 어린이 광고를 바라보는 이런 관점을 먼저 설명하고자 한다.

어린이 광고는 큰 규모로 성장한 어린이 시장의 경제적 중요성을 강조하는 사람들과 오히려 이러한 마케팅으로부터 어린이를 보호해야 한다고 주장하는 사람들의 상반된 관점으로 이해할 수 있다. 다른 입장 때문에 어린이 광고에서 다루어지는 주제들을 단순하게 정리하고 결론 내리기는 어려울 것으로 예측된다.

어린이 시장은 이미 충분히 커진 상태며, 계속해서 성장하고 있다. 따라서 기업들은 어린이를 중요한 대상으로 삼아서 이미 마케팅을 펼치고 있으며, 이는 전통적인 미디어뿐만 아니라 새로운 미디어에서도 일어나는 현상이다. 이러한 현상은 전혀 놀라운 일이 아니며, 이렇게 마케팅에서 어린이의 중요성은 더욱 높아지고 있다.

일반적으로 영국과 미국의 어린이와 청소년은 하루 시간 중 4~5시간 정도를 미디어에 사용하고 있으며, 미디어 사용 과정에서 자연스럽게 많은 수의 광고 메시지에 노출되고 있으리라는 것을 예측할 수 있다(Cooke, 2002). 이 연구는 어린이들과 미디어 간의 관계에 대해 다루고 있는데, 어린이들이 미디어를 어떻게 소비하는지, 미디어가 어린이들의 인지 발달과 가치관 형성에 어떤 영향을 미치는지 등을 분석하고 있다. 먼저 어린이들이 미디어를 소비하는 방식에 대해 다루면서, 텔레비전, 비디오 게임, 인터넷, 음악 등 다양한 미디어를 어린이들이 활발하게 이용하고 있음을 밝힌다. 또한 어린이들이 미디어를 소비하는 이유와 그들이 미디어에서 원하고 찾는 것들에 대해 분석하고 있는데, 어린이들은 미디어를 통한 재미와 유머, 그리고 친구들과의 소통 등을 중요하게 여기며, 결론적으로 미디어가 어린이들의 삶에서 중요한 역할을 하고 있다는 것을 확인할 수 있었다. 어린이들의 미디어 사용은 개인이나 연령에 따라 조금씩 다르게 나타나지만, 이 결과는 우리나라 어린이들의 미디어 사용 형태와 크게 다르지는 않을 것으로 예측된다. 이러한 연구 결과에 의하면, 어린이들이 미디어에서 노출되는 광고에 대한 관심과 노출 빈도가 매우 높다는 것을 보여주고 있다.

예를 들어, 어린이들과 텔레비전 광고 간의 관계를 다룬 연구에서는 미국의 어린이들이 1년에 약 40,000개의 광고에 노출되는 것으로 설명하고 있다(Kunkel, 2001). 결국, 어린이는 생활하는 시간의 상당 부분을 미디어에서 전달되는 광고를 보는 데 사용하고 있다는 것을 의미한다(Kunkel & Gantz, 1992). 이 연구는 다채널 환경에서 어린이들의 텔레비전 광고에 노출되는 빈도와 이러한 광고가 어린이들의 인지 발달과 가치관 형성에 미치는 영향을 분석하고 있다. 다채널 환경에서 어린이들이 텔레비전을 시청하는 패턴에 대해 설명하고 있으며, 결론적으로는 어린이들이 다양한 채널에서 프로그램을 시청하면서 광고에 노출되는 빈도가 높아지고 있음을 밝히고 있다.

국가청소년정책연구원의 조사 결과에 의하면, 국내 어린이 및 청소년의 미디어 이용 상황은 유아(3~5세)의 평균 미디어 이용 시간은 2시간 26분이며, 초등학생(6~12세)의 평균 미디어 이용 시간은 3시간 49분, 중·고등학생(13~18세)의 평균 미디어 이용 시간은 5시간 26분으로 나타났다. 이는 우리나라 어린이 및 청소년들도 미디어를 이미 많이 사용하고 있는 상황을 보여준다.

마케터들은 더 많은 제품을 판매하고 새로운 시장을 개발하기 위해 광고를 집행하며, 이 과정에서 집행된 광고가 얼마나 효과적인지에 특히 관심을 가진다. 이런 이유로 현재 집행되고 있는 미디어 캠페인을 더욱 효과적으로 만드는 방법에 대한 연구가 이루어지고 있다. 이에는 더 많은 어린이들을 대상으로 한 광고로 공략하는 방법도 포함되어 있다.

최근의 연구 결과에 따르면, 과거에는 어린이를 대상으로 광고를 집행하는 경우 주로 초등학생 이상의 연령층이 대상이었지만, 현재는 훨씬 더 어린 연령대의 어린이들을 대상으로 광고가 집행되고 있는 것으로 나타나고 있다.

TV 프로그램에서 어린이를 대상으로 하는 콘텐츠가 증가함에 따라, 이들 프로그램에 등장하는 캐릭터와 관련된 제품들은 어린이들에게 판매될 수 있는 새로운 상업적인 기회가 된다. 예를 들어 일본에서 제작된 만화영화인 포켓몬은, 애니메이션 캐릭터가 다양한 분야에서 성공적으로 활용될 수 있었던 가장 실제적인 예시이다[07]. 최근에는 어린이를 대상으로 하는 프로그램에서도, 캐릭터의 활용 가능성을 프로그램 기획 단계에서 이미 고려하고 있음이 나타나고 있다.

어린이가 매우 매력적인 소비자 대상으로 인식되어 어린이를 대상으로 하는 광고는 지속적으로 증가하고 있다. 이러한 광고 노력의 대부분은 TV와 같은 전통적인 미디어를 통해 이루어져왔다. 최근에는 새로운 미디어나 채널을 통해 어린이를 직접적인 대상으로 하는 마케팅이 활발해지고 있지만, TV는 여전히 가장 활발하게 어린이 광고를 이용하는 미디어로 여겨진다. TV는 어린이들이 시청하는 광고를 효과적으로 전달할 수 있는 침

07 One Source Multi Use(OSMU), 하나의 자원을 토대로 다양한 사용처를 개발해 내는 것, 하나의 콘텐츠를 영화, 게임, 책 등의 다양한 방식으로 개발하여 판매하는 전략으로 최소의 투자로 높은 부가가치의 획득이 가능하다.

투적인 미디어로 인식되기 때문에, 기업들에게 긍정적인 가치가 있다. 또한 어린이들이 시청하는 광고에 대해서는 부모나 가족의 통제가 매우 제한적일 수도 있기 때문에, 기업들은 이러한 점 또한 활용해 어린이들에게 메시지를 전달하려고 노력한다.

물론 어린이들이 TV에서 방영되고 있는 광고에 그다지 주의를 집중하지 않을 수도 있고, 다른 일들에 바빠서 광고를 그냥 지나칠 수도 있다. 하지만 다른 상황에서는 어린이들이 TV 광고에 충분한 주의를 기울이면서 시청할 가능성도 크고, 또한 그들이 광고나 광고된 제품에 대해 몰입된 상태에서 그 광고 메시지를 받아들일 가능성도 있다.

미디어 이용에 부모가 개입하는 경우, 어린이들을 일정한 수준으로 보호할 수 있는 가능성이 있다. 부모는 어린이의 TV 시청 시간을 제한하거나, 적절하지 않은 TV 채널의 시청을 금지함으로써 어린이들의 미디어 사용을 제어할 수 있다. 그러나 실제로 어린이의 TV 시청을 부모가 완벽하게 통제하는 것은 어렵다는 것이 밝혀졌다. 게다가, 새로운 미디어의 등장으로 인해 부모의 미디어 사용 통제가 더욱 어려워지고 있기 때문에, 어린이들의 독립적인 미디어 사용 시간은 지속적으로 증가하고 있다는 것이 확인되었다.

TV 광고에 대한 근본적인 우려는 기업들이 이 광고를 이용하여 어린이들을 공정하게 대하지 않을 가능성이 존재한다는 문제이다. 이러한 광고는 때때로 마케터들이 어린이들을 설득하여 필요하지 않은 제품을 구매하도록 유도하거나, 그들이 가지고 있지 않은 돈을 쓰도록 유도하여 비판을 받기도 한다(Young, 1990).

자본주의 시장에서 광고는 제품 소유의 중요성을 강조하며, 소비자들이 물질적인 삶의 방식을 추구하도록 유도하는 역할을 한다. 이러한 광고는 어린이들에게도 영향을 미쳐 그들에게 물질주의적 가치관을 형성하거나 강화시킬 수 있다. 특히 브랜드를 강조하는 광고는 어린이들에게 해당 제품이나 브랜드 소유가 특정한 삶의 방식과 연결되어 있으며, 물질적인 삶의 전형을 보여줌으로써 물질주의적인 가치관을 지나치게 강조하고 있다는 것이다(Greenberg & Brand, 1993; Goldberg & Gorn, 1978). 이 연구는 TV 광고가 어린이들의 소비 행동과 태도에 미치는 영향을 분석하였는데, 연구 결과, TV 광고가 어린이들의 소비 행동과 태도에 유의미한 영향을 미치는 것으로 밝혀졌다. 특히, 어린이들은 TV 광고를 통해 새로운 제품을 알게 되면서 해당 제품을 구매하고자 하는 욕구를 불러일으키는 경향이 있었다. 또한 TV 광고에서 사용되는 말이나 이미지 등이 어린이들의 태도에도 영향을 미치는 것으로 나타났다. 일부 어린이들은 광고를 통해 제품을 원하게 되면서 부모에게 압력을 가하거나, 자신의 욕구를 충족시키기 위해 용돈을 모으는 등의 행동을 보일 수도 있다는 것이다.

일반적으로, 매우 어린 아이들도 글을 읽기도 전에 이미 다양한 브랜드를 인식할 수 있는 것으로 밝혀졌다. 이러한 인식이 꼭 물질주의 가치관과 직접적인 연관성이 있다는 것은 아니지만, 물질주의 환경에 대한 인식으로 이해할 수도 있다. 부모가 어린이의 이런 물질주의 가치관에 미치는 영향을 조절하는 데에 중요한 역할을 할 수 있다는 것이 연구 결과로 나타났다(Valenburg et al., 1999; Weller, 2002). 부모의 적극적인 개입이 물질주의의 부정적인 효과를 감소시킬 수도 있는 것으로 나타났다.

2) 광고에 대한 이해

광고 수용자 중에서 어린이들이 특히 광고에 더 취약한 것으로 생각되는데 그 이유는 어린이들이 광고를 만드는 과정과 광고를 만드는 의도를 제대로 이해하지 못하기 때문이다(Oates et al., 2003). 이 연구에서는 집단인터뷰를 통해 어린이들의 텔레비전 광고에 대한 이해력을 조사했다. 그 결과는 매우 부정적이었는데, 6살 어린이들은 광고의 설득적 성격에 대한 이해력이 전혀 없었으며, 8살 어린이들과 10살 어린이들도 광고의 설득적 의도의 개념을 제대로 표현할 수 없었다. 이러한 결과는 어린이들의 텔레비전 광고에 대한 설득적 의도 이해력이 이전에 생각되었던 것보다 미미하다는 것을 보여주고 있다. 결론적으로, 이 연구는 어린이들이 광고를 이해하는 방식을 설명하면서 어린이 광고에 대한 규제와 교육적인 개입에 대한 필요성을 제기하고 있다.

성인들은 어린이들과 비교해서 광고에 대해 덜 취약하다고 생각되는데, 이는 광고가 사람들을 설득해서 기업의 제품을 구매하게 만드는 것을 그 목표로 한다는 것을 이해하고 있기 때문이다. 따라서 성인들이 광고를 제대로 이해하고 있다면, 그들은 불공정한 TV 광고의 영향을 그리 크게 받지 않을 것으로 예상할 수 있다. 하지만 광고는 성인들에게도 어느 정도 영향을 미치는 것으로 알려져 있다. 비록 그렇더라도 성인들은 광고주의 판매 혹은 설득적인 의도를 고려하면서 광고 메시지를 충분히 해석할 수 있는 능력이 있다고 생각된다. 따라서 성인들이 광고에서 제품을 구매하도록 설득당할 경우, 광고의 의도에 대해 이미 알고 있는 점이 커뮤니케이션 과정에서 마케팅에 불공정하게 이용되는 상황을 어느 정도 방지할 수 있다고 생각할 수 있다(Gunter et al., 2005).

반면에 어린이들은 광고와 마케팅 등에 대해서 충분히 이해하고 있지 못할 가능성이 크다. 이런 이해는 시간을 두고 여러 가지 경험을 통해서 점진적으로 이루어진다(Gunter & Furnham, 1998). 이 연구에서는 TV 프로그램 시청자들의 프로그램 평가와 프로그램 콘텐츠가 TV 광고 기억력에 미치는 영향을 조사했는데, 결과에 의하면, 시청한 프로그램의 콘텐츠에 따라 브랜드나 광고 콘텐츠를 기억하는 데 있어 통계적으로 유의한 차이는 나타나지 않았지만, 프로그램 평가는 광고 기억력에 유의미한 영향을 미쳤다. 프로그램에 대한 관심도가 높아질수록 광고 기억력이 나빠지는 결과를 얻었다.

광고 이해가 중요하기 때문에 어린이 광고에서 중요한 문제 중 하나는 광고의 의도를 충분히 이해할 수 있는 어린이의 나이를 정하는 것이다. 이렇게 일단 나이가 정해지면, 그보다 어린 어린이를 대상으로 하는 광고는 공정하지 못하다는 잠정적인 결론을 내릴 수 있고, 이 기준으로 광고를 규제할 수 있다. 하지만 이 나이에 대해서는 명확한 합의가 없으며 개인의 차이와 메시지의 종류에 따라 다른 결과를 얻는 것으로 알려져 있다.

어린이들의 광고 인지와 이해는 연령에 따라 다르다는 것이 여러 연구들에서 보고되고 있는데, 보통 3~4세부터 어린이들은 광고를 초기 인지하고 있지만, 그 광고의 내용을 제대로 이해하지는 못하는 것으로 생각된다. 이 시기에는 광고에서 보여지는 이미지나 음악, 색상 등이 어린이들의 호기심을 자극하고, 높은 인지 부담을 느끼지 않으며, 광고의 제품이나 브랜드에 대해 어린이들은 몰랐던 정보를 쉽게 습득할 수 있는 것으로 판단된다.

5~7세 이후에는 어린이들의 광고 이해 능력이 크게 발전하는데, 이 시기에는 광고에서 제품이나 브랜드와 함께 나오는 정보에 대해 이해하고,

제품을 어떻게 사용하는지에 대해 이해할 수 있게 된다. 또한 이 시기에는 어린이들이 광고 신뢰도를 판단할 수 있기 때문에, 광고에서 제시되는 정보가 현실적이고 진실성이 있는지를 판단할 수 있게 되는 것으로 생각된다.

마지막으로 10~12세 이후에는 어린이들은 광고의 메시지를 분석하고 비판할 수 있는 능력이 크게 발전하게 되는데, 이 시기에는 광고의 의도를 파악하고, 광고에 나오는 정보를 근거로 판단하는 능력이 발전하는 것으로 나타난다. 이렇게 되면, 어린이들은 광고에서 제시되는 정보가 합리적인지, 현실적인지, 그리고 광고의 목적이 무엇인지를 제대로 이해할 수 있게 된다.

하지만 이런 연령별 특성은 어린이들 간에도 다양한 개인차가 존재하기 때문에, 모든 어린이들이 이런 인지와 이해에 대한 경험을 동일하게 겪는 것은 아니며, 광고의 종류나 광고에서 제시되는 내용에 따라서도 어린이들이 광고를 이해하는 과정이나 나이에 있어서 차이가 있을 수 있다.

다음 장에서는 어린이 광고를 이해하는 데 필요한 여러 가지 이론을 설명하고자 한다. 인지발달 이론과 광고 효과 이론의 이해를 통해서 어린이 광고의 논의를 더 쉽게 이해할 수 있다.

Chapter

02

어린이 광고에 대한 이론적 접근 _인지발달 이론

어린이의 광고 이해를 설명하는 과정에서는, 먼저 어린이들이 광고와 프로그램을 구분할 수 있는 초기 인지 능력과 광고에 등장한 제품이나 브랜드에 대한 기억력이 중요하다. 그 다음으로는 광고의 설득적 또는 상업적 의도를 이해하는 능력과 함께 어린이들의 광고에 대한 태도가 중요해진다. 이러한 광고 이해의 단계에 따라 어린이들은 광고에 대한 태도와 행동이 달라질 가능성이 있다.

어린이 광고의 이해와 관련해서는 모두가 동의하는 개념적 합의가 아직 없는 상황이며, 이를 해결하기 위해서는 일반적으로 이론적이고 개념적인 접근을 강화할 필요가 있다. 어린이와 광고를 다룬 연구들에서는 다양한 분야에서 발전된 이론을 활용하여 어린이 광고의 이해 과정을 설명하고 있다(김경화, 2004).

어린이 광고와 관련된 이론 중 하나는 발달심리학에서 발전한 어린이들의 인지능력 발달에 대한 피아제의 이론이다. 이론을 이해하기 위해서는 어린이의 여러 능력이 어떻게 발달하는지 살펴봐야 한다. 이를 간단하게 설명하는 것은 어렵지만, 이 분야의 많은 연구자들이 이와 관련된 연구를 수행하고 결과에 기반한 다양한 주장과 이론을 발전시켰다. 이 이론은 어린이가 광고를 이해하는 과정을 설명하는 데 중요한 역할을 할 수 있다.

중세 시대인 5세기에서 15세기에는 어린이에 대한 개념이 현재와는 매우 달랐다. 이 시기에는 어린이라는 개념 자체가 미처 정립되지는 못했고, 어린이는 단순히 신체적으로 성인보다 작은 사람들로 보았다. 이러한 이유로 어린이는 성인과 큰 차이가 없는 존재로 인식되었다. 이 시기에는 아이들이 발달하거나 성장하는 과정에 대한 개념이 존재하지 않았기 때문에, 발달이나 발전의 개념도 생겨나지 못했으며, 어린이들은 성인들과 함께 일상적인 일과 상황에서 자연스럽게 생활하였다.

이렇게 어린이라는 개념이 미처 정립되지 않았기 때문에 어린이들은 성인과 큰 차이가 없다는 관점으로 대우되었다. 이러한 인식으로 인해 어린이들은 사회생활에서 성인과 같은 취급을 받았으며, 6세에서 7세부터 각종 기술을 배우는 도제로서 일을 시작했다. 어린이들은 성인과 동일한 취급을 받고, 사회에 들어온 구성원으로 인식되고 있었다.

어린이가 어린이로서 인정받는 것은 사회의 발전 때문에 가능해졌다. 16세기 초에 산업이 발전하면서 필요한 직업들이 복잡해졌고, 이에 따라 상인, 법률가, 은행가 등 특정 직업에서는 전문적인 기술을 배워야 하는 교육의 필요성이 대두되었다. 이러한 변화로 인해 어린이를 가르치는 학교가 생겨나면서 어린이들이 체계적인 교육을 받아야 하는 존재가 되었다. 이를 통해 어린이가 앞으로 발전이 필요한 대상이라는 개념이 인정받게 되었다. 이러한 변화는 어린이를 어린이로서 개념적으로 인정하는 것을 가능하게 했고, 체계적인 교육의 필요성을 대두시켰다. 비로소 어린이들은 교육을 받아야 하는 존재가 되었고, 이렇게 지속적인 교육을 받는다는 것은 결국, 어린이가 앞으로의 발전이 필요한 아직은 부족한 대상이라는 것을 인정받게 된 것이다.

오래전부터 발달심리학에서 어린이에 대한 연구가 이루어져왔으며, 특히 20세기에는 그 연구에서 많은 성과를 이루었다. 이미 17세기와 18세기부터 어린이의 특성과 교육에 대한 중요한 의견을 제시한 철학자들이 있었는데, 존 로크와 장 자크 루소는 이러한 철학자들 중 일부였으며, 그들이 제시한 어린이 교육에 대한 생각은 현재까지도 많은 영향력을 가지고 있다.

이들은 서로 다른 견해를 가졌지만, 어린이를 변화시키고 훈련시킬 수 있는 교육 가능한 존재로 볼 것을 주장했다. 이러한 입장은 어린이가 단지 어른의 권위에 의해 좌우되는 수동적인 존재라는 가정에 반박했으며, 어린이는 교육적 대상으로 이성으로 대해야 한다는 생각을 발전시키게 되었다. 이들의 생각은 이들에 대한 교육의 중요성을 알리는 계기가 되었고, 이후의 발달심리학의 발전에 있어서도 중요한 출발점이 되었다.

1) 존 로크(John Locke[08])

존 로크(John Locke)는 태어나면서부터 인간들 간에 선천적인 차이가 존

08 영국의 철학자. 영국 경험론 철학의 시조, 그의 인식론에서는, 모든 지식은 관념(ideas)의 복합이며, 관념은 경험에 의해 백지 상태인 마음(라틴어 tabula rasa)에 써넣어지며, 신, 실체 등 생득관념이라고 하는 것은 존재하지 않는다고 주장했다.

재한다고 주장하는 생득설에 대해서 반박했는데, 생득설은 인간의 지식, 관념, 표상이 태어날 때 이미 존재하는 것이라는 주장이다. 로크는 이러한 생각을 전면적으로 부정하며, 모든 인간이 태어날 때 이미 공통적으로 지식이나 관념을 갖고 있는 것은 아니며, 사회적 환경과 경험에 따라 차이가 있을 수 있다고 주장했다. 이는 체계적인 교육의 중요성을 강조하며, 개인이 사회적으로 발전하기 위해서는 체계적인 교육이 필요하다는 것을 의미한다.

1660년에 발표된 존 로크(John Locke)의 논문에서는 인간이 어떻게 지식을 습득하는지에 대한 과정에 대한 그의 생각이 제시되었다. 여기서 로크는 인간은 태어날 때부터 선천적인 지식을 갖고 있는 것이 아니라, 주변 환경과 경험을 통해 지식을 습득한다고 주장했다. 이를 위해 로크는 어린이들의 관찰을 통해 그들이 백지(tabula rasa)와 같은 상태에서 시작한다는 것을 강조했다.

로크는 어린이들이 경험하는 모든 것은 교육의 영향을 받는다고 주장했다. 따라서 교육은 어린이들이 성장하고 배우는 데 가장 중요한 역할을 한다는 것이 로크의 주장이며, 이를 통해 로크는 인간의 성장과 발전에 대한 중요성을 강조하며, 개인이 가진 잠재력을 최대한 발휘할 수 있도록 하는 환경을 제공하는 것이 교육의 목적이라는 것을 주장하게 되었다.

로크는 자신의 이전 주장을 더 발전시켜, 어린이의 경험이 대부분 주변 환경에서 온다는 것을 강조하면서도, 기존의 생각으로부터 새로운 학습이 가능하다는 것을 주장했다. 또한 어린이가 경험하는 환경 중에서도 가장 영향력이 강한 것은 유아기 때 받은 경험이라고 설명했다. 이를 통해 어린이의 정신은 매우 유연하기 때문에 우리가 원하는 방향으로 발전시킬 수 있지만, 한번 만들어진 형태는 평생 변하지 않는다고 설명하고 있다. 이와 함께, 로크는 교육의 중요성을 강조하며 어떤 시기에 가장 중요한 이런 교육적인 기반을 마련해야 하는지를 제시하고 있다.

여기서 로크는 어린이의 정신이 환경에 의해 형성된다는 것을 설명했는데, 우리의 생각과 감정은 상호작용하며 발달한다고 말하며, 우리의 행동은 반복적인 학습을 통해 발달한다고 주장했다. 또한 다른 사람의 모방을 통한 학습도 중요하다고 강조했다. 우리는 자주 접하는 사람 또는 우리가 모방하고 싶은 사람의 특성과 행동을 따라 하면서 그들을 그대로 학습하게 된다는 것이다.

존 로크(John Locke)는 어린이의 성장과 발달에 체계적인 관심을 가진 최초의 학자 중 한 명이다. 그는 아이들이 태어날 때 어떤 선천적 특성도 갖지 않는다는 "백지설"을 주장하면서, 아이들은 자신들이 놀이하고 상호작용하는 환경에서 얻게 되는 경험에 따라 각기 다른 사고와 감정을 가진 성인으로 성장해 나간다는 "환경 결정론적" 관념을 제시하고 있다. 이러한 개념적인 이해는 교육 등 어린이의 발전 과정을 이해하는 데 중요한 역할을 했다. 이러한 로크의 교육론은 현대 교육에 큰 영향을 미쳤으며, 학생 중심의 교육 방식과 개인의 잠재력을 극대화하는 교육 목표가 교육의 중요한 가치로 자리 잡게 되었다.

2) 장 자크 루소(Jean Jacque Rousseau[09])

루소도 어린이를 성인과는 다른 존재로 이해하고 있는 로크의 주장에는 동의했으나, 그들의 정신 상태는 태어나면서 이미 형성되었다고 주장했다. 즉, 어린이가 백지상태가 아니며, 개인적인 감정과 사고 방식을 태어나면서 어느 정도 가지고 있다고 주장한 것이다.

따라서 루소는 자연주의 교육 방법을 제시하면서, 어린이의 성장을 인도하는 것이 중요하다고 믿었다. 그는 어린이가 가진 감정과 사고방식을 적극적으로 활용하여, 스스로 학습하고 역량을 발전시키도록 인도하는 것이 중요하다고 주장했다. 이는 어린이를 직접적으로 개입해서 가르치는 방법 대신에 어린이가 스스로 경험을 통해 교육을 받을 수 있다는 것을 의미한다. 이러한 주장은 루소가 경험교육 분야의 사상적 기초를 제시한 인물로 평가될 수 있음을 보여준다. 이미 능력을 갖추고 있는 어린이들이 스스로 자연스러운 경험을 통해 교육을 받을 수 있다는 것이다.

루소는 어린이의 아동기는 그중에서도 특별한 위치를 차지하며, 성인들이 이해하지 못하는 시기라고 주장한다. 그 이유는 우리가 어린이를 교육할 때, 현재의 성인 사회에 적응하기 위한 필수적인 내용만을 중점적으로 가르치려 들기 때문이다.

하지만 루소는 우리가 어린이를 성인으로 바꾸려는 것이 아니라, 어린

---

09 프랑스의 계몽사상가이며, 철학자, 사회학자, 미학자, 교육론자, 그의 철학적 입장은 물질과 정신은 함께 영원히 존재하는 원리라고 보는 이원론에 섰으며, 도덕적 관념을 생득적이라고 보고 있다.

이가 이미 그 자체로 존재하는 것을 인정하고 이를 기반으로 교육해야 한다고 주장한다. 이를 위해서는 어린이의 내면에 있는 감정과 사고방식을 활용하여, 그들이 자신의 능력을 잘 발전시키도록 인도하는 자연주의 교육 방법이 필요하다고 주장했다.

루소는 이러한 철학을 그의 소설인 '에밀'을 통해 구체화하여 제시한다. 이 소설의 주인공은 순수한 자연인으로 태어났지만, 사회 속에서 이기심과 도덕적인 고민에 물들지 않고 자유롭게 살아가는 방법을 찾아가는 존재로 그려지고 있다. 이를 통해 루소는 아동기의 중요성과 함께 자연주의 교육 방법의 필요성을 강조하며, 우리가 어린이를 어떻게 교육해야 하는지에 대해 진지하게 고민해 볼 필요가 있다는 것을 주장하고 있다.

이런 자연주의적인 교육에서의 해답은 어린이들이 자유롭게 생각할 수 있는 방법과 더불어, 타인과 함께 살아가며 서로를 이해하고 인정할 수 있는 윤리적인 가치를 함께 배울 수 있도록 각 시기에 맞는 교육을 제공하는 것이다. 이러한 방식으로 어린이들은 자신의 자유로운 사고방식을 유지하면서도 타인과 조화롭게 지내며, 더 나아가 민주적이고 평등한 사회 구성원으로서 성장할 수 있다는 것이다.

앞에서 이야기한 것처럼 루소는 자신의 이상적인 교육 과정을 제시하기 위해 가상의 인물인 에밀을 교육하는 과정을 담은 소설을 썼다. 그 과정은 총 5단계로 이루어져 있으며, 그 중 어린이의 발달과 직접적인 관계가 있는 4단계가 있는데, 그 단계와 설명은 다음과 같다.

◇ 1단계: 유아기(출생~5세)

어린이의 유아기는 본능적인 욕구를 충족시키기 위해 먹고 자고 배설하는 등의 매우 단순한 행동에 집중하게 된다. 따라서 이러한 욕구를 적절하게 충족시키기 위한 교육이 중요하며, 이를 위해 부모나 교사는 어린이의 언어와 몸짓을 유심히 관찰하며 그들의 필요에 맞는 관심과 사랑을 충분히 제공해야 한다. 또한 어린이가 점점 스스로 더 많은 것을 하고 타인에게 요구를 덜 하도록 하는 것이 이 시기 교육의 주된 목적이라고 이해할 수 있다.

어린이들은 이 시기에는 직접적인 감각을 통해 세상을 경험하게 된다. 이 시기의 어린이들은 개념이나 이성 등의 추상적인 개념에 대해서는 이해할 수 없으며, 단지 육체적인 즐거움과 고통만을 경험하게 된다. 하지만 점차 호기심이 많아지면서 많은 것을 배우게 되는데, 이 시기에 배우게 되는 언어도 어린이 스스로 학습하게 되며, 이는 이후의 언어 습득과 사용에 큰 영향을 미치게 된다.

◇ 2단계; 아동기(약 5세~12세)

이 시기의 어린이는 육체적 감각을 통해 주변 세상을 이해하기 시작하기 때문에, 어린이가 신체적으로 강하고 건강하게 성장하도록 교육하는 것이 가장 중요하다. 몸이 강하고 건강해질수록, 발전한 신체 감각으로 판단력을 발전시키는 데 도움이 되는 것으로 이해할 수 있다.

루소는 이러한 상황에서 아이들에게 너무 일찍 읽기와 쓰기를 가르치는 것은 좋지 않다고 강조한다. 왜냐하면 이 시기에는 아이들이 지식을 습득하기보다는 신체를 발전시키는 것이 더욱 중요하기 때문이다. 따라서 이 시기의 교육 목표는 아이들의 신체를 굳건하게 연마하여, 이후에 지식을 습득하기 위해 사용할 수 있는 강건한 신체를 가지게 하는 것으로 이해할 수 있다.

어린이들은 스스로 걷고, 말하며, 먹고, 뛰어다닐 수 있는 능력을 얻으며, 이 단계에서 새로운 독립성을 획득하게 된다. 이는 어린이들이 발달에 매우 중요한 단계로, 일반적으로 이러한 능력은 스스로 발전시키게 된다. 어린이들은 추리력을 갖게 되지만, 그들의 추리력은 아직 멀리 떨어진 대상이나 추상적인 개념을 다루는 것은 아니다. 이러한 추리는 신체의 움직임과 감각과 직접적으로 연결된 직관적 추리력으로 이해할 수 있으며, 이 단계의 어린이들의 사고는 지극히 직관적이고 구체적이라고 생각할 수 있다.

◇ 3단계: 소년기(약 12~15세)

이 시기에 어린이들은 튼튼한 신체와 넘치는 에너지를 갖게 되었다. 이런 신체와 에너지를 학문적인 공부에 활용하고, 미래에 독립적으로 살아남을 수 있는 기술을 배울 수 있도록 교육 방향을 조정하는 것이 이 시기의 목표이다. 이를 위해 우리는 어린이들이 더욱 유용하고 현실적인 지식과 기술을 습득할 수 있는 교육 프로그램을 제공해야 하는데, 이를 통해 어린이들이 미래에 안정적이고 행복한 삶을 살아갈 수 있도록 도움을 줄 수 있다.

그런데 여기서 특히 중요한 것은 어린이들이 이제 그 지식을 배울 적절한 나이가 된 것이 아니라, 자연스럽게 호기심을 발전시키는 과정에서 습득해야 한다는 것이다. 이러한 지식은 보통 물리학, 천문학, 기하학과 같은 자연과학적인 분야와 먼저 연관이 된다. 물론, 필요한 지식은 시대에 따라 변화할 수 있다. 하지만 여전히 이러한 지식이 유용하다는 것을 어린이들이 스스로 깨닫도록 해야 한다.

이 과도기가 되는 시기는 아동기와 청년기 사이의 시기로, 어린이들은 육체적으로 매우 강해지며 인지적인 영역에서도 큰 발전을 이루는 시기로 이해할 수 있다. 이 시기는 인지 발달이 완성되는 본격적인 시기로 접어들게 되었다고도 이해할 수 있다. 하지만 이전의 세 단계에서는 어린이들이 전 사회적인 상태였기 때문에, 자신에게 필요하고 유용한 것에만 관심을 가지고 사회적인 관계에는 별 관심이 없다. 여전히 그들은 물리적인 사물을 다루는 것을 즐기며, 주변의 자연에서 배우는 것을 좋아하기 때문에, 아직 이 세 단계에서 필요한 모든 능력을 완전히 배양한 상태가 아니라고도 평가할 수 있다.

◇ 4단계: 청년기(15세~20세)

어린이나 청소년은 이 단계에서 비로소 사회적 존재로 완전히 성장하며, 이는 그들의 사춘기와 함께 시작된다고 볼 수 있다. 대개 15세 정도부터 청소년은 신체적인 변화와 함께 다양한 감정을 경험하게 되며, 인지적으로도 크게 발달한다. 이 단계부터 비로소 여러 가지 추상적인 개념들을 다룰 수 있으며, 학문 분야에서의 개념적이고 이론적인 문제들에 대해서도 흥미를 갖게 된다.

청년기의 청소년은 건강하고 강한 신체, 올바른 정신상태, 자유로운 마음을 갖추고 자기 자신을 사랑할 줄 알게 된다. 이제 이들은 도덕적 가치와 미덕을 습득하며 자신의 인격과 삶의 목적을 발견하는 시기이다. 이 과정에서 이들은 독립적이고 책임감 있는 성인으로 성장하며, 사회적인 역할과 삶의 의미를 이해하고 그에 맞게 행동하게 된다.

사실, 어린이는 소년기까지 자연과 함께한 것과 같이 사회에서 홀로 존재하는 자연인과 같은 존재로 성장하게 된다. 그들은 자신의 인식과 미래의 발전을 위해 사물과의 관계에서 중요한 것을 찾는다. 그러나 청년기에는 사람들과의 관계에서 자기 자신을 발견하는 것이 더 중요해진다. 이 시기에 청소년은 주변 사람들에게 관심을 가지며, 인간이 혼자 살아갈 수 없다는 것을 깨닫고 함께 살아가기 위한 방법을 배우기 시작한다.

루소는 이 네 개의 단계가 인간이라는 종의 진화 과정을 그대로 반복하고 있는 것으로 이해할 수 있다고 주장했다. 유아는 원시인과 비슷하며 감각적인 경험을 통해 세계를 이해하고, 아동기에 들어서면서 직접적인 기술을 배우게 되는데 이 시기는 미개인 시대를 상징하게 된다. 그리고 청소년기는 사회적 관계의 시작으로 인식되는데, 루소는 현대인이 사회적 생활에 집중하면서 자신의 생각을 더 이상 스스로에게만 의존하지 않게, 사회적 관습에 따라 생각하게 된다고 주장하고 있다. 미개인은 자신의 한계 속에서 살지만, 사회적인 사람은 다른 사람들의 의견에 따라 살아가는 방법을 배우게 된다는 것이다.

루소는 발달이론 분야에서 몇 가지 주요한 개념과 설명을 제시했다. 첫째로, 그는 어린이의 발달이 내부적인 생물학적인 시간표에 따라 자연스럽게 진행된다는 주장을 펼쳤다. 이것은 어린이들이 더 이상 단순히 성인의 가르침이나 사회적인 영향에 의해서만 발달하지 않는다는 것을 의미한다. 자연의 계획에 따라 스스로 성장하고 학습하는 생물학적 성숙을 한다는 생각을 제시했다.

둘째로, 루소는 어린이의 발달이 일련의 단계를 거치면서 전개된다는 것을 설명했다. 각 단계마다 어린이의 사고 및 행동 패턴이 그들 나름의 독특한 특성을 갖기 때문에, 어린이들이 각 시기마다 다르다는 것을 강조했다.

셋째로, 루소는 어린이를 중심에 둔 새로운 교육 철학을 제안했다. 이것은 학생을 그의 나이에 맞게 다루어야 하며, 어린이의 발달 단계에 맞춰 교육을 진행해야 한다는 것을 의미하는 것으로 이해할 수 있다. 이런 방식으로 교육하면 어린이들은 나름의 경험과 이해력에 따라 스스로 학습해 나갈 수 있다는 것이다. 그리고 각 어린이의 발달 단계에 맞는 방법으로 교육하는 것이 교육에서의 자연스러운 성장과 발달의 개념을 제시하는 것이라고 루소는 강조했다.

3) 아널드 게젤(Arnold Lucius Gesell[10])

루소는 어린이의 발달이 자연의 계획에 따라 순서대로 진행된다고 믿

10 어린이 발달 분야 발전에 기여한 심리학자이자 소아과 의사이다.

었고, 이런 과정을 우리는 생물학적 성숙이라 부른다. 이 주제에 대한 연구의 기초적인 기반을 다진 학자는 아널드 게젤(Arnold Gesell)이다. 그는 어린이의 발달이 특정한 성숙의 기제를 통해 이루어진다고 주장했으며, 부모에게 어린이의 연령에 맞는 발달의 평균과 지침 등을 제공하기도 했다.

여기서 게젤은 어린이의 발달이 두 가지 힘, 즉 환경적 영향과 타고난 유전자의 활동에 의해 결정된다고 주장했다. 그는 이러한 발달 과정을 성숙(maturation)이라는 용어로 불렀는데, 성숙에 의한 발달의 특징은 발달이 일정한 순서로 진행된다는 것이다.

예를 들어, 심장은 태아의 첫 번째로 발달하고 작동하며, 이어서 세포가 중추신경계를 형성하게 된다. 뇌와 머리의 발달은 팔과 다리와 같은 부위의 발달보다 먼저 진행하게 된다. 이러한 발달 과정은 개인의 유전적 정보에 의해 결정되며, 모든 개인에게 똑같아 적용된다는 것이다.

유아의 발달은 출생 이후에도 순서대로 진행되며, 이러한 발달 과정은 뇌와 신경계의 성장과 함께 이루어진다. 이러한 성장과 발달은 개인의 유전자에 의해 결정되며, 고정된 순서로 진행된다. 출생 후에는 머리가 먼저 발달하게 되어 유아는 혀와 입술을 통제하고, 목과 어깨, 그리고 다리를 통제하게 된다. 이후에는 앉기, 서기, 걷기, 달리기 등의 능력도 순서대로 발달하게 된다. 그러나 모든 유아가 같은 연령에 같은 능력을 가지는 것은 아니며, 그 발달 속도에는 차이가 있다. 공통적인 발달의 단계를 설명할 수 있지만, 그 발달 단계의 진행에는 개인적인 차이가 존재한다는 것을 염두에 두어야 한다.

아널드 게젤은 어린이의 발달 단계를 신체적, 인지적, 언어적, 그리고 사회적 발달로 구분하였다. 신체적 발달 단계는 뇌와 신체가 가장 빠르게 성장하는 시기이다. 이 기간 동안 어린이는 걷기와 뛰기 등의 모터 기술을 발전시키며, 인지 능력과 감각 능력도 개선된다. 인지적 발달 단계에서 어린이는 추상적인 개념을 이해하는 능력을 향상시키면서 관찰, 기억, 사고, 그리고 문제 해결 능력 등의 인지 능력이 크게 발달한다. 언어적 발달 단계에서는, 어린이는 말하기와 듣기 능력을 향상시키면서 언어를 습득한다. 언어 발달의 초기 단계에서는 소리와 단어의 의미를 이해하고 발음을 개선시키는 데 집중하며, 후기 단계에서는 문법, 어휘, 의사소통 능력 등을 향상시키면서 의사소통 능력이 크게 발전한다. 사회적 발달 단계에는 어린이는 타인과의 상호작용, 친구 사귀기, 룰과 규칙 이해 등을 통해 사회적 능력을 향상시키게 된다. 이러한 단계에서 어린이는 자신의 감정을 인식하고 표현하는 능력도 향상시키며, 자신과 타인의 감정을 이해하고 존중하는 능력도 발전한다. 따라서 게젤의 발달 단계 이론은 어린이의 발달을 이해하고 어린이 교육 및 보건 분야에서 활용되고 있다.

4) 피아제의 인지발달 이론

피아제는 스위스 출신의 심리학자로, 지능검사 표준화 작업을 하면서 어린이들의 오류가 연령에 따라 달라진다는 사실을 발견하고, 이를 계기로 어린이들의 사고 과정을 연구하기 시작했다. 이를 통해 생물학적인 원리와 방법을 인지발달 연구에 적용하였고, 결과적으로 성인과 어린이의 사고 과정이 근본적으로 다르다는 것을 밝혀내었다. 그리고 어린이의 발달 과정에서 인지가 어떻게 발달하는가에 대한 연구를 진행하면서 어린이 발달 이론과 연구에 큰 영향을 끼치게 되었다. 이로 인해 피아제는 현대 발달심리학 분야에서 가장 영향력 있는 학자 중 한 사람으로 인정받고 있다.

피아제는 어린이들이 우리가 알던 방식과는 다른 방식으로 사고한다고 가정하고, 많은 임상 면담을 통해 어린이들의 자발적인 활동을 관찰하였다. 그 결과, 피아제의 연구는 지속적으로 진보하고 변화하였지만, 이 모든 연구들을 하나의 이론으로 구성하였다. 이 이론에서는 어린이의 발달을 1기부터 4기까지 4단계로 분류하여 설명하고 있다(Smith et al., 2003).

피아제는 어린이의 인지발달을 설명하기 위해 4개의 단계로 구분하는 이론을 제시했다. 이 이론에서는 각 단계별로 어린이들의 인지적인 특성을 설명하고 있다. 첫 번째 단계인 감각운동기(Sensory motor stage)는 0세에서 2세까지의 아기들이 경험을 통해 신체적 감각과 운동 능력을 발달시키는 단계이다. 두 번째 단계인 전조작기(Preoperational stage)는 2세에서 7세까지의 어린이들이 언어 습득과 상징적인 사고 등을 통해 인지능력을 향상시키는 단계이다. 세 번째 단계인 구체적 조작기(Concrete operational stage)는 7세에서 11세까지의 어린이들이 논리적인 사고와 추론, 수학적 개념 등을 이해하는 단계이다. 네 번째 단계인 형식적 조작기(Formal operational stage)는 11세 이후의 어린이들과 성인들이 논리적 추론과 추상적인 사고 등을 수행할 수 있는 단계이다. 이론에서는 이러한 단계별로 갖고 있는 특징들이 어린이의 인지적인 발달 과정에서 중요한 역할을 한다고 설명하고 있다.

연구자들은 어린이 광고에 대한 연구를 수행하면서, 특히 전조작기와 구체적 조작기 단계(2-11세)에 관심을 가지고 있다. 그 이유는 이 인지 발달 단계에서는 어린이들이 하나의 차원에만 집중하며, 전반적인 정보를 함께 고려하지 못하므로 광고 메시지의 부정적인 영향에 가장 취약할 수 있는 시기이기 때문이다. 따라서 이러한 연령대에서 광고에 노출되는 어린이들은 특별히 보호가 필요하며, 광고 산업에도 이를 고려한 적절한 규제와 윤리적인 책임이 요구된다고도 주장할 수 있다.

피아제는 어린이들이 인지발달의 각 단계를 개인적으로 다른 속도로 통과하지만, 그 단계의 순서는 항상 일정하다고 설명하고 있다. 또한 어린이들은 자신이 처한 환경을 탐색하며 이해하기 위해 노력하는 과정에서 이러한 인지 구조를 능동적으로 구성한다고 말하고 있다. 피아제의 이론에서 제시된 4단계 각 시기를 간단히 정리하면 아래의 표와 같다.

<표1> 피아제의 인지발달 단계

단계	이름	특징
제1기	감각운동기 출생 ~ 2세	신체활동으로 감각적인 경험을 조합하여 사고 구조화 반사적 행동에서 시작하여 상징적 사고 출현
제2기	전조작기 2 ~ 7세	언어와 상상으로 세상 표현 시작 상징적 사고 발달 정신적인 조작이 불가능하고 자기중심적인 사고를 하고 본질보다는 외양에 근거하여 판단
제3기	구체적 조작기 7 ~ 11세	구체적 사건에 논리적으로 생각하고 사물을 범주로 구분하기 시작 보존개념 형성, 분류화 및 서열화 가능
제4기	형식적 조작기 11세 이후	추상적, 이성적, 논리적으로 사고 시작

피아제의 이론에서는 동화와 조절 과정을 통해 어린이들이 가진 머릿속의 인지발달 도식이 어떻게 변화하는지를 중점적으로 다루고 있다. 도식은 어린이들의 사고와 행동이 일정한 형태로 조직화된 것을 의미하며, 인지 발달의 과정에서 나이가 들수록 이 도식은 점점 더 복잡해진다는 것

을 설명하고 있다. 이 과정에서 어린이들은 주변 환경을 탐색하고 이해하는 과정에서 능동적으로 도식을 구성해나가며, 이를 통해 인지능력이 함께 발달해 나간다는 것이 피아제의 주장이다.

적응 활동은 우리가 주위 환경에 맞게 도식을 조정하려는 경향을 의미하며, 이를 위해 동화와 조절이라는 두 가지 과정이 상호보완적으로 이루어진다. 동화는 새로운 대상이나 정보를 기존의 인지 구조에 맞춰 이해하기 위한 과정이다. 우리는 현재 가지고 있는 도식을 사용하여 새로운 경험을 이해하려고 노력한다. 그러나 새로운 정보가 현재의 인지 구조에 맞지 않으면, 우리는 조절 과정을 거쳐 우리가 가진 인지 구조를 수정하거나 변화시켜야 한다. 이 과정은 새로운 정보를 수용하기 위해 기존 도식을 수정하거나, 새로운 도식을 형성하는 과정이다.

피아제는 어린이의 사고가 성인의 가르침이나 외부 환경적 영향에 의해 형성된다고 생각하지 않는다. 그 대신, 어린이가 새로운 인지 구조를 형성하는 것은 외부 환경의 영향이 아니라 어린이 자신의 능동적인 사고의 노력 덕분이라고 설명하고 있다. 이에 따라 발달은 어린이의 내적 성숙이나 외적 교육에 의해 결정되는 것이 아니며, 어린이 스스로가 능동적으로 자신의 인지 구조의 도식을 세워나가는 과정으로 이해할 수 있다.

이 이론의 일반적인 가정들은 일단 모든 사람들은 정해진 일련의 인지 발달단계를 순서대로 지나며, 각 단계는 가지고 있는 정보의 양적 증가뿐만 아니라 그 정보 처리의 질적 변화도 같이 일어난다고 이해할 수 있다. 한 단계에서 다음 단계로 넘어갈 때는 그 대상의 인지 변화에 그 초점이 맞추어져 있다. 각 단계별로 자세한 설명은 다음과 같다.

◇ 제1기 감각운동기(출생 ~ 2 세)

제1기는 감각과 운동을 통해 인지 구조가 초기 발달하는 단계이다. 이 단계에서는 유아의 단순한 반사적 행동은 점차 목적을 가진 의도적 행동으로 발전하게 된다. 유아는 이 시기에 대상영속성(object permanence)이라는 개념을 습득하게 된다. 대상영속성은 아동 발달 심리학에서 중요한 개념 중 하나이다. 이는 아동이 대상이 계속해서 존재하며, 사라진 후에도 그 존재를 인식할 수 있는 능력을 말한다. 또한 유아는 이 시기에 언어를 사용하기 시작하며, 약 2~3개의 단어를 함께 사용할 수 있게 된다. 이 단계의 유아는 독립적인 생각과 간단한 문제 해결이 가능하다. 그러나 언어 능력의 한계로 인해 광고와 같은 복잡한 개념을 이해할 수 없을 가능성이 있다.

피아제는 이 감각운동기를 6개의 단계로 나누어 더욱 세부적으로 설명하고 있다. 이 6개의 단계는 다음과 같다. 첫째, 반사 사용 단계. 둘째, 1차 순환 반응. 셋째, 2차 순환 반응. 넷째, 2차 도식의 조직화. 다섯째, 3차 순환 반응. 여섯째, 사고의 시작 단계이다. 이렇게 단계를 구분함으로써, 제1기의 발달 과정을 보다 세부적으로 이해할 수 있게 된다.

- 1단계(출생~1개월): 반사 사용 단계

피아제는 유아의 인지 구조를 설명할 때 도식(schema)이라는 용어를 사용하고 있다. 이 용어는 머릿속의 인지 구조를 의미하며, 어린이들의 사고와 행동이 일정한 형태로 조직화된 것을 의미한다. 이 시기에서는 유아가 외부 환경에 대처하기 위한 행동 패턴인 보기, 쥐기, 두드리기, 차기 등을 통해 도식과 그 구조를 구성하게 되는 것으로 보인다.

유아는 행동을 통해 도식과 그 구조를 구성해 나가지만, 첫 번째 도식은 대부분 생존을 위해서 생물학적으로 타고난 단순한 반사 행동으로 구성되어 있다. 그 중에서도 가장 현저한 반사 행동은 빨기 반사(sucking reflex)인데, 여기서 유아는 입술에 닿는 것은 무엇이든 자동적으로 빠는 행동을 하게 된다. 여기서 반사는 수동성의 의미를 내포하고 있어서, 어떤 특정한 자극이 있기 전까지는 자발적으로 나타나지 않는 행동으로 이해할 수 있다. 하지만 이런 수동적인 반사가 곧 유아의 자발적인 행동으로 점차 발전하게 되는 것으로 생각할 수 있다.

- 2단계(1~4개월)**: 1차 순환반응**

순환반응이란, 유아가 새로운 경험을 하고 그 경험한 행동을 다시 반복하려는 경향을 보이는 것을 말한다. 그 중 1차 순환 반응은, 두 개로 분리되어 있던 신체의 도식을 하나로 통합하는 과정을 포함하고 있다. 이러한 순환 반응은 피아제가 제시한 인지 발달에서 구성 과정(construction process)의 일부로도 볼 수 있다. 구성 과정에서 유아는 능동적으로 서로 다른 동작들과 도식들을 하나로 통합하려고 시도하게 된다. 이러한 시도의 과정에서 유아는 여러 번 실패하게 되며, 이러한 실패를 거쳐 비로소 행동과 도식의 통합에 성공하게 된다.

- 3단계(4~8개월)**: 2차 순환반응**

2차 순환 반응은 유아가 내부가 아닌 외부에서 관찰한 행동을 스스로 반복하려고 노력할 때 나타난다. 이러한 반응은 주로 유아가 경험한 흥미로운 상황을 지속시키기 위해 나타나며, 자신의 행동이 아닌 외부에서 관찰한 행동을 모방하고 반복하려는 경향을 가지고 있다. 대표적인 예로는 인형과의 상호작용이 있는데, 유아는 인형으로부터 흥미로운 반응을 관찰하고 이를 스스로 만들어내기 위해 노력한다. 이러한 방식으로 유아는 새로운 사건을 관찰하고 이를 스스로 반복하여 즐길 수 있는 능력을 발전시키게 된다.

- 4단계(8~12개월)**: 2차 도식의 협응**[11]

3단계에서는 유아가 발견한 단일 행동을 반복하며, 4단계에서는 두 개의 도식을 함께 사용하여 특정한 결과를 얻을 수 있는 능력이 발달하게 된다. 이것은 두 개의 분리된 행동을 조합하여 문제를 해결하는 협력적인 과정을 구성하는 것을 가능하게 한다.

피아제는 이러한 협력의 과정을 설명하기 위해 유아가 물건을 집으려고 할 때 방해물이 있는 상황을 그 예로 설명하고 있다. 유아는 이 상황에서 두 가지 분리된 도식인 "치기"와 "잡기"를 함께 사용하여 문제를 해결한다. 먼저, "치기" 도식에서는 방해물을 치우는 행위를 하고, 그 다음 "잡기" 도식에서 물건을 집는 행위를 수행한다. 이렇게 두 도식을 조합하여 물건을 집는 문제를 비로소 성공적으로 해결하게 된다.

- 5단계(12~18개월)**: 3차 순환반응**

이전에 설명한 바와 같이, 3단계에서는 유아가 단일한 행동을 수행하고, 4단계에서는 두 개의 분리된 행동을 복합적으로 수행함으로써 특정 결과를 얻으려는 노력을 한다고 설명했다. 5단계의 유아의 특징은 다양한

---

11 신체의 신경 기관, 운동 기관, 근육 따위가 서로 호응하며 조화롭게 움직이는 것을 뜻한다.

결과를 얻기 위해 다른 행동을 반복적으로 시도하는 것으로 이해할 수 있다.

예를 들어, 유아가 수도꼭지에서 물놀이 할 때, 손을 가깝게 혹은 멀리 두면서 그 물이 퍼지는 모습을 관찰할 수 있다. 이러한 다양한 결과들을 관찰하고, 도식화하여 그 결과를 예측할 수 있는 능력을 스스로 발전시키게 된다. 이렇게 스스로 학습하고 도식화한 지식을 바탕으로, 유아는 반복적으로 다양한 행동을 시도하며 새로운 결과들을 발견하게 된다. 이러한 과정에서, 유아는 성인의 직접적인 가르침 없이도 호기심과 탐구심을 바탕으로 스스로 도식을 발전시키고 그 도식들을 함께 사용할 수 있는 능력을 발휘하게 되는 상황으로 이해할 수 있다.

- 6단계(18개월~2세)**: 사고의 시작**

5단계에 있는 유아는 자신의 행동을 다양하게 변화시켜가며 그에 따른 결과를 관찰하게 된다. 이는 직접적인 신체적 활동을 통해 이루어지며, 자신의 호기심과 끊임없는 탐구로부터 발전되는 것으로 생각된다.

반면, 6단계에서는 유아가 내적인 사고 과정을 통해 행동의 결과를 예측할 수 있게 된다. 이를 이해하기 위한 대표적인 예시로는 '루시엔느 성냥갑' 실험이 있는데, 이 실험에서 루시엔느는 성냥갑 속의 물건을 꺼내기 위해 두 가지 도식을 함께 사용하는 것으로 나타났다. 첫 번째는 성냥갑을 뒤집는 행동, 두 번째는 손가락을 성냥갑 속에 넣는 행동이었다. 이를 시도하는 과정에서 여러 번 실패를 겪은 후, 잠시 행동을 멈추었던 그녀는 곧 성냥갑을 열고 물건을 꺼내는 데에 성공하게 된다.

만약 이 실험에 참여한 유아가 5단계에 해당된다면, 그들은 계속해서 시행착오를 겪으며 새로운 행동을 통해서 해답을 배울 것이다. 이러한 과정을 통해 성냥갑 안의 물건을 꺼내는 방법을 습득할 수 있겠지만, 루시엔느는 잠시 행동을 멈추고 문제 해결과 관련된 행동을 생각함으로써 보다 빠른 결과를 얻었다. 이는 6단계에서 가능한 내적 사고 과정으로 이해할 수 있다.

5단계에서는 유아들은 행동의 반복과 시행착오를 통해 새로운 행동을 배우지만, 지연된 모방(deferred imitation)은 6단계에서나 가능해지는 것으로 이해할 수 있다. 이는 관찰한 행동을 기억하고, 시간이 지난 후에 다시 그 행동을 모방해서 재현할 수 있는 능력을 의미하는데, 이를 통해 유아들은 모델의 행동에 대한 내적인 도식을 형성하고, 기억 속에서 그것을 추출하여 다시 사용할 수 있게 된다.

이상에서는 어린이의 발달 주기 중 제1기 감각운동기를 6개의 단계로 나누어 살펴보았다. 이 단계에서 아이들은 자신의 행동을 반복하는 것에서부터 시작하여 외부에서 관찰한 행동을 순환적으로 반복하는 단계까지 발달하게 된다. 또한 사고를 통해 행동을 모방하는 능력까지도 함께 배양하는 것으로 나타났다.

이외에도, 제1기 감각운동기에서는 대상영속성이 발달하는데, 이는 어린이들이 어떤 대상이 눈앞에서 없어져도 그 대상이 여전히 어딘가 존재한다는 것을 이해하는 것을 의미한다. 초기의 유아는 대상이 눈앞에서 사라지면 그것이 자신의 세상에서 완전히 사라진 것으로 이해하지만, 이 시기가 지나면 대상이 사라져도 완전히 없어지는 것은 아니라는 것을 이해하게 된다.

어린이의 발달 주기 중 제1기 감각운동기를 6개의 세부적인 단계로 나누어서 살펴보면, 1단계와 2단계의 시기에는 유아는 외부에 존재하는 대상을 알지 못하며 보이지 않으면 금방 잊어버리고 다른 대상으로 그 관심을 돌리게 된다. 그러나 3단계에서는 외부에 존재하는 대상과 함께 그 대상의 영속성에 대한 감각을 갖게 된다. 이는 가려진 사물을 찾아내거나 시야에서 이동한 물건을 다시 바라보는 것으로 나타날 수 있다. 대상영속성에 대한 진정한 이해의 시작은 4단계에서 이루어지는데, 이 단계에서 유아는 완전히 숨겨져 있는 대상도 찾을 수 있게 된다.

또한 5단계에서는 물건을 옮기는 행동을 볼 수만 있다면 어떤 대상의 위치 이동을 추적할 수 있는 단계이며, 보이지 않는 위치로의 이동까지 추론할 수 있는 것은 6단계부터 가능해진다. 따라서 6단계에서는 어떤 대상이 이동할 수 있는 동선까지도 생각을 통해서 추론할 수 있는 단계로 이해할 수 있다. 이러한 발달 과정은 대상 영속성의 이해뿐만 아니라, 자신의 행동을 관찰하고 반복함으로써 외부 환경을 이해하는 능력을 갖추는 것과도 관련이 있는 것으로 이해할 수 있다.

◇ 제2기 전조작기(2세~7세)

제1기 감각운동기는 어린이들이 환경에 대처하기 위해 순차적으로 효율적인 행동을 발달시키는 단계이다. 이렇게 발달된 행동은 계속 사용되지만, 전조작기부터 이러한 행동에서 중요한 변화가 일어난다. 전조작기에서는 어린이들이 문제 해결을 위해 논리적인 행동을 스스로 생각해내기 시작한다. 이 단계는 어린이의 인지적 발달이 빠르게 일어나는 시점이다. 그러나 이러한 발달에도 어느 정도 한계가 있다. 예를 들어, 물질의 변형과 관련된 문제에서, 제1기 감각운동기 단계의 어린이들은 서로 모양이 다른 두 용기의 물의 양을 제대로 비교하지 못하는 것으로 나타났다.

한 실험에서, 높이가 같은 물이 채워진 A1과 A2 두 컵을 보여주고, 이후에 두 컵에 같은 양의 물이 채워져 있냐고 물으면 대부분의 어린이는 그렇다고 답할 것이다. 그러나 이후에, 용기 A2의 높이를 낮추고 바닥 면적을 넓게 한 용기 P로 물을 옮겨 붓게 되면, 전조작기 수준의 어린이들은 두 용기의 물의 양이 여전히 같다는 것을 이해하지 못하고, 혼란스러워 한다. 그 이유는 실제로는 물의 양은 같은데도 높이와 면적이 서로 다른 용기를 사용하기 때문이다.

7세 정도에 이르러 어린이들은 이런 액체의 보존 개념을 획득하게 되는데, 이때, 어린이들은 구체적 조작기 단계로 진입하게 되며, 세 가지 근거를 통해 보존 개념을 이해하게 된다. 이 근거들은 동일성, 보상성, 역조작의 개념이다. 동일성은 기존 액체의 양에 액체를 더하거나 빼지 않았기 때문에 그 양이 보존된다는 것을 의미하며, 보상성은 한 컵이 넓고 다른 컵이 높기 때문에 액체의 양이 같다는 것을 의미한다. 역조작은 액체를 되돌려 부으면 같은 양이기 때문에 액체의 양이 보존된다는 것을 의미하고 있다. 이 세 가지 근거를 사용하여 특정한 양의 비교를 수행할 수 있는 어린이들은 논리적 조작을 수행할 수 있게 된다. 하지만, 이러한 조작은 어린이들의 정신 활동에 의한 것으로, 이러한 변형을 실제 행동으로 경험하지는 못했다.

위의 내용을 바탕으로, 어린이들은 TV를 하나로 이해하며, 프로그램과 광고를 구분하기 어려울 수도 있다는 주장이 있다(Kunkel, 1988). 이는 어린이들이 TV를 볼 때 한 가지 측면에만 집중하기 때문이며, 이러한 이유로 광고와 프로그램의 차이를 인지하고 둘을 구분하기가 어려울 수 있다고 Young(1990)은 그의 연구에서 주장하고 있다.

전조작기 발달 단계의 어린이들은 자아중심적인 사고방식을 가지고 있으며, 이로 인해 다른 사람들과의 관계에서도 한 가지 이상의 시각을 이해하지 못하는 경향이 있다. 자아중심성은 개인의 관점과 경험에만 중점을 두는 사고방식으로, 전조작기 어린이들은 모든 대상을 자신의 관점에서만 생각하려는 경향이 있다. 따라서 이들은 타인의 시각과 생각을 이해하거나 다양한 관점을 고려하는 것이 어렵다는 것이다. 이렇게 되면 타인의 생각이나 관점을 이해하기 어려울 수도 있다.

자아중심성의 구체적인 예시로, 어린이의 공간 지각 능력에 대한 실험을 들 수 있다. 이 실험에서는 어린이를 세 개의 산으로 이루어진 모형 주위를 한 바퀴 돌도록 하고, 어린이와 반대편에는 인형을 앉힌 후, 여러 개의 사진 중에서 어린이가 본 것을 가장 잘 나타내는 사진과 인형이 본 것을 나타내는 사진을 함께 선택하도록 했다(Piaget & Inhelder, 1956). 이 실험에서 모든 어린이가 자신이 본 것을 나타내는 사진을 제대로 선택했으나, 4~6세 나이의 어린이는 인형이 본 것을 나타내는 사진을 고르면서도 결국 자신이 본 것과 같은 사진을 선택하는 것으로 나타났다. 이는 인형이 바라보는 시점과 자신이 바라보는 시점이 다르다는 상황을 제대로 이해하지 못하고 있음을 보여주며, 이러한 상황에서는 자아중심성이 강조된다는 것을 보여준다.

어린이들은 이런 자아중심성 때문에 같이 있으면서도 따로 놀이를 즐기는 경향이 있다. 이는 각자 자신의 관점에서 놀이를 이해하고 진행하기 때문이다. 자아중심성은 또한 어린이들의 대화에도 영향을 미치는데, 어린이들이 놀이를 하면서 대화를 나누는 것처럼 보일 수 있지만, 사실은 각자 자신의 마음속에 있는 것을 있는 그대로 표현하고 있다는 것이다. 그러나 어린이들은 시간이 지나면서 이러한 자아중심성을 극복하며, 다른 사람의 반응이나 관점도 함께 고려할 수 있는 능력을 갖게 된다.

전조작기는 이미지와 단어를 상징으로 사용하는 수준으로, 어린이의 인지 발달을 나타낸다. 이 과정에서 어린이는 생각을 조직화해야 하는 새로운 상황을 마주하게 된다. 하지만 전조작기에서의 어린이의 사고는 여전히 비논리적인 단계에서 진행되며, 구체적 조작기에 들어서야 비로소 논리적인 상징적 수준에서 사고가 조직화되기 시작한다.

전조작기의 자아중심성은 광고를 이해하는 데에 있어서도 중요한 인지적인 능력으로 작용할 수 있다(Kunkel, 2001). 만약 어린이들이 자신의 관점 이외의 다른 사람들의 관점을 이해하지 못한다면, 광고가 지닌 설득적인 성격을 이해하는 것이 어려울 수 있다. 예를 들어, 광고가 제품을 판매하기 위해 그 제품이 어떤 문제를 해결해줄 수 있다고 설명하면, 자아중심성을 가진 어린이는 자신이 그러한 문제를 직접적으로 경험하지 않았다면 그 제품이 왜 필요한지 제대로 이해하기 어려울 수 있다. 따라서 광고주는 광고를 구성할 때 어린이들이 이해하기 쉬운 상황을 구성하는 것이 중요하다. 이를 통해 어린이들이 광고를 이해하고 제품을 선택할 수 있도록 도울 수 있다.

광고를 제대로 이해하기 위해서는 광고주의 관점에서 그 의도를 파악해야 하는데, 이는 결국 어린이에게 다른 사람의 관점을 이해할 수 있는 능력이 필요하다는 것이다. 따라서 자아중심성을 가진 전조작기의 어린이들은 광고의 설득적인 성격을 제대로 이해하기 어려울 수 있다는 결론을 내릴 수도 있다.

◇ 제3기 구체적 조작기(7~11세)

어린이들은 전조작기 이후, 문제 해결 과정에서 논리적인 사고를 통해 답을 도출할 수 있게 되었고, 또한 문제의 여러 측면을 함께 고려할 수 있게 되었다. 이로 인해, 물병의 높이와 넓이를 함께 고려하여 물질의 형태가 변형되더라도 그 양을 추론하는 데 큰 어려움이 없어졌다. 이러한 인지 능력이 발전하는 시기를 우리는 구체적 조작기라고 부르는데, 이 때 구체적이라는 용어는 어린이들이 직접적으로 보고, 경험할 수 있는 물리적으로 실재하는 대상에 대한 인지적 생각이 가능해진다는 점에서 착안한 이름으로 이해할 수 있다.

어린이들은 꿈에 대한 개념을 이해하기 위해 단계적인 과정을 거치는 것으로 알려졌다. 처음에는 꿈이 현실과 동일하다고 믿는 경우가 많으며, 이후에 꿈이 현실과 구분된다는 것을 점차 깨닫게 된다. 그러나 어린이들은 여전히 성인들과는 다르게 꿈을 이해하는 것으로 생각되며, 어린이들은 꿈이 다른 사람들에게도 보이며, 외부에서 온 것으로 생각하기도 한다. 즉, 꿈이 마치 영화처럼 그들의 외부에 존재한다고 여긴다. 각각의 단계를 거치면서 어린이들은 꿈이 현실적이지 않다는 것을 깨닫게 되며, 꿈의 내적 근원이나 소재를 파악할 수 없다는 것을 깨닫는다. 이후, 성인들이 꿈에 대해 전달하는 다른 특성들도 이해하게 된다. 이러한 꿈에 대한 이해는 6~7세의 구체적 조작기에 이르러서야 완전해진다고 생각할 수 있다.

어린이들은 구체적 조작기 단계에 서로 관계된 내용을 연결하고 하나로 집단화하는 유목화에 익숙하게 된다. 이전 단계의 어린이들은 이런 유목화 하는 일에 익숙하지 못할 수도 있다. 유목화가 가능하다는 것은 비슷한 것을 비교하고 하나로 묶어서 이해할 수 있다는 것이다.

구체적 조작기 단계에 있는 어린이들이 광고를 제대로 이해할 수 있는 능력을 가지고 있는가에 대한 답은 명확하지 않다. 일단 이 단계에서 어린이들의 인지적 사고 능력이 급격하게 발전하므로, 광고를 이해하는 능력도 크게 발전할 것으로 기대할 수 있다. 그러나 어린이들은 직접적으로 경험할 수 있는 구체적 대상이 있는 상황에서만 그 대상을 명확하게 인지적으로 사고할 수 있을 것으로 판단된다. TV를 시청하는 경험이 대부분 수동적이며, 시청하고 있는 이미지를 직접적으로 사고하기에는 어려움이 있으므로, TV 시청 상황에서는 광고에 대해 제대로 이해할 수 있는 어린이들의 능력은 여전히 부족할 수도 있다고 생각할 수 있다.

◇ 제4기 형식적 조작기(11세~성인)

구체적 조작기 단계의 어린이들은 정신 활동에 의해 체계적으로 사고할 수 있지만, 구체적이고 경험 가능한 대상들에 대해서만 이해가 가능하다는 점이 특징으로 나타났다. 추상적이거나 상상력이 필요한 문제를 이해하는 과정에서는 어려움을 겪을 수도 있다.

반면, 형식적 조작기 단계에서는 추상적인 대상까지 논리적으로 사고할 수 있게 된다. 이 단계에서는 논리적-수학적 모델을 통해 사고할 수 있어서, 11세 전후의 어린이들은 추상적이거나 가정적인 문제에 대해서도 논리적으로 사고할 수 있게 되는 것으로 나타났다. 이 단계에서 어린이들은 자신의 미래나 자신이 속한 사회의 본질 등과 같은 보다 큰 문제들에 대해서도 사고를 시작한다.

광고 이해의 측면에서는, 11세에서 12세 정도의 어린이들은 성인의 광고에 대한 이해 능력과 유사한 인지적 능력을 지니고 있다고 볼 수 있다. 그러나 광고나 커뮤니케이션 메시지 등에 대한 직접적인 경험의 부족으로 인해 광고 이해에서 성인과 차이가 발생할 수 있다. 물론 여기서 어린이의 개인적인 능력의 차이도 함께 고려해야할 요소이다.

◇ 타인에 대한 이해

광고의 이해 과정인 메시지의 해석에서 중요한 것은 광고의 목표와 의도를 제대로 파악할 수 있는 능력이다. 이 능력이 의미하는 것은 광고주가 광고를 만드는 과정에서 가지고 있는 그들의 생각을 있는 그대로 이해하고 받아들이는 것이 가능하다는 것이다. 그러나 나이가 비교적 어린 어린이들이 다른 사람들의 생각을 이해하는 데 어려움을 겪고 있다는 것은 이미 여러 연구에서 지적하고 있으며, 피아제의 이론에서도 어린이가 가진 자기중심성의 개념으로 이런 이해 어려움의 문제를 설명하고 있다.

피아제의 발달이론에서 전조작기 단계에 속하는 어린이들은 다른 사람들이 자신과는 다른 생각을 가질 수 있다는 사실을 미처 알지 못하기 때문에 그들의 생각은 자기중심적일 수밖에 없다고 설명하고 있다(Piaget & Inhelder, 1956). 피아제 이후의 다른 연구자들도 이런 어린이들의 자기중심성을 반복해서 지적하고 있다(Selman, 1980). 다른 사람의 생각을 제대로 이해하지 못한다는 자아중심성이 의미하는 것은, 제품을 마케팅하려는 의도를 가진 광고주의 생각으로 광고가 만들어져 있다는 것을 어린이들이 이해하기 어렵다는 것이다(John, 1999).

여기서 다른 사람의 마음에 대한 이해라는 주제를 설명하기 위해서 우리는 발달심리학의 마음 이론(Theory of Mind)[12]을 참고할 필요가 있다. 마음 이론은 발달심리학 이론 중의 하나로, 욕구, 신념, 의도, 지각, 정서, 생각을 포함하는 자신과 타인의 마음, 그리고 그 정신적 상태에 대하여 이해하는 능력을 설명하는 이론이다. 마음 이론의 핵심은 어린이들이 다른 사람들을 그들과 다른 지식, 욕망, 신념 등을 포함하는 마음을 가진 개인으로 나와는 다른 개인으로 어떻게 알게 되는가 하는 과정을 설명하는 데에 초점을 두고 있다. 결국, 다른 사람들도 그들의 독특한 마음을 가지고 있다는 것을 어린이들이 어떻게 인지하게 되는가 하는 문제를 설명하기 위한 이론으로도 이해할 수 있다. 마음 이론은 광고의 목표와 의도를 이해하는 과정을 설명하는 데도 중요한 역할을 한다.

마음 이론 분야에서의 연구는 다른 사람들의 관점을 받아들이는 어린이들의 능력을 검사하기 위한 Sally-Anne Task[13]에 대한 설명으로 가장 쉽게 설명할 수 있다(Baron-Cohen et al., 1985). 이 검사는 어린이들이 다른 사람들은 어떤 대상을 그들과 다르게 해석할 수도 있다는 사실을 지각할 수 있는지의 여부를 검증하는 실험이다. 즉 다른 사람들이 나와 다른 관점을 가지고 있다는 것을 이해하는지를 검증하는 대표적인 실험이라고 할 수 있다.

다른 사람들은 나와는 다른 신념을 가질 수 있다는 것을 아는 것은

---

12 발달심리학 이론 중 하나로, 욕구·신념·의도·지각·정서·생각과 같은 자신과 타인의 마음, 그리고 정신적 상태에 대하여 이해하는 선천적인 능력에 대한 이론으로, 마음 이론은 자신과 타인의 마음 상태를 이해하는 것으로서, 지각·의도·동기·사고·정서 등 다양한 영역에 대한 추론 및 공감을 포함하며, 이는 행동에 영향을 미칠 수 있다.

13 샐리와 앤이 있다. 샐리가 공을 바구니에 넣었다. 샐리가 방을 나갔다. 그 사이에 앤이 공을 상자에 옮겨 놓았다. 샐리가 방으로 다시 들어왔다. 샐리가 공을 찾기 위해 어디를 살펴볼까? 이 질문에 아이가 "상자에서 공을 찾는다."라고 대답하면 아이는 아직 마음 읽기가 안 되는 상태다. "바구니에서 공을 찾는다."라고 대답하면 이는 마음 읽기가 된다는 뜻이다.

나와는 다른 사람들의 생각의 어떤 측면을 이해하기 위한 중요한 단계이다. 어린이들은 비교적 어린 나이부터 다른 사람들의 마음에 대한 이해를 시작하는 것으로 나타났지만, 다른 사람들의 마음의 모든 측면을 완전히 이해하고 있는 것은 아니다. 성인 수준으로 다른 사람의 마음을 이해하기 위해서는 충분한 더 많은 시간이 필요한 것으로 나타났다.

예를 들면, 설득 과정의 일부 측면은 다른 사람의 현재 신념을 바꾸는데 달려있다고 할 수 있다. 다른 사람의 신념을 바꾸는 과정은 그들의 마음을 이해하고 그에 맞는 설득 전략을 사용하는 것이 중요하다. 이 과정은 단순히 정보를 전달하는 것보다 훨씬 더 많은 노력과 고민이 필요한데, 다른 사람의 신념을 바꾸기 위해서는 그들이 현재 가지고 있는 신념을 고려하고, 그에 대처할 수 있는 논리적이고 합리적인 설득적인 주장을 제시해야 한다. 이렇게 제시된 반대 주장이 기존의 신념을 바꿀 수 있는 정도로 설득력이 있어야만 우리가 의도한 설득이 일어날 수 있다.

지금까지 설명한 내용을 정리해 보면, 취학 전의 어린 나이의 어린이들의 다른 사람들의 마음에 대한 이해는 시간을 두고 서서히 발전하는 것으로 나타났고, 어린 나이에는 다른 사람의 마음 혹은 생각에 대한 이해가 없기 때문에 자기를 중심으로 생각하는 자기중심성의 특성을 나타내게 된다.

약 4세의 어린 나이부터 일부 어린이들이 다른 사람들이 마음에 잘못된 신념을 가지고 있을 수도 있다는 것을 아는 것으로 밝혀졌으며(Baron-Cohen, 1985), 5세 정도의 나이부터는 만약 다른 사람이 현재 어떤 신념도 가지고 있지 않다면, 그들의 마음에 새로운 신념을 만들 수 있다는 사실을 인지하기 시작하는 것으로 나타났다(Peskin, 1992). 6세 정도의 나이부터 어린이들은 다른 사람이 가진 신념을 바꾸기 위해서는 그 신념에 반대되는 적절한 주장을 효과적으로 제시할 필요가 있다는 것을 알게 되는 것으로 나타났다(Bartsh & London, 2000).

만약 어린이들이 다른 사람의 신념을 바꾸는 것을 설득의 한 형태로 인지하지 못한다면, 어린이들은 이런 설득 과정에서 어떤 방법을 사용하는가에 대한 답을 구하기 위한 연구(Weiss & Sachs, 1991)가 진행되었다. 이 연구는 학령 전 어린이들이 사용하는 다양한 설득 전략, 예를 들어 강요, 거절, 협박, 유인, 호소, 비판 등을 조사하고, 이러한 전략이 상황에 따라 어떻게 다르게 사용되는지를 분석했다. 이를 통해, 어린이들이 다른 사람들을 설득하기 위해 어떤 전략을 사용하는지에 대한 이해를 높이고, 이를 바탕으로 어린이들의 언어 학습과 발달에 대한 정보를 얻을 수 있었다.

구체적인 연구 내용으로는 3세에서 6세의 어린이들에게 친구들와 장난감을 함께 사용하기 위해서 그들을 어떻게 설득할 것인가의 문제와 슈퍼마켓 쇼핑 상황에서 장난감을 사주도록 어머니를 어떻게 설득할 것인가의 문제에서 어린이들이 사용할 설득 방법에 대해서 물었다. 여기서 어린이들이 가장 많이 제시한 설득 전략은 거래나 약속 등을 반대급부로 제시하는 긍정적 승인(positive sanction)의 방법이었고, 그다음 전략으로는 조르기, 빌기, 울기 등을 포함하는 부정적 승인(negative sanction)의 방법인 것으로 나타났다.

다른 연구에서는 어린이들이 설득 과정에서 요구와 위협을 자주 사용하는 것으로 나타났다. 결국, 어린이들이 다른 사람의 마음에 대한 이해가 가능하지 않다면, 설득을 위해서 수용자가 가진 신념과 반대되는 적절한 주장을 통해서 다른 사람의 마음을 바꾸려는 전략을 사용할 수는 없는 것으로 나타났다. 커뮤니케이션 상황에서 자신의 현재 입장만을 있는 그대로 전달하려는 자기중심적인 설득 전략을 주로 활용하는 것으로 나타났다.

다른 사람의 마음을 이해하기 위해서는 그들이 나와 다른 생각과 신념을 가질 수 있다는 것을 이해하는 것 이상이 필요하다. 완전한 이해는 다른 사람의 생각의 다양한 측면과 그 생각의 과정을 종합적으로 이해하는 것을 의미하며, 이러한 이해는 다른 사람들이 자신과 다른 신념과 생각을 가질 수 있다는 것을 이해하는 것으로부터 시작되며, 그들이 가진 신념과 생각이 부정확할 수도 있다는 것을 인지하고, 마지막으로는 그들이 새로운 정보에 따라 현재 가지고 있는 신념이나 생각을 바꿀 가능성도 있다는 것도 함께 인지하는 것이 필요하다.

어린이들이 다른 사람의 마음을 완전하게 이해하려면 많은 시간과 발달이 필요할 것으로 예상할 수 있다. 어린이들은 아직은 설득 전략을 제대로 사용하지 못해 다른 사람의 마음을 바꾸는 것이 어려울 것으로 나타났고, 다른 사람의 마음을 바꾸기 위해서는 그들이 가진 신념을 이해하고, 그에 반대되는 논리적인 신념을 제시하는 것이 필요하다는 것이 밝혀졌다. 이를 위해서는 다른 사람의 마음과 신념에 대한 깊은 이해가 필요하다. 이러한 마음 이론과 타인의 마음 이해는 어린이들의 광고 정보 처리 과정을 더 깊게 이해하는 데 큰 도움이 될 것으로 기대된다.

◇ 마음 이론과 광고 연구

광고는 다른 사람을 설득하는 것을 목표로 한다. 그 중에서도 TV 광고는 어린이들에게 가장 큰 영향을 미치는데, 제품과 브랜드에 대한 정보와 함께 매력적인 이미지를 제공하여 이들을 설득하려고 시도한다. 새로운 제품이나 경험이 없는 제품의 경우, 광고를 통해 정보를 주로 전달하기도 하지만, 대부분은 현재 사용 중인 제품을 바꾸거나 더 많이 사용하도록 설득하여 소비자의 기존의 신념을 바꾸는 것이 광고의 목적이다. 결국 광고는 새로운 신념을 만들기보다는 다른 사람의 마음을 바꾸는 데 초점을 맞추는 것으로 이해할 수 있다.

이렇게 광고의 설득 과정에서 수용자의 신념 변화 과정을 이해할 때, 비로소 어린이들은 설득적인 의도를 가진 광고의 성격도 제대로 이해할 수 있다고 말할 수 있을 것이다. 이런 신념과 신념 변화에 대한 이해는 어린이들이 학교에 다니기 시작하는 나이부터 점차 발전하는 것으로 나타났다.

어린이들은 광고의 설득적인 성격을 제대로 이해하지 못하는 경우가 많다. 하지만 이는 광고를 전혀 이해하지 못하는 것이 아니라, 광고의 의도와 함께 수용자의 신념 변화에 대한 설득과 관련된 모든 측면을 완전히 이해하지는 못한다는 것이다. 이는 어린이들이 광고에 대한 이해가 점차 발전해나가는 과정 중에 있다고 이해할 수 있다.

어린이들이 수용자의 마음과 신념에 대해 보다 정교한 이해를 발전시키면, 그들은 광고의 설득적인 의도를 보다 완전하게 이해할 수 있게 될 것이다. 그렇기 때문에, 나이에 따른 어린이의 인지 발달 단계를 고려하는 것은 어린이들이 광고를 어떻게 이해하는지를 파악하기 위해 꼭 필요한 것으로 이해할 수 있다.

여기서 중요한 질문은 어린이들의 광고에 대한 이해가 설득과 신념 변화 등에 대한 이해와 같은 것일까 하는 점이다. 어린이들이 광고를 이해하는 것은 광고를 만든 사람의 마음과 신념을 이해하는 것과 같다. 그러나 광고가 다른 사람의 마음으로부터 만들어진다는 것을 이해하기 위해서는 추가적인 단계가 필요하다. 어린이들이 다른 사람의 마음에 대한 이해를 발전시켰더라도 광고가 다른 사람의 마음을 반영하고 있는 메시지임을 이해하기 위해서는 더 많은 시간이나 노력이 필요할 수 있다는 것이다. 따라서 어린이 광고의 이해 발전을 위해서는 그들의 인지 발달 단계를 고려함과 동시에 광고의 설득과 신념 변화 등에 대한 그들의 이해를 함께 고려해야 한다.

이미 알고 있는 것처럼, 어린이의 다른 사람의 신념과 설득에 대한 이해는 부분적으로는 다른 사람과의 상호작용 경험으로부터 영향을 받아 발전하게 되는 것으로 나타났다. 연구 결과에 의하면, 어린이들이 더 많은 사람과 접촉할수록, 다른 사람들의 신념과 설득 과정에 대한 이해가 빨리 발달하는 것으로 나타났다(Dunn, 1999; Lewis et al., 1996). 그 이유는 사람들과의 상호작용에서 그들의 각자 자신의 신념을 바탕으로 행동한다는 것을 발견하고 또 관찰할 수 있기 때문이다.

Chapter 03

Advertising to Children

어린이 광고에 대한 이론적 접근 _광고 효과 이론

1) 지식, 태도, 가치 등에 대한 광고의 효과
2) 위계 모형(hierarchical models)
3) 다속성 태도 모델
4) 관여 모형
5) 정교화가능성모델(Elaboration Likelihood Model; ELM)
6) 광고태도 모형
7) 행동 모형(조건화 이론)
8) 정보처리모형
9) 광고 효과 수준

Chapter

03

어린이 광고에 대한 이론적 접근 _광고 효과 이론

1) 지식, 태도, 가치 등에 대한 광고의 효과

광고는 소비자들의 지식, 태도, 가치 등에 영향을 미치게 된다. 첫째로, 광고는 소비자들의 제품에 대한 지식을 증진시키는 역할을 한다. 광고는 제품의 기능, 특징, 장단점 등에 대한 정보를 소비자들에게 전달하고, 그들이 제품을 더 잘 이해하고 인지할 수 있도록 돕는 기능을 한다.

둘째로, 광고는 제품에 대한 소비자들의 태도를 형성하거나 변화시킬 수 있다. 광고는 소비자에게 제품에 대한 긍정적인 태도를 만들거나, 제품과 관련된 부정적인 인식을 해소하도록 유도할 수 있고, 또한 제품과 관련된 가치관이나 라이프스타일을 반영하여 소비자들의 욕구와 선호도를 조절하는 역할을 하기도 한다.

셋째로, 광고는 소비자들의 구매 의사 결정에 영향을 미치는 것으로 밝혀졌다. 광고는 소비자들이 제품을 선택하거나 거부하는 데 큰 역할을 한다. 특히, 광고는 제품의 특징과 가치를 강조하여 소비자들이 해당 제품을 구매하려는 의사결정을 유도할 수 있다.

마지막으로, 광고는 소비자들의 구매 행동에 직접적으로 영향을 미치기도 한다. 광고는 제품에 대한 인식과 태도, 구매 의사 결정 등을 바탕으로 소비자들의 구매 행동을 변화시키기도 한다. 이렇게 광고는 정보를 바탕으로 해서 태도를 만들고, 구매 의사 결정에 영향을 주고 최종적인 구매 행동에까지 영향을 미치고 있다.

따라서 광고주들은 광고가 제품 판매를 촉진하는지를 가장 중요하게 생각하고 또 기대하고 있을 것으로 생각된다. 이에 따라 광고는 어린이들에게도 다양한 영향을 미치는데, 먼저 브랜드와 제품 정보를 전달하여 어린 소비자들이 해당 제품을 잘 이해하도록 하는 역할을 한다. 이후에는 어린이들의 태도와 신념에 영향을 미치며, 결과적으로 제품 구매 의도와 실제 구매 결정에도 영향을 미치게 된다. 이런 광고 효과가 발생하는 과정을 이해하기 위해서는 우선 광고 효과와 관련된 다양한 개념을 명확하게 이해할 필요가 있다.

여기서 TV 광고도 제품과 서비스를 홍보하고, 소비자들의 관심을 끌기 위해 사용하는 중요한 마케팅 도구로 사용된다. 광고는 주로 제품 정보를 제공하는 역할을 하며, 제품의 특징, 이점, 가치, 사용 방법 등을 소비자들에게 전달하여 제품 인식을 높이고 브랜드 인지도를 증가시키는 기능을 한다. 이런 맥락에서 TV 광고는 다른 미디어와 함께 어린이들에게 제품 정보를 제공하는 중요한 수단 중 하나로 여겨진다(Barry & Sheikh, 1977; John, 1999).

Barry와 Sheikh(1977)의 연구는 광고가 소비자들에게 어떻게 인식되고 또 효과가 있는지를 조사한 연구이며, 연구 결과, 광고가 소비자들의 인식과 태도, 구매 의사 결정에 큰 영향을 미치는 것으로 나타났다. 광고를 본 소비자들은 해당 제품에 대한 인식과 태도가 긍정적으로 변화하였으며, 이에 따라 구매 의사 결정에도 긍정적인 영향을 미치는 것으로 나타났다. 또한 광고가 제품 정보를 전달하면서도 동시에 브랜드 이미지를 구축하는 데도 중요한 역할을 한다는 것을 보여주었다.

John(1999)의 연구는 광고의 인지적 처리에 대한 이해를 위해 수행된 연구이며, 소비자들이 광고를 시청할 때의 인지적 처리 과정을 분석하였다. 연구 결과, 광고의 인지적 처리는 다음과 같은 과정을 거친다는 것을 밝혀냈다.

먼저 광고는 지각과 관련된 인지적 처리를 유발하게 되는데, 광고는 시각적, 청각적으로 받아들여지며, 이를 바탕으로 수용자는 광고의 내용을 이해하고 해석하게 된다. 둘째, 광고는 기억과 관련된 인지적 처리를 유발하는데, 기억에 대한 자극을 제공하며, 이를 바탕으로 광고가 전달하는 메시지를 기억하고 이후에 상기하도록 한다. 셋째, 광고는 사고와 관련된 인지적 처리를 유발하는데, 소비자들의 생각과 느낌을 자극하며, 이런 생각과 느낌을 바탕으로 제품에 대한 태도를 형성하고 그 태도를 바탕으로 구매 의사 결정을 하게 된다.

어린이들은 나이가 들어감에 따라 TV 이외의 다른 미디어를 더 많이 이용하게 되지만, 어린 나이에는 TV에서 제공하는 정보에 주로 의존하고 있다. 한 연구 결과에 따르면, 어린이들이 특정 제품의 광고에 노출되면 그 제품에 대한 욕구가 증가하고, 동시에 어른들에게 그 제품을 구매해줄 것을 요청하게 되는 것으로 나타났는데, 이는 광고가 어린이들의 구매 의사 결정에 큰 영향을 미치는 것을 보여준다(Atkin, 1978). 이 연구에서는 광고 효과를 설명할 수 있는 이론들을 검토하고, 이러한 이론들이 유용성과 한계가 있는지를 분석하였다. 광고의 효과에 대해 세 가지 이론을 검토했는데, 첫째, 경험적 학습 이론은 광고가 소비자들의 경험적 학습에 영향을 미치는 과정을 설명하고 있다. 둘째, 인지적 불일치 이론은 광고가 소비자들의 인식과 기대와 일치하지 않는 경우 그 광고 효과가 감소하는 것을 설명할 수 있는 이론이다. 셋째, 사회학적 이론은 광고가 소비자들의 사회적 상호작용과 관련된 것으로 설명하고 있다.

연구에서는 TV 광고를 통해 제품 소비에 대한 사회적 학습이 어린이들에게 어떠한 영향을 미치는지 조사하였다. 연구 결과, 광고에서 제품 사용 모습을 보여주는 경우 어린이들은 해당 제품에 대해 더 선호하고 긍정적인 태도를 가지며, 이로 인해 구매 의사 결정에 영향을 받을 가능성이 높다는 것이 밝혀졌다.

광고주들은 주로 제품의 판매나 시장점유율 등 판매 관련 목표를 중심으로 광고 효과를 평가하는 경향이 있다. 그러나 광고는 심리학적이거나 사회적인 측면에서도 소비자에게 영향을 미치며, 이 중 일부 효과는 미리 의도된 것일 수 있지만, 일부는 우연히 발생한 것도 있을 수 있다.

따라서 광고 효과 분야의 연구자들은 광고의 영향을 다양한 수준에서 조사하고, 광고 이론을 활용하여 이런 효과의 발생과 그 과정을 설명하고 있다. 즉, 광고 효과는 판매 측면뿐만 아니라 심리학적이거나 사회적인 측면에서도 폭넓게 다루어져야 할 필요성이 있다는 것이다(Gunter et al., 2005).

발생한 광고의 효과를 개별적으로 조사하는 것도 중요하지만, 전체적인 시각에서 광고 효과를 설명하는 개발된 광고 이론을 그대로 활용하는 것도 필요하다. 이러한 이론은 특별히 어린이나 청소년에 대한 광고의 효과만을 설명하기 위해 개발된 것은 아니며, 일반적인 소비자에게 미치는 광고의 영향을 설명하기 위해 개발된 것이라는 것을 이해하고 활용할 필요가 있다. 또한 이러한 이론은 광고를 구성하는 요소들이 소비자들의 인지, 선호, 확신, 구매 등의 단계에서 어떠한 영향을 미치는지를 파악하는 것을 도울 수 있다.

이 책에서는 광고 분야에서 사용되는 광고 효과와 관련된 이론을 모두 다루는 것은 아니며, 주로 심리학적인 접근으로 광고 효과를 설명하는 이론을 중심으로 설명하고자 한다. 이러한 이론들은 소비자들이 광고 메시지로부터 정보를 처리하는 방법, 광고가 소비자의 감정과 동기를 불러일으키는 방법, 그리고 광고주가 소비자 행동을 자극하고 조형하고 조건화하는 행동적 강화 과정 등을 다루고 있다. 이러한 다양한 광고 이론과 모형/모델은 어린이들이 광고를 처리하는 과정을 설명하는 데에도 역시 적용될 수 있을 것이다.

어린이 소비자들도 일반적인 소비자들과 유사하게 신념, 태도, 행동의 변화를 이해할 수 있다. 따라서 광고의 실행 과정에서 광고가 처리되는 방식과 광고 효과의 발생 과정도 같은 이론적인 관점으로 이해할 수 있을 것이다. 이를 통해 어린이들에 대한 광고의 효과를 이해하고, 그 효과가 발생하는 과정도 설명할 수 있다고 기대할 수 있다.

2) 위계 모형(hierarchical models)

광고 효과 분야의 대표적인 모델 중 하나인 위계효과모형(Lavidge &

Steiner, 1961)은, 광고의 효과가 일련의 정해진 단계를 거쳐 발생한다는 기본적인 가정에 기반하고 있다. 이 모형에서는 광고가 소비자의 인지 단계부터 시작하여, 관심, 지식, 태도, 의견, 행동까지의 다섯 가지 단계에서 소비자에게 영향을 미치는 것으로 설명하고 있다. 즉, 광고를 보고 인지하는 단계부터, 광고에 대해 관심을 가지고, 제품 정보를 습득하여 제품에 대한 지식을 형성하는 단계, 이를 토대로 제품에 대한 태도를 형성하는 단계, 구매와 관련된 의견을 가지는 단계, 마지막으로 제품을 구매하거나 이용하는 행동의 마지막 단계까지 광고 효과가 선형적으로 전개되는 과정을 설명하고 있다.

이러한 의사결정 과정은 소비자의 제품에 대한 관여와 구매에 들어가는 비용의 크기에 따라 결정되며, 관여가 높고 비용이 많이 들수록 이 과정은 더욱 정교해지고 결정에 필요한 시간이 오래 걸리는 것으로 나타났다(Gunter et al., 2005). 이 모형은 광고 효과가 순차적으로 발생한다는 것을 보여주며, 광고주들은 광고의 목적과 대상 소비자의 특성에 따라 각 단계별로 효과적인 전략을 수립하여 광고를 기획하고 실행할 수 있다. 이 모형은 광고 효과에 대한 연구와 실무에서 널리 활용되는 대표적인 모형 중 하나이다. 이 모형은 어린이 광고에도 적용할 수 있으며, 어린이라는 수용자의 특성이 이 모형을 적용하는 과정에서 더 중요한 요소로 작용할 가능성이 있다.

또 다른 모형(McGuire, 1969)에서는 광고 메시지에 노출되는 순간부터 실제 제품 구매 사이의 의사결정 과정들을 제시한다. 이러한 과정은 노출, 주의, 이해, 양보, 기억, 구매 결정 등의 단계로 구성되어 있다. 위계 모델이기 때문에 선행하는 개별적인 각 단계가 충분히 이루어지고 난 다음에야 이후 단계로 진행할 수 있다. 전통적인 위계 모형에서 소비자는 광고에 노출되고 나서 제품에 대해 알게 되고, 그 정보로 제품과 브랜드를 평가하며, 이 평가에 기반해서 신념과 태도를 형성한다. 마지막 단계에서는 광고된 브랜드가 경쟁하는 다른 제품들보다 뛰어나다는 확신을 갖고, 구매 의도가 만들어지고 이 의도가 실제 구매 행동으로 이어지게 된다(Preston, 1982). 이 연구에서는 어린이들의 광고 인지와 태도에 대한 위계-합리적 처리 모형을 사용하였고, TV 광고가 어린이들의 행동 및 인식에 미치는 영향을 조사하기 위한 실험을 수행했다.

<그림1> AIDA 모형

AIDA 모형은 광고 효과를 설명하기 위한 위계 모형 중 하나로, 광고가 소비자에게 원하는 반응을 유도하기 위해 이 순차적인 단계를 만들어내는 것으로 설명하고 있다. AIDA는 Attention(주의), Interest(관심), Desire(욕구), Action(행동)의 약어로 구성되어 있으며, 이 네 가지 단계는 다음과 같은 역할을 한다.

주의(Attention)는 광고를 본 소비자들이 제품 또는 브랜드에 대한 주의를 집중하게 만드는 단계이며, 광고가 눈에 띄게 디자인되어 있거나, 강렬한 이미지나 색상, 음악 등을 이용하면 소비자로부터 주목을 받을 가능성이 높아진다. 관심(Interest)은 소비자들이 광고에 대한 관심을 가지게 되는 단계이며, 이 단계에서는 광고에서 제공되는 정보가 소비자가 관심을 갖는 내용과 관련이 있어야 한다. 욕구(Desire)는 소비자들이 광고를 통해서 욕구를 느끼게 되는 단계이며, 제품이나 브랜드에 대한 이점, 가치, 특징 등이 소비자들에게 강조되어야 하며, 이런 정보를 바탕으로 소비자들이 제품이나 브랜드를 소유하고 싶게 만들어야 한다. 마지막으로 행동(Action)은 소비자들이 앞의 과정을 통해서 광고에 반응하여 실제로 제품을 구매하거나, 제공된 정보에 따라 광고가 원하는 행동을 취하게 되는 단계이며, 광고가 소비자들의 행동 변화를 유도하는 데 성공하면, 광고의 효과는 성공적으로 발생한 것으로 간주할 수 있다.

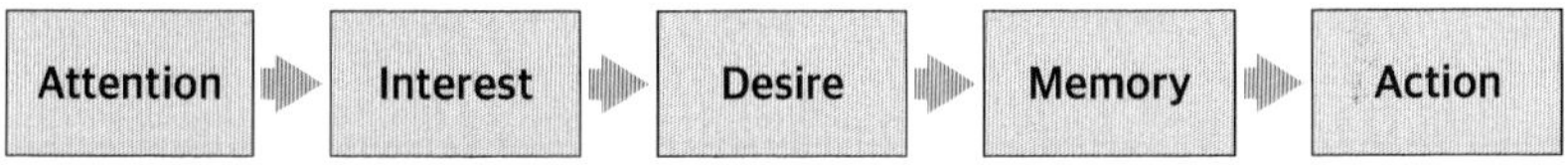

<그림2> AIDMA 모형

AIDMA 모형은 광고의 효과적인 전달과 마케팅 목표의 달성을 위해 사용되는 위계 모형 중 하나이며, AIDA 모형을 발전시킨 것으로, 광고에 대한 소비자의 의사결정 과정을 한 단계 더한 다섯 단계로 설명한다. AIDA 모형에 Memory 단계가 AIDA 모형에 추가되어 구성된다. 여기서 기억(Memory)은 소비자가 광고를 본 후에 광고가 기억에 남는 과정인데, 광고는 간단하면서도 기억에 남는 인상적인 메시지를 소비자에게 전달할 필요가 있다.

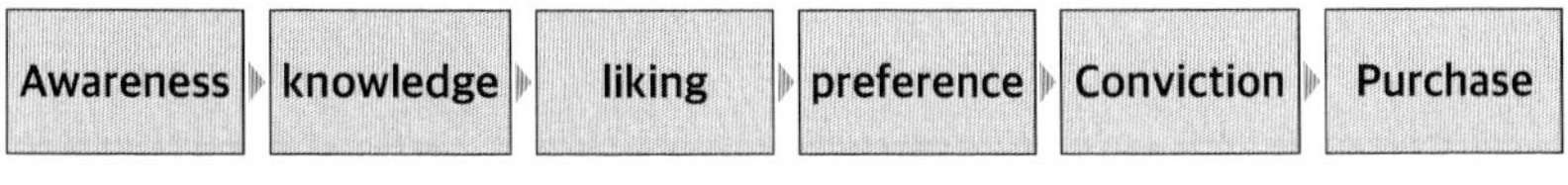

<그림3> 레비지 & 스테이너의 모형

또 다른 모형에서는 이런 소비자의 구매 과정을 6개의 단계로 설명하

고 있다. 각 단계는 다음과 같이 설명할 수 있는데, 인지(Awareness)는 제품 또는 서비스에 대해 알게 되는 단계이며, 소비자들은 제품이나 서비스의 존재를 인식하고, 브랜드명 같은 정보를 받게 된다. 지식(Knowledge)은 제품이나 서비스의 특징, 이점, 가치 등에 대한 정보를 소비자에게 제공하는 단계이며, 제품이나 서비스의 기능 및 사용 방법 등을 이해할 수 있게 된다. 호감(Liking)은 제품이나 서비스에 대한 긍정적인 태도를 형성하는 단계이며, 앞서 받은 정보를 바탕으로 소비자들은 제품이나 서비스를 좋아하게 되고 또 유용하다고 생각하게 된다. 선호(Preference)는 제품이나 서비스를 경쟁하는 다른 제품이나 서비스보다 우선시하게 만드는 단계이며, 소비자들은 제품이나 서비스를 선택할 때, 다른 대안들보다 광고된 제품이나 브랜드를 더 선호하게 된다. 확신(Conviction)은 소비자들이 제품이나 서비스를 선택하는 것에 대해 확신을 가지게 만드는 단계이며, 소비자들은 제품이나 서비스를 선택하는 것이 올바른 선택이라고 믿게 된다. 그리고 나면 마지막 구매(Purchase) 단계로 여기서는 제품이나 서비스를 실제로 구매하게 된다.

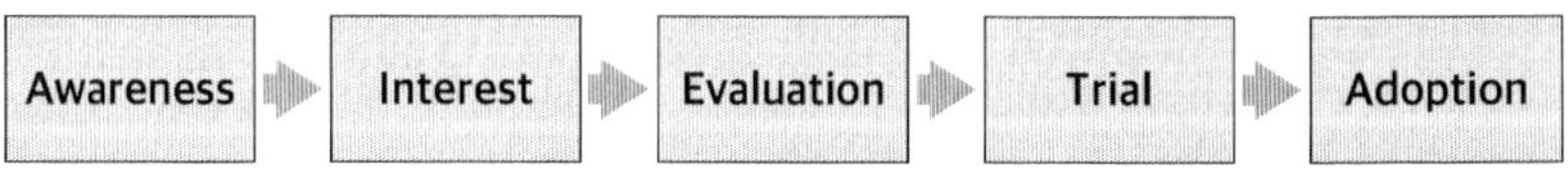

<그림4> 혁신 수용 모델

혁신 수용 모델은 광고 위계 모형 중 하나로, 새로운 제품이나 아이디어가 사회에 전파되는 과정을 설명하는 모델이며, 5개의 단계로 이 과정을 설명하고 있다. 첫째, 인지 단계에서는 사람들이 새로운 제품이나 아이디어를 알게 된다. 둘째, 관심 단계에서는 사람들이 그 제품이나 아이디어에 대

해 자세히 알아보기 시작한다. 셋째, 평가 단계에서는 사람들이 제품이나 아이디어가 자신에게 어떤 이점을 제공하는지 평가하게 된다. 넷째, 수용 단계에서는 제품이나 아이디어를 받아들일 준비가 된 상태가 된다. 마지막으로 채택 단계에서는 제품이나 아이디어를 실제로 채택하게 된다. 이 모델은 새로운 제품이나 아이디어가 전파되는 과정에서 다양한 요인들이 작용하며, 이를 통해 사람들이 그것을 받아들일 수 있는지 결정하게 된다는 것을 설명하고 있다.

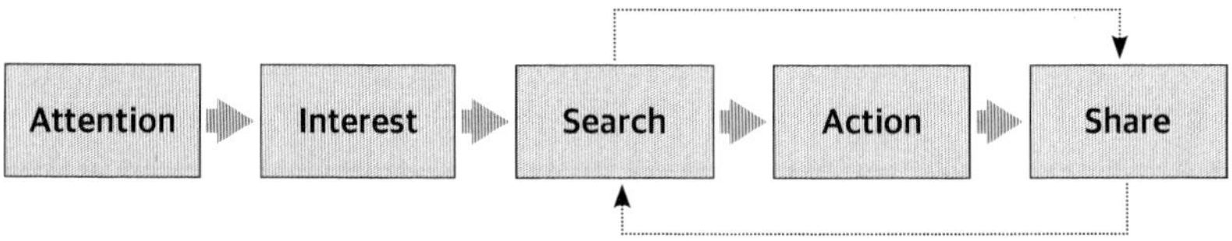

<그림5> AISAS 모형

변화된 미디어 환경을 반영하여, 일본의 광고대행사 덴츠 Dentsu가 2004년 제시한 모델로 기존의 모형에서 검색(Search) 단계를 추가하여 소비자의 적극적인 메시지 선택의 과정을 포함시켰다. 또한, 검색에 그치지 않고, 제품을 구매한 이후에는 구매에 대한 의견을 온라인에 공유(Share)함으로써 다른 소비자들에게 중요한 정보원으로서 활용된다. 구매자의 공유된 의견이 다시 브랜드에 대한 인지, 흥미, 평가의 전반적인 단계에 영향을 미칠 수 있는 순환구조의 가능성을 언급했다는 측면에서 발전된 모델로 평가된다.

여기서 언급한 모형 외에도 더 많은 위계 모형이 존재하지만, 지금까지 설명한 모형들은 모두 어린이의 소비자 구매 과정을 설명하는 과정에서 활용할 수 있는 기본적인 순차적인 단계를 포함하고 있다. 물론 성인과 다른 어린이의 구매 과정의 가능성도 함께 고려할 필요가 있다.

3) 다속성 태도 모델

다속성 태도 모델은 광고에서 제공된 정보를 자세히 읽고, 제품에 대한 개별적인 생각을 갖게 되며, 이를 바탕으로 긍정적인 또는 부정적인 브랜드 태도를 형성하여 구매 결정에 영향을 미치는 과정을 설명하고 있는 모델이다(Fishbein & Ajzen, 1975).

이 모델은 심리학의 인지적 요소를 중심으로 하는 태도 이론에 기초하여 만들어졌으며, 소비자의 제품에 대한 태도는 제품에 대한 여러 정보 중 몇 가지 현저한 신념과 브랜드 속성의 중요성 평가에 의해 결정된다고 주장하고 있다. 다속성 태도 모델은 개인이 제품이나 브랜드에 대한 태도를 형성하는 데에 영향을 미치는 속성과 그 속성의 중요도를 고려하여, 소비자의 태도를 측정하는 모델로서 제안되었다. 이 모델은 개인이 제품이나 브랜드를 평가할 때, 해당 제품이나 브랜드의 각 속성에 대한 개인의 신념과 그 속성의 중요도를 종합하여 태도를 형성한다는 기본적인 가정에 기반하고 있다.

구체적으로, 본 모델에서는 개인이 제품이나 브랜드에 대한 태도를 형성하는 데 영향을 미치는 속성을 파악하고, 이러한 속성들에 대한 개인의 신념을 측정하는 것이 중요하다. 이를 위해 다양한 방법을 활용하여 개인의 신념을 측정하고, 이를 바탕으로 개인이 제품이나 브랜드에 대한 긍정적인 또는 부정적인 태도를 형성하는 과정을 이해할 수 있고, 또 그 과정을 도울 수도 있다.

다속성 태도 모델은 대상 태도 모형, 행동 태도 모형, 합리적 행위 모형, 계획된 행위 모형 등으로 분류해서 설명할 수도 있으며, 이 모델은 소비자 연구자와 마케터들에게 매우 중요한 관심사이다. 이 모델은 제품의 속성이나 소비자의 개별적인 신념에 의해 소비자의 태도를 결정할 수 있다는 점에서 매우 유용하다.

먼저 대상 태도 모형은 제품에 대한 소비자의 전반적인 태도를 측정하며, 행동 태도 모형은 개인의 특정 행동에 대한 태도를 측정한다. 합리적 행위 모형은 개인이 특정 행동을 할지 말지를 결정하는 과정에서 합리적인 판단에 따라 행동을 결정한다는 가정에 기반하고 있다. 계획된 행위 모형은 개인이 특정 행동을 계획하고 실행하는 과정에서, 여러 가지 요인들이 어떻게 상호작용하며 행동에 영향을 미치는지를 분석한다. 합리적 행위이론을 발전시킨 이론으로도 이해할 수 있다.

광고는 일반적으로 브랜드가 가지고 있는 속성의 매력도나 중요도에 대한 소비자의 평가에 영향을 주어 소비자의 브랜드 태도에 영향을 미치게 된다. 이러한 모델을 이해하고 활용하기 위해서는 어린이들이 광고에서 제시되는 제품이나 브랜드의 속성들을 이해하고 평가할 수 있어야 한다.

특히, 어린이들은 광고에 민감한 소비자 중 하나로, 광고를 통해 제품이나 브랜드에 대한 태도를 형성하는 데 큰 영향을 받는다. 따라서 어린이들이 광고에서 제시되는 제품이나 브랜드의 속성들을 올바르게 이해하고 평가할 수 있도록 교육하는 것이 중요하다고 할 수 있다.

4) 관여 모형

광고 효과를 설명하는 다양한 모형 중, 관여 모형은 소비자가 제품이나 광고와 관련된 결정을 내리는 과정에서 외부 요인들에 의해 영향을 받는다는 가정에 주목하고 있다. 이 모형은 소비자의 관여 수준에 따라 광고의 효과가 달리 나타날 수 있다는 점을 강조하고 있는데, 관여 모형은 소비자의 관여 수준을 높게 느끼는 상황에서는, 광고가 제품 선택에 미치는 영향이 클 수도 있다는 것을 보여준다. 그러나 소비자가 낮은 관여 수준을 느낀다면, 광고 자체가 제품 선택에 크게 영향을 미치지는 않을 것이라는 결과가 도출된다.

광고의 효과에 영향을 미치는 요소 중 하나로 소비자의 관여 수준이 중요한 역할을 하는 것으로 나타났다. 소비자의 관여 수준이 높을 때는 광고 메시지에 포함된 중요한 정보를 직접 이해하고 받아들이는 경향이 있으며, 이를 바탕으로 제품에 대한 특정한 태도를 형성하고 결국 제품을 구매하는 과정에서 이러한 정보와 태도를 활용하게 된다. 이는 소비자가 광고 메시지에 더 많은 관심을 기울이고, 광고와 관련된 자신만의 경험과 지식이 어느 정도 쌓여 있기 때문이다.

반면, 소비자의 관여 수준이 낮을 때는 광고에 대한 관심이 적고 정보를 처리하려는 동기가 부족하게 된다. 이 경우 광고 속 주장보다는 광고 표현 방법이나 기술 등이 소비자의 주의를 끌고 기억에 남을 가능성이 높은 것으로 판단할 수 있다. 이러한 경우 광고의 효과는 광고와 관련된 기억이나 인상이 상대적으로 덜 남을 것으로 생각할 수 있다.

소비자의 관여 수준은 광고의 정보 처리 및 광고의 효과 결정에 중요한 역할을 하게 된다. 이는 소비자의 관여 수준에 따라 소비자로부터 특정한 행동이 요구, 기대되는 상황이 발생하기 때문인데, 이러한 행동은 개인에게 특별히 중요성을 가진 상황에서만 나타나며, 이로 인해 개인은 더 많이 관여하게 된다. 따라서 광고는 소비자의 관여 수준을 고려하여 효과적으로 디자인되어야 하며, 이를 통해 소비자의 관심과 참여를 끌어들일 수 있다(Sherif & Hovland, 1961).

광고에서 이런 높은 관여는 광고에 노출되는 동안 제품에 대해서 소비자가 큰 동기를 가진 상태 그리고 제품군이나 브랜드에 대한 높은 관심을 가진 진심의 상태 등으로 규정할 수 있다(Krugman, 1965). 이 논문에서는 광고와 관여 수준 사이의 관계가 연구되었다. 이 연구에서는 광고에 노출된 동안 소비자가 제품에 대해 큰 관심을 가지고 있는 상태를 높은 관여 상태(high involvement state)라고 정의하고, 높은 관여 상태는 소비자가 특정한 제품에 대한 큰 동기와 관심을 가지고 있는 상태이며, 소비자가 제품군이나 브랜드에 대한 높은 관심을 가진 진심의 상태라고 설명하고 있다. 그는 이 연구에서 높은 관여 상태에서 광고가 제품이나 브랜드에 대한 진정한 관심과 동기를 부여할 수 있다는 것을 발견했다. 반면에, 낮은 관여 상태에서는 광고가 제품에 대한 관심을 불러일으키는 것보다는 광고 표현 방법이나 기술 등이 소비자의 주의를 끌고 기억에 남을 가능성이 높다는 것을 밝혔고, 이러한 결과는 낮은 관여 상태에서 광고의 효과는 메시지 주장보다는 광고 표현 방법이나 기술 등에 달려있다는 것을 나타내며, 광고 메시지의 전달 방식을 결정하는데 이 관여가 중요한 역할을 한다는 것을 의미한다.

그는 TV 시청이 상대적으로 수용자의 관여가 매우 낮은 행동임을 설명하면서, 시청자들이 TV에서 시청하고 있는 것과 그들의 실제적인 경험

사이에 연결을 거의 만들지 않는다고 언급했다. 이러한 낮은 관여는 TV에서 방송되는 광고가 소비자가 가지고 있는 핵심 가치에 영향을 미칠 것이라고 기대하기 어렵다는 것을 의미하며, 따라서 광고가 소비자 행동에 매우 약한 영향을 미칠 것이라는 잠정적인 결론을 내리게 한다.

이후에는 TV 광고가 낮은 관여로만 처리되는 것이 아니라, 다양한 수준의 관여로도 처리될 수 있다는 새로운 주장이 제기되었다. 이는 광고 메시지 내에 소비자가 집중할 요소나 중요한 요소가 있다면 광고, 제품, 브랜드에 대한 소비자의 관여가 자연스럽게 높아지기 때문이라고 설명한다. 따라서 이런 소비자의 관여 수준 변화에 따라서 광고 효과가 달라지는 것은 당연한 결과라 할 수 있다.

광고에 대한 수용자의 반응은 인지적, 태도적, 행동적 수준으로 나누어 설명할 수 있다. 높은 관여와 동기를 가진 소비자는 광고에서 제공되는 제품 정보를 수용하고, 특정한 태도를 형성한 후, 제품을 구매하는 과정에서 이를 적극적으로 활용한다. 그러나 낮은 관여 상황에서는 소비자가 정보를 처리하려는 동기가 부족하며, 이런 정보가 부족한 상황에서는 제품 구매가 먼저 발생하고, 이후에 제품에 대한 직접적인 경험과 결과를 바탕으로 인지적 및 태도적 반응을 형성하게 될 수도 있다(Gunter et al., 2005).

5) 정교화가능성모델(Elaboration Likelihood Model; ELM)

광고 효과와 관련하여 가장 잘 알려진 관여 모형 중 하나는 심리학자

패티와 카시오포가 개발한 "정교화가능성 모델(Elaboration Likelihood Model)"이다. 이 모델은 제안 이후에 수십 년간 발전해왔지만, 가장 기본이 되는 가정은 제품에 대한 태도가 설득 과정에서 중심 통로 혹은 주변 통로를 통해 형성될 수 있다는 것이다(Petty & Cacioppo, 1979).

Elaboration Likelihood Model(ELM)은 심리학 분야에서 Petty와 Cacioppo가 개발한 가장 잘 알려진 관여 모형 중 하나이다. 이 모형은 제품에 대한 태도가 정보를 처리하는 중심통로 혹은 주변통로를 통해 형성될 수 있다는 기본적인 가정을 갖고 있다.

중심통로는 높은 관여의 소비자가 선택하는 정보처리 과정이며, 제품을 지지하는 주장 자체의 우수함에 대한 평가에 설득이 달려있다. 그러나 어떤 상황에서는 제품에 대한 소비자의 관여가 낮을 수 있기 때문에, 이런 상황에서는 소비자는 주변통로를 통해 받아들인 정보를 처리하게 된다.

주변통로를 통한 정보처리 과정에서는 제품 속성의 분석에 많은 노력을 기울이지 않기 때문에, 제품을 지지하거나 반대하는 핵심 주장에 대해서는 주의를 기울이지 않는다. 대신 소비자들은 브랜드와 연관된 광고모델이나 유명인의 매력성이나 제품의 기능적 우수성보다는 브랜드 구매에 따르는 부수적인 혜택에 더 많이 영향을 받을 수도 있다. 이러한 이유로, 주변통로를 통한 설득의 경우에는 일반적으로 반복적인 노출이 필요한 경우가 많다.

이 모형에서는 초기에는 광고에서의 정보 처리를 중심통로 혹은 주변통로로 단순화시켜 고민했지만, 이후 실제 개념화 단계에서는 소비자의 관여 정도가 고/저의 이분적이 아닌 연속적이라는 것을 밝히고 있다. 모형에서는 두 개의 통로를 가지고 관여 과정을 설명하더라도 실제로는 연속적인 관여의 정도가 존재한다는 것을 생각해야 한다고 제안했는데, 이는 이 모형에서 관여 수준이 어느 정도 되는 지에 따라 정보 처리 과정과 관련된 가정이 달라진다는 것을 의미한다.

정교화가능성모델은 태도변화 및 설득에 관한 가장 일반적인 정보처리모델로, 실제적인 응용 가능성이 높은 모델이라고 할 수 있다. 수용자의 태도는 정보처리 상황에 대한 관여도와 수용자의 능력에 따른 사고(정교화)의 노력 정도에 의해 결정된다고 할 수 있다. 여기서 메시지의 정보 처리는 두 개의 통로를 통해 이루어지며, 이 모델은 수용자의 태도 변화를 설명하기 위해 제시되었다.

◇ 정교화가능성모델 결정 요인

정교화가능성모델에서는 중심 경로 및 주변 경로를 결정하는 요인은 수용자의 사고량(elaboration)이다. 수용자가 메시지의 중요한 주장(issue-relevant argument)에 동기를 부여하고 그것을 처리하는 능력이 높을 때 중심 경로를 통해 설득이 이루어지지만, 동기화되어 있지 않거나 처리 능력이 부족한 경우는 주변 경로를 통해 메시지를 처리하게 된다. 이는 동기와 능력이 중심 경로 및 주변 경로를 결정하는 요인이라는 것을 의미한다.

◇ 정보 처리 통로

정교화가능성모델에서는 앞서 설명한 대로, 정보처리 과정을 중심통로와 주변통로 두 가지 통로로 제시하고 있다.

- **중심통로**

중심통로에서 수용자는 메시지 내용과 관련된 생각(Elaboration)을 많이 하게 된다. 이 과정에서 수용자는 주제에 대해 주의 깊게 정보와 주장을 분석하고 주제에 관련된 수용자의 경험이나 기억 등을 최대한 활용하여 정보를 처리한다.

중심통로에서는 설득 메시지에 담긴 주장의 강도나 그 주장을 지지하는 증거가 중요하다. 일반적으로 이성적이고 논리적인 정보처리 과정으로 이해할 수 있다. 중심통로의 정보 처리를 통해 만들어진 태도는 그 결과인 행동을 비교적 예측하기 용이하며, 주변통로와 비교할 때 이런 태도와 행동은 견고하고 지속적이다.

중심통로에서는 수용자가 메시지 내용과 관련된 생각(Elaboration)을 많이 하게 된다. 이 과정에서 수용자는 주제에 대해 주의 깊게 정보와 주장을 분석하고, 주제에 관련된 수용자의 경험이나 기억 등을 최대한 활용하여 정보를 처리한다.

중심통로에서는 설득 메시지에 담긴 주장의 강도나 그 주장을 지지하는 증거가 중요하다. 일반적으로 이성적이고 논리적인 정보처리 과정으로 이해할 수 있다. 중심통로의 정보 처리를 통해 만들어진 태도는 그 결과인 행동을 비교적 예측하기 용이하며, 주변통로와 비교할 때 이런 태도와 행동은 견고하고 지속적이다. 따라서 중심통로에서 메시지의 효과를 극대화하기 위해서는 수용자의 관심을 끄는 강력한 주장과 증거를 제시하는 것이 중요하다.

- **주변통로**

주변통로에서는 수용자가 메시지 내용과 관련된 생각을 적게 하게 된다. 이는 수용자가 메시지 주제에 동기화되지 않거나 메시지를 제대로 해석할 능력이 부족하기 때문이다. 때로는 다른 요인들이 메시지에 대한 동기화나 정보처리 능력을 저해하기도 한다.

주변통로에서는 수용자가 간단한 결정법칙인 직관이나 메시지 내용 자체가 아닌 다른 주변 요인에 따라 메시지에 대한 결론을 내리게 된다. 이는 수용자가 메시지에 대한 동기화나 정보처리 능력이 부족하기 때문이다. 대신, 주변요인에 따라 결정되는 경향이 있다. 이를 통해 수용자는 더 적은 인지적 노력을 들이면서도 결론을 내릴 수 있게 된다.

정교화가능성모델의 주변통로에서 수용자의 결정에 영향을 미치는 주변요인으로는 먼저 메시지 내에 존재하는 설득 주장의 수가 있다. 주장의 내용보다는 주장의 수가 많을 때 수용자는 단순히 주장의 수를 기반으로 결론을 내리게 된다. 또한 전달자가 전문가일 때, 메시지에 포함된 음악이나 환경 등 주목할만한 점이 있을 때 수용자는 이 내용을 바탕으로 메시지에 대해 결론을 도출한다. 이러한 주변요인들은 수용자가 메시지에 대한 동기화나 정보처리 능력이 부족할 때, 간단한 결정법칙에 의해 결론을 내리게 만드는 역할을 한다. 하지만, 이러한 주변요인을 활용해서 수용자가 결론을 내릴 때는 중심통로에서 관찰되는 능동적이고 적극적인 생각을 기대할 수는 없다.

중심통로와 주변통로를 통한 설득을 비교하면, 중심통로는 이성적이고 논리적인 정보처리를 통해 메시지의 핵심 주장을 분석하며, 이 과정에서 수용자는 메시지와 관련된 생각을 많이 하게 된다. 이와 반대로 주변통로에서는 수용자의 직관에 의존하는 과정이며, 이 상황에서는 메시지의 주변요인 혹은 주변단서가 중요하게 된다. 중심통로를 통해 확립된 태도는 비교적 강하며, 지속될 가능성이 많다. 주변통로를 통해 태도를 확립하기 위해서는 메시지의 반복이 필수적이며, 동시에 긴 시간이 필요하다. 중심통로를 통한 설득은 정보에 의존하는 정보 처리이며, 주변통로를 통한 설득은 메시지의 눈에 띄는 단편적인 특징이나 이미지에 의존하는 정보 처리이다.

광고 메시지 처리 과정에서는 정교화가능성모델을 활용하여 수용자의 특성을 고려한 메시지 설계가 필요하다. 대중을 대상으로 하는 광고의 경우, 특정 목표 수용자를 정한 동기화가 어렵기 때문에 주변요인을 잘 활용한 광고 메시지를 설계해야 한다. 반면 전문잡지나 전문채널과 같이 목표가 명확한 미디어의 경우, 해당 주제에 대한 관심이 있는 수용자가 존재하기 때문에 그들의 욕구를 파악하고 동기화가 가능한 메시지 설계가 필요하다. 광고의 경우 메시지 자체는 쉽게 이해할 수 있기 때문에, 수용자의 정보 처리 능력이 메시지 이해에 큰 문제가 되는 경우는 드물다.

6) 광고태도 모형

심프(Shimp)와 미첼과 올슨(Mitchell & Olson)의 논문들에서 제기된 광고태도 모형은, 광고가 제시한 정보뿐만 아니라 광고 자체에 대한 소비자의 태도가 브랜드 선택에 영향을 미친다는 주장을 하고 있다.

이 모형은 광고에서 제품의 속성에 대한 긍정적인 신념이 우호적인 브랜드 태도 형성의 매개변인이라는 점을 강조하며, 다른 광고의 효과 경로를 설명하고 있다(Mitchell & Olson, 1981; Shimp, 1981). 즉, 이 모형은 광고가 제품의 속성에 대한 긍정적인 신념을 형성시키는 데 기여하는 것뿐만 아니라, 광고 자체에 대한 소비자의 우호적인 반응이 이후에 브랜드 태도와 구매 과정에 전이될 수 있다는 것을 주장하고 있다. 따라서 소비자가 제품에 대한 긍정적인 신념이 없더라도 광고를 통해 브랜드에 대한 우호적인 태도를 형성할 수 있다는 것을 밝히고 있다.

여기서 미첼과 올슨(Mitchell & Olson)의 연구는 소비자의 브랜드 인식(Brand Awareness)에 영향을 미치는 요인에 대한 연구이며, 실험과 설문조사를 통해 소비자의 브랜드 인식에 관련된 정보를 수집했다. 연구 결과는 브랜드 노출 빈도, 브랜드의 유일성, 브랜드와 관련된 기억, 그리고 브랜드와 관련된 자극이 모두 소비자의 브랜드 인식에 영향을 미친다는 것을 밝혀냈다. 특히, 브랜드 노출 빈도가 높을수록 브랜드 인식이 높아지며, 브랜드의 유일성이 높을수록 브랜드 인식이 용이해진다는 것을 확인하였다. 이러한 연구 결과는 브랜드 마케팅에서 중요한 역할을 하는 브랜드 인식에 대한 이해를 높이고, 브랜드 인식을 향상시키는 방법을 모색하는 데에 유용하게 활용될 수 있다(Mitchell & Olson, 1981).

심프(Shimp)의 논문은 광고태도 모형(Advertising Attitude Models)에 대한 연구이며, 소비자가 광고에 노출될 때 형성되는 광고 태도에 대한 이론적 모형을 제시하고, 이를 검증하기 위한 실험을 수행하였다. 논문에서 제시된 광고 태도 모형은 광고에서 제시된 정보가 소비자의 브랜드에 대한 신념(Belief)을 형성하고, 이를 통해 브랜드에 대한 태도(Attitude)를 형성하며, 이러한 브랜드 태도가 소비자의 브랜드 선택(Choice)에 영향을 미친다고 설명하고 있다.

이 모형은 제품 속성에 대한 긍정적인 신념이 우호적인 브랜드 태도 형성의 매개변인이 되는 학습위계모형(Learning Hierarchy Model)과 구별되며, 광고에서 제시된 정보와 광고 자체에 대한 소비자의 태도가 결과적으로 브랜드 태도에 영향을 미칠 수 있다는 것을 강조하고 있다.

실험 결과는 광고 태도 모형이 올바르게 구성되었음을 보여주었다. 즉, 광고에서 제시된 정보가 소비자의 브랜드 관련 긍정적인 신념을 형성하고, 이를 통해 브랜드에 대한 우호적인 태도를 형성함을 확인할 수 있었다. 또한 광고 자체에 대한 소비자의 우호적인 반응이 브랜드 태도와 구매에 영향을 미칠 수 있다는 것도 확인되었다. 이 연구는 광고 태도 모형을 검증한 첫 번째 연구로서, 이후 광고 태도 모형 연구에 큰 영향을 미치게 되었다(Shimp, 1981).

광고 태도가 브랜드 태도에 미치는 영향에 대한 설명에는 조건화 이론과 인지반응 이론이 또한 사용될 수 있다. 조건화 이론은 광고에 대한 긍정적인 감정이 브랜드로 전이되는 과정을 행동적 학습 과정으로 설명하고 있다. 이는 광고를 통해 소비자가 브랜드와 연관된 긍정적인 경험을 한 경우, 그 경험은 브랜드에 대한 태도 형성에 영향을 미칠 수 있다는 것을 의미한다. 또한 인지반응 이론은 긍정적인 감정 상태로 인해 소비자가 브랜드에 대해 긍정적으로 인지하는 반응을 더욱 많이 할 수 있다는 것으로 광고 태도가 브랜드 태도에 영향을 미치는 과정을 설명한다. 이는 광고가 소비자의 감정을 자극하고 긍정적인 상황에서 브랜드를 경험할수록 소비자가 브랜드에 대한 긍정적인 태도를 형성할 가능성이 높아진다는 것을 의미한다.

소비자가 갖게 되는 광고 태도는 인지적 반응과 감정적 반응으로 구분될 수 있다. 초기 광고 태도에 대한 연구자들은 광고 내용에 대해 소비자들이 떠올리는 인지반응이 이후에 광고 태도를 결정한다고 보았다. 그러나 이후에 진행된 광고 태도에 대한 다른 연구에서는 소비자들이 인지

반응과 구별되는 감정 반응을 생성하며, 이러한 감정 반응이 광고에 대한 태도를 형성하는 데 더 크게 기여할 수 있다고 보았다.

이러한 광고 반응의 개념적 분류는 광고 태도 형성과 변화를 이해하고 광고 효과를 예측하는 데 중요한 역할을 한다. 특히 광고 태도를 결정하는 인지적 반응과 감정적 반응의 상대적인 중요성은 광고의 내용과 소비자의 개인적 특성에 따라 달라질 수 있다. 광고 태도의 인지적 반응과 감정적 반응은 서로 구별되는 개념이지만 광고 효과에 영향을 미치는 중요한 요소임을 인지해야 한다.

광고태도 모형은 소비자의 광고에 대한 태도가 그들이 가진 브랜드에 대한 태도와 구매의사 결정 과정에 영향을 줄 수 있다는 사실을 고려하여 만들어졌다. 이 모형은 소비자의 광고 태도를 결정하는 요인으로 광고 내용, 소비자의 개인적 특성 및 상황 요소를 함께 고려하고 있다.

이중 다속성 태도 모형은 제품이나 브랜드에 대한 태도를 구성하는 요인으로 인지적, 감정적, 행동적 측면을 함께 고려하고 있다. 이 모형은 소비자의 태도가 제품이나 브랜드에 대한 인식, 감정, 행동과 관련되어 있다는 것을 강조한다. 따라서 광고태도 모형과 다속성 태도 모형은 브랜드에 대한 소비자의 태도를 이해하는 데 유용한 이론적 기반을 제공하고 있다는 측면에서 유사하다고 볼 수 있다. 두 모형 모두 소비자의 구매 의사 결정에 영향을 미치는 요인으로 소비자의 태도를 강조하고 있다.

광고태도 모형은 광고에 대한 소비자의 전반적인 호감과 비호감뿐만 아니라, 광고가 가지고 있는 특정한 속성에 대한 소비자의 개별적인 태도를 함께 고려하여 소비자의 태도를 설명하고 있다. 또한 이 모형은 소비자가 광고에 대한 태도를 형성하는 데 중요한 역할을 하는 광고 속성, 소비자의 개인적 특성, 광고에 대한 경험 등을 고려하고 있다.

광고에 의해 만들어진 긍정적인 감정은 브랜드 감정과 연계되어 광고에 대한 반복적인 노출을 통해 소비자가 가지고 있는 브랜드 자체에 대한 감정에도 영향을 미치게 된다. 따라서 소비자의 광고에 대한 태도가 브랜드 인지나 브랜드에 대한 태도 등에 영향을 주는 광고 효과를 매개하는 단계가 없이 브랜드의 구매에 직접적으로도 영향을 줄 수도 있다고 주장하기도 한다(Lutz & Belch, 1986). 이 연구에서는 광고 효과 측정과 이론적 배경에 대해서 다양한 관점에서 분석하고 검증하였다. 먼저 광고 효과를 측정하는 다양한 방법을 분석하고, 이러한 방법들의 상호 관계를 검증하는 연구를 수행했으며, 광고 효과 측정에 있어서 광고 태도, 광고 인식, 광고 기억 등을 고려하는 것이 중요하다는 것을 발견하였다. 이 연구에서 광고 효과에 영향을 미치는 요인들을 다양한 관점에서 검토하였는데, 광고의 특성, 소비자의 개인적 특성, 광고 노출과 관련된 요소 등이 광고 효과에 영향을 미친다는 것을 밝혀냈다. 이를 토대로 광고 효과에 대한 이론적 배경을 제시하였다.

이러한 광고 효과와 관련된 결과는 소비자의 광고 태도가 브랜드에 대한 생각에 영향을 미치고, 이는 다시 브랜드에 대한 태도 자체에 직접적으로 혹은 간접적으로 영향을 미칠 수도 있다는 것을 보여준다. 따라서 광고는 브랜드의 인지와 태도 형성에 중요한 역할을 할 수 있다고 결론 내릴 수 있다.

7) 행동 모형(조건화 이론)

행동주의 학습이론에 따르면 개인의 행동은 학습 과정을 통해 형성 및 수정될 수 있다. 이 이론은 인지주의 학습과 달리, 반복 및 습관화된 조건화를 학습의 중요한 방법으로 제시하고 있다. 따라서 개인이 원하는 행동을 형성하거나 변경하고자 할 때는, 일관된 반복 및 조건화된 학습을 통해 효과적인 학습 결과를 얻을 수 있다는 것이 행동주의 학습이론의 주장이다.

개인은 외부 자극에 대해 일정한 반응을 보이며, 이러한 행동주의 관점은 학습과 관련된 이론을 제시하는데, 적절한 자극을 반복적으로 제시하고, 그에 따른 반응을 강화하여 지속적으로 강화하는 과정을 통해 특정한 반응을 이끌어낼 수 있다는 것이다. 이러한 조건화 이론은 고전적 조건화와 조작적 조건화 이론으로 구분하여 이해할 수 있다.

◇ 고전적 조건화

이안 파블로프(Ivan Pavlov)의 개 침 분비 실험에서의 고전적 조건화는, 마케팅 상황에서 가장 많이 사용되는 설득 기법 중 하나로 이해할 수 있다. 이 기법은 사물이나 주장(Conditional Stimulus)을 좋거나 싫은 반응(Unconditional Response)을 이끌어 내는 것(Unconditional Stimulus)과 연결하여, 해당 사물이나 주장에 대해 좋거나 싫은 반응(Conditional Response)을 새로 형성할 수 있도록 유도하는 것이다.

이러한 고전적 조건화는 마케팅에서도 널리 활용되며, 제품이나 브랜드를 노출함으로써 소비자에게 긍정적인 반응을 유도하는 것이 그 예이다. 예를 들어, 광고에서 제품이 사용된 특정 상황을 반복적으로 보여주면, 이는 소비자들에게 해당 제품에 대한 긍정적인 연관성을 형성하게 된다. 따라서 마케팅에서 고전적 조건화는 제품 노출, 브랜딩, 광고 등 다양한 방법으로 활용되며, 소비자들의 인지 및 태도 형성에 큰 영향을 미치고 있다는 것을 알 수 있다.

고전적 조건화는 중립적인 자극과 다른 자극 간의 연관성을 형성하는 원리를 기반으로 하며, 이러한 원리는 마케팅 분야에서도 활용된다. 이를 예로 들어, 중립적인 문장에 대한 사람들의 지지도 변화를 만드는 실험에서 고전적 조건화의 원리를 확인할 수 있다. 해당 실험에서는 중립적인 문장을 각기 다른 상황에서 반복적으로 제시하였다. 첫 번째 상황은 유쾌한 점심식사 상황, 두 번째 상황은 불쾌한 냄새와 소리가 가득한 상황이며, 마지막으로 아무런 자극이 없는 상황이었다. 이러한 상황에서 중립적인 문장에 대한 사람들의 지지도가 어떻게 변화하는지를 관찰하였다.

그 결과, 첫 번째 상황에서 중립적인 문장에 대한 사람들의 지지도가 상승하였고, 두 번째 상황에서는 하락하였으며, 마지막 상황에서는 유지되었다. 이는 고전적 조건화의 원리를 따르는 결과로, 중립적인 문장과 상황 간의 연관성이 형성되었기 때문이다.

위의 실험에서 확인된 바는, 무조건적인 자극(냄새-불쾌, 식사-유쾌)과 무조건 반응(불쾌한 반응, 유쾌한 반응)이 조건 자극인 문장과 함께 연결되어 반복적인 노출에 의해 조건 자극(문장)-조건 반응(불쾌한 반응, 유쾌한 반응)이 생성된 것으로 유추할 수 있다.

고전적 조건화는 반복적인 노출을 통해 무조건 자극과 조건 자극 간의 연관성을 형성하며, 이 과정에서 무조건 자극과 연관되어 있는 무조건 반응이 조건 반응으로 변화하여 조건 자극과 연결되게 된다. 이렇게 형성된 조건 자극과 조건 반응은 후에 무조건 자극과 무조건 반응이 없어도 그대로 유지되며, 다른 조건화 반응에서도 무조건 자극과 무조건 반응으로 활용될 수 있다.

고전적 조건화는 여러 번 반복적인 노출을 통해 조건 자극과 조건 반응을 형성하게 되며, 이를 반복하여 조건화를 진행하는 것을 고차적 고전적 조건화라고 한다. 고차적이라는 의미는 2번 이상 조건화가 일어난다는 것을 의미한다.

고차적 고전적 조건화는 초기의 조건 자극과 조건 반응을 무조건 자극과 무조건 반응으로 사용하면서 새로운 조건화를 진행할 수 있게 된다. 이를 통해 새로운 조건 자극과 조건 반응을 형성하면서, 이전에 형성된 조건 자극과 조건 반응을 활용하여 조건화를 진행할 수 있다.

고차적 고전적 조건화는 마케팅에서도 유용하게 활용될 수 있다. 제품이나 브랜드를 연결된 긍정적인 상황과 연결시켜 소비자들의 긍정적인 태도를 형성하는 것뿐만 아니라, 이를 이용하여 새로운 제품이나 브랜드를 소개하고, 이전에 형성된 조건 자극과 조건 반응을 활용하여 새로운 조건 자극과 조건 반응을 형성할 수 있다는 것을 알 수 있다. 따라서, 고차적 고전적 조건화는 조건화의 다양한 형태를 보여주며, 마케팅에서도 유용하게 활용될 수 있는 중요한 개념 중 하나이다.

◇ 광고 과정에서 조건화 이용

고전적 조건화를 통해 제품의 이미지를 형성하는 것은 자기 관여도가 낮은 제품이나 기호성 제품의 경우 가장 중요시되는 요소 중 하나이다. 이는 조건화가 적용될 수 있는 대상 제품은 보통 사고에 의해 이성적으로 판단하는 제품보다는 이미 자신의 머릿속에 구축된 제품의 인식이나 이미지에 의해 판단하는 성향을 보이기 때문이다.

특히, 제품의 성능이나 품질이 경쟁사 간에 큰 차이가 없을 경우, 브랜드충성도에 축적된 이미지에 의해 제품 구매가 결정될 확률이 높아진다. 이는 고전적 조건화를 활용하여 제품이나 브랜드를 긍정적인 상황과 연결시켜 소비자들이 해당 제품이나 브랜드에 대해 긍정적인 태도를 가지도록 유도하는 것이 중요하다는 것을 보여준다.

광고는 반복적인 노출을 통해 제품에 특정 이미지를 행동적인 학습으로 연결시키는 전략을 활용한다. 광고되는 제품에 조건화를 활용하여 특정 이미지나 평가를 연계할 수 있다는 점은 조건화 이론이 가진 매력 중 하나이다.

특히, 광고에서는 유명인이 가진 특정 이미지를 조건화 반응을 통해 제품에 연결하는 전략이 일반적으로 사용된다. 이는 유명인의 이미지를 활용하여 제품에 긍정적인 이미지를 부여하고, 소비자들에게 해당 이미지와 제품이 연결되어 있다는 인식을 형성하는 것을 목적으로 한다.

이러한 광고 전략을 활용하여 유명인의 이미지를 조건화 반응을 통해 제품에 연결하는 것은, 조건화 이론이 가진 매력 중 하나로 꼽힌다. 이는 광고에서 제품의 이미지를 형성하고 소비자들의 인지 및 태도를 형성하는 데 큰 역할을 하며, 제품의 인기와 판매량을 높이는 데 중요한 역할을 한다는 것을 보여준다.

예를 들어, 유명인을 활용하여 신뢰의 이미지를 가진 광고를 만들 때, 무조건 자극과 무조건 반응은 유명인과 신뢰감 가는 이미지이다. 제품과 유명인을 반복되는 노출을 통해 연결시키면, 결국 조건화를 통해 제품과 신뢰감 가는 이미지가 형성될 것이다.

브랜드 확장도 고전적 조건화의 관점에서 볼 때, 조건화 반응이 실제로 마케팅에 적용된 예라고 할 수 있다. 특정 브랜드가 마케팅 과정을 통해 얻은 이미지는 브랜드 확장을 통해 다른 제품에도 전이될 수 있다.

브랜드 이미지는 브랜드 자체가 갖고 있는 특정한 이미지나 인식을 의미한다. 이 이미지는 마케팅 전략에 따라 다양한 방법으로 구축될 수 있으며, 고전적 조건화를 통해 이미지가 형성된 경우도 있다. 브랜드 이미지를 확장하는 것은 이미지와 연관된 새로운 제품을 출시하여 브랜드를 확장하는 것을 의미한다.

이러한 브랜드 확장 전략에서는 이미지가 이미 형성되어 있는 브랜드의 이미지를 새로운 제품에도 전이시켜서 이미지를 미리 구축하고 있는 상황에서 제품을 출시하는 것이 중요하다.

고전적 조건화는 수용자의 실제 경험을 통해 형성되지만, 광고에서는 관찰 학습으로 조건화가 확장되어 응용될 수 있다. 광고에서는 단지 보는 것만으로도 소비자 마음속에 조건화를 할 수 있다는 점이다. 이는 광고가 대리 학습적인 요소를 가지고 있기 때문에 가능한 것이다.

광고는 대리 학습을 위해서 더 많은 반복이 필요하지만, 제품을 직접 경험시키지 않아도 되는 이점이 있다. 이러한 대리 학습적인 요소는 광고에서 제품을 보여주거나 제품과 연관된 이미지를 제공함으로써 소비자의 마음속에 이미지를 형성시키는 것이 가능하다.

◇ 자극 일반화와 변별

고전적 조건화에서는 중립 자극이 무조건 자극과 연합되어 조건 자극으로 형성되는데, 이 경우 유사한 자극도 동일한 조건 반응을 이끌어낼 수 있다는 것을 자극 일반화(stimulus generalization)라고 한다. 자극 일반화가 발생하는 자극과 조건 자극 간에 유사성이 크면 클수록 자극 일반화가 더 잘 일어나는 것으로 밝혀졌다.

반면에, 변별(discrimination)이란 개념은 자극 일반화의 개념과는 반대로 정확한 조건 자극 이외의 다른 자극에는 조건 반응이 잘 일어나지 않는 것을 의미한다. 이러한 자극 일반화와 변별의 개념은 광고 마케팅에서도 중요한 역할을 한다. 광고에서는 브랜드의 이미지와 제품에 대한 조건화를 통해서 유사한 제품이나 브랜드에 대해서도 소비자들이 일반화를 하여 구매할 가능성을 높이는 전략을 취하기도 하지만, 동시에 유사한 제품이나 브랜드와 구별될 수 있는 뚜렷한 차별화 전략을 취하여 변별력을 강화하는 것도 중요하다.

◇ 조작적 조건화

고전적 조건화는 개인의 수동적인 반응이 중립 자극과 연결되는 것으로, 고전적 조건화에서 발생하는 반응을 수용자의 반응 행동이라 한다. 이와는 대조되게 조작적 조건화에서는 개인의 능동적인 반응을 통해 행동이 형성되는 것으로, 조작적 조건화를 통해 형성되는 반응을 조작 행동이라 하면서 고전적 조건화의 반응 행동과 구별해서 제시하고 있다. 조작적 조건화와 고전적 조건화의 차이는 조건화를 위한 보상과 처벌을 포함하는가와 수용자의 행동을 반응 행동과 조작 행동으로도 구별할 수 있다.

조작적 조건화는 행동의 결과에 따라서 행동을 반복하거나 중단하는 것이 가능하다. 예를 들어, 어떤 행동이 보상을 받으면 이 행동은 더욱 강화되고, 반대로 처벌을 받으면 이 행동은 점차적으로 약화된다. 따라서 조작적 조건화는 개인이 능동적으로 환경에 대응하는 능력을 향상시키는 데 유용하게 활용될 수 있다.

반면 고전적 조건화에서는 수용자는 자신의 반응을 바로 변경할 수 없으며, 무조건 자극과 중립 자극 사이의 연결을 통해 조건 자극으로의 반응이 형성된다. 따라서 고전적 조건화는 개인이 환경에 수동적으로 대응하는 경우에 적합하다.

◇ 정적 강화와 부적 강화

조작적 조건화의 중심 개념인 강화는 개인이 원하는 것을 제공하여 성공적인 조건화를 생성하는 것을 의미한다. 이 때, 개인은 자신이 한 행동의 결과로 제공되는 강화가 얼마나 유용한지를 기반으로 조작 행동을 계속할지 말지를 결정하게 된다. 조작적 조건화의 과정은 개인이 능동적으로 결정하고 반응하는 과정이다. 여기서 행동에 대한 강화는 크게 정적 강화와 부적 강화로 나뉘는데, 정적 강화는 개인이 선호하는 자극을 제시해 바람직한 조작 행동을 이끌어내는 과정으로 이해할 수 있으며, 부적 강화는 개인이 싫어하는 자극을 제거해 바람직한 조작 행동을 이끌어내는 과정으로 이해할 수 있다.

예를 들어, 숙제를 하면 칭찬을 받는 것은 정적 강화에 해당하며, 숙제를 하면 청소를 하지 않아도 된다는 것은 부적 강화에 해당한다고 볼 수 있다. 일반적으로 조건화에서는 수용자에 대한 보상이 처벌보다 효과적인 것으로 나타났다. 이러한 조작적 조건화는 개인의 능동적인 반응을 통해 행동이 형성되는 과정으로, 고전적 조건화와는 구별되며, 보상과 처벌을 포함하여 강화가 중요한 역할을 한다는 점에서는 유사한 측면도 있다.

◇ 처벌

부적 강화와 처벌은 개인의 행동을 조절하기 위한 방법으로 널리 사용되고 있다. 이러한 방법들은 어떤 상황에서는 효과적일 수 있지만, 그 효과는 각각의 방법과 그 적용 방식에 따라 다르게 나타난다. 본 논문에서는 부적 강화와 처벌의 차이점에 대해 탐구하고자 한다.

부적 강화는 개인이 혐오하는 자극을 제거하고, 바람직한 행동을 발생시키는 방식으로 작용한다. 이는 개인의 선호를 고려하지 않고, 바람직한 행동을 유발하기 위해 필요한 자극을 강화하는 방식과는 다르다. 이에 비해, 처벌은 개인의 바람직하지 않은 행동을 직접적으로 억제하기 위한 방법으로 사용된다. 이는 개인이 부정적인 경험을 느끼게 함으로써 바람직하지 않은 행동을 방지하는 것이다.

◇ 강화 스케줄

조작적 조건화에서는 강화의 시간 간격에 따라 학습의 과정이 크게 영향을 받는다. 이를 위해 강화는 지속적 강화와 간헐적 강화로 구분할 수 있다.

지속적 강화는 목표 행동이 발생할 때마다 즉시 강화를 제공하는 방식으로, 행동과 그에 대한 반응을 연결시키기 위해 사용된다. 특히, 행동을 처음 학습할 때 지속적 강화가 사용된다. 이는 행동이 어느 정도 고정될 때까지 계속해서 강화를 제공함으로써 행동을 고정시키는 데에 효과적이다. 그러나 행동이 고정되면, 간헐적 강화를 통해 조작적 조건화된 행동을 지속시키게 된다. 간헐적 강화는 일정한 간격으로 강화를 제공하는 고정 간격 스케줄, 간격을 짐작할 수 없는 변동 간격 스케줄, 일정한 강화를 제공하는 고정 비율 스케줄, 강화의 양에 변화가 있는 변동 비율 스케줄로 구분된다.

고정 간격 스케줄은 일정한 시간 간격으로 강화를 제공하는 방식으로, 행동이 발생한 이후 고정된 시간이 지나면 강화를 제공한다. 반면, 변동 간격 스케줄은 강화 간격이 일정하지 않은 경우로, 강화 제공의 간격이 일정하지 않으며, 강화를 제공하는 시기를 예측하기 어렵다.

고정 비율 스케줄은 행동이 몇 번 발생하면 강화를 제공하는 방식으로, 행동이 일정 횟수 이상 발생하면 강화를 제공한다. 이에 비해, 변동 비율 스케줄은 강화의 양에 변화를 준다. 따라서, 행동이 일정 양 이상 발생해야 강화를 제공한다.

이러한 강화 스케줄은 각각의 특성에 따라 학습의 속도와 방식을 달리하며, 조작적 조건화의 학습과정에서 중요한 역할을 한다. 따라서, 조작적 조건화의 학습 과정에서 적절한 강화 스케줄을 선택하는 것이 매우 중요하다.

◇ 고전적 조건화와 조작적 조건화

고전적 조건화 모델은 선택적 반응이 전제되지 않은 모델로, 일차적 유발자극을 사용한다. 이 모델은 특정 자극이 발생하면 반응이 자동으로 이루어지는 것으로 가정하고 있다. 이에 비해 조작적 조건화 모델은 선택적 반응이 이루어지는 모델로, 개인의 선택과정이 필요하다. 특정한 반응이 나왔을 때, 이를 강화하여 특정 자극과 연결하고, 통상적인 반응으로 만든다. 즉, 개인이 일정한 행동 목록 중에서 선택을 하고, 이에 대한 보상(반응--강화)이 이루어짐으로써 조건화를 만들어낸다.

조작적 조건화는 개인의 선택 과정을 거친 후의 행동에 대한 보상(반응--강화)을 중심으로 이루어지는 반면, 고전적 조건화에서는 개인의 선택과정보다는 특정 반응을 위한 자극에 관심을 갖는다(강화--반응)고도 할 수 있다. 이러한 이유로, 조작적 조건화는 개인이 행동을 선택하고 그에 대한 보상이 이루어져야만 조건화가 이루어지는 모델로 볼 수 있다. 따라서, 조작적 조건화 모델이 고전적 조건화 모델보다 선택적 반응을 중요시하는 것으로 볼 수 있다.

광고 효과를 설명하는 행동 모형에서는 광고가 소비자의 행동에 영향을 주는 조건화 과정을 통해 선호도나 구매 의도에 영향을 줄 수 있다는 것을 강조하고 있다. 이러한 모델에서는 광고가 무조건적 자극이나 조건자극으로 작용하여 소비자의 행동을 강화하거나 억제할 수 있다는 것이 중요한 역할을 한다. 광고에서 사용되는 이미지, 문구, 음악 등의 자극들이 소비자의 행동을 조건화하는 과정에서 핵심적인 역할을 수행한다.

특히, 광고 효과를 설명하는 행동 모형에서는 조작적 조건화 모델이 가장 중요하다고 강조하고 있다. 이 모델에서는 소비자가 행동을 선택하고 그에 대한 보상(반응-강화)이 이루어짐으로써 광고의 효과를 조건화할 수 있다. 이러한 과정을 통해 광고는 소비자의 행동을 조건화하는 과정에서 선호도나 구매 의도에 영향을 주게 된다. 따라서, 광고 효과를 설명하는 행동모형에서는 광고의 조건화 과정이 소비자의 행동을 바꾸어 선호도나 구매 의도를 바꿀 수 있다는 것이 핵심적인 내용이다.

고전적 조건화에서는 특정 자극과 특정 반응 사이에 연계 학습이 일어날 수 있다고 가정한다. 특정 자극의 존재가 자동적으로 그에 대응하여 조건화된 반응을 일으킬 수 있다는 것이다.

생물학적으로 연관되어 있는 자극과 반응에 대한 예시로, 음식을 보면 배고픔과 함께 침 분비가 일어난다. 이는 인간의 생물학적인 반응으로, 음식 섭취를 준비하기 위한 현상이다.

이와 반대로, 생물학적으로 연관되어 있지 않은 자극과 반응을 다루기 위해, 음식과 함께 연주되는 음악을 예시로 들었다. 음식과 함께 연주되는 음악은 침 분비와는 관련이 없는 자극이다. 그러나 음식과 함께 연주되는 음악이 반복적으로 연주되면서, 자동적인 연계 학습이 발생할 수 있다. 이렇게 조건화가 이루어지면, 이후에는 단순히 음악을 듣는 것만으로도 침 분비가 일어나는 상황이 발생할 수 있다.

이러한 현상은 조건 반응이 조건 자극과 연결된 조건화로 이루어진 것이다. 이는 인간의 행동에서 중요한 역할을 하는 연계학습의 한 형태이며, 광고와 같은 마케팅 전략에서도 활용될 수 있다.

브랜드와 연관된 생각, 태도, 구매 등의 행동은 특정한 이미지나 감정으로부터 유발되는 경우가 많다. 이러한 이미지나 감정은 브랜드와 긍정적으로 연관되어 있을 때, 브랜드 인식과 태도 형성에 중요한 역할을 한다.

따라서, 이러한 이미지나 감정을 활용하여 브랜드 확장을 시도할 수 있다. 브랜드와 연결되어 있는 이미지나 감정을 새로운 제품에 부여하면, 소비자들은 새로운 제품을 브랜드와 연결시키며, 이미지나 감정을 바탕으로 브랜드 인식 및 태도를 형성하게 된다.

이러한 브랜드 확장 전략은 조건화의 개념과도 관련이 있다. 브랜드와 연관된 이미지나 감정은 일종의 조건 자극이 되며, 브랜드 확장 시 이 이미지나 감정을 조건적으로 활용할 수 있다. 이를 통해 새로운 제품이 기존 브랜드와 연결되어 있는 이미지나 감정을 공유함으로써, 소비자들이 브랜드와 새로운 제품을 연관시키는 것을 도모할 수 있다.

예를 들어, 노출이 심한 옷을 입은 매력적인 모델을 사용하여 광고를 집행하면, 이 모델에 대한 긍정적인 감정이 광고하는 제품 브랜드에 조건화될 수 있다. 이렇게 조건화가 이루어지면, 모델에 대한 긍정적인 감정들은 광고하는 제품 브랜드의 이미지와 매력을 향상시킬 수 있다.

또한 광고에서 사용되는 음악의 종류도 소비자의 선택에 영향을 미친다는 연구 결과가 있다. 즐거운 음악과 함께 광고된 제품은 즐겁지 않은 음악과 함께 광고된 제품보다 더 많이 선택되는 경향이 있다. 이러한 영향은 광고에서 자극과 반응의 조합을 소비자에게 자주 노출시킬수록 커지며, 광고에서의 반복이 이러한 과정에서 중요한 역할을 한다.

8) 정보처리모형

정보처리모형은 인지심리학에서 인간이 정보를 인지하고 처리하는 과정을 설명하는 모형인데, 이 모형은 일반적으로 세 가지 단계로 구성된다. 첫 번째는 입력(input) 단계로, 외부 자극이 수용자의 감각기관을 통해 받아들여져 인지적 정보로 변환된다. 두 번째는 처리(processing) 단계로, 이렇게 입력된 정보가 수용자에 의해 인지적으로 처리되고 해석되는 과정이다. 이 과정에서는 정보를 저장하고 그 정보의 연관성을 찾아내며, 이전에 저장된 정보와 비교하여 새로운 의미를 만들어내는 과정이 진행된다. 세 번째는 마지막 출력(output) 단계로, 이렇게 처리된 정보가 결과물로 나타나게 된다. 이 정보처리모형은 선형적인 단계로 인지적인 정보처리 과정을 설명하고 있다.

정보처리모형은 이러한 단계들을 순차적으로 진행하는 것으로 설명한다. 이 과정에서 정보를 처리하는 수준(level of processing)에 따라서 정보의 인지와 기억의 효과가 달라질 수 있다. 따라서 이 모형은 정보처리과정에서 인간의 인지적 작용을 이해하고 분석하는 데에 큰 도움이 된다.

정보처리모형은 소비자가 메시지에 기울이는 주의와도 관련되어 있어서 주의모형으로 불리기도 하는데, 이 모형은 광고의 효과적인 정보 처리 과정의 중요성에 관련된 다양한 설명을 제시하고 있다.

브랜드와 관련되어 소비자가 가진 신념과 태도, 그리고 구매 의도는 광고를 보는 동안 광고에 포함된 세부 정보의 양에 의해서 영향을 받는다. 소비자가 처리할 수 있는 정보의 양은 실제적인 정보 처리를 통해 광고의 효과를 만들어내는 과정에서 중요하다. 앞에서 설명한 관여 모델에서는 소비자의 관여도가 정보 처리 유형과 밀접한 관련이 있다는 것을 제시하고 있다. 관여가 높은 소비자들은 광고에 대해 더 능동적으로 정보를 처리하며, 관여가 낮은 경우에는 광고 주장보다도 주변 요인들에 더 많은 관심을 기울인다는 것이다. 따라서 광고에서 정보 처리가 많이 일어나기 위해서는 소비자들 중에서 내가 제시하는 광고에 흥미를 가지거나 관심을 가진 대상을 찾는 것이 중요하다는 것을 의미한다.

광고를 소비자에게 전달하는 방식은 소비자의 주의 집중과 정보 해석 및 이해 과정, 그리고 소비자의 감정적 반응에 영향을 미치는 또 다른 요인 중 하나이다. 특히, 광고 메시지의 상세한 내용을 이해하는 데 일정 시간 이상이 소요될 경우에는 소비자는 이후 광고 메시지의 세부 내용을 잊어버릴 가능성이 커진다. 따라서 광고 전달 방식은 소비자의 정보 처리 및 기억력에도 영향을 미칠 수 있으므로 광고 메시지의 효과를 최대화하기 위해서는 이러한 요인들을 고려하여 광고 전략을 수립해야 한다.

제한된 주의 용량 이론(Limited Capacity Attention Theory)은 자극에 대한 수용자의 정보 처리가 방해받는 원리를 설명하기 위해 자주 사용되며, 개인의 주의가 다른 일과 현재 관심을 두고 있는 일로 분산될 때, 복잡한 자극은 처리와 코딩을 위해 수용자가 더 큰 노력을 기울여야 한다는 점을 강조한다. 이러한 원리는 광고의 정보 처리 과정에서도 관찰될 수 있는데, 광고에 사용되는 이야기나 시각적 요소가 복잡해질수록 소비자에게 더 많은 정보 처리 능력이 요구된다는 것이다(Thorson et al, 1987). 이 연구는 광고의 정보 처리에 대한 제한된 주의 용량 이론을 검증하기 위해 실험을 수행하였다. 이들은 광고에 사용된 텍스트와 이미지의 복잡성이 소비자의 정보 처리 능력에 어떤 영향을 미치는지를 조사하였다. 실험 결과, 복잡한 광고의 처리는 단순한 광고의 처리보다 더 많은 인지 노력을 필요로 하며, 이는 제한된 주의 용량 이론의 예측과 일치하였다. 또한 이미지의 복잡성이 높은 광고는 처리에 더 많은 인지 노력이 필요하며, 이미지가 포함되지 않은 광고보다 더 많은 주의 집중을 유도하는 것으로 나타났다.

따라서, 광고 메시지의 해석이 어려워질수록 더 많은 인지적 노력이 필요해지는 것으로 연구의 결과를 이해할 수 있다. 또한 광고를 빠른 속도로 제시하는 것도 소비자가 정보를 처리하기 위해 더 많은 주의를 기울여야 하는 상황을 초래할 수 있다. 이러한 이유로 광고 전략 수립 시, 소비자의 정보 처리 능력을 고려하여 광고 메시지의 복잡성과 제시 속도를 적절히 조절하는 것이 중요하다.

광고의 정보 처리 과정은 광고와 인접한 프로그램의 성격에 따라서도 영향을 받는 것으로 나타났다(Kamins et al., 1991). 그들의 연구에서는 광고와 인접한 프로그램의 성격이 광고의 효과에 미치는 영향을 조사하기 위해서 실험을 수행하였다. 실험 결과, 인접한 프로그램의 성격이 광고 메시지의 기억과 태도에 영향을 미치는 것으로 나타났다. 특히 프로그램 성격이 광고 메시지와 일치할 때, 광고 메시지에 대한 기억과 태도가 더 높아지는 것으로 나타났다. 프로그램의 성격이 부정적일 때는 광고 메시지의 기억과 태도가 감소하는 것으로 나타났다.

인접한 프로그램이 시청자의 기분에 영향을 미쳐서 광고 정보를 처리하는 것을 방해할 수도 있으며, 다른 상황에서는 시청자가 프로그램에 너무 몰입하여 인접한 광고에 주의를 기울이기 어려워질 수도 있다. 이러한 상황에서는 광고 메시지 자체에 대한 해석이 불가능해지는 것으로 알려졌다. 프로그램 환경은 함께 방송되는 광고를 시청자가 처리하고 기억하는 과정에서 긍정적인 또는 부정적인 두 가지 효과를 모두 줄 수 있다는 것이 연구에서 밝혀졌다(Gunter et al., 1997). 이 연구는 광고와 인접한 프로그램 성격이 시청자의 기분과 광고 메시지의 인식, 기억, 태도에 미치는 영향을 조사하기 위해 실험을 수행하였다. 실험 결과, 광고와 인접한 프로그램의 성격이 시청자의 기분에 영향을 미치는 것으로 나타났다. 특히, 부정적인 프로그램을 시청한 경우, 시청자의 기분이 나쁘게 영향을 받아 광고 메시지에 대한 인식, 기억, 태도가 모두 부정적으로 영향을 받았다. 반면, 긍정적인 프로그램을 시청한 경우에는 광고 메시지에 대한 인식, 기억, 태도가 모두 긍정적으로 영향을 받는 것으로 나타났다.

프로그램 내용에 대한 소비자의 관여 혹은 프로그램에 대한 몰입은 광고와 인접한 프로그램의 종류에 따라 다르게 나타나며, 이는 시청자가 광고 내용을 회상하는 데 영향을 줄 가능성도 있었다. 특히, 프로그램 내용 자체에 대한 소비자 관여가 너무 높거나 소비자가 프로그램에 너무 강하게 몰입을 하는 경우에는 광고의 입장에서 이러한 프로그램과 경쟁해서 시청자의 주의를 끌거나 메시지의 내용을 전달하기가 어렵다는 것을 알 수 있다.

광고와 인접한 프로그램 환경이 광고에 대한 소비자의 인지적인 처리를 촉진하는가 혹은 저해하는가의 여부는 프로그램과 광고의 성격에 따라 결정된다고 이해할 수 있다. 특히, 프로그램에 대한 소비자의 심리학적 관여는 광고와의 상호작용에서 이러한 효과를 더 크게 만들어낸다(Furnham et al., 1998). 이 연구는 광고와 인접한 프로그램의 성격이 광고 메시지의 효과에 미치는 영향을 조사하기 위해 진행되었는데, 광고 메시지와 인접한 프로그램의 성격에 따라 소비자의 인지적인 처리 능력과 광고 메시지의 회상이 어떻게 변화하는지를 조사하였다. 연구에서는 두 개의 광고 메시지를 사용하였는데, 하나는 간단한 메시지였고, 다른 하나는 복잡한 메시지였다. 이 두 가지 광고 메시지를 각각 다른 종류의 인접한 프로그램과 함께 방영하였다. 인접한 프로그램으로는 정보 프로그램, 연예 프로그램, 드라마 프로그램 등이 사용되었다. 결과적으로, 복잡한 광고 메시지를 정보 프로그램과 함께 방영한 경우, 소비자의 인지적인 처리 능력과 광고 메시지의 회상이 가장 높게 나타났다. 반면, 복잡한 광고 메시지를 연예 프로그램과 함께 방영한 경우, 소비자의 인지적인 처리 능력과 광고 메시지의 회상이 가장 낮은 것으로 나타났다.

이러한 결과는 광고와 인접한 프로그램의 성격이 광고 메시지의 인지적인 처리와 회상에 미치는 영향을 보여주며, 특히 복잡한 광고 메시지를 보다 효과적으로 전달하기 위해서는 정보 프로그램과 같은 정보적인 요소를 강조하는 프로그램과 함께 방영하는 것이 효과적임을 의미한다. 이런 결과는 뉴스가 광고를 하기에 왜 좋은 프로그램인지를 설명해준다.

인접한 프로그램이 폭력적인 내용을 다루는 경우, 광고 내용에 대한 기억이 방해받을 수도 있다는 연구 결과도 있다(Bushman, 1998). 이 연구는 인접한 폭력적인 프로그램이 광고 메시지의 인지적인 처리와 기억에 미치는 영향을 조사한 연구이며, 폭력적인 프로그램을 시청한 후 광고 메시지를 기억하는 능력이 평가되었다. 연구 참가자들은 인접한 폭력적인 프로그램을 시청한 후 광고 메시지를 보았으며, 그 후에는 광고 메시지를 회상하는 테스트를 진행하였다. 결과적으로, 폭력적인 프로그램을 시청한 참가자들은 광고 메시지를 더 적게 기억하는 것으로 나타났다. 이러한 연구 결과는 인접한 프로그램의 성격이 광고 메시지의 인지적인 처리와 기억에 미치는 영향을 증명하고 있다.

폭력적인 프로그램이 광고 메시지의 인지적인 처리를 방해하는 이유는 소비자들이 프로그램으로부터 유발된 부정적이고 적대적인 감정을 처리하는 데 더 많은 인지적인 노력을 기울이기 때문이다. 그러나 만약 광고 자체도 폭력적인 내용을 활용하고 있다면, 프로그램의 폭력성이 광고의 기억을 향상시킬 수도 있다는 연구 결과도 있다. 이러한 경우, 광고와 프로그램이 가지고 있는 유사한 성격이 광고의 기억과 이해 등 광고 효과를 높이는 데 도움을 줄 수 있다는 것으로 생각할 수 있다. 어의적으로 유사한 내용을 함께 공유하는 광고와 프로그램이 소비자의 광고 정보 처리 과정을 향상시킬 수 있다는 것이다.

어의적으로 유사하다는 것은 비슷한 구성 개념에 속한다는 것을 의미한다. 여기서 구성 개념은 추상적이고 가설적인 특성을 가진 대상을 가정하고 그것을 지칭하기 위하여 만들어 놓은 개념으로, 개인이 자신의 경험세계를 이해하고 해석하는 데 사용하는 사고의 범주(construct)로 이해할 수 있다. 즉, 어떤 개인이 대상에 대해 가지고 있는 일관된 정보로 구성된 기억으로 정의할 수 있으며, 개인이 머릿속에 저장된 정보의 형태로도 이해할 수 있다. 따라서 이런 구성 개념은 인간의 인지적인 과정에서 중요한 역할을 담당하며, 어떤 대상을 이해하고 해석하는 과정의 인식과 연결되어 있다. 어의적인 기억은 구성 개념을 나타내는 많은 노드로 구성되어 있으며, 이러한 노드들은 서로 연결되어 있는 네트워크로 표현될 수 있다.

각 노드는 개인이 가진 생각과 감정의 요소들을 나타내며, 이러한 노드들은 개념 간의 유사성, 일치성, 어의적 연계성 같은 요인들에 의해서 내부의 네트워크 연결이 결정된다. 따라서 특정 노드의 활성화에 의해서 어의적으로 연계되어 있는 다른 노드들로 함께 기억이 활성화되고, 이러한 활성화는 네트워크의 경로를 따라서 빠르게 이동하게 된다. 정보 처리 관점에서 특정 자극에 노출되는 것은 기억의 네트워크 전체를 활성화하는 과정으로 이해할 수 있다. 이런 구성 개념의 활성화는 그 자극과 연관된 다른 생각들이 연결된 네트워크를 활성화시키는 것이며, 이러한 활성화된 구성 개념은 다음 내용의 이해에도 도움을 줄 수 있다. 따라서 구성 개념은 개인의 기억에서 중요한 역할을 담당하고 있으며, 정보 처리 과정에서도 역시 중요한 역할을 한다는 것이다. 이런 구성 개념이 광고와 유사한 내용을 다루는 프로그램과 함께 노출될 때 광고의 기억이 높아지는 것을 설명하는 근거가 된다.

9) 광고 효과 수준

광고는 어린이들에게도 직접적인 영향을 미치며, 이는 인지적인 혹은 감정적인 효과로 나타나는 것이 일반적이다. 어린이들은 광고에서 보여지는 제품이나 브랜드에 대해 더 긍정적으로 인식할 가능성이 높아진다. 그 이유는 광고가 어린이들의 자아정체성과 연관된 이미지나 가치를 주로 활용하고, 제품이나 브랜드를 소비에 대한 사회적인 기대와 연결시키기 때문이다. 또한 광고에서 사용되는 문구나 이미지는 어린이들의 호기심과 상상력을 자극하며, 그들의 감정적인 공감을 불러일으키기도 하기 때문이다.

하지만 광고로부터 발생하는 이러한 직접적인 인지적 혹은 감정적인 효과 외에도, 광고는 가장 나중에 발생하는 행동적인 수준에서의 효과와 메시지 전달 과정에서 우연히 발생하는 부수적인 효과 등 어린이들에게 다양한 영향을 미치는 것으로 나타났다. 이러한 효과들은 광고가 소비자들의 구매 의사결정에 영향을 미치는 과정을 이해하는 데 중요한 역할을 한다.

광고는 제품이나 브랜드에 대한 정보를 전달하는 역할을 하므로, 소비자가 제품이나 브랜드에 대한 정보를 얻는 학습을 위한 중요한 정보 출처이다. 이러한 정보 획득에서 발생하는 광고 효과는 주로 인지적 혹은 감정적 수준에서 나타나며, 이후 소비자의 구매 행동 수준의 효과로 이어질 수도 있고 그렇지 않을 수도 있다.

또한 광고 효과는 상호작용하거나 서로 의존하면서 복합적으로 작용하기도 하지만, 브랜드, 제품, 그리고 소비자 사회화의 세 가지 수준에서 그 효과를 분명하게 구분해서 설명할 수 있다. 이러한 수준으로 분류해서 광고 효과의 이해에서 필요한 대부분의 중요한 개념들을 다룰 수 있지만, 모든 개념을 포괄하는 것은 아니라는 것도 기억할 필요가 있다.

먼저 브랜드 수준에서의 광고 효과는 특정 제품 혹은 브랜드 제품, 서비스에 대한 광고 효과를 의미한다. 이는 경쟁 대상들과 비교하여 소비자가 해당 제품을 선호하는지 여부를 결정하는 문제이다. 이를 위해서는 광고를 통해 제품의 모든 속성을 알고 비교할 수 있어야 한다.

브랜드 수준의 효과와 관련된 가정 중 하나는 소비자가 제품이나 서비스를 구매하기 위해 실제 시장에서 선택지를 가지고 있으며, 구매 결정을 내릴 수 있다는 것이다. 이러한 가정은 광고가 소비자의 구매 결정에 영향을 미칠 수 있는 가능성을 내포하고 있다.

일반 소비자와 비교해서 어린 소비자들은 구매에 관심이 있는 제품이나 서비스의 종류와 범위가 작고, 제품 범위도 좁을 것으로 예측된다. 어린이와 청소년을 대상으로 판매되는 주요 제품군은 장난감, 사탕과 과자, 시리얼, 패스트푸드, 만화, 음악, 게임 등으로 나타났다. 물론, 어린이나 청소년의 연령대에 따라 선호하는 제품군은 서로 다르게 나타날 수도 있다 (McNeal, 1992). 이 연구에서는 어린이와 청소년의 소비자 행동을 조사했는데,

소비자 행동을 이해하는 데 있어서 어린이와 청소년의 특성을 고려하는 것이 중요하다는 것을 강조하고 있다. 또한 어린이와 청소년이 선호하는 제품과 브랜드, 그리고 그들의 소비 습관을 분석하였는데, 어린이와 청소년이 제품을 선택하는 기준과 이에 영향을 미치는 요인들을 조사하였다.

어린이를 대상으로 하는 브랜드 수준의 광고는, 어린 소비자들이 가치 있는 것으로 인식하는 속성들과 광고하고 있는 브랜드를 연계하여, 경쟁하는 다른 브랜드들보다 어린이들에게 더욱 매력적으로 느껴지도록 만들어져야 한다. 이를 위해 광고주나 마케터는 어린이들이 선호하는 요소와 관련된 내용을 광고에 반영하고, 브랜드의 고유한 특징이나 장점을 강조하여 어린이들의 관심을 끌어야 한다. 이러한 전략을 통해 브랜드 수준의 광고는 어린 소비자들에게 더욱 효과적으로 영향을 미칠 수 있다(Gunter et al., 2005).

즉 브랜드 수준 광고는 브랜드의 차별화된 특성을 강조하는 메시지를 제작하고 전달해야 한다는 것이다. 이를 통해 어린 소비자들에게 브랜드 수준에서 차이 나는 광고 효과를 만들어낼 수 있다. 따라서 광고주나 마케터는 브랜드가 가진 고유한 특징을 파악하고 이를 광고에 반영하여 어린이들의 관심을 끌어야 한다. 이러한 전략은 브랜드 수준의 광고가 어린 소비자들에게 더욱 효과적인 영향을 미치도록 도와줄 것이다.

제품 수준에서의 광고에 대한 소비자의 반응은 특정 브랜드보다는 해당 브랜드가 속해 있는 전체 제품군에 대한 소비자의 정보의 수준에 근거하고 있다. 즉, 광고주나 마케터는 광고를 통해 제품군이 가지고 있는 특징과 장점을 명확하게 전달해야 하며, 소비자들이 이 제품군에 대한 정보를 충분히 습득하도록 해야 한다(Gunter et al., 2005). 제품 수준에서의 학습은 브랜드 수준 학습에 비해 제품에 대한 더욱 구체적인 정보를 다루고 있다.

그러나 브랜드 수준에서의 학습이 제품군에 대한 소비자의 인식에도 영향을 미칠 수 있다는 점에서, 이러한 학습은 서로 완전히 분리되어 있는 것은 아니다. 따라서 광고주나 마케터는 브랜드 수준과 제품 수준 모두에서 효과적인 광고 전략을 수립하여 소비자들의 구매 결정에 긍정적인 영향을 미칠 수 있도록 노력할 필요가 있다.

다음으로 소비자 사회화는 어린이들이 소비주의(consumerism)가 어떤 것인지를 이해하고, 사회 속에서 소비자로서의 역할을 수행하기 위한 학습 과정을 의미한다(Gunter & Furnham, 1998). 이러한 소비자 사회화 과정에서 광고가 중요한 역할을 수행한다. 광고에 노출된 어린이들은 제품에 대한 인식을 형성하는 과정에서 가족과 친구들의 영향력도 많이 받는 것으로 나타났다. 따라서 광고주나 마케터들은 어린이들의 가족이나 친구들이 선호하는 제품이나 브랜드에 대한 인식을 고려하여 광고 전략을 수립해야 한다. 또한 소비자 사회화 과정에서 광고는 어린이들이 소비자로서의 역할을 이해하는 데도 중요한 역할을 수행하는 것으로 나타났다. 광고를 통해 어린이들은 제품과 브랜드에 대한 정보를 얻고, 이 정보를 토대로 소비자로서의 역할을 수행하게 된다.

경제적인 측면이 중요한 상황에서, 소비주의가 현대 사회에서 매우 중요한 역할을 하고 있기 때문에, 이 소비주의는 어린이들이 이해해야 할 중요한 개념 중 하나이다. 광고 효과를 통해 발생하는 소비자 사회화는 어린이들이 소비주의의 개념과 역할을 이해하는 데 중요한 역할을 수행하고 있다. 이런 광고 효과는 사회적인 수준에서 발생하는 것으로 이해할 수 있다.

소비주의란 사람들이 원하는 라이프스타일을 선택하고 추구할 수 있도록 하는 개념으로, 사회 속 상업 활동의 기본 요소를 구성하며 또한 사회의 고용 창출에 기여하고 있다. 소비주의는 개인의 소득에 의해 결정되는 소비 능력과 밀접한 연관성을 가지고 있기 때문에 고용 창출이 이 과정에 중요한 역할을 한다. 사람들이 소비를 함으로써 제품과 서비스를 제공하는 기업들은 수익을 창출하고, 이는 다시 사회 속의 경제적 발전에 이바지하게 된다. 따라서 소비주의는 현대 사회에서 상당히 중요한 개념 중 하나로 이해할 수 있다(Gunter et al., 2005).

이미 논의한 것처럼, 어린이들이 TV 광고의 의도와 성격을 이해하는 과정은 시간이 다소 걸리는데 여러 단계를 거쳐서 진행된다. 이러한 과정은 어린이가 광고에 노출된 이후에 발생하는 것이며, 이를 통해 어린이는 광고의 의도와 성격을 이해하게 된다. 이 과정을 통해 어린이는 광고의 정보를 이해하고, 브랜드와 제품에 대한 인식을 형성하게 되는데, 이 과정은 어린이의 성장과 함께 숙련도가 향상되며, 성인이 되기 전까지 지속적으로 진행되는 것으로 나타났다(Wartella, 1982). 이 연구에서는 어린이들이 TV 광고를 이해하는 과정을 연구하였는데, TV 광고에 대한 이해력을 조사하였다. 이 연구에서 광고의 성격과 의도를 이해하는 데 있어서 특정 단계를 거쳐서 어린이들의 이해력이 발전하는 것을 확인하였다. 먼저, 어린이들은 광고와 프로그램을 구분하는 방법을 익힌다. 다음에 광고에 대한 초기 이해력을 형성하는데, 이 단계에서 어린이들은 광고를 인지하고, 프로그램과 구분하며, 정보를 받아들이기 시작한다. 마지막 단계는 광고의 설득적 의도를 이해해 가는 단계이다. 이 단계에서는 어린이들이 광고의 의도나 목적을 이해해가면서 광고에 대한 이해력이 발전하게 된다. 결과적으로 이 연구가 밝힌 내용은 광고에 대한 이해력은 어린이의 연령에 따라 점차 발전하며, 광고를 인지하는 능력부터 광고의 의도나 목적을 이해하는 능력까지 단계를 거쳐서 발전한다는 것이다.

초기 광고 인지 단계에서 어린이들은 광고와 프로그램의 구분을 인지하게 되고, 광고에 대한 기초적인 이해를 갖추게 된다. 그러나 광고의 의도나 목적에 대한 완전한 이해는 조금 더 시간이 지나야 나타나며, 청소년기에는 광고에서 사용되는 기법과 기술을 이해하고, 광고의 설득적 의도를 파악하는 능력을 발전시키게 된다.

이러한 설득 의도에 대한 완전한 이해는 이탈효과(detachment effect)를 유도할 수 있으며, 설득적 의도를 이해한 후에 설득 효과가 떨어지는 현상이 나타날 수 있다는 것이다(Fischer & Main, 2008). 이 연구에서는 광고의 설득적 의도의 이해와 어린이들의 이탈 행동 간의 관계에 대한 새로운 관점이 제시되었다. 6세에서 8세의 어린이들을 대상으로 실험이 진행되었으며, 실험 그룹과 대조 그룹으로 나뉘어 광고의 설득적 의도에 대한 설명을 받는 조건과 받지 않는 조건을 비교하였다. 결과에 의하면, 실험 그룹에서 더 많은 이탈 행동이 관찰되었다. 이 결과를 통해 광고의 의도를 인식하고 의도에 대한 이해가 높아질수록 어린이들이 이탈 행동을 보일 가능성이 높아진다는 것이 밝혀졌다.

광고의 효과를 떨어뜨리는 또 다른 요인으로 어린이들의 인지적 방어가 있다. 인지적 방어는 광고의 내용과 광고의 의도를 비판적으로 평가하며, 수용자의 가치관이나 라이프스타일과 일치하지 않는 경우에 이를 인식하고 거부하는 과정이다. 이러한 방어 기능은 소비자 사회화의 일환으로서 중요한 역할을 한다. 이러한 인지적 방어는 소비자들이 현대의 산업화된 사회에 적극적으로 참여하고 또 보호받을 수 있는 능력을 향상시키는 데 있어서 중요한 역할을 한다.

인지적 방어 능력은 어린이의 건전한 발달과 안전에 중요한 역할을 수행한다. 이러한 능력은 어린이들이 광고와 같은 외부 요인에 대한 인식과 이해력을 갖추는 것으로, 광고의 의도와 목적을 파악하고 이에 대한 적절한 대처 방안을 마련할 수 있는 능력을 의미한다. 인지적 방어 능력은 광고와 같은 외부 요인에 대한 올바른 이해력과 대처 능력을 갖추는 데 중요한 역할을 하는 것으로 나타났다. 광고에 대한 인식과 광고 설득 의도의 이해는 인지적 방어 능력을 갖추기 위한 핵심 요소로 이해할 수 있다(Rozendaal et al., 2009). 이 연구에서는 광고의 설득적 영향이 어린이의 인지적 방어 능력에 어떤 영향을 미치는지를 조사했는데, 광고에 대한 인식 및 설득 의도의 이해, 그리고 광고의 특징과 효과에 대한 어린이들의 지식을 측정하였다. 광고를 시청한 후 어린이들이 광고의 목적과 메시지, 그리고 광고에서 사용된 방법과 용어들을 얼마나 이해했는지를 측정하였고, 또한 어린이들의 광고에 대한 평가 및 광고와 관련된 제품에 대한 선호도를 조사하였다.

결과적으로, 연구에서는 광고에 대한 인식과 설득 의도의 이해, 그리고 광고의 특징과 효과에 대한 어린이들의 지식이 높을수록, 광고의 설득적 영향을 덜 받는 것으로 밝혀졌다. 이러한 결과는 광고와 같은 외부 요인에 대한 인식과 이해력이 높을수록, 어린이들이 광고에 노출되어도 광고의 설득적 영향을 받지 않을 가능성이 높다는 것을 의미한다. 이 연구는 광고에 대한 인식과 설득 의도의 이해가 어린이들이 갖추어야 할 인지적 방어 능력의 핵심 요소임을 보여주고 있다.

청소년기에 광고의 기술과 기법에 대한 이해가 깊어짐에 따라서 점차적으로 이들은 광고에 대해 부정적이고 회의적인 태도를 갖게 되는 것으로 나타났다. 이러한 태도는 광고에 대한 비판적인 평가로 이어지고, 중요한 광고 소구나 판매 메시지의 진실성에 대해서 의문을 제기하도록 한다. 이후에는 이런 개인적인 경험을 바탕으로, 특정 브랜드를 거부하는 등의 부정적인 결과를 초래할 수도 있다. 심지어, 광고가 아름답고 표현이 뛰어나더라도, 회의적인 소비자들로부터 호의적인 평가를 받기가 어려워질 수 있다.

또래 집단은 어린이와 청소년 소비자의 광고에 대한 반응에 큰 영향을 미칠 수 있는데, 특히 최신 유행에 대한 정보를 찾는 청소년들 사이에서는 광고와 제품, 브랜드에 대한 대화가 빈번하게 이루어지고 있는 것으로 나타났다. 이러한 대화를 통해 청소년들은 다른 또래 친구가 사용하고 있는 제품과 브랜드, 또 유행하는 트렌드를 알 수 있다.

이전에 설명한 광고에 의한 세 가지 수준의 학습 영역 이외에도 광고의 학습 효과는 발생할 수 있다(Gunter et al., 2005). 광고를 통해 브랜드나 제품에 대한 사실적인 학습과 그 학습을 통한 특정한 태도의 형성이 이루어지면, 이는 실제적인 제품 구매를 위한 중요한 요인이 될 수 있다.

따라서 마케팅 전략을 수행하는 기업들은 광고를 통해 소비자들이 정보를 습득하고, 태도를 형성하도록 하고, 마지막으로 그 태도로 합리적인 판단을 이끌어 낼 수 있도록 돕는 것이 중요하다. 이러한 연속적이고 단계적인 전략을 구사하는 것이 필요하다.

광고에 의한 학습은 소비자들이 브랜드나 제품의 속성들을 알게 해줌으로써, 해당 제품이나 브랜드에 대한 그들의 태도를 결정하게 만든다. 이 속성들이 소비자들이 좋아하는 것과 연관되어 있을 경우에는 긍정적인 태도가 형성되고, 이는 실제적인 제품 구매로 이어질 수 있다. 그러나 태도와 행동 사이의 관계는 복잡하고 일관성이 나타나지 않을 수도 있다. 소비자가 긍정적인 태도를 가지고 있으나, 그 제품을 구매하지 않고 다른 제품을 구매하는 것이 이러한 상황의 예이다. 이는 마케팅 전략을 수행하는 기업들에게 어려운 과제를 제공하는데, 소비자들의 행동을 예측하는 것은 쉽지 않다는 것이다.

어린이들의 지식, 태도, 가치에 대한 TV 광고의 영향에 대한 이해를 위해서는 이 주제를 다루는 연구에서 사용된 측정 방법에 대한 논의가 필요하다. 연구 방법의 선택은 결국 연구 결과에 큰 영향을 미치기 때문이다. 특히 어린이를 대상으로 하는 연구의 경우에는 언어적인 측정 방법과 비언어적인 측정 방법의 차이를 비교하여 설명하는 것이 중요하다.

언어적인 측정 방법과 비언어적인 측정 방법은 각각 다른 장단점을 가지고 있다. 언어적인 측정 방법은 어린이들의 말이나 글을 통해 정보를 수집하며, 내용 분석, 설문 조사, 인터뷰 등이 그 대표적인 방법이다. 이 방법은 직접적으로 어린이들의 의견을 수집할 수 있어, 정확한 정보를 얻을 수 있는 장점이 있다. 그러나 언어적인 측정 방법은 언어 능력이 부족한 어린이들에게는 사용하기가 어려울 수 있으며, 그 응답에 대한 연구자의 주관적인 해석에 따라 결과가 달라질 수 있는 단점이 있다.

반면에, 비언어적인 측정 방법은 언어 능력과 관계없이 이미지, 음악, 동작 등을 통해 어린이들로부터 정보를 수집하는 방법이다. 이 방법은 직관적이고 객관적인 결과를 얻을 수 있으며, 언어적인 제약이 없어 어린 연령대의 어린이들에게 적용이 가능하다는 장점이 있다. 그러나 이미지나 음악 등의 응답을 해석하는 과정에서 연구자의 주관적인 해석이 발생할 수 있고, 정확한 정보 수집을 위해서 비용과 시간이 많이 들 수도 있다는 단점이 있다.

따라서, 언어적인 측정 방법과 비언어적인 측정 방법의 장단점을 모두 고려하여 연구 방법을 선택하고, 이렇게 얻어진 결과를 조심스럽게 분석하는 것이 중요하다. 이를 통해 보다 정확하고 신뢰성 있는 결과를 얻을 수 있다.

어린이와 광고를 주제로 한 연구에서는 주로 설문 조사 방법을 많이 사용하고 있다. 설문 조사는 질문을 통해 응답을 구하는 방법으로, 이 과정에서 어린이들은 브랜드에 대한 인지와 태도뿐만 아니라 광고에 대한 노출에 대한 기억하기 어려운 내용도 응답해야 한다. 이렇게 어린이가 스스로 응답하게 되는 자기보고식 설문 조사에서 가장 큰 문제점은 나이가 어린 응답자들이 쉽게 알 수 없거나 또는 기억할 수 없는 내용은 이 방법을 통해서는 제대로 측정할 수 없다는 것이다. 또한 광고에 대한 어린이들의 노출을 조사하기 위해 어린이나 부모에게 묻는 방법에도 이미 한계가 존재한다. 즉, 언제 어떻게 어떤 광고에 노출되었는지, 얼마나 많은 응답자가 정확하게 기억하고 있을지를 파악하는 것은 불가능한 문제이다.

또한 이렇게 설문을 통해 얻은 응답이 정확하지 않을 가능성도 있다. 특히 광고에 대한 노출같이 응답자들이 관심을 두지 않는 행동에 대한 기억에 의존하는 측정의 정확성은 질문자가 얼마나 구체적이고 자세한 정보를 요청하는가에 따라 달라질 수 있다. 따라서 설문 조사 결과의 정확성과 한계에 대해서도 함께 고민할 필요가 있다.

이와 같은 방법론적인 문제점들이 있음에도 불구하고, 이전 연구들에서 어린이들의 광고에 대한 노출된 브랜드나 제품에 대한 지식, 태도, 가치와의 약한 상관관계가 발견되었다(Atkin, 1978). 이 연구는 어린이들이 TV 광고를 보는 과정에서 노출된 브랜드나 제품에 대한 인지, 태도, 가치에 대한 변화를 조사하였다. 어린이들을 대상으로 자기보고식 설문 조사를 사용하였으며, 서로 다른 TV 광고를 시청한 후 광고에 등장한 제품과 브랜드에 대한 질문에 대한 답변을 어린이들로부터 받았다. 결과에서 광고에 노출된 제품과 브랜드에 대한 인지, 태도, 가치의 변화 사이에 약한 상관관계가 있다는 결과가 도출되었다.

광고 효과를 측정하는 방법은 조작과 통제가 가능한 실험을 통한 방법과 현실과 가까운 상황에서 설문을 이용하는 방법 등이 있다. 이 두 방법은 각각 장점과 단점을 가지고 있어 이를 이해하고 연구의 결과를 올바르게 해석하려고 노력하는 것이 필요하다. 실험 방법은 광고에 노출된 그룹과 노출되지 않은 그룹 간의 차이를 분석할 수 있어 인과관계를 밝힐 수 있는 장점이 있지만, 실험 조건의 제한성과 인위적인 상황에서의 연구이기 때문에 현실적으로 일어날 수 있는 광고의 효과를 고려할 수 없다는 단점이 있다. 반면 설문 방법은 현실적인 상황에서 광고의 효과를 측정할 수 있어 일반적으로 사용되는 방법이지만, 응답자의 주관적인 요소나 설문조사 자체의 한계 등으로 인해 측정 결과의 신뢰성에 문제가 있을 수도 있다는 단점이 있다. 따라서 두 방법을 모두 적절하게 활용하고 각 방법의 특성과 한계를 고려하여 광고 효과를 측정하고 해석하는 것이 필요하다.

◇ 브랜드 관련 광고 효과

어린이와 청소년 소비자들의 TV 광고에 대한 반응과 광고에 의한 학습 효과를 광고에 노출되는 과정에서 생기는 세 가지 수준의 학습으로 설명하고 있다. 세 가지 수준 중 브랜드 수준에서의 광고 효과는 광고에서 제시되는 특정 속성들을 제품이나 브랜드와 연관되도록 학습하는 어린이들의 반응으로 해석할 수 있다. 이러한 광고 효과는 어린이들이 가진 제품이나 브랜드에 대한 태도에도 직접적으로 영향을 미칠 수 있다.

이러한 브랜드와 관련된 학습 효과를 측정하는 일반적인 방법은 어린이에게 광고 시청을 유도한 후 광고 메시지에 담겨 있는 정보에 대한 어린이들의 기억과 광고된 브랜드에 대한 어린이들의 태도를 조사하는 것이다(Gunter et al., 2005). 이러한 실험은 실제 환경보다는 부자연스러운 상황에서 광고 효과를 조사하는 것이지만, 간단한 실험을 통한 측정으로도 광고 효과의 유무에 대한 확인이 가능하다는 장점이 있다. 물론 실험적인 방법 외에도 설문 조사 등 다른 방법을 활용할 수 있으며, 이러한 방법들은 각각의 장단점이 있어 결과를 해석할 때 이를 고려해야 한다.

광고의 효과는 먼저 제품이나 브랜드에 대한 소비자의 인지를 증가시키는 것에서 시작된다. 이를 위해서는 광고가 제품이나 브랜드에 대한 소비자의 인지를 어느 정도 향상시켜야 한다. 이를 뒷받침하는 연구(Hite & Hite, 1995)에서는 2세 정도의 아주 어린 어린이도 브랜드나 브랜드를 나타내는 로고를 어느 정도는 인지하고 있는 것으로 나타났다. 이 연구는 어린이들이 브랜드나 로고를 인식하는 능력에 대해 조사했는데, 연구의 실험은 두 가지 단계로 진행되었다. 첫 번째 단계에서는 아이들이 선호하는 브랜드의 인지 능력을 확인하기 위해 실험자가 다양한 브랜드의 로고를 보여주면서 해당 로고를 인식할 수 있는지를 조사했다. 두 번째 단계에서는 아이들이 새로운 브랜드를 인식할 수 있는지를 확인하기 위해 실험자가 새로운 로고를 보여주면서 해당 로고를 인식할 수 있는지를 확인하였다.

결과적으로, 실험 결과는 어린이들이 어느 정도 브랜드 인식 능력을 가지고 있다는 것을 보여주었다. 실험 대상 어린이들은 60% 이상의 확률로 선호하는 브랜드 로고를 인식할 수 있었다. 또한 새로운 로고를 인식하는 능력도 일정 수준 이상의 어린이들에서 확인되었다. 이러한 결과는 광고가 아이들의 브랜드 인식 능력 형성에 역할을 하고 있음을 나타낸다고 할 수 있다. 이렇게 어린 유아가 직접적인 마케팅의 대상은 아니지만,

아마도 TV 시청 시 노출되는 광고를 통해 브랜드나 로고에 대해서 알게 되었을 가능성이 높다고 추측할 수 있다.

또한 초기 인지의 수준은 나이에 따라 차이가 있다. 한 연구(Ward et al., 1977)의 연구 결과에 따르면, 특정한 브랜드를 요청하는 어린이들에서는 일반적인 제품을 원하는 것보다 더 높은 수준의 초기 인지가 나타났다. 이러한 결과는 광고가 제품이나 브랜드에 대한 인식 형성에 중요한 역할을 한다는 것을 의미한다. 이 연구에서는 어린이들이 브랜드 인식을 형성하는 데 있어서 연령, 제품 유형 및 브랜드 종류 등의 영향을 조사하였다. 연구에서 실험은 세 가지 단계로 진행되었다. 첫 번째 단계에서는 아이들에게 제품과 브랜드를 설명한 후, 브랜드와 제품의 관련성을 묻는 설문을 실시하였고, 이를 통해 아이들이 브랜드를 어느 정도 인식하고 있는지를 파악하였다. 두 번째 단계에서는 아이들에게 브랜드와 제품에 대한 이미지를 보여주면서 해당 브랜드가 어떤 제품을 대표하는지를 물었다. 이를 통해 아이들이 브랜드와 제품을 어느 정도 연결시켜서 생각하고 있는지를 파악하였다. 세 번째 단계에서는 제품을 보여주면서 해당 제품을 어떤 브랜드가 만들었는지 묻는 설문조사를 실시하였다. 이를 통해 아이들이 제품을 보고 해당 제품을 만든 브랜드를 어느 정도로 추론할 수 있는지를 파악하였다. 결과적으로, 실험 결과는 연령, 제품 유형 및 브랜드 종류가 모두 브랜드의 인식에 영향을 미친다는 것을 보여주었다. 브랜드 인식은 연령이 증가함에 따라 증가하는 것으로 나타났고, 특정한 브랜드를 지정해서 요청하는 어린이들에서는 일반적인 제품을 원하는 것보다 더 높은 수준의 초기 인지가 나타났다.

어린이들이 시리얼 광고를 시청한 후 광고에 등장하는 제품에 대한 의견을 조사한 연구(Atkin, 1978)도 있는데, 이 연구에서는 힘이 센 만화 캐릭터가 등장하는 시리얼 광고를 실험의 도구로 사용하였다. 실험 대상은 5세부터 8세까지의 어린이들로, 총 36명이 참여했다. 실험은 광고 시청 후 설문조사를 통해 진행되었다. 설문조사에서는 광고에 등장하는 캐릭터와 해당 시리얼 브랜드 간의 연관성, 그리고 광고에서 표현된 것처럼 시리얼을 먹으면 자신도 더 힘이 세지고 크게 될 것이라고 생각하는지 등의 질문이 포함되었다.

실험 결과에 밝혀진 사실은 어린이들은 유명인이 등장하는 광고에서 유명인에게 주의를 집중시키는 경향이 있으며, 이로 인해 유명인과 브랜드 간의 연관성을 형성하는 것으로 나타났다. 또한 어린이들은 이 시리얼을 먹으면 자신도 더 힘이 세지고 크게 될 것이라는 생각을 가지고 있다는 결과도 확인되었다.

Atkin(1978)이 다른 시리얼 브랜드를 사용하여 수행된 실험에서는 어린이들이 좋아하는 만화 영화에 등장하는 두 명의 캐릭터를 사용하여 광고를 만들었다. 실험은 광고 시청 후 설문조사를 통해 진행되었는데, 설문조사에서는 광고에 등장하는 캐릭터와 해당 시리얼 브랜드 간의 연관성, 그리고 어린이들이 이 시리얼을 좋아하는 이유에 대한 질문 등이 포함되었다.

실험 결과에 의하면, 어린이들이 좋아하는 광고 모델을 광고에 사용하는 것이 제품이나 브랜드에 대한 자연스러운 선호까지도 만들어낼 만큼 효과가 있다는 것이 밝혀졌다. 어린이들이 이 시리얼을 좋아하는 이유는 브랜드나 제품이 가지고 있는 속성 때문이 아니라 단순히 광고에 등장하는 만화 속 두 명의 캐릭터를 매우 좋아하기 때문이라는 결과도 나타났다. 이러한 결과는 광고 모델 사용이 제품이나 브랜드에 대한 어린이들의 선호도에 큰 영향을 미칠 수도 있다는 것을 의미한다.

◇ 제품 관련 광고 효과

제품 수준에서 발생하는 광고 효과는 소비자들이 특정 제품들의 장점과 혜택에 대한 광고 속의 주장을 평가하고 판단하는 것을 학습하게 된다. 어린이를 대상으로 하는 광고 중에는 식품과 관련된 제품들을 그 대상으로 다루는 경우가 많다. 따라서 어린이들이 식품 광고에 노출되는 빈도가 높아질수록, 해당 제품에 대한 광고 효과뿐만 아니라 그 제품이 속해있는 전체적인 제품군인 식품에 대해서도 일반적인 효과를 얻게 된다는 것이 밝혀졌다. 이러한 결과는 식품 광고의 노출이 어린이들이 제품의 특정 장점과 혜택을 알게 될 뿐만 아니라, 해당 제품이 속한 제품군인 식품에 대해서도 긍정적으로 인식하게 만든다는 것을 의미한다. 따라서 식품 광고의 노출 빈도가 높아질수록 어린이들은 제품군의 브랜드 인식과 선호도를 형성하게 된다는 것이다(Gunter et al., 2005).

식품과 관련된 광고에 대한 지속적인 노출은 어린이들이 해당 제품군에 대한 인식과 감정에 영향을 미칠 수 있는데, 어린이들이 해당 제품군에 대해 무엇을 생각하고 어떤 감정을 느끼게 되는지 등의 일반적인 반응에도 영향을 줄 수 있다는 것이다. 이에 따라 광고되는 제품을 더 많이 구매하고 싶게 되거나 이미 가지고 있는 제품을 더 좋아하도록 기존 태도를 강화할 수도 있다는 것이다.

더불어 광고되는 제품이 속한 제품군에 대한 광고 효과 때문에, 어린이들이 가장 많이 광고되는 제품인 식품이 그들이 관심이 많고 또 좋아하는 제품군이 될 수도 있다는 것이다. 앞서 다룬 연구 결과에서도, 광고에 대한 노출이 증가하면 할수록 해당 제품에 대한 욕구가 커지는 것으로 나타났다(Goldberg & Gorn, 1978). 이 연구는 광고가 제품에 대한 소비자의 인식과 인지에 미치는 영향을 조사했는데, 광고와 함께 제시되는 정보의 양이 소비자의 인식에 미치는 영향을 검증하기 위해 실험 연구를 진행했다. 실험 참가자들은 정보의 양이 다른 두 가지 버전의 광고를 보았고, 이후 해당 제품에 대한 참가자들의 인식을 평가하고, 인지하고 있는 정보의 양에 따라서 그들의 인식이 어떻게 변화하는지를 조사했다.

연구 결과, 인지하고 있는 정보의 양이 많을수록 광고가 제품에 대한 소비자의 인식에 긍정적인 영향을 미치는 것으로 나타났다. 즉, 광고에 포함된 정보가 많을수록 제품에 대한 소비자의 인식이 더욱 긍정적으로 변화하는 것이다. 이러한 결과는 광고를 통해 제품에 대한 정보를 소비자에게 전달하는 것이 제품 인식에 큰 영향을 미칠 수도 있다는 것을 보여준다.

이런 반응을 단순노출 효과(mere exposure effect)로도 설명할 수 있는데 이는 광고에 대한 소비자의 반응을 설명하는 과정에서 사용할 수 있는 중요한 개념 중 하나이다. 이 효과는 에펠탑 효과로도 알려져 있는데, 에펠탑은 프랑스 대혁명과 파리만국박람회를 기념하기 위해 건립한 것으로, 지금은 파리의 대표적 상징물로 여겨지지만, 기획 초기에는 이 흉측한 철탑이 도시와 어울리지 않는다는 이유로 시민들의 심한 반대에 부딪혔다. 하지만 탑이 완공된 후에는 이런 부정적인 여론이 완전히 달라졌는데, 에펠탑을 짓는 오랜 기간 동안 계속해서 노출되는 거대한 철탑에 사람들이 점차 긍정적인 감정을 가지게 되었기 때문이었다. 이처럼 처음에는 관심이 없거나 싫어하던 대상도 단순히 계속해서 노출되면, 나중에는 친근해져서 호감을 갖게 되는 현상을 단순노출 효과라 한다.

따라서 광고에서도 제품이나 브랜드에 대한 단순한 노출도 소비자의 인식과 인지에 긍정적인 영향을 미칠 수 있다는 것을 염두에 두어야 한다. 소비자가 광고에서 반복적으로 제품이나 브랜드를 접하게 되면, 나중에는 그 제품이나 브랜드를 친숙하게 받아들이고, 더 나아가서는 높은 호감도와 우호적인 태도를 형성할 가능성이 높다는 것이다.

한 연구(Gunter et al., 1992)는 어린이들과의 인터뷰를 통해 위생 관련 제품에 대해 과장된 청결함과 부드러움을 주장하는 광고에 대한 불만을 조사하였다. 연구 결과, 어린이들은 광고주가 주장하는 내용을 전혀 믿지 않는 것으로 나타났으며, 오히려 광고에 대해서 부정적이고 냉소적인 태도를 가지고 있음을 발견하였다. 특히, 샴푸나 비누와 같은 위생 제품의 광고에서는 광고주가 주장하는 과장된 청결함과 부드러움에 대해 어린이들이 믿지 않는 것으로 나타났다. 이러한 결과는 어린이들이 광고의 비현실적인 주장을 거부하고, 현실성 있는 내용에만 신뢰성을 부여한다는 것을 보여주는 것으로 해석할 수 있다.

어린이들은 광고의 진실성을 판단하는 과정에서 특별한 전략을 사용하고 있는 것으로 보인다. 이 전략은 광고가 제품을 위한 것인지 서비스를 위한 것인지 판단하는 것으로부터 시작한다. 일반적으로 서비스에 대한 광고는 과장된 주장과 정보를 제시하지 않는 것으로 인식되고 있다. 광고의 진실성을 판단하기 위해서는 광고가 어떤 제품의 특정한 속성에 대해서 설명하고 있어야 하며, 어린이들은 이를 평가할 수 있는 능력을 가지고 있어야 한다는 것이다(Gunter et al., 2005).

장난감 광고의 진실성을 판단하는 과정에서는 어린이들의 해당 제품 사용 경험이 중요한 역할을 한다는 것이 밝혀졌다. 이러한 제품 경험이 광고의 주장을 검증하는 데에 활용되는 것으로 나타났다. 또한 장난감 광고에 대한 태도가 부정적이라고 해서 어린이가 항상 그 제품이나 브랜드를 싫어하지는 않는 것으로 나타났다. 어린이들은 이미 좋은 경험을 가진 제품이나 브랜드에 대한 광고에 대해서는 특별히 호의적인 태도를 보일 수 있다. 예를 들어, 이미 제품의 튼튼함을 경험한 어린이들은 잘 부서지지 않는 제품으로 광고되고 있는 장난감 트럭에 대한 광고를 진실된 것으로 판단하며, 이는 실제로 놀이를 하는 과정에서 트럭이 부서지지 않았다는 그들의 직접적인 경험에 근거를 두기 때문이다. 결국, 장난감 같은 어린이의 생활 속에서 중요한 제품들은 그들의 직접적인 경험이 광고에 대해 평가하는 근거가 되기도 한다는 것이다(Gunter et al., 2005).

TV 광고를 통해 얻은 정보가 어린이들의 제품 구매 요청 과정에서 가장 일반적인 정보의 출처라는 것을 한 연구(Gunter et al., 1992)가 밝혔다. 물론 어린이들은 또래 친구나 다른 미디어를 통한 정보 탐색 등 다양한 출처에서 정보를 얻는 것으로 나타났다. TV는 여전히 중요한 정보 출처이겠지만, 나이가 들면서 어린이들은 다른 출처에서 정보를 더 많이 찾는 것으로 보인다. 특히 인터넷이나 스마트폰과 같이 어린이들이 더 익숙한 개인적인 미디어를 통해 구매에 필요한 정보를 얻는 것으로 나타났다.

실험 연구에서 가장 많이 활용되는 설계 중 하나는 실험 참가자들에게 노출시키는 미디어 자극에 대한 노출 전후의 지식이나 태도를 측정하여 그 차이를 비교하는 것이다. 만약 노출 후의 지식이나 태도가 노출 전과 다르다면, 이는 노출 과정에서 발생한 효과라고 이해할 수 있다. 이러한 간단한 방법을 통해 미디어 노출의 효과를 쉽게 검증할 수 있다.

Goldberg(1990)의 연구는 몬트리올 지역에 거주하는 어린이들을 대상으로 TV 광고의 효과를 조사하였다. 이 연구는 영어와 불어를 각각 주로 사용하는 어린이들을 대상으로 하였다. 연구가 진행된 지역은 퀘벡시가 주요 도시이며, 당시 여기서는 어린이를 대상으로 하는 광고가 전면적으로 금지되어 있었다. 따라서 해당 지역의 어린이들이 장난감이나 시리얼 TV 광고에 노출되는 것은 오직 미국에서 방송되는 영어로 된 채널을 통해서만 가능했다. 연구 결과에 의하면, 영어를 주로 사용하는 어린이들이 미국 방송을 더 많이 시청하는 것으로 나타났고, 따라서 미국 방송에 등장하는 장난감이나 시리얼 등의 광고에 더 많이 노출되었을 것으로 기대할 수 있었다. 실험 결과를 분석해보면, 영어를 주로 사용하는 어린이들은 판매되고 있는 장난감 제품의 브랜드를 더 많이 알고 있었으며, 더 많은 시리얼 제품을 실제로 소비하고 있는 것으로 나타났다. 결국 광고가 제품 브랜드 인식과 구매에 영향을 주는 것을 보여주고 있다.

위에서 소개한 연구들을 통해 광고가 제품 인식 및 구매 행동에 미치는 영향을 설명했다. 그러나 광고만의 영향을 파악하기에는 이 과정에 영향을 줄 수 있는 다른 요인들도 함께 고려해야 하는 문제가 있다. 문화적 환경, 어린이의 식습관이나 구매 습관 등은 광고와 함께 제품 인식 및 구매 행동에 영향을 미칠 것으로 예측할 수 있다. 그러나 연구 결과는 TV 광고가 제품 인식 및 구매 행동에 큰 영향을 미치는 것으로 나타났다. 이러한 결과는 광고가 제품의 특성을 전달하고, 이를 소비자의 인식 및 행동에 영향을 미치는 것을 보여주고 있다.

◇ 소비자 사회화(Consumer Socialization) 관련 광고의 효과

광고에 노출된 후에 일어나는 학습은 단순히 브랜드나 제품에 대한 정보 습득 및 태도 형성에만 그치지 않는다. 광고는 어린이들이 소비 관련 가치 시스템을 형성하게 만드는 더 넓은 의미의 소비자 학습을 촉진할 수 있다는 것이 연구 결과로 밝혀졌다. 이러한 소비자 학습 과정은 어린이들이 소비와 관련된 기술, 지식, 신념, 태도, 행동 등을 배우는 데 큰 역할을 하고 있다(Ward, 1974; 최은섭, 2006).

Ward(1974)는 어린이를 대상으로 광고의 효과를 조사하는 실험을 진행했는데, 광고를 본 후, 어린이들은 그 제품에 대한 구입의도를 조사하는 설문지를 작성했다. 결과를 보면, 광고를 본 어린이들은 그 제품에 대한 구입의도가 더 높은 것으로 나타났다. 또한 광고를 본 어린이들은 광고를 보기 전보다 해당 제품에 대한 지식과 인식이 더 높아졌다는 것도 이 연구의 결과로 확인되었다. 광고에 노출되는 것이 결국 어린이의 제품에 대한 인식과 구입의사에 영향을 미친다는 것을 보여준다.

최은섭(2006)의 연구에서 광고의 성유형화가 어린이 소비자의 성별과 연령에 따라 광고 효과에 미치는 영향을 분석하였다. 초등학생과 유치원생을 대상으로 브랜드와 제품명이 제거된 6가지 광고를 보여주었다. 이 광고들은 성유형화 이미지를 사용하여 제작되었으며, 참가자들은 광고를 보고 제품에 대한 인지도와 선호도, 제품에 대한 태도와 구매 의향을 평가하도록 했다. 연구 결과에 의하면, 남성적인 표현이 들어간 광고가 여성적인 표현이 들어간 광고보다 어린이의 제품 인지도와 구매 의향 등에 긍정적인 효과를 미치는 것으로 나타났다. 또한 연령대에 따라 광고의 성유형화에 대한 인식의 차이가 나타났는데, 초등학생들은 광고의 성유형화를 인식하는 데 민감하였으며, 남성적인 표현이 들어간 광고에 더 긍정적인 반응을 보였다. 이러한 결과는 어린이들이 광고를 통해 성역할을 학습하고, 소비자로서의 사회화가 이루어지고 있는 것을 보여준다.

소비자 학습은 어린이들이 소비자로서 살아가기 위해 필요한 지식과 기술을 배우는 것뿐만 아니라, 그들의 가치관과 태도, 행동 방식 등에도 영향을 미친다. 광고를 통해 어린이들이 소비와 관련된 가치와 태도를 형성하고, 이를 실제 소비 행동으로 연결시키는 과정은 지속적으로 이루어지는데, 이것이 바로 소비자 사회화의 과정으로 이해할 수 있다.

소비주의에 대한 우려는 개인적 욕구와 성취에만 기반한 가치 시스템이 형성될 가능성이 있기 때문이다. 이러한 자기중심성은 자연스러운 것으로도 받아들여질 수 있지만, 이런 소비주의는 부를 중심으로 한 물질적인 사회를 만들어 낼 우려가 있다. 여기서 광고는 어린이를 대상으로 하기 때문에 특히 조심할 필요가 있다(Gunter et al., 2005).

어린이들이 성장하는 과정에서 소비자 사회화가 이루어지면서, 돈을 받고 일하는 고용의 개념과 시장에서의 상업적인 이익 추구 개념도 함께 이해하게 된다. 이와 비슷하게, 광고와 관련해서는 어린이들이 나이가 들면서 광고주의 목표와 광고의 의도에 대한 이해가 높아지고, 그 결과 광고에 대해 회의적이고 부정적인 생각을 하게 된다. 어린이들은 광고에 대한 이해를 통해 광고의 다양한 기법과 기술을 평가하며, 광고의 신뢰성을 판단하는 것이 가능해진다. 또한 부모나 친구와의 대화를 통해 얻은 지식을 바탕으로 광고에서 제시하는 주장을 그대로 믿지 않게 될 수도 있다(Boush et al., 1994). 이러한 과정은 어린이들이 소비자로서 광고로부터 부정적인 영향을 받지 않도록 도와주는 역할을 한다.

보쉬 등(1994)의 연구에서는 미국 청소년들의 TV 광고에 대한 태도와 광고주들이 사용하는 기술과 전략에 대한 이해가 어떻게 변화하는지에 대해 조사했다. 이 연구에서는 청소년을 대상으로 설문조사를 실시하여 이들이 광고에 대한 비판적이고 회의적인 태도를 갖고 있음을 밝혔다. 또한 광고를 보여주고 광고주들이 사용하는 전략과 기술에 대해 질문한 결과, 청소년들이 광고주들이 사용하는 전략과 기술을 어느 정도는 이해하고 있지만 모든 전략과 기술을 완전히 이해하지는 못하는 것으로 나타났다. 이 연구는 또한 청소년들의 광고에 대한 비판적인 태도와 광고의 전략과 기술에 대한 이해 간의 관계를 조사했는데, 광고주들이 사용하는 전략과 기술에 대한 이해도가 높을수록 광고에 대한 청소년들의 비판적인 태도가 높아진다는 것을 발견했다.

이기춘과 박수경(1990)은 어린이들이 소비자가 되어가는 과정에 대한 연구를 수행하였다. 이 연구에서는 어린이들이 실제로 제품을 구매하거나 다른 사람에게 구매를 요청할 수 있는 나이보다 훨씬 어린 나이에서부터 소비자 역할을 수행하는 것이 가능하다는 것을 밝혔다. 5세 이하의 어린이들이 제품을 구매할 수 없는 나이임에도 불구하고 이미 소비자로서의 역할을 수행할 수 있다는 점을 강조하고 있다. 또한 어머니와 자녀 간의 관계가 어린이들의 초기 소비 행동에 큰 영향을 미친다는 것을 밝혔다.

또 다른 연구의 결과로는 어린이들이 쇼핑하는 동안 어머니의 구매 행동을 관찰하며, 이를 통해 상점 내에서의 쇼핑 행동도 학습한다는 것을 확인했다. 어머니의 구매 행동에 대한 이러한 직접적인 관찰과 모방을 통해 어린이들은 제품을 선택하는 방법과 함께 브랜드에 대한 선호도 등의 개념을 습득하며 소비자 역할을 수행하는 것을 배우는 것으로 나타났다. 따라서 이러한 결과들은 소비자 사회화 과정이 어린이들이 단순히 성인들을 모방하거나 그들로부터 영향을 받아서 소비 행동을 학습하는 과정이 아니라, 그들이 스스로 소비자 역할을 수행하며 성장해나가는 과정이라는 것을 나타낸다.

어린이들의 소비 과정에서 초기 단계 참여는 5세 정도의 나이부터 관찰되기 시작하는 것으로 나타났다(McNeal, 1969). McNeal(1969)은 그의 연구에서 어린이들이 제품 구매 결정에 영향을 미치는 다양한 요인들에 대해 조사했다. 이 논문에서는 어린이들이 소비 과정에서 초기 단계 참여가 5세 정도부터 관찰되기 시작한다는 것을 강조하였다. 또한 연구에서는 가족 구성원들의 구매 행동, 가족 수입, 어린이들의 개인적 성향 및 관심사, 그리고 광고와 마케팅 등의 요인들을 포함하여 어린이들이 제품 구매 결정에 영향을 미치는 다양한 요인들을 밝혔다. 결과에 의하면, 어린이들은 제품 선호도 및 구매 의사 결정에 대한 영향력을 가지고 있으며, 이는 가족 구성원들의 구매 행동, 광고 및 마케팅, 그리고 개인적 성향 및 관심사 등의 요인들에 의해 형성된다는 것을 밝혔다.

미디어 사용량이 증가함에 따라 어린이들의 TV 시청량 또한 증가하게 되었다. 이로 인해, 정보를 얻기 위해서 TV를 포함한 미디어에 의존하는 정도가 더 심해지고 있다. 어린이들은 청소년기 이전부터 미디어의 사용이 증가하면서 제품이나 서비스와 관련된 정보를 미디어를 통해 습득하기 시작했다. 이후 청소년기에 들어서면서, 새롭고 큰 영향력을 가진 또래 집단이 또 다른 중요한 정보 출처가 된다. 그러나 미디어의 효과가 또래 친구를 매개로 효과로 이어지기도 하는 것으로 나타났다. 이러한 또래 집단의 역할이 커지면서, 어린이에 대한 부모의 직접적인 영향력은 감소하는 경향을 보인다(Ward et al., 1977).

광고와 같은 미디어 콘텐츠가 어린이의 소비자 사회화 과정에 미치는 영향은 부모와 자녀 간의 커뮤니케이션 유형 및 가족의 사회경제적 계급 등에 의해서도 영향을 받는 것으로 나타났다. 연구 결과, 부유한 환경의 어린이들은 가난한 환경의 어린이들보다 소비자 관련 이슈에 대해 더 많은 지식을 가지고 있는 것으로 나타났다(Moore & Moschis, 1978). 또한 부유한 환경의 어린이들은 제품의 브랜드에 대한 강한 선호도를 가지는 것으로 나타났으며, 제품을 구매하기 전에 브랜드나 제품에 대한 정보를 더 많이 수집한다는 결과도 있었다(Moore & Moschis, 1978). 이 연구는 부모와 자녀 간의 소비자 사회화 과정과 브랜드 선호도 간의 관계를 밝히기 위해 어린이와 부모를 대상으로 조사를 실시하였다. 연구에서는 소비자 사회화 과정을 파악하고, 이에 따른 브랜드 선호도 변화를 함께 측정하였다. 결과적으로 부유한 환경에서 자란 어린이들이 가난한 환경에서 자란 어린이들보다 소비에 대한 높은 이해도와 강한 브랜드 선호도를 보였다. 이러한 결과는 부모와 자녀 간의 소비자 사회화 과정에서 자녀들이 부모의 소비 패턴과 관련된 지식을 습득하며, 이 과정에서 소비에 대한 높은 이해도를 갖게 되는 것으로 해석되었다.

부모와 자녀 사이의 상호작용과 대화는 어린이의 미디어 소비 습관과 소비자 태도 및 행동과 밀접한 관련이 있는 것으로 나타났다. 민주적인 가정에서 가족 구성원 간의 상호작용과 의사 결정은 어린이들이 소비와 관련한 지식을 보다 깊게 습득하게 한다는 연구 결과가 있다. 따라서 자유로운 환경은 어린이들이 서로 다른 브랜드의 장단점을 충분히 고려하여 현명한 소비자로 성장하는 소비자 사회화 과정을 가능하게 한다고 이해할 수 있다.

가족의 커뮤니케이션 유형을 사회적 특성을 중심으로 하는 가족 유형과 생각과 사고를 중심으로 하는 가족 유형의 두 가지로 분류할 수 있다(Chaffee et al., 1973). 이 연구에서는 이런 가족 유형과 TV 시청 습관과의 관련성을 분석했는데, 가족 유형은 "사회적 특성에 중심을 두는 가족"과 "생각과 사고에 중심을 두는 가족"으로 나누어 분류하였다. 연구 결과에 의하면, "사회적 특성에 중심을 두는 가정"은 일반적으로 저소득층, 미국 원주민, 아프리카계 미국인, 라틴계 미국인 등이 속하는 가족으로, TV 시청 습관에서는 지역성, 인종, 성별, 연령 등의 사회적 특성이 중요한 역할을 하는 것으로 나타났다. 이 가족들은 지역의 뉴스와 스포츠, 유행하는 TV 드라마와 시트콤 등을 선호하는 경향이 있다.

반면 "생각과 사고에 중심을 두는 가족"은 일반적으로 중간층과 상류층에 해당하는 가족으로, TV 시청 습관에서는 교육 수준, 문화적 수준, 정치적 성향 등이 중요한 역할을 한다. 이 가족들은 뉴스와 다큐멘터리, 문화 프로그램, 교양 프로그램 등을 선호하는 경향이 있다. 이렇게 가족 유형의 분류는 가족의 커뮤니케이션 방식과 관련하여 중요한 역할을 하며, 자녀의 TV 시청 습관을 분석하는 데에도 활용될 수 있다.

사회성을 중요시하는 가족 환경에서는 부모가 자녀를 지도하여 사회적 관계에서 조화롭게 지내도록 하며, 논쟁이나 논란을 일으킬 수 있는 표현이나 행동은 피하도록 가르친다. 생각과 사고를 중요시하는 가족 환경에서는 자녀들이 자유롭게 생각과 감정을 표현할 수 있도록 권장하며, 때로는 논쟁이나 다른 사람의 신념과 대립할 수 있는 상황에서도 그들의 의견을 존중하는 모습을 보인다.

사회성을 중요시하는 가족 환경에서는 매스미디어를 활용하여 사회적 환경에서 행동하는 방법을 배우는 것을 장려하고, 일부 가정에서는 미디어 사용을 권장하여 어린이들이 특정한 사회적 역할을 배우도록 한다. Moore와 Moschis(1981)의 연구에서는 가족 유형과 소비자 행동 및 태도와의 관계를 조사한 결과, 가족 유형을 "정보 제공형 가족"과 "조언 제공형 가족"으로 분류했다. 정보 제공형 가족에서는 부모가 자녀에게 소비에 대한 정보를 제공하고, 자녀들은 이를 기반으로 소비 결정을 하게 된다. 이와는 달리 조언 제공형 가족에서는 부모가 자녀에게 소비 결정에 대한 조언을 제공하고, 자녀들이 소비를 결정한다. 이러한 과정에서 어린이들은 사회적 혹은 소비자로서의 성격과 물질주의 개념을 배우기도 한다.

물질주의적 태도와 매스미디어 이용 사이의 관계를 분석한 결과, 이러한 태도는 TV 광고나 프로그램을 시청하는 사회적인 동기와 연계되어 있음을 확인할 수 있었다. 사람들은 다른 사람들에게 좋은 인상을 주기 위해 특정 제품을 사용해야 한다는 동기로 광고를 시청하게 된다는 것이다. 이러한 동기는 가족의 커뮤니케이션 유형에 영향을 받을 수밖에 없는데, 생각과 사고를 중요시하는 가족에서는 매스미디어를 정보를 얻기 위해 이용하는 경우가 많으며, 이런 이용은 소비자로서 필요한 지식과 능력을 강화하는 긍정적인 영향을 미치는 것으로 나타났다.

소비자 사회화는 기본적인 지식이나 태도, 그리고 가치 시스템을 습득하는 추상적인 과정을 포함한다. 이러한 과정은 미디어를 통해 아동들의 사회화에 전반적인 영향을 미치며, 그 중 하나인 소비자 사회화에도 영향을 미치는 것으로 이해할 수 있다. 물론, 사회 구성원으로서 또래나 부모 등 다른 사람들이 어린이의 소비자 사회화 과정에서 중요한 역할을 하게 된다.

◇ 광고 효과 중개 변인

TV 광고가 어린이의 지식, 태도, 가치 등에 미치는 영향을 조사한 결과, 이러한 효과가 일정하게 나타나지 않고 다양하게 나타남을 확인하였다. 따라서 TV 광고의 효과를 분석하는 과정에서 이 효과를 중개하는 다른 변인들을 파악하기 위한 노력이 진행되었다. 이 노력의 결과로 광고 노출 횟수, 어린이의 나이, 가족의 사회 계급 및 부모 등이 TV 광고의 효과를 중개할 수 있는 변인으로 작용할 수 있음을 확인하였다. 그러나 TV 광고 효과를 중개하는 이런 변인들도 각각의 영향력이 상이하기 때문에 개별적으로 각 요인의 효과를 분석할 필요가 있다. 이러한 광고 효과의 크기는 상황에 따라서도 차이가 있을 수 있으며, 광고 외부 요인도 어린이들의 브랜드 및 제품에 대한 지식, 태도, 가치 등에 영향을 미칠 가능성이 있다는 점을 고려해야 한다. 따라서 구체적인 광고 효과를 만들어내는 다양한 변수와 광고 이외의 변수들의 역할 및 상황에 대한 포괄적인 이해가 필요하다.

- 광고 노출

어린이들은 TV에서 같은 광고를 여러 차례 반복 시청할 가능성이 높기 때문에, 이런 광고의 반복 노출이 어린이들의 브랜드나 제품 관련 지식, 태도 등에 미치는 영향에 대해 조사할 필요가 있다. 그러나 어린이를 대상으로 광고 실험을 진행할 경우에는 일반적으로 광고 효과의 측정이 적은 수의 광고 노출 이후에 이루어진다는 조건을 고려해서 그 효과를 해석할 필요가 있다.

광고의 반복 노출로부터 발생하는 광고 효과에 대한 연구가 진행되었다. 초기에는 세 번 정도의 광고 노출이 목표하는 광고 효과를 이룰 수 있다는 주장도 있었지만, 광고 경쟁이 치열해지면서 이런 광고 반복의 효과가 다르게 나타나기 시작한 것으로 파악된다. 일반적으로 광고 반복은 소비자의 기억력을 향상시키는 효과를 갖지만, 같은 내용의 반복은 광고에 대한 소비자의 싫증을 만들어내어 광고에 대한 부정적인 태도를 유발할 수도 있다는 주장도 있다.

반복을 통해서 광고나 광고 내용에 대한 이해나 기억력 등의 인지적 효과는 점점 더 커지지만, 반복을 통한 광고에 대한 싫증이 소비자의 태도에 부정적인 영향을 미칠 수도 있다는 것이다.

이렇게 일부에서는 광고의 반복이 실제로는 효과가 없다는 주장을 제시하기도 했다(Gorn & Goldberg, 1980). 이 연구에서는 광고 반복의 효과를 조사하였는데, 실험 대상자들을 두 그룹으로 나누어 광고의 노출 횟수를 조작하였다. 여섯 번을 광고에 노출한 그룹은 세 번 광고에 노출한 그룹보다 제품에 대해 더 높은 선호도를 보였다. 이 결과를 통해 광고의 반복 노출이 제품에 대한 선호도를 높이는 효과가 있다는 것을 확인하였다. 그러나 이 연구는 광고의 반복 노출의 효과에 대한 선호도 측정만을 다루었으며, 광고 반복이 소비자들의 광고에 대한 태도나 구매 의도 등에 미치는 다양한 영향에 대해서는 모두 다루지 않았다는 한계가 있다.

또 다른 연구에서는 광고의 반복이 제품과 관련된 소비자의 태도에 부정적인 영향을 줄 수 있다는 결론을 제시하면서, 광고 반복에 대해서 회의적인 의견을 내고 있다(Kinsey, 1987). Kinsey(1987)는 이 연구에서 광고 반복이 광고의 기억, 인지, 태도 등에 미치는 영향을 분석하였다. 분석 결과에 의해서 광고의 반복이 광고의 인지 및 기억에는 긍정적인 영향을 미친 것을 확인한 반면, 소비자의 광고에 대한 태도에 미치는 영향에 대해서는 혼란스러운 결과를 보였다. 반복 초기에는 소비자가 긍정적인 태도를 유도하지만, 반복이 일정한 노출 횟수를 넘어서면 소비자로부터 부정적인 태도를 유도할 수도 있는 것으로 나타났다. 또한 이 연구는 광고의 내용과 형식, 광고를 노출하는 매체의 종류 등에 따라서 광고의 반복 효과가 달라질 수 있다는 것 또한 지적하였다. 광고 반복이 광고에 대한 소비자의 인지와 기억에는 긍정적인 영향을 미치지만, 태도에 대해서는 광고의 내용과 형식, 노출 횟수 등에 따라서 다양하게 영향을 미칠 수 있다는 것을 밝히고 있다.

그러나 어린이를 대상으로 한 연구에서는 광고 반복 노출이 어린이들이 광고나 제품 및 브랜드에 긍정적인 평가를 내리도록 한다는 결과를 나타내기도 하였다. 이 결과는 앞에서 제시한 반복과 싫증의 결과와는 상반된 결과이다. 어린이들에게 광고가 반복적으로 노출될수록, 제품과 브랜드에 대한 지식이 향상되고 그 내용이 더 잘 기억될 수 있어서 브랜드에 대한 어린이의 긍정적인 감정이 증가할 수 있는 것으로 나타났다. 어린이들은 아직 제품과 브랜드에 대한 많은 정보를 가지고 있지 않기 때문에, 오히려 광고를 통해 자신들이 알고 있는 친숙한 대상에 대해서는 긍정적인 감정을 가질 수 있는 가능성이 높을 수도 있다는 것이 이런 현상을 설명한다.

다른 연구에서도, 광고에 대한 반복적인 노출이 어린이의 브랜드 인지를 향상시키는 것뿐만 아니라, 브랜드에 대한 태도와 구매 결정 과정에도 긍정적인 영향을 미치는 것으로 결과를 제시하고 있다. 이 연구에서는 어린이들이 단 한 번의 광고 노출만으로도 광고의 아이스크림 브랜드에 대한 정보를 기억해내는 것으로 나타났으며, 세 번의 연속적인 노출로 어린이의 브랜드 인지를 향상시킬 수 있었고, 다섯 번의 노출로는 어린이들이 다른 브랜드보다 광고되는 브랜드를 선호하고 선택하는 경향을 보인다는 결과를 밝혔다.

제품과 브랜드에 대한 광고 캠페인을 기획할 때, 반복적인 노출만이 소비자들의 브랜드에 대한 기억을 형성하고 태도를 향상시킬 수 있는 유일한 방법은 아님을 고려할 필요가 있다(Young, 1990). 광고의 다른 요소들도 소비자의 브랜드 인지와 태도에 영향을 미칠 수 있기 때문에, 제품과 브랜드에 대한 광고 캠페인을 기획할 때는 반복적인 노출 이외에도 활용 가능한 다양한 전략을 활용하여 소비자들의 브랜드 인지와 태도를 형성하고 또 유지시키는 것이 필요하다. 예를 들면, 쇼핑 과정에서의 제품의 진열이나 다른 소비자의 의견 등은 광고와 함께 소비자의 인지와 태도에 작용하는 기타 요인으로 밝혀져 있으며, 상점에서의 소비자 경험 역시 소비자의 제품과 브랜드에 대한 기억을 향상시키고 긍정적인 태도를 형성하는 데 영향을 미치는 것으로 나타났다.

또한 광고는 가족이 속한 사회 계급과 함께 복합적으로 작용해서 어린이들의 인지와 태도에 영향을 미치는 것으로 나타났다(Goldberg, 1990). 이 연구에서 Goldberg(1990)는 어린이들을 대상으로 하는 TV 광고의 효과를 조사하기 위해 실험 연구를 수행했는데, 새로운 시리얼 브랜드를 촉진하는 광고 캠페인을 노출시키는 어린이들과 노출시키지 않은 어린이들의 두 집단으로 나누어서 연구가 진행되었다.

연구 결과에 의하면, 광고 캠페인에 노출된 어린이들은 브랜드 인지도와 회상률이 노출되지 않은 통제 집단에 비해 높게 나타났다. 또한 광고에 노출된 어린이들은 브랜드에 대해 더 긍정적인 태도를 가지고 있었으며, 여러 시리얼 브랜드 중에서 광고된 시리얼 브랜드를 선택하는 경향이 있었다. 이 연구는 어린이의 연령과 함께 광고 노출 빈도가 광고 캠페인의 효과를 결정하는 데 중요한 역할을 한다는 것 또한 발견했다. 나이가 많은 어린이들은 더 높은 브랜드 회상률과 긍정적인 태도를 가지고 있었으며, 광고 노출 빈도가 높을수록 어린이들의 브랜드 인지도와 회상률이 증가하는 것으로 나타났다.

이 연구에서 얻은 또 다른 중요한 결과는 가족이 광고 효과가 발생하는 과정에 영향을 미치는 요인 중 하나로 밝혀진 것이다. 가족 내에서의 사회 계급, 가족 구성원 간의 상호작용 그리고 가족 구성원 간의 미디어 사용 습관이 광고 효과가 발생하는 과정에 영향을 미칠 수 있다는 것이다. 예를 들어, 가족 내에서 높은 사회 계급에 속한 부모님이 자녀들에게 브랜드와 제품에 대한 지식을 전달할 때, 이 지식은 광고 노출과 함께 어린이들의 기억과 태도에 더 큰 영향을 줄 수 있다는 것이다. 또한 가족 구성원들 간의 상호작용과 미디어 사용 습관이 광고 효과를 강화하거나 약화시킬 수 있다는 것이 이 연구의 결과로 밝혀졌다. 이는 제품과 브랜드에 대한 인식을 형성하는 과정에서 광고 노출 이외에도 다양한 외부 요인이 작용하며, 때로는 이런 요인들이 광고만큼 중요한 역할을 한다는 것을 보여준다.

- 부모의 역할

부모는 어린이를 대상으로 하는 광고 효과의 발생 과정에서 큰 영향을 미치며, 또한 어린이들이 사회화하는 과정에서도 중요한 역할을 하는 것으로 알려졌다. 부모는 어린이들의 제품에 대한 지식, 태도, 가치에 미치는 광고의 영향을 조절하는 데 큰 역할을 할 수 있다. 부모의 교육 수준과 사회 계급에 따라 광고 효과가 발생하는 과정에 개입하는 정도는 달라질 수 있으며, 이런 광고 효과를 직접적으로 조절할 수도 있고, 간접적으로 조절할 수도 있다(Gunter et al., 2005).

부모의 영향은 여러 가지 복잡한 요인으로 인해 다르게 나타날 수도 있다. 먼저 부모와 자녀 간의 관계는 가정마다 다를 수 있다. 그러나 일반적으로는 부모가 자녀와 관련된 거의 모든 일에 일정 수준의 효과를 발휘할 것으로 예상할 수 있다.

부모는 어린이의 TV 광고에 노출되는 정도를 제한하는 것으로 가장 먼저 광고에 대처할 수 있는 역할을 한다. 만약 부모가 평소에 자녀가 TV를 비롯한 미디어를 사용하는 것을 엄격하게 통제하고 있다면, 어린이들의 광고 노출 정도에 대한 부모의 영향이 크게 나타날 수 있을 것으로 예측된다.

일반적으로 부모의 사회 계층이나 교육 수준이 높을수록, 광고가 포함된 TV 등 미디어 콘텐츠에 대한 어린이의 노출이 많이 제한될 것으로 기대된다(Goldberg, 1990). 이 연구에서는 부모의 사회적 배경이 어린이의 미디어 사용 및 TV 광고에 노출되는 정도에 미치는 영향을 조사했는데, 미국 내 다양한 지역에 거주하는 부모와 그들의 자녀를 대상으로 설문조사를 실시하였다. 이들 부모들은 사회적 계층에 따라 3개의 그룹으로 분류되었는데, 상위 계층(upper class), 중간 계층(middle class), 하위 계층(lower class)으로 나누어졌다. 또한 부모들의 교육 수준에 따라서도 이들을 3개의 그룹으로 나누어 조사하였다. 연구 결과를 분석하면, 상위 계층의 부모들은 자녀의 미디어 사용을 더욱 제한하고 있는 것으로 나타났고, 이들 자녀들은 TV를 덜 시청하는 것으로 나타났다. 이와는 달리, 하위 계층의 부모들은 자녀의 미디어 사용을 제한하는 데 있어서 덜 엄격한 모습을 보였으며, 이들 자녀들은 TV를 더 자주 시청하는 것으로 나타났다. 부모의 교육 수준도 사회적 계층과 마찬가지로 교육 수준이 높을수록 자녀의 미디어 사용을 제한하는 데 있어서 더 엄격해지는 경향을 보였다. 이러한 결과는 부모의 사회적 배경과 교육 수준이 자녀의 미디어 사용과 TV 광고에 노출되는 정도에 영향을 미친다는 것을 보여주고 있다.

부모는 자녀의 소비자 사회화 과정에서 그들이 소비주의에 대한 개념을 형성하는 과정에도 도움을 줄 수 있다. 이렇게 부모의 지원을 통해 형성된 어린이의 소비자 사회화는 광고를 이해하고 해석하는 인지 도구로 사용될 수 있기 때문에 중요하다고 말할 수 있다.

광고에 대한 자녀와의 대화를 통해 부모가 광고 효과의 발생 과정에 영향을 미칠 수 있다는 주장도 있다. 이러한 자녀와의 대화에서는 광고의 특성이나 제품의 품질 등에 대한 이야기가 포함될 수 있으며, 광고의 의도나 광고에서 사용된 기술이나 기법 등 광고에 대한 직접적인 대화도 가능하며, 광고 제품과 실제 제품의 경험에 대한 대화도 나눌 수 있다. 그러나 현실의 부모와 자녀 간의 대화에서 광고나 제품이 그 대화의 주제로 등장하기는 쉽지 않을 것으로 예상된다. 따라서 부모가 광고나 제품과 브랜드에 대해 자녀와 대화를 나누는 것은 의도적이거나 계획적이지 않다면 실제로는 일어나기 어려울 것으로 판단된다.

부모의 직접적인 개입이 어린이들이 TV 등 미디어를 적절하게 사용하는 데 효과적임이 이미 밝혀졌다. 더불어 부모의 개입은 어린이들이 TV의 내용을 이해하는 능력과 전반적인 미디어 리터러시[14]를 향상시킬 수 있다는 것이 연구 결과로 확인되었다. 이는 어린이들이 TV를 시청할 때, 어떤 내용이든 그들이 깊이 있는 생각을 하도록 도와줌으로써, 스스로 미디어의 부정적인 영향으로부터 벗어날 수 있음을 의미한다. 이러한 효과는 광고의 처리 과정에서도 나타날 수 있으며, 이렇게 광고 리터러시를 높일 경우, 어린이들이 광고로부터 받는 부정적인 영향을 어느 정도 제한할 수 있을 것으로 기대할 수 있다.

또한 부모는 광고 시청 중에 광고 속의 스테레오타입과 같은 광고의 윤리적 측면을 고려한 메시지의 내용에 대해서도 이야기할 수 있으며, 이러한 대화는 어린이들이 형성하는 소비자 가치에 대한 광고의 영향을 긍정적으로 바꿀 수 있다. 이러한 효과는 부모가 직접적으로 혹은 간접적으로 광고에 대해 이야기하는 경우 모두에서 얻을 수 있다. 또한 가족의 커뮤니케이션 유형에 따라 어린이의 미디어 이용량이 다르게 나타날 수 있다는

14 TV를 이해하는 능력을 나타낸다.

결과도 관찰되었다(이우현 & 임상호, 2013). 이들은 연구에서 가족 내 소통과 어린이의 미디어 이용 간의 관계를 조사하였으며, 가족의 커뮤니케이션 유형(소통, 갈등, 독립)과 아동의 미디어 이용 시간, 미디어 이용 방식 등을 함께 분석하였다. 연구 결과의 분석에 의하면, 소통 유형을 취하는 가정에서는 자녀의 미디어 이용 시간이 상대적으로 적었으며, 부모와 함께 미디어를 이용하는 경우가 많았다. 반면 갈등과 독립 유형을 취하는 가정에서는 자녀의 미디어 이용 시간이 많았으며, 자녀가 혼자 미디어를 이용하는 경우가 많은 것으로 나타났다. 또한 가족의 커뮤니케이션 유형과 어린이의 미디어 이용 방식 간의 관계에서는, 소통 유형을 취하는 가정에서는 부모와 함께 미디어를 이용하며 대화하는 경우가 많았으며, 갈등과 독립 유형을 취하는 가정에서는 자녀가 혼자 미디어를 이용하는 경우가 많았다. 이러한 결과는 가족 내 소통이 자녀의 건강한 미디어 이용과 관련이 있다는 것을 보여주며, 가족 간의 상호작용이 어린이의 미디어 이용 방식에 영향을 미침을 나타내고 있다.

부모가 자녀와 광고에 관한 대화를 나누는 일이 광고가 만드는 어린이가 제품을 조르는 행동을 줄이는 데 효과적이지는 않지만, 부모가 광고에 대한 생각을 더 적극적으로 자녀와 나누면 어린이들이 광고의 특성을 더 빨리 파악하게 되며, 광고의 설득적인 의도를 더 잘 이해할 수 있게 된다(Wiman, 1983). Wiman(1983)은 부모의 광고 리터러시 교육이 어린이들이 광고에 대한 태도와 반응에 미치는 영향에 대해 연구하였다. 이를 위해 2개의 실험을 진행하였는데, 첫 번째 실험에서는 광고를 시청한 후 부모와 함께 광고에 대해 이야기하고 두 번째 실험에서는 부모가 광고에 대해 설명을 들은 후 광고를 시청하였다. 연구 결과의 분석에 의하면, 광고를 시청한 후 부모와 함께 광고에 대해 이야기한 경우, 어린이들이 광고의 설득적인 의도를 인식하고 제품에 대한 평가를 더욱 명확하게 할 수 있었다는 것을 보여주었다. 이를 통해 부모와 광고에 대한 대화를 나누는 것이 어린이들의 광고 이해 능력을 향상시키는 데 도움이 될 수 있음을 보여주었다. 이는 어린이들에게 광고 리터러시를 만들어내어 어린이들이 광고에 노출됨으로써 발생할 수 있는 부정적인 영향을 줄일 수 있는 방안으로 볼 수 있다.

부모의 광고 효과를 조정하는 역할의 중요성이 강조되는 반면, 실제로는 부모들이 자녀들과 광고나 미디어 이용과 관련해서는 대화를 거의 나누지 않는다는 사실이 또한 알려졌다. 일단 이것은 부모와 자녀가 같은 프로그램을 시청하는 경우가 대개 자녀가 선호하는 프로그램과 부모의 취향이 비슷해지는 비교적 늦은 나이에 이루어지므로, 취향이 다른 어린이들은 부모와 함께 TV 프로그램을 시청하는 경우가 적은 것으로 나타났다. 이로 인해 부모의 개입을 위한 자녀와의 대화가 어려울 수도 있을 것이다(Gunter et al., 2005).

앞에서 언급한 것과 같이, 부모의 사회 계층이나 교육 수준에 따라서 어린이의 미디어 이용에 대한 부모의 개입 정도에 차이가 있음을 밝힌 연구가 있다. 아버지의 학력이 청소년의 미디어 이용에 영향을 미친다는 연구 결과가 있으며, 아버지의 학력이 높을수록 자녀의 디지털 미디어 사용시간이 적은 것으로 나타났고, 이 미디어를 학습적인 목적으로 사용하는 비중이 높은 것으로 나타났다. 또한 어린이와 청소년의 디지털 미디어 이용의 효과를 매개하는 요인으로 부모와의 커뮤니케이션의 개방성 등의 특성이 있음이 확인되었다(김은미 & 정화음, 2007). 이 연구에서는 중학생을 대상으로 설문조사를 실시하였고, 이를 기반으로 미디어 이용 패턴과 부모와 자녀 간의 관계, 학생의 학업 성취 등을 분석하였다. 연구 결과, 청소년들의 미디어 이용 패턴은 성별, 학년, 학업 성취 등에 따라 차이가 있음을 밝혀졌다. 또한 부모의 교육 수준이 높을수록 자녀의 미디어 이용 시간이 적었으며, 부모와 자녀 간의 소통이 원활할수록 자녀의 미디어 이용 시간이 적은 것으로 나타났다. 이러한 결과는 부모의 개입과 자녀와의 소통이 청소년들의 미디어 이용에 미치는 영향이 있다는 사실을 강조하고 있다.

디지털 미디어가 가족 구성원들에게 영향을 미치는 방식은 일관되지 않지만, 이런 미디어가 가족 내부의 커뮤니케이션을 확장시키는 역할을 할 수 가능성이 있다는 것이 연구 결과로 나타났다(배진아 & 조연하, 2010). 이 연구는 디지털 미디어 사용 패턴과 가족 커뮤니케이션, 그리고 가족 만족도와의 관계를 분석하였다. 결과의 분석에 의하면, 디지털 미디어의 사용이 많은 가족일수록 가족 내의 커뮤니케이션이 부족한 것으로 나타났다. 여기서 가족은 디지털 미디어를 이용하여 소통하는 데 어려움을 겪고 있을 가능성이 높다. 또한 디지털 미디어 사용이 높을수록, 가족 만족도는 낮아지는 경향도 확인되었다. 그러나 디지털 미디어를 이용해서 적극적인 가족 간의 커뮤니케이션이 이루어진다면 가족 만족도가 상승하는 것으로도 나타났다. 일단은 디지털 미디어 사용이 가족 내 커뮤니케이션을 부족하게 만들고, 가족 만족도도 낮아지는 것으로 연구는 밝히고 있으나, 가능성으로 디지털 미디어를 이용해서 적극적으로 가족 내에서 커뮤니케이션 한다면 가족 만족도가 상승할 수 있다고 설명하고 있다.

- 어린이 나이

최근 연구들은 나이에 따라 어린이들이 광고에 반응하는 것이 다르다는 것을 보여주고 있다. 앞에서 언급한 것처럼, 어린이들의 광고에 대한 이해 수준은 그들의 나이에 따라 차이가 있음이 밝혀졌다. 어린이의 광고 인지 및 이해는 그들의 나이에 따라 광고에 대한 초기 이해부터 완전한 이해 단계까지 점진적으로 발전하는 것으로 이해할 수 있다. 물론, 여기서 어린이 개인 간의 차이도 고려해야 한다. 이러한 과정은 최종적으로 광고의 목표나 의도를 완전히 이해하는 것을 포함하고 있다.

비교적 나이가 든 어린이나 청소년은 그보다 어린 아이들보다 광고에 대해 회의적이고 부정적인 태도를 가지고 있는 것으로 나타났다. 이는 이들이 광고의 의도와 목적을 이해하는 수준이 다르기 때문일 것이다. 이런 회의적이고 부정적인 태도는 결국 광고의 효과를 감소시킬 것으로 예측된다. 그러나 연구에서는 나이가 들어가면서 어린이들이 광고에 대해 회의적이고 부정적인 태도를 유지하더라도, 광고가 여전히 효과적일 수 있다는 결과도 제시되었다. 이는 광고의 효과를 단순히 광고 자체의 영향으로만 이해하기 어렵다는 것을 보여주기도 한다. 광고되는 제품의 성격이나 광고에 등장하는 모델 등 광고 내의 다양한 요인들이 작용해서 광고의 효과를 더욱더 복합적으로 만들어내기 때문이다. 또한 광고를 처리하는 순간에 수용자가 보이는 이성적이고 합리적인 특성도 고려해야 한다. 어린이나 청소년들이 광고를 처리할 때, 광고에 대해 방어적이거나 비판적인 생각으로 접근하는 경우도 있을 수 있기 때문이다(Gunter et al., 2005).

◇ 인지적인 방어

만약 어린이들이 광고의 설득적인 의도를 제대로 이해하지 못한다면, 광고의 숨겨진 의도를 의심하는 대신에 광고 메시지의 내용을 있는 그대로 받아들일 가능성이 높아진다. 이러한 어린이의 광고에 대한 불완전한 이해를 고려하는 관점으로 어린이를 광고로부터 보호해야 한다는 주장이 제기되고 있다. 하지만, 어린이가 TV 광고의 설득적인 의도를 처음으로 인지하거나 광고의 전반적인 특성을 완전히 이해하는 정확한 나이에 관해서는 여전히 논란이 있는데, 이는 어린이들의 개별적인 능력이 다르기 때문일 가능성이 크다고 설명할 수 있다.

어린이들이 광고 내에 담긴 광고주의 판매 의도를 어느 정도 이해하기 시작하면, 그들은 광고에 대한 인지적인 방어를 갖추기 시작하며, 이는 어린이들이 광고에 대한 비판적인 시각과 생각하는 능력을 발휘하기 시작함을 의미한다(Rossiter & Robertson, 1974). 이 연구에서는 광고에서 전달되는 메시지에 대한 어린이들의 이해도를 높이기 위한 방법을 찾기 위해서 광고를 변화했을 때, 어린이들이 이 광고에 대해 어떻게 인지하고 방어하는지를 조사하였다. 두 단계의 실험을 수행하였는데, 첫 번째 실험에서는, 광고에서 제품과 브랜드를 명확하게 전달하는 광고와 그렇지 않은 광고 두 가지를 비교하였다. 결과적으로, 제품과 브랜드에 대한 정보를 명확하게 전달하는 광고는 어린이들에게 더 쉽게 인지되었으며, 광고 효과도 높았다. 두 번째 실험에서는, 광고 문장 구성과 표현 방법 등을 다양하게 변형한 광고와 원래 광고를 비교하였다. 결과적으로, 광고 문장의 간결성과 단순성이 광고 효과를 높이는 것과 밀접한 연관이 있었다. 따라서 이 연구의 결과는 광고 제작자들이 광고 메시지를 명확하게 전달하고, 간결하고 단순하게 표현함으로써 광고 효과를 높일 수 있다는 가능성을 제시하고 있다. 추가적인 연구의 설명으로 어린이가 광고의 숨겨진 의도를 인지하고 방어하는 능력이 미숙하다는 점 또한 제시하였다.

광고의 판매 의도만을 단순히 이해하는 것만으로는 어린이들이 광고의 설득 기술에 대처하는 것이 어려울 수 있다. 광고를 처리하는 과정에서 어린이들은 광고 메시지를 무시할 수 있어야 하며, 더 나아가 광고에서 제시하는 주장의 약점을 파악하여 이를 비판할 수 있어야 한다. 이렇게 하기 위해서는 광고의 부정적인 측면도 이해하고 있어야 한다. 연구 결과에 의하면, 어린이들이 광고에 대한 인지적 방어를 가질 때, 광고에 대한 신뢰와 호감이 부정적인 인식과 연관되는 것으로 나타났다. 또한 인지적 방어 기능이 뛰어난 어린이들은 광고된 제품에 대한 욕구를 크게 느끼지 않고, 부모에 대한 구매 요청도 감소하는 것으로 확인되었다(Rossiter & Robertson, 1974).

만약 어린이들이 광고에 대한 비판적인 태도를 형성하고, 이러한 태도가 광고 효과에 영향을 미친다면, 어린이들은 자신보다 나이가 적은 어린이들보다는 광고 메시지를 일방적으로 받아들이거나 광고 효과를 덜 받을 것으로 기대할 수 있다. 그러나 광고 효과는 제품의 특성, 광고의 특성, 수용자의 특성, 광고 노출 상황 및 구매 상황 등 많은 요소가 복합적으로 작용하므로 이 예상과 다른 결과가 발생할 가능성도 있다. 또한 어린이들이 자신의 경험과 생각으로 얻은 저장된 지식을 상황에 맞추어 자동으로 꺼내서 활용하지 않을 수 있으며, 이성적인 판단이 어려운 상황에서는 인지적 방어에 활용할 수 있는 지식을 올바르게 활용하지 못할 수도 있다는 점도 고려해야 한다(Gunter et al., 2005).

따라서 TV 광고를 시청할 때 어린이들이 인지적인 방어를 위한 지식을 활용하도록 유도한다면 광고에 대한 비판적인 태도를 이끌어낼 수 있을 것이다. 그러나 의도적으로 유도하지 않는다면 광고에 노출되는 순간에도 광고를 완전히 이해하는 어린이들조차도 광고에 대한 비판적인 태도 또는 부정적인 생각을 갖지 못할 가능성도 충분하다.

광고의 핵심 기능은 제품과 브랜드에 대한 정보를 효과적으로 전달하여, 소비자들의 인식을 형성하고 이 인식을 바탕으로 태도를 형성하여 구매 의사 결정에 영향을 미치며, 결국 제품과 브랜드에 대한 실제 구매가 이어지도록 유도하는 것이다.

따라서 효과적인 광고는 소비자가 광고에 주의를 기울이며 광고 속 메시지를 이해하고 받아들일 수 있도록 도울 수 있어야 한다. 이를 위해서는 광고와 소비자의 상호작용이 중요하며, 소비자의 정보처리 방식과 소비자가 이미 가진 제품과 브랜드에 대한 지식, 태도, 욕구, 동기 등이 광고 효과 발생 과정에 영향을 미치는 요소로 작용하는 것으로 나타났다. 또한 이런 광고 효과는 소비자의 구매 행동에 직접적인 영향을 미치기도 한다. 따라서 광고의 영향력을 이해하기 위해서는 소비자의 심리학적 특성과 광고가 상호작용하는 과정을 고려해야 한다. 어린이 소비자에 대한 광고 효과에 대한 연구는 광고 효과 발생 과정을 이해하는 데 유용한 배경 지식을 제공할 수 있을 것이다.

다수의 연구 결과에 따르면, 광고는 소비자의 브랜드 인지도를 증가시키고 긍정적인 태도 형성에 도움이 된다. 또한 제품과 관련된 지식의 습득에도 영향을 미치며, 일부 제품군에서는 제품 지식과 함께 제품에 대한 선호도에도 영향을 미친다. 이런 광고의 효과 발생 과정에서 광고가 어린이의 소비자 사회화에도 영향을 미치기도 한다. 이러한 광고 효과 발생 과정을 통해서 광고는 시장에서 이용 가능한 제품들을 어린이들에게 알리고, 소비주의의 중요성을 또한 인식하게 한다.

어린이를 대상으로 하는 광고는 어린이의 연령 및 인지 발달 수준에 따라 효과가 달라질 수 있다는 점도 중요하다. 또한 부모와 또래 집단의 영향력도 이런 광고 효과 발생 과정에 영향을 주는 주요한 요인이다. 이러한 영향력은 어린이에 대한 사회적인 영향력으로 볼 수 있는데, 어린 시절에는 부모의 영향이 가장 크지만 점점 성장함에 따라 또래 집단으로부터의 영향력이 더 중요해지는 것으로 예상할 수 있다.

어린이들은 나이가 들어감에 따라 다양한 제품을 직접 사용하며 이 과정에서 얻은 경험적 지식을 바탕으로 광고 메시지의 내용을 판단할 수 있는 능력이 향상되는 것으로 나타났다. 광고에서 제품을 설명하는 내용과 직접적인 제품 경험을 비교하며 광고의 진실성을 평가하는 것도 가능해진다. 이런 과정에서 광고를 포함한 마케팅에 대한 인지적인 방어 능력을 갖추기도 한다. 따라서 광고가 어린이들에게 제품과 브랜드를 알리거나 소비주의의 개념을 이해하도록 하는 데에는 어느 정도 효과가 있을 수도 있지만, 항상 어린이의 구매와 소비에 매우 큰 영향력을 발휘한다고는 단정하기가 어렵다.

Chapter 04

Advertising to Children

어린이 광고의 특성

1) 어린이 광고 대상 제품

2) 어린이 광고의 광고 기법

Chapter

04

어린이 광고의 특성

연구 결과에 따르면, 어린이들은 TV 시청 시간 중에 성인을 대상으로 하는 프로그램을 많이 시청하는 경향이 있어서, 어린이가 시청하는 광고의 상당 부분도 성인을 대상으로 만들어진 광고일 가능성이 크다(남기화 & 여정성, 2005). 이 연구는 어린이 대상 방송광고에 대한 규제 방안에 대해 조사하기 위해 실시된 연구이다. 어린이의 TV 시청 습관과 TV 시청에 따른 광고에 대한 태도 등에 대한 조사가 수행되었다. 이 연구에서는 어린이들이 성인 대상 광고에 대해서는 그리 큰 관심을 가지지 않는 것으로 밝혀졌다. 따라서 어린이를 직접 대상으로 만들어진 광고와 비교할 때, 성인 대상 광고가 어린이들에게 미치는 영향력은 그리 크지 않을 것으로 추측되었다.

일반적으로 어린이를 대상으로 하는 광고 연구에서는 어린이를 직접적인 대상으로 하는 광고에 그 초점을 맞추고 있다. 이는 어린이를 대상으로 하는 광고가 실제로 어린이들의 흥미를 끌 가능성이 더 크고, 그 이유로 어린이들의 행동에 영향을 미칠 가능성이 높기 때문이다(Kunkel, 2001). Kunkel(2001)은 여기서 어린이가 TV 광고를 어떻게 인지하고 이해하는지와 어린이를 대상으로 하는 TV 광고의 특징과 효과 그리고 TV 광고가 어린이의 소비 행동에 미치는 영향 등에 대해 다루고 있다. 또한 이러한 어린이 광고에서는 어린이들이 실제로 좋아하고 그들이 일상생활에서 사용하는 익숙한 제품이 많이 등장하기도 한다. 따라서 이 장에서는 어린이 광고의 특성과 함께 어린이 광고에 대한 사회적 우려에 대해서 자세히 설명하려고 한다.

1) 어린이 광고 대상 제품

어린이 대상 광고는 대개 특정한 제품군을 중심으로 이루어지며, 그 중에서도 식품 광고가 가장 많은 비중을 차지하는 것으로 나타났다(이영석, 1995). 연구 결과에 의하면, 전체 광고 품목 중 장난감과 시리얼이 어린이를 대상으로 하는 광고의 절반 이상을 차지한다(Kunkel & Gantz, 1992). 이 연구에서는 어린이를 대상으로 한 TV 광고에서 어떤 제품군이 가장 많이 등장하는지의 내용을 분석하였는데, 이를 위해 1989년과 1990년에 방영된 어린이를 대상으로 한 TV 광고 1,490개를 대상으로 내용분석을 실시했다. 연구 결과 분석에 의하면, 전체 광고 품목을 장난감, 시리얼/아침식품, 당류스낵/음료, 패스트푸드, 건강한 음식/음료, 기타 등 6개로 나누어 분석한 결과, 장난감과 시리얼이 전체 광고의 절반 이상을 차지한다는 결과를 얻을 수 있었다.

광고의 제품 유형을 분석한 국내의 연구에서도 음료수 및 음료 광고와 과자류 및 빙과류 등의 제품에 대한 광고의 비율이 높게 나타났다(김경희 & 강금지, 1997; 이귀옥, 2010; 한상필 & 지원배, 2010). 김경희와 강금지(1997)의 연구에서는 어린이를 대상으로 설문조사를 실시하여 어린이의 광고에 대한 인식, 광고에 대한 태도, 그리고 광고가 구매 의사결정에 미치는 영향 등을 조사했다. 연구 결과의 분석에 의하면, 어린이들은 시청하는 광고 중에서 식품 광고가 많은 것을 인식하고 있었으며, 이에 대한 태도도 긍정적인 것으로 나타났다. 특히, 인기 있는 캐릭터나 유명인이 이런 광고에 등장하면 더 긍정적으로 인식하는 경향이 있었고, 광고가 어린이들의 구매 의사결정에 미치는 영향도 높게 나타났다.

이귀옥(2010)의 연구에서는 어린이를 대상으로 판매되는 식품을 대상으로 한 광고를 분석했다. 분석 대상인 광고 내용은 광고 촬영 장소, 광고 촬영 인물, 광고 메시지, 그리고 광고 연출 등의 다양한 항목을 사용했다. 연구 결과의 분석에 의하면, 어린이 대상 TV 식품 광고는 대부분 신제품 출시나 제품 관련 이벤트 등을 알리는 내용으로 구성되어 있는 것으로 나타났다. 또한 인기 있는 캐릭터나 유명인이 광고에 등장하며, 특히 제품의 맛이나 건강에 대한 내용이 강조되는 특징이 있었는데, 이러한 광고는 어린이들의 미각과 시각적 호기심을 자극하고, 제품을 더욱 매력적으로 보이게 만드는 형태인 것으로 나타났다. 반면에, 어린이 대상 식품 광고의 내용을 살펴보면, 건강에 대한 정보나 실제 제품의 영양에 대한 내용이 부족하게 다루어지는 것으로 나타났고, 이런 상황은 어린이들이 건강한 식습관을 형성하는 데에 부정적인 영향을 미칠 수도 있다는 문제를 제기하고 있다.

한상필과 지원배(2010)의 연구에서는 어린이 대상 식품 광고의 현황과 그 내용을 분석했는데, 어린이 대상인 식품광고를 분석의 대상으로 했다.

연구 결과에 의하면, 어린이를 대상으로 하는 식품 광고는 대부분 과자, 음료, 아이스크림 등의 고칼로리와 고당도의 식품이고, 광고에 인기 있는 캐릭터나 유명인이 주로 등장하며, 광고 메시지에서는 맛, 가격, 캐릭터 등의 내용이 강조되는 것으로 나타났다. 이 연구에서도 역시 어린이 대상 식품 광고에는 건강에 대한 정보나 제품의 영양에 대한 정보가 부족하게 다루어지는 것으로 결과를 제시하고 있다.

이영석(1995)의 연구에서는 어린이를 대상으로 하는 TV 광고가 주로 어떤 제품군을 중심으로 이루어지는지, 또 그 비율은 얼마나 되는지를 분석하였고, 광고가 어린이의 구매 의사 결정에 미치는 영향과 함께, 광고에 노출된 제품과 아동의 성격, 행동 패턴, 가정환경 등의 요인이 어떻게 상호작용하여 광고의 효과에 영향을 미치는지도 조사했다. 연구 결과, TV 광고가 어린이의 구매 의사 결정과 생활습관 형성에 미치는 영향이 크다는 것을 확인하였고, 또한 TV 광고는 아동의 성격, 행동 패턴, 가정환경 등의 요인에 따라 그 효과가 다르게 나타날 수 있으며, 특히 음식과 관련된 광고가 어린이의 식습관 형성에 큰 영향을 미칠 수도 있다는 결과를 제시했다.

또한 11개의 나라에서 13개의 연구 집단으로 진행된 연구의 어린이 광고 분석 결과에서도 식품 광고가 가장 중요한 광고 품목으로 나타났다(Kelly et al., 2010). 이 연구에서는 5개 대륙의 11개의 나라에서 선정된 13개의 연구 집단을 대상으로 해서 내용 분석을 진행하여 광고에 대해서 조사하였다. 어린이 대상 광고 내용에서는 어린이들에게 스테레오타입을 형성시킬 수 있는 내용이 발견되었으며, 어린이가 제대로 이해하기 어려운 광고 기법이 사용되는 문제점이 있기도 했다.

이렇게 광고에 이용되는 기법과 기술 등의 광고의 실행 차원의 문제에 대해서도 우려가 있으며, 동시에 어린이를 대상으로 하는 식품 광고의 부정적인 효과에 대한 사회적 우려도 함께 설명할 예정이다. 어린이를 대상으로 하는 광고가 어린이들에게 부정적인 스테레오타입을 형성하거나 강화할 가능성도 있어 이런 어린이 광고의 장기적이고 부정적인 영향의 가능성도 고려할 필요가 있다.

어린이를 대상으로 하는 광고를 이해하기 위해서는 먼저 이런 어린이 광고의 일반적인 특성을 파악할 필요가 있다. 어린이 광고의 가장 일반적인 특성 중 하나는 해당 광고에서 주로 다루어지는 제품군의 종류와 그 제품군의 특징이다. 따라서 어린이 광고에서는 주로 어떤 제품이 등장하며, 해당 제품이 속한 제품군은 어떤 특징을 가지는지를 먼저 파악할 필요가 있다. 이 과정에서 어린이 광고에서 특정 제품군에 대한 편중이 존재하는지의 여부도 중요한 우려 사항 중 하나이다.

어린이 대상 광고는 장난감 광고나 설탕과 지방이 많은 식품 광고 등이 특정 시즌에 많이 마케팅 되는 경우가 있어서, 어린이의 생활 및 건강과 그리고 식습관에 부정적인 영향을 미칠 수 있다는 우려가 지속적으로 제기되고 있다. 이러한 우려는 이미 많은 연구를 통해서 그 증거가 확인되어 어린이 대상 식품광고가 어린이의 식습관에 어느 정도 영향을 미친다는 것을 분명하게 보여주고 있다.

어린이 대상 광고에서는 다양한 제품들이 다루어지고 있지만, 특히 식품과 관련된 광고가 기업의 많은 관심을 받고 있는 것으로 나타났다. 이와 같이 어린이 대상 광고에서 주로 어떤 제품들이 등장하는지, 그 중에서도 어떤 제품군에 특히 편중되어 있는지를 파악하는 것이 중요하다. 다양한 연구들에서 일부 제품군에서는 특히 높은 노출 빈도로 광고가 집행되고 있음이 확인되고 있다.

미국에서 진행된 어린이 광고의 종류에 대한 연구의 결과를 종합하면, 광고가 시작된 초창기에는 장난감 광고가 어린이 대상 광고의 대표적인 제품군이었으나, 이후에는 장난감, 시리얼, 캔디, 과자, 패스트푸드 등으로 그 제품군이 다양해진 것을 알 수 있다(Barcus, 1980). 이후의 후속 연구들에서도 매우 유사한 결과를 얻었다(Alexander et al., 1999; Gamble & Cotugna, 1999; Kunkel & Gantz, 1992; Lewis & Hill, 1998). 그 시작부터 어린이 광고는 식품을 주요한 광고 대상으로 삼았으며, 시간이 지나면서도 식품과 관련된 제품은 여전히 어린이 광고의 대부분을 차지하고 있다. 그중에서도 설탕과 지방을 많이 함유하는 시리얼, 사탕, 케이크, 과자 등이 주로 광고 대상이었다. 이러한 제품들은 어린이들이 가장 좋아하고 또 어린이들이 가장 많이 구매하는 제품들 중 하나이다.

지상파에 등장하는 광고뿐만 아니라 케이블이나 위성방송 등을 모두 포함한 미디어의 어린이 광고에 등장하는 제품 유형과 관련된 연구(Kunkel & Gantz, 1992)에서는 미디어 종류에 따라 어린이 광고에 등장하는 제품 유형이 약간의 차이를 보이기도 했는데, 먼저 어린이 광고의 제품으로 자주 광고되는 여섯 개의 제품군은 장난감, 시리얼/아침 식사, 설탕 스낵/음료수, 패스트푸드, 그리고 건강한 식품으로 나타났다(남기화 & 여정성, 2005; 이두원, 2010). 이 연구에서는 광고 산업과 어린이들의 소비 행태를 파악하고, 그에 따른 효과적인 규제 방안에 대한 의견을 제시하고 있다. 어린이들이 자주 노출되는 TV 광고의 제품 유형을 분석한 결과는 장난감, 음료수, 시리얼, 패스트푸드, 스낵 등이 자주 광고되는 것으로 나타났다. 또한 이러한 광고가 어린이들의 소비 행태에 어떤 영향을 미치는지도 조사했는데, 광고가 어린이들의 구매 의사 결정에 큰 영향을 미치는 것을 밝혔다.

이전 연구 결과들을 종합해보면, 어린이 광고는 다양한 제품군을 대상으로 하고 있지만, 장난감, 시리얼, 과자 등 어린이들이 좋아하고 또 소비하는 제품군에 대한 광고가 집중적으로 이루어지고 있음을 확인할 수 있었다. 이는 대부분의 연구가 미국에서 수행되었다는 점을 고려할 때도 의미 있는 결과이다. 한국에서 진행된 연구에서도 유사한 결과를 얻을 수 있었다. 물론 다른 국가에서의 연구 결과도 함께 고려해보는 것이 필요하며, 새로운 미디어 환경에서 어린이들이 어떤 제품군을 다루는 광고에 노출되고 있는지에 대한 연구도 지속적으로 수행되어야 할 필요가 있다. 이런 최신 정보를 반영하여 연구 결과의 타당성을 높일 수 있다.

미국에서 어린이를 대상으로 하는 광고 중에서도 식품을 대상으로 하는 광고는 중요한 주제 중 하나로 다루어졌고, 오랜 시간 동안 다양한 연구가 진행되었다(Gamble & Cotugna, 1999). 이 논문은 25년 동안 어린이들을 대상으로 한 TV 식품 광고의 내용과 양적인 변화를 조사한 연구이다. 결과적으로, 이 연구는 TV 음식 광고의 노출 시간이 시간을 두고 증가하였으며, 특히 아침과 오후 방송 시간에 노출된 광고 비율이 높아졌음을 발견했다. 광고 대상 식품의 종류도 초기에는 건강한 음식인 과일, 채소, 시리얼 등이 많았지만, 시간이 지나면서 고지방, 고당도의 건강에 좋지 못한 식품에 대한 광고가 증가하는 것으로 나타났다. 이 연구는 또한 광고 대상 어린이의 연령대에 따라 식품 광고의 종류와 광고에서의 표현 방법이 다르게 제시되는 것을 찾아냈다.

식품 광고의 특징은 주로 많은 양의 설탕과 지방을 함유한 제품을 그 대상으로 한다는 것이다. 이는 어린이들이 단맛을 선호하는 경향이 있기 때문이며, 건강보다는 맛에 초점이 맞춰진 어린이 대상 제품들의 특성이 어린이 광고에 그대로 반영되는 것을 나타낸다.

이런 식품 광고의 효과에 대한 우려를 더 크게 하는 연구 결과가 있는데, 여기서는 TV 시청 시간과 어린이의 비만 사이에 일정한 관계가 있다는 주장을 제시하고 있다(Gamble & Cotugna, 1999). 이 주장은 TV 시청 시간과 광고되는 제품의 소비 사이에 상관관계가 있다는 통계적인 결과에 기반하고 있다. 이렇게 식품 광고는 어린이들의 식품에 대한 선호도뿐만 아니라 최종적인 식품 선택과 소비에도 영향을 미칠 수 있는 것으로 나타났다. 어린이의 TV 시청 시간이 1시간 증가하면 하루에 약 167 칼로리의 영양을 더 섭취하는 것으로 이 연구는 구체적으로 밝히고 있다(Wiecha et al., 2006). 이 연구에서는 미국 초등학교 학생들의 식습관과 체력에 대해 조사했는데, 학생들의 식습관, 신체 활동, 체력 등을 측정하였으며, 가족 구성원들의 인터뷰를 통해 식습관과 체력 증진에 대한 가정에서의 인식도 파악하였다. 연구 결과, 학생들의 대다수가 일일 권장 식사 및 과일과 채소의 섭취를 충족시키지 못하고 있는 것으로 나타났으며, 학생들의 평균적인 신체 활동 수준도 부족한 것으로 나타났다.

식품 광고에서는 어린이들을 대상으로 하는 제품들의 영양 성분과 영양권장량 정보가 균형 있게 제공되고 있지 못하는 것으로 나타났다. 식품 광고는 과도한 당이나 지방을 포함하고 있는 특정 제품군에 편중되어 있었고, 더욱이, 이러한 광고에서는 균형 있는 영양이나 건강한 식품 선택에 대한 정보를 찾기 어려웠다(Gamble & Cotugna, 1999). 호주에서 실시된 이 연구에 따르면, 어린이들이 시청하는 프로그램 전후의 광고에 등장하는 대부분의 식품들은 정부에서 정한 건강한 식생활의 가이드라인과 일치하지 않는 것으로 밝혀졌다(Zuppa et al., 2003). 이 연구는 어린이들을 대상으로 한 식품 광고의 내용을 분석하여, 이 광고가 어린이들의 건강에 어떤 영향을 미치는지를 조사하는 것을 그 목적으로 했고, 호주 건강 가이드라인을 기준으로 식품 광고를 분석했다. 연구 결과, 방영된 광고의 대다수(80%)가 건강에 유익하지 않은 식품을 광고하였으며, 높은 지방, 당류, 나트륨 함유량이 많은 식품이 특히 자주 광고되는 것으로 나타났다. 이 연구는 어린이들을 대상으로 한 식품 광고가 어린이들의 건강에 해로운 영향을 미칠 수 있다는 것을 보여주고, 식품 광고에 대한 규제와 함께 건강한 식습관을 권장하는 교육 및 개입하는 방안이 필요하다는 결론을 제시하고 있다.

광고는 소비자들에게 제품과 관련된 정보를 제공하는 것이 기본적인 역할이지만, 어린이를 대상으로 하는 광고에서는 언제, 어디서, 누구와 함께 그 제품을 소비해야 하는지와 같은 제품 사용과 관련된 정보도 함께 전달된다는 특징이 있다. 어린이 광고는 어린이들에게 식품을 소비하는 시간을 매우 즐거운 경험으로 표현하고자 하며, 이를 위해 주변통로를 활용한 설득 기술을 주로 사용하고 있다. 주변통로를 통한 설득 기술은 브랜드 활용, 광고 모델 사용, 메시지 반복, 음악 및 효과음 등의 기술을 활용하며, 이러한 기술들은 일반적으로 TV 등의 매체에 특히 적합하다.

반면에, 건강을 촉진하는 정부의 공익적인 메시지에서는 수용자의 중심통로를 활용한 정보 처리를 목적으로 하는 설득 전략을 사용하는 경향이 있다. 이러한 전략은 메시지를 뒷받침하는 증거나 메시지의 핵심 주장을 이용하여 이성적이고 합리적인 주장을 전달하는 방식으로, 방송보다는 인쇄미디어에 더 적합한 전략으로 평가된다. 두 가지 메시지 전략을 비교해보면, 어린이들은 자극적인 주변통로를 활용한 TV 광고에 더 크게 반응할 가능성이 높다는 것을 예측할 수 있다.

뉴질랜드 부모들을 대상으로 한 연구에서는 어린이들이 TV를 시청하는 시간대에 방송되는 식품 광고들이 과도한 당과 지방을 함유하고 있는 제품을 그 대상으로 하는 것에 대해 우려하고 있음이 밝혀지기도 했다. 이러한 우려는 영국에서 실시된 조사에서도 확인되었다. 어린이 TV 시간대의 광고 중 약 절반 이상이 식품 광고로 구성되고 있었고, 미국과 영국의 어린이들은 1시간 동안 TV를 시청하면서 약 10개 정도의 식품 광고에 노출되고 있으며, 이 광고의 대부분은 과자, 사탕, 패스트푸드, 음료수, 그리고 시리얼 등과 같은 설탕과 지방이 과도하게 함유된 제품을 그 대상으로 하고 있는 것으로 나타났다.

식품 광고에 대한 부정적인 영향만을 강조하는 많은 연구들과는 달리, 한 연구에서는 청소년들의 식품 선택을 분석하기 위해 TV 전체의 역할에서 포함된 광고에 대한 분석을 시도하였다. 이 연구는 11세에서 18세 사이의 청소년들을 대상으로 하였으며, 6주 동안 수집된 TV 프로그램의 내용을 분석하여 활용하였다. 연구 결과에 의하면, 음식과 관련된 내용이 포함된 TV 프로그램은 전체의 절반 이상을 차지하였고, 1시간 동안의 방송에서는 약 10번 정도 식품과 관련된 내용이 등장하였으며, 그 중 4번이 광고인 것으로 밝혀졌다. TV 프로그램에서는 주로 건강에 좋다고 생각되는 과일과 채소 등이 많이 등장하였으나, 광고에서는 건강에 해롭다고 생각되는 설탕과 지방이 많이 함유된 식품들이 많이 등장하는 것으로 분석되었다. 이 결과는 TV 프로그램과 광고의 역할이 어떻게 다를 수 있는지에 대한 관점을 제시하고, 청소년들의 식품 선택과 건강에 대한 인식 과정에서 TV 프로그램과 광고가 각각 중요한 역할을 할 수 있다는 점을 강조하고 있다. 이러한 광고의 내용과 프로그램 내용의 상반된 결과를 고려할 때, 어린이들의 식습관과 식품 선택에 영향을 미치는 요소는 광고뿐만 아니라 TV 프로그램의 내용도 중요한 역할을 할 수 있음을 고려해야 한다는 결론을 내릴 수 있다.

식품 광고가 어린이들의 건강에 부정적인 영향을 미칠 수도 있다는 문제에 대해 논의하는 과정에서는 광고주들의 마케팅 전략을 비판적으로 다루고 있다. 이는 현재 미국과 영국에서 어린이 비만이 증가하고 있는 실제적인 사회 문제와 연관이 있다. 이미 영국에서의 어린이 비만 문제는 매우 심각한 수준에 이르렀다. 9살 어린이 중 다섯 명 중 하나가 과체중이며, 열 명 중 하나는 비만으로 진단되고 있으며, 이 수치는 지난 20년 동안 거의 2배로 증가하였다.

이러한 이유로 영국 정부는 식품 산업의 촉진 활동에 특별한 관심을 기울이고 있으며, 어린이들의 식습관과 이런 촉진 활동 간의 연관성을 조사하고 있다. 미국에서는 고칼로리이지만 영양소가 부족한 식품, 즉 정크푸드[15](Junk Food)로 분류되는 제품인 탄산음료, 과자, 패스트푸드, 감자튀김 등이 어린이들을 대상으로 하는 공격적인 마케팅 기법들을 사용했기 때문에 어린이들의 건강에 해가 된다는 이유로 금지되기도 했다.

광고의 내용에 초점을 맞춘 연구에서도 매우 흥미로운 결과가 얻어졌다. 이 결과에 의하면, 어린이 광고에서는 30초 정도의 짧은 시간 동안에도 불구하고 그 시간 동안 정교한 주제를 중심으로 스토리를 구성하고 또 이용하고 있는 것으로 나타났다. Rajecki 등(1994)이 실시한 식품 광고의 내용분석 연구에 따르면, 어린이를 대상으로 하는 광고에서는 폭력, 갈등, 성취, 기분전환, 능력, 트릭, 제품의존 등의 주제가 일반적으로 활용되고 있는 것으로 분석되었다. 이 연구는 어린이 광고의 내용 중 2/3 정도가 반사회적이고 부정적인 주제로 구성되어 있다고 주장하고도 있다.

이렇게 식품 광고에 대한 사회적 비판이 커지면서, 어린이를 대상으로 하는 광고와 관련해서 기업들이 자발적인 노력을 보이기도 했다. 예를 들

15 정크푸드(junk food)는 패스트푸드와 인스턴트식품 등과 같이 열량은 높지만, 영양소가 부족한 식품, 정크푸드로 분류하는 식품은 탄산음료, 과자, 패스트푸드, 감자튀김 등이 있다.

어, 2006년 미국에서는 코카콜라와 맥도날드 등 미국 음료와 식품 산업을 대표하는 10개 기업이 어린이를 대상으로 건강과 관련된 캠페인을 진행하기로 발표했다. 이들 회사는 어린이 광고의 최소 절반 이상을 건강한 음식과 라이프스타일을 촉진하는 데 사용할 것을 약속했다. 이러한 노력은 기업들이 사회적 마케팅[16](Social Marketing)의 전략이기도 하다. 그러나 여전히 식품과 관련된 어린이 광고에 대해서는 기업들의 노력이 부족하다는 의견과, 기업의 자율적인 노력만으로는 어린이를 보호하기 부족하다는 의견이 여전히 우세하다.

2) 어린이 광고의 광고 기법

현재 어린이들은 마케팅의 주요 대상 중 하나로 인식되며, 일반 소비자와 마찬가지로 광고주들의 마케팅 대상이 되고 또 노출되고 있는 현실이다. 그러나 어린이들이 마케팅의 효과를 올바르게 이해하고 있는지에 대해서는 계속해서 문제가 제기되고 있다. 따라서 어린이들을 보호하기 위해서 특별한 노력이 필요하다는 주장이 제기되고 있지만, 어린이를 대상으로 하는 광고주들은 어린이들에게 효과적으로 커뮤니케이션할 수 있는 다양

16 기업이 자기의 이익을 추구하기 전에 사회 전체의 이익을 손상하지 않도록 배려하는 것이 중요하다는 사실을 강조한 컨슈머리즘의 고조와 동시에 강조되기 시작, 이 입장에서 기업은 구매자의 이익뿐만 아니라 구매하지 않는 계층, 즉 사회 전체의 이익을 고려해야 한다고 주장했으며, 그것은 안전문제, 환경보호문제, 더 나아가서는 생태계 보전 문제까지 관련되어 있다.

한 방법들을 여전히 활용하고 있다.

어린이를 대상으로 하는 광고가 어린이들에게 미치는 효과를 논의할 때, 어린이들이 이러한 상황을 올바르게 이해하고 있는지에 대한 문제가 항상 제기되고 있다. 이러한 논란은 어린이들이 건강한 생활 습관이나 올바른 소비 행동을 형성하는 데 있어서 마케팅의 영향력을 고려해야 한다는 필요성을 강조하고 있다.

어린이들은 성인들보다 광고를 쉽게 믿는 경향이 있어서, 광고주들이 어린이들의 이러한 신뢰를 불공정하게 이용하고 있다는 비난이 가능하다. 성인들을 대상으로 하는 광고에서도 허위 등을 포함하는 불공정의 문제는 중요하게 다루어지고 있지만, 어린이들은 이런 불공정 행위 때문에 더 큰 실질적인 피해를 입을 수 있다는 점을 고려하는 것이 중요하다. 어린이들이 광고를 쉽게 믿는 이유는, 성인들보다 현실에 대한 경험이 적기 때문이다. 이에 따라, 광고주들이 어린이들의 이러한 신뢰를 불공정하게 이용하는 것을 막으려는 노력이 필요하다.

따라서 광고규제기관은 어린이를 대상으로 하는 광고를 선별하여 검토하고, 부적절한 광고를 제한하는 등의 역할을 수행하고 있다. 이를 통해 광고주들은 어린이들에게 허위 또는 과장된 정보를 전달하는 등의 부적절한 광고를 하지 않도록 규제를 받게 되며, 어린이들은 건강한 생활 습관과 소비 패턴을 형성할 수 있도록 보호받을 수 있다. 또한 이러한 규제는 광고규제기관뿐만 아니라 광고 산업 자체에서도 자율적인 책임을 다해야 한다는 것을 의미하기도 한다.

광고에 사용되는 다양한 설득 기법 중에서도, 과장, 판타지, 재미, 맛 등의 제품 효능을 강조하는 기법, 유명인, 은유법, 특수효과 등의 기법을 사용하는 것은 어린이들의 판단력과 비판적 사고를 약화시킬 수 있다. 특히 장난감 광고에서는 어린이들이 장난감의 실제 크기, 움직임, 기능, 구조 등을 제대로 이해하기 어렵게 만드는 표현이 사용될 수 있어, 어린이들의 판단력과 비판적 사고를 약화시키는 문제가 있다. 따라서 광고 규제 기관들은 이러한 문제를 방지하기 위해 장난감 광고와 관련된 부적절한 표현을 사용하는 광고를 제한하는 등의 노력을 기울이고 있다.

따라서 광고주들은 이러한 문제가 될 수 있는 광고 기법이 어린이들을 대상으로 한 광고에서 사용되지 않도록 신중하게 검토해야 하며, 광고 규제 기관들 역시 이러한 문제에 대해 적절하게 대처하여 어린이들의 건강한 발전을 보호할 수 있어야 한다. 이를 통해 어린이들은 성장하면서 현실적인 판단력과 비판적 사고를 갖추게 되고 또 어린이들이 건강한 소비 패턴을 형성할 수 있도록 돕는 것이 바람직하다.

◇ 과장[17](exaggeration)

어린이를 대상으로 하는 광고에서는 과장, 허풍, 과대 설명 등의 기술이 자주 활용된다. 특히 과장의 기술은 광고에서 흔하게 사용되며, '최고의' 등의 주장을 근거 없이 메시지에 사용하는 것을 의미한다(안순태, 2020). 과장은 우리 일상생활에서도 매우 흔하게 찾아볼 수 있고, 커뮤니케이션의 수사학적인 방법으로도 자주 사용되기 때문에 광고에서의 사용이 낯설지 않다. 그러나 광고에서 과장이 남용되는 경우에는 소비자들이 광고의

17 과장 광고는 내용을 실제보다 많이 부풀려 선전하는 광고이며, 허위 광고는 실에 해당하지 않는 자료나 정보를 사용하는 광고로 이해할 수 있다.

메시지를 신뢰하지 않게 될 가능성도 있다.

광고에서는 제품의 속성이나 기능을 부풀려서 표현하는 과장 광고와 달리, 사실이 아닌 정보를 제공하는 허위 광고도 있다. 허위 광고는 광고주가 제품에 대해 거짓된 정보를 제공하여 소비자를 속이거나 혼란스럽게 만드는 것이다. 이러한 광고는 소비자들에게 손해를 입힐 수 있기 때문에, 법적으로 금지되어 있다. 허위 광고는 광고주의 이익을 위해 의도적으로 소비자를 속이거나 기만하는 것으로, 이는 궁극적으로 소비자의 신뢰를 해치고 제품의 평판을 손상시키는 부정적인 결과를 초래할 수 있다.

광고에서는 제품의 좋은 면을 강조하고 또 강조하기 위해 과장된 내용이 사용될 때가 있다. 그러나 이런 과장이 너무 심하다면 광고에 대한 신뢰도가 떨어지고, 결과적으로 제품에 대한 신뢰도 역시 떨어지게 된다. 이러한 과장 표현의 정도를 어느 정도 조절하는 것이 중요하다. 또한 어린이와 같은 특별한 소비자들은 과장된 내용을 있는 그대로 받아들일 가능성도 있다. 어린이들이 이러한 과장된 내용을 믿게 되면, 제품에 대한 헛된 기대가 생길 수 있으며, 이러한 기대를 충족시키지 못하는 제품은 그들에게 큰 실망을 가져오게 된다(김경화 & 강금지, 1997).

소비자 단체와 부모들은 어린이들이 광고에서 사용되는 과장 및 과대 표현에 대해 이해할 수 있는 충분한 능력을 가지지 못하고 있다고 믿고 있다(Bandyopadhyay et al., 2001). 과장과 과대표현의 설득 전략은 제품이나 브랜드 정보를 정확하게 전달하는 논리적이고 이성적인 메시지 전략과 함께 사용하기 어려운 문제가 있다. 이는 논리적인 전략과는 달리 과장은 감성적인 요소에 초점을 맞추어 소비자의 관심을 끌기 위한 전략이기 때문이다. Bandyopadhyay(2001)의 연구는 어린이들을 대상으로 하는 텔레비전 광고가 그들의 생각과 행동에 미치는 영향과 그에 따른 정책적 대응 방안을 다루고 있다. 논문은 어린이들의 발달 심리학적 특성과 소비 행동에 대한 정보를 바탕으로, 텔레비전 광고가 어린이들에게 미치는 영향을 다양한 이론들을 검토하여 분석하고 있다. 여기서 광고가 어린이들의 소비행동, 인지능력, 사회적 습득 등에 미치는 영향에 대한 다양한 연구 결과를 제시하고 있다. 어린이는 광고에서 제시되는 제품보다는 광고 속 이미지와 엔터테인먼트적인 측면에 더 관심을 가지며, 이런 광고가 어린이들의 불안감, 자존감, 인식력 등에도 영향을 미칠 수 있다고 설명하고 있다. 따라서 이 논문에서는 광고 산업 자체의 책임과 국가 단위의 규제가 필요하다는 결론을 내리고 있다. 광고산업에서는 자율적으로 어린이들을 대상으로 한 광고에서의 과장, 과대 표현 등의 사용을 최소화하고, 어린이들이 적절한 정보와 지식을 얻을 수 있는 방안을 마련해야 한다고 주장한다. 또한 국가 단위에서는 이와 관련된 광고 규제 정책을 강화하여, 어린이들을 대상으로 한 광고에서의 부적절한 내용 등을 제한해야 한다는 것이다.

광고에서 과장된 내용을 사용하는 것은 일반적인 마케팅 전략 중 하나이다. 그러나 이러한 과장이 어린이들의 인식에 미치는 부정적인 영향에 대해서는 많은 관심이 집중되고 있다. 이에 대한 대처 방법 중 하나로 경고문(disclaimer, disclosure)의 사용이 자주 제안되고 있다. 경고문의 광고 내용에 대해 어린이들에게 주의를 주는 내용이다. 하지만 경고문이 어린이들에게 얼마나 효과적인지에 대해서는 명확한 결과가 없다.

성인들은 경고문의 내용을 쉽게 이해하겠지만, 어린이는 경고문을 이해하는 과정에서 어려움을 겪을 수 있다(안순태, 2020). 또한 경고문이 광고의 내용과 어떻게 연관되는지에 대한 이해도 부족할 가능성이 있다. 이러한 이유로, 경고문의 사용만으로는 어린이들이 과장된 광고를 제대로 이해하고 인식하는 것을 돕는 것에는 한계가 있을 것으로 예측할 수 있다.

광고에서 사용되는 이런 경고문은 대부분 형식적으로 만들어지고 사용되는 경우가 많은 것으로 나타났다. 이러한 경고문이 어린이들의 인식에 미치는 영향과 경고문의 효과적인 사용 방법에 대해 연구가 이루어졌다. 연구 결과에 의하면, 어린이들은 이런 경고문의 의미를 제대로 이해하는 데에 어려움을 겪는 것으로 나타났다. 이는 경고문이 어린이들의 인식 능력에 적합하지 않은 형식으로 제공되기 때문으로 이해할 수 있다. 또한 경고문의 내용이 광고의 내용과 연관되어 이해되지 않는 경우도 있어서, 경고문만으로는 어린이들이 광고의 과장된 내용을 인식하는 데 한계가 있다는 것이다. 이에 대한 대안으로, 광고에서 복합적인 감각의 경고문 사용이 제안되고 있다. 청각과 시각을 함께 사용하는 경고문은 어린이들의 뇌가 정보를 더욱 쉽게 처리할 수 있도록 도와주며, 경고문의 내용을 광고의 내용과 연결시켜 이해하는 데에도 도움을 준다는 것이 연구 결과로 나타났다(Hoy & Andrews, 2004).

이 연구는 1990년과 2002년에 방영된 프라임타임 광고에서 명확하고 눈에 띄게(clear and conspicuous)라는 광고 기준에 부합하는 공개방송 표시를 준수한 비율을 조사했다. 연구 결과에 의하면, 2002년에 방영된 광고에서 공개방송 표시를 준수한 비율이 이전인 1990년에 비해 상승하였다. 또한 광고에서 사용되는 공개방송 표시의 형태와 위치도 함께 개선되어 광고를 시청하는 시청자들이 이런 표시를 더 쉽게 인지할 수 있도록 조치되었다는 것이 밝혀졌다. 이러한 결과는 광고산업 관계자들이 공개방송 표시의 중요성을 인식하고, 이를 준수하기 위한 노력을 기울였기 때문일 것으로 추측할 수 있다.

어린이들은 광고에서 과장된 표현을 제대로 이해하지 못할 수 있기 때문에, 국내의 방송광고심의규정에서는 장난감, 게임기 및 기타 어린이들의 관심을 끄는 제품에 대한 광고 표현에 대해 규제를 하고 있다. 이러한 규정에서는 어린이들의 판단과 경험을 고려하여 제품의 크기와 비례를 실제 이상으로 보이게 하는 표현, 장난감이 기계적으로 움직이는지, 수동적으로 움직이는지 분명하지 않은 표현, 장난감과 실제 물건이 혼동될 수 있는 소리나 표현 등을 하지 않도록 규제하고 있다.

하지만, 이러한 규정은 그 적용 범위가 좁고 동시에 규정 자체가 추상적인 내용으로 구성되어 있어서 실제로 광고에 적용하기 어려운 모호한 규제로 지적되고 있기도 하다. 따라서 광고산업에서는 어린이들의 인식 능력과 안전에 대한 문제를 해결하기 위해 보다 구체적이고 적극적인 규제와 감시할 수 있는 체계가 필요하다.

◇ 환상[18](Fantasy)

어린이를 대상으로 하는 이야기나 만화에서는 환상적인 요소들이 자주 사용된다. 이러한 환상적인 요소들은 어린이들의 상상력과 창의성을 자극할 뿐만 아니라, 어린이들의 흥미와 호기심을 자아낼 수 있는 중요한 요소이다. 광고의 표현에서도 이러한 환상적인 요소들이 자주 활용되며, 어린이들은 이런 표현을 이해하는 과정에서 현실과 혼동할 수도 있다. 어린이들을 대상으로 하는 광고의 내용에는 대부분 현실과는 다른 비현실적

18 자유롭고 끝없는 상상 혹은 그 산물, 실제로는 존재하지 않는 형상을 마치 존재하는 것 같이 지각하는 작용. 실제로는 아무것도 보이지 않고 있는데, 예언적 내지는 신비적 통찰이 수반된 것을 명백히 보게 되는 작용이나 그 광경. 첫 번째 의미는 판타지(fantasy), 두 번째로는 일루전(illusion), 세 번째 의미로는 비전(vision)이 대체로 이에 해당된다.

인 내용을 광고에 포함하고 있으며, 이러한 내용들은 마술이나 환상적인 요소들로 구성되기도 한다.

TV 프로그램의 캐릭터가 등장하는 장난감 광고에서도 이 캐릭터를 주인공으로 하는 환상적인 이야기를 자주 활용하고 있다(Kline, 1993). 이러한 이야기들은 어린이들의 흥미와 호기심을 자아내며, 어린이들이 광고보다 그 이야기 자체에 더 집중하게 만든다. 이 연구 결과에 의하면, 어린이들을 대상으로 하는 문화나 광고산업에서 이런 이야기 속의 환상적인 요소들이 중요한 역할을 수행하고 있음이 밝혀졌다. 어린이들은 아직 세상에 대한 이해가 부족하기 때문에, 환상적인 이야기와 캐릭터 등이 그들의 상상력과 창의성을 자극하고, 높은 호기심과 흥미를 자아내며, 광고산업에서는 어린이들의 소비욕구를 자극하기 위해 이런 요소를 사용하고 있다는 것이다. 특히 장난감 등 어린이들의 관심을 끄는 제품에 대한 광고에서는 이러한 환상적인 요소들이 빈번하게 사용된다. 하지만 광고에서 이런 환상적인 요소들을 사용하는 것은 어린이들에게 혼란을 일으킬 수도 있다는 우려도 있다.

어린이들은 강한 상상력을 가지고 있으며, 이런 상상력을 만족시킬 수 있는 환상을 통해 그들의 생각을 현실에서 있는 그대로 구현해 보기도 한다. 그렇지만 동시에 어린이들은 지금 자신이 보고 있는 것이 현실이 아닌 환상이라는 것을 지속해서 자각할 수 있는 능력이 아직 부족할 수도 있다는 연구의 결과도 있다(Bandyopadhyay et al., 2001). 이 연구에서는 광고산업이 어린이들을 대상으로 하는 광고를 통해 어떤 영향을 미치는지에 대해 조사했는데, 연구 결과에 의하면, 어린이들은 광고에서 제공되는 정보를 제대로 이해하지 못하고, 광고 내용에 대한 판단 능력이 아직 미미하다는 것이 밝혀졌다. 특히, 어린이들은 광고에서 제시되는 제품이 현실과는 다른 비현실적인 이미지로 표현될 때, 이를 현실적인 것으로 오인할 수 있는 가능성이 있었다.

식품 광고에서도 어린이들의 관심과 주의를 끌기 위해 환상적인 상황을 자주 활용하고 있는 것으로 나타났다. 특히, 시리얼 광고에서는 어린이들의 상상력과 창의력을 자극하는 환상적인 배경을 자주 사용하는 것으로 확인되었다(Barcus, 1980; Lewis & Hill, 1998) 연구 결과에 의하면, 시리얼 광고 10개 중 9개가 어떤 형식으로든 환상을 광고 속에 활용하고 있음을 보여준다(Barcus, 1980). 이러한 환상적인 배경들은 어린이들의 상상력을 자극하고, 그들의 높은 호기심과 흥미를 유도하는 것으로 나타났다. Barcus(1980)는 어린이를 대상으로 하는 TV 광고의 성격에 대해 조사하였는데, 연구의 결과에 의하면, 어린이들을 대상으로 하는 TV 광고는 대부분 제품의 이미지나 브랜드를 강조하며, 제품의 이점보다는 인기 있는 캐릭터나 광고에서 제공되는 재미와 관련된 요소들을 특히 강조하고 있다는 것이 밝혀졌다. 또한 광고산업에서는 어린이들의 관심을 끌기 위해 현실과는 다른 비현실적인 이미지나 상황을 광고에 적극적으로 사용하고 있다는 것이 연구에서 확인되었다.

어린이들은 아직 세상에 대한 이해가 부족하기 때문에, 현실과는 다른 비현실적인 이미지로 표현된 환상적인 광고를 현실적인 것으로 오인할 가능성이 높다. 또한 이런 과정에서 어린이들은 광고에서 제공되는 정보를 제대로 이해하지 못하고, 그 내용에 대한 판단 능력이 미미할 수 있다.

일반적으로 광고에서 어린이를 대상으로 하는 이성적이고 논리적인 설득은 제한적으로만 사용되는 것으로 나타나고 있다. 이는 대부분의 광고주가 어린이의 심리적인 측면에 호소하는 감정적인 설득 소구를 주로 사용하기 때문이다. 이러한 감정적 호소는 광고 속의 즐거움이나 놀라움 같은 것들을 강조하는 것으로 어린이들의 반응을 효과적으로 유도할 수 있는 것으로 나타나고 있다. 따라서 이러한 접근 방식은 어린이들을 대상으로 하는 광고에서 효과적인 전략 중의 하나로 인정받고 있다는 연구의 결과도 있다(Rajecki et al., 1994). 이 연구에서는 어린이를 대상으로 한 광고에서의 감정적 호소의 효과에 대한 조사를 수행하였다. 어린이들에게 다양한 유형의 광고를 시청하도록 한 뒤, 광고에서 사용된 감정적인 호소(예: 유쾌함, 놀라움, 선물, 유용성 등)를 평가하도록 요청하였다. 결과적으로, 광고에서 사용된 유쾌함과 놀라움 같은 감정적인 호소가 특히 어린이들의 호감을 끌고, 광고에 대한 긍정적인 평가를 유도하고, 제품에 대한 구매 의향을 높이는 것으로 나타났다. 또한 광고에서 사용된 선물이나 유용성 같은 감정적 호소도 어린이들에게 긍정적인 인상을 줄 수 있었다. 이러한 결과는 광고에서 사용되는 감정적 호소가 어린이들의 반응과 구매에 미치는 영향을 잘 보여주는 중요한 연구 결과이다.

◇ Appeals(설득 소구)

광고주들이 어린이를 대상으로 하는 광고에서 사용하는 설득 소구의 방법은 다양한데, 그 주제에 따라서 구분할 수 있다(이두원, 2010). 그는 이 연구에서 어린이 광고에서 사용되는 기호적인 요소들이 어린이들의 인지와 감성에 어떠한 영향을 미치는지를 조사했다. 이 연구는 실험으로 진행되었는데, 어린이들에게 광고를 보여주고, 이를 기반으로 그들의 인지적 그리고 감성적 반응을 조사하는 방식으로 진행되었다. 연구 결과에 의하면, 어린이들이 광고에서 가장 많이 인지하는 내용은 캐릭터, 색상, 음악 등의 비언어적인 요소로 나타났다. 또한 광고에서 사용되는 캐릭터와 배경의 일관성, 제품이나 브랜드와 캐릭터 간의 관계성 등이 어린이들의 감성적인 반응에 영향을 미친다는 것이 밝혀졌다. 광고에서 사용되는 성인과 관련된 요소나 비유적인 요소 등은 어린이들의 메시지 이해에 어려움을 주는 것으로 나타났다.

어린이 광고에서 가장 많이 사용되는 주제는 즐거움과 행복, 맛과 향기, 제품의 성능 등 세 가지이다(Kunkel & Gantz, 1992). 어린이를 대상으로 하는 광고의 약 2/3가 이런 주제를 사용하여 어린이들을 설득하고 있었다. 모두 긍정적인 감정과 즐거운 주제가 사용되고 있지만, 때로는 이런 주제들이 어린이들이 광고에 제대로 대처하지 못하는 이유가 되기도 한다. Kunkel과 Gantz의 연구 결과를 살펴보면, 어린이들은 일반적으로 광고를 긍정적으로 평가하는 경향이 있었으며, 특히 놀이와 관련된 광고에 대해서는 긍정적인 태도를 보였지만, 그 광고에 대한 어린이들의 정보적 이해도는 상대적으로 낮은 것으로 나타났다. 또한 어린이들은 광고가 자신들을 소비자로 목표한다는 것을 이해하지 못하고 있었고, 광고와 프로그램의 구분도 명확하게 하지 못하는 경우가 많았다. 광고에 나오는 제품의 실제 품질과는 관계없이, 광고에서 사용되는 이미지와 캐릭터에 의해 제품을 평가하거나 구매하고자 하는 경향도 있었다.

또한 여기서 제시된 어린이 광고의 각 주제는 특히 특정 제품군의 광고와 연계되어 사용되고 있는 것으로 조사되었다. 제품의 성능을 광고에서 주제로 활용하는 제품은 장난감이 어떻게 작동하는지를 강조하는 장난감 제품군이며(Kunkel & Gantz, 1992), 즐거움과 행복을 그 주된 내용으로 하는 광고의 제품군은 패스트푸드 등의 식품으로 나타났다(Lewis & Hill, 1998). 여기서 Lewis와 Hill(1998)은 영국의 어린이들을 대상으로 식품 광고를 주제로 연구를 진행하였다. 광고내용의 분석을 통해 영국 어린이들을 대상으로 한 TV 광고의 약 35%가 식품 광고였으며, 그 중 약 70%가 고열량, 고지방, 고당분의 식품을 다루는 광고였다는 것이 밝혀졌다. 또한 이러한 식품 광고 중 약 80%가 고당분의 식품에 대한 광고였다. 그들은 실험적인 연구를 진행하여, 식품 광고를 시청한 어린이들이 광고에서 소개된 식품에 대한 선호도가 높아지는 것을 확인하기도 했다.

김광협(2010)은 맛과 향을 광고에서 가장 중요한 주제로 다루는 제품군으로 아침용 시리얼 제품군을 지목하였다. 이와는 대조적으로, 다른 제품군에서는 애니메이션, 이야기, 유머, 그리고 즐거움을 광고의 주요 주제로 사용하는 것으로 나타났다(Lewis & Hill, 1998). 다른 연구에서는 식품 광고의 70%에서 즐거움과 관련된 소구가 사용된다는 결과를 보였다(Barcus, 1980). 따라서 어린이들이 식품 광고의 주요 대상이 되는 경우, 재미와 즐거움이 아마도 사용되는 가장 중요한 주제가 될 것으로 생각할 수 있다.

건강식품 광고에서도 패스트푸드 광고와 유사하게 즐거움과 행복을 강조하는 소구 방법이 자주 사용되고 있으며, 이는 어린이들에게 가장 성공적인 주제였기 때문일 것으로 추측할 수 있다. 그러나 일부 연구에서는 건강 관련 식품 광고에서는 이성적인 소구 방법이 사용되고 있다는 조금은 상이한 결과를 제시하고 있다.

마케터들은 어린이와 부모를 대상으로 하는 광고를 성공적으로 진행하기 위해 노력하고 있다. 이를 위해 광고주들은 어린이들이 장난감을 즐길 때 느끼는 즐거움과 연관된 내용을 강조하여 어린이들이 제품을 인식할 수 있도록 유도하고, 부모들은 교육적인 측면을 강조하여 부모들이 제품을 학습 도구로 인식할 수 있도록 하는 설득 전략을 활용하기도 한다. 이러한 전략은 어린이와 부모 모두를 대상으로 하는 광고에서 특히 효과적일 수 있다(Szuymanski, 2002). Szymanski(2002)는 장난감 광고에서 어린이의 발달 단계를 고려하는 것이 광고의 효과를 높일 수 있다는 것을 주장했다. 다양한 발달 단계에 따라 어린이들이 선호하는 장난감의 유형과 광고 전략을 분석하였다. 이 연구의 결과에 의하면, 어린이들의 발달 단계가 낮을수록 물리적인 장난감에 대한 관심이 높았다는 것이 밝혀졌다. 이들은 색상이나 형태가 복잡하지 않은 단순한 장난감에 대한 인식이 강하였으며, 광고에서는 이러한 요소를 강조하는 것이 효과적인 설득 전략이 될 수 있다고 해석되었다. 반면에, 발달 단계가 높아질수록 어린이들은 인지적인 그리고 사회적인 장난감에 대한 관심이 높아졌다. 이들은 광고에서 인지 능력을 개발하거나 친구들과 협력하는 데 사용할 수 있는 장난감에 대한 정보를 선호하는 것으로 나타났다.

마케터들은 어린이들의 발달 단계를 고려하여 광고 전략을 전개하고 있으며, 장난감 광고에서도 이런 단계를 이해하고 광고 전략을 세우는 것이 중요하다. 광고에서는 장난감이 어린이들의 발달에 어떤 영향을 미치는지, 어린이의 발달 단계에 따라 어떤 장난감이 적합한지 등을 강조함으로써 부모들을 설득할 수 있다.

그러나, 여러 소구 방법 중에서도 어린이들에게 가장 효과적인 것은 여전히 즐거움과 재미를 설득에 활용하는 것이다. 이는 어린이들이 항상 즐거움과 재미있는 경험을 원하고, 즐거움과 재미를 담고 있는 광고에 가장 잘 반응하기 때문이다(Szymanski, 2002).

◇ 유명인(Celebrities)

유명인을 활용하는 방법은 광고에서 자주 사용되는 설득 전략 중 하나이다. 이러한 전략은 유명인이 가진 긍정적인 특징이나 소비자의 평가를 광고되는 제품으로 전이시키는 것을 그 목적으로 한다. 유명인을 활용하는 소구는 광고의 유명인과 제품 개성이 잘 어울릴 때에 가장 효과적이다. 특히 어린이나 청소년이 좋아하는 유명인들을 광고에 활용하여 제품을 보증하거나 지지하는 메시지를 전달하면 높은 효과를 기대할 수 있는 것으로 나타났다.

이러한 광고에서는 유명인의 이미지와 제품이 자동으로 연결되며, 이 과정은 고전적인 조건화와 같은 행동주의 학습이론[19]으로 설명할 수 있다. 이 학습 이론에서는 인간을 반복적인 자극에 의해 수동적으로 학습하는 존재로 보며, 자극과 반응 사이의 단순한 연합이 학습에 있어서 핵심적인 역할을 한다고 본다. 이와는 대조적으로, 인지주의 학습이론은 인간을 환경과 상호작용하면서 능동적으로 학습하는 존재로 보는 것으로, 광고를 보는 소비자가 적극적으로 관여하여 광고의 의미를 이해하고 학습한다고 설명하고 있다.

실제로 이렇게 광고 내에서 유명인 광고모델을 사용하는 방법은 제품에 대한 어린이들의 선호를 효과적으로 증가시킬 수 있는 것으로 나타났다(Ross et al., 1984). 이 연구에서는 유명인의 광고 활용이 어린이의 광고 인식 및 태도에 미치는 영향을 조사했는데, 어린이들을 대상으로 실험이 진행되었으며, 유명인이 등장하는 광고와 그렇지 않은 광고의 효과를 비교했다. 연구 결과에 의하면, 유명인이 등장하는 광고는 어린이들에게 보다 긍정적인 인상을 주고, 제품에 대한 호의적인 태도를 유도하는 것으로 나타났다. 특히, 유명인의 이미지가 어린이들에게 친숙하고 긍정적인 경우, 이런 유명인 광고의 효과가 더욱 커지는 것으로 밝혀졌다.

또한 이런 유명인의 사용은 어린이가 가진 모방심과 대리만족을 충족시켜 광고를 좋아하게 하고, 또 제품을 좋아하게 해서 최종적인 행동인 구

---

19 행동주의 학습이론은 학습 이론 중 하나로, 유기체의 자극과 반응 사이의 연합을 의미하는 조건화가 학습에 있어서 핵심적인 역할을 한다고 본다. 이 학습 이론에서는 인간이 주어진 자극에 의해 수동적으로 학습하는 존재로 보며, 자극이 반복적으로 주어짐에 따라 반응이 누적되면서 학습이 일어난다고 이론화하였다. 반면에 인지주의 학습이론에서는 인간을 환경과 상호작용하면서 능동적으로 학습하는 존재로 보는 것이 특징이다. 이러한 학습 이론에서는 광고를 보는 소비자가 직접적으로 관여하여 광고의 의미를 이해하고 학습한다고 볼 수 있다. 구성주의 학습이론은 인지주의 학습이론과 유사한 접근을 가지고 있다. 이 학습 이론에서는 소비자들이 자신들의 선호도나 인식을 기반으로 제품이나 브랜드를 선택하게 된다는 것이 특징이다.

매를 이끌어내기 위함이다(김성기 & 곽동성, 2002). 이들의 연구에서 어린이들이 유명인 광고모델에게 어떠한 반응을 보이는지, 그리고 어린이들의 나이 차이가 광고모델에 대한 인식에 어떤 영향을 미치는지를 조사했는데, 연구 결과에 의하면, 어린이들은 유명인 광고모델에 긍정적인 반응을 보이는 것으로 나타났다. 또한 어린이들의 나이 차이가 유명인 광고모델에 대한 인식에 영향을 미치는 것으로 나타났는데, 이러한 결과는 어린이들의 발달 단계에 따라 유명인 광고모델에 대한 인식이 달라질 수 있다는 것을 의미한다.

어린이 광고에서 활용되는 유명인은 만화 프로그램의 등장인물인 경우가 많다(Atkin, 1976). Atkin(1976)의 연구는 어린이들이 TV 광고를 통해 제품 소비에 대한 사회적 학습을 어떻게 할 수 있는지에 대한 내용을 다룬다. 연구에서는 어린이들을 대상으로 TV 광고를 시청하게 한 후, 광고에서 소개되는 제품을 선택하도록 유도하였다. 이후 어린이들의 제품 선택과 그 이유를 분석하여 광고를 통한 제품 소비에 대한 사회적 학습의 증거를 분석하였다. 연구 결과, 어린이들이 TV 광고를 통해서 제품 소비에 대한 사회적 학습을 할 수 있다는 것을 확인할 수 있었다. 광고에서 제시된 제품이나 소비 방법이 모델링의 대상이 되며, 어린이들이 이를 모방하여 제품을 선택하는 것으로 나타났다. 또한 광고의 내용이나 모델링의 대상이 되는 행동에 따라서 어린이들의 제품 선택은 달라지는 것으로 분석되었다.

만화 캐릭터는 어린이 광고에서 많이 사용되며, 이는 어린이들의 호기심을 불러일으켜서, 광고에 대한 신뢰도를 높이고, 이런 신뢰도를 바탕으로 결국 제품의 매출 증가로 이어지는 것으로 나타났다. 이와 관련한 연구(이종은 & 김경화, 2010)에서 얻은 결과는 어린이의 호기심이 높아질수록 광고에 대한 기억도 높아지고, 제품 이름을 기억하는 정도가 클수록 신뢰도가 높아지며, 애니메이션 광고에 대한 호기심, 내용 기억도, 신뢰도가 높을수록 결국 제품 구매가 많아진다는 것이다.

국가별 어린이 광고를 분석한 연구의 결과에 의하면, 어린이들이 좋아하는 캐릭터를 어린이 광고에서 자주 활용하고 있음이 확인되었다. 미국의 경우, 49%의 광고에서 유명한 캐릭터를 사용하고 있음이 밝혀졌으며, 이러한 결과는 광고주들이 어린이들의 선호도를 파악하고 이를 활용하여 광고를 기획하고 있음을 보여준다(Kelly et al., 2010). 최근에는 아이돌 등을 포함하는 연예인들이 어린이들에게 가장 선호하는 광고모델로 인정받는 것으로 나타났다.

광고에서 유명인을 사용하는 전략이 호스트셀링과 혼동되어 사용될 때가 있는데, 호스트셀링은 광고와 인접한 프로그램에 등장하는 캐릭터를 광고에 사용하는 것을 말한다. 이러한 광고 방식은 어린이들에게 혼란을 줄 수 있기 때문에 일부 나라에서 금지되기도 한다. 호스트셀링은 소비자에게 혼란을 줄 수 있는 광고 방식이기 때문에 여러 연구가 이 방식의 효과에 대해 관심을 가지고 진행되었다(유승엽, 2008). 이 연구의 결과에 따르면, 호스트셀링 광고는 어린이들이 광고와 프로그램을 구분하는 능력을 약화시키는 것으로 나타났고, 나이가 어느 정도 든 어린이들은 호스트셀링 광고에 등장하는 제품에 긍정적으로 반응하는 것으로 밝혀졌다(Kunkel, 1988). 이 연구는 호스트셀링 광고가 어린이들에게 미치는 영향을 조사한 것으로 어린이들에게 호스트셀링 광고와 일반적인 광고를 보여주고, 그들의 반응을 조사하여, 호스트셀링 광고가 어린이들의 제품 인식과 태도에 미치는 영향을 분석하였다.

결과적으로는 호스트셀링 광고는 어린이들이 광고와 프로그램을 구분할 수 있는 능력을 약화시키는 것으로 나타났다. 이는 호스트셀링 광고가 어린이들의 광고 이해력을 떨어뜨리고, 광고와 프로그램을 혼동하게 만들어, 광고 메시지를 제대로 이해하지 못하게 만들기 때문인 것 같다. 또한 여기서 얻은 또 다른 연구 결과는 나이가 어느 정도 든 어린이들이 호스트셀링 광고에 등장하는 제품에 더 긍정적으로 반응하는 것으로 나타났다.

어린이들은 광고에 등장하는 만화 캐릭터가 실제로 광고되는 제품인 시리얼에 대해서 잘 알고 있다고 믿는 것으로 나타났다(Kunkel, 1988). 또한 어린이들은 이런 캐릭터들을 시리얼에 대한 영양 정보를 얻을 수 있는 신뢰할 수 있는 정보원으로도 인식하고 있었다. 이러한 경향은 TV를 더 많이 시청하는 어린이들에게서 뚜렷하게 나타나며, 어린이들은 유명인들이 제품을 보증하면 자신이 제품을 선택하는 행동 역시도 이 유명인에게 인정받을 수 있다고 느끼고 있다는 것이 연구결과로 나타났다(Bandyopadhyay et al., 2001).

어린이 대상 프로그램에서 등장하는 인물들은 실제 인물이나 허구의 인물이든, 어린이들이 특히 좋아하는 유명한 캐릭터로 광고에서 재창조되어 사용되는 경우가 많다. 이런 방법은 효과적인 방법으로 인정받고 있으나, 어린이들이 프로그램과 광고를 구분하는 일을 어렵게 만들 가능성도 있다는 것이 밝혀졌다(Wilson & Weiss, 1992). 이들의 연구에서는 다양한 연령대의 아이들이 장난감 광고와 연계된 만화에 대해 어떻게 반응하는지 조사했는데, 구체적으로 아이들 연령이 광고에 대한 반응에 어떤 영향을 미치는지, 그리고 만화가 아이들의 장난감에 대한 태도에 어떤 영향을 미치는지를 결정하고자 했다. 만화를 먼저 본 아이들은 광고를 먼저 본 아이들보다 그 장난감을 갖고 싶다는 의사 표시를 더 많이 한 것으로 나타났다.

즉 만화의 주인공을 사용하는 광고에 어린이들이 더 호의적으로 반응한 것으로 이해할 수 있다.

요즘에는 TV 프로그램에서 등장하는 주인공이 상업적인 분야에서 다양한 방법으로 활용되고 있는데, 이는 어린이들에게 이런 캐릭터의 광고에서의 사용이 더 큰 혼란을 줄 수 있는 것으로 생각된다. 그 대표적인 예로는 한국의 캐릭터인 뽀로로가 있는데, 뽀로로는 이미 수많은 제품, 테마파크, 공연 등에서 주인공으로 재창조되어 수익을 창출하고 있다.

이런 캐릭터의 광고의 사용으로 TV 프로그램과 광고 사이의 경계가 희미해지는 현상이 발생하고 있는데, 이러한 현상은 광고하는 기업들에게는 유리한 현상으로 여겨질 수도 있다. 광고에 대한 거부감 없이 자연스럽게 제품을 판매할 수 있기 때문이다. 또 다른 측면에서는 TV 프로그램 자체가 제품 판매를 위한 채널로 활용될 수 있기 때문이다.

예를 들어, 영국의 BBC는 상업성을 추구하는 방송은 아니지만, 어린이를 대상으로 하는 제품을 판매할 수 있도록 특별히 기획된 프로그램(예: Teletubbies)을 활용하여 장난감과 게임 등의 판매에서 큰 수익을 거두고 있는 것으로 나타났다(Hind, 2003). 이와 같이, 국내에서도 만화프로그램과 캐릭터 장난감의 기획과 판매는 매우 밀접한 관계를 가지고 있으며, 대부분의 프로그램들은 등장하는 캐릭터의 수를 지속해서 늘릴 수 있도록 프로그램 내용을 기획하고 있다.

광고에서 유명인을 활용하는 것은 어린이들이 광고에 대해 비판적으로 접근하기 어렵게 만들며, 따라서 광고에 사용되는 중요한 기술이다. 특히 어린이들은 유명인이 광고에 등장하면서 해당 제품이나 브랜드에 대해 자연스럽게 긍정적인 감정을 느끼게 된다는 것이 연구결과로 나타났다.

유명인을 광고에 활용하기 위해서는 어린이들이 유명인이 제품 광고를 하고 그 대가로 돈을 받는다는 사실을 이해하고 있어야 하고, 광고에 등장하는 유명인이 그 제품을 객관적으로 추천하지 않는다는 것을 이해하는 능력이 필요하다. 어린이들이 이런 사실을 제대로 이해하지 못하면, 어린이를 대상으로 유명인을 광고에 사용하는 것은 문제가 될 수 있다. 유명인 사용의 부정적인 효과도 고려할 필요가 있으며, 어린이의 커뮤니케이션 능력을 고려한 공정한 접근이 필요하다.

◇ 은유[20](Metaphores)

광고에서 사용되는 은유는 언어적인 설득 소구의 기법으로 자주 사용되고 있다(Pawlowski et al., 1998). 이 연구에서는 은유적 표현이 광고에 어떤 영향을 미치는지를 연구했는데, 어린이들을 대상으로 은유적 표현이 포함된 인쇄 광고와 포함되지 않은 광고의 효과를 비교하였다. 연구 결과에 의하면, 은유적 표현은 어린이들의 광고에 대한 인식과 이해를 개선시키는 것으로 나타났으며, 또한 어린이들이 광고를 더 재미있게 느끼게 하였다. 특히, 은유적 표현이 더 많이 포함된 광고가 어린이들의 광고에 대한 인식과 이해, 그리고 재미를 더 높였다는 결과도 나타났다.

은유는 언어적 기법 중 하나로, 한 대상이 가지고 있는 특성을 다른 대상에 비교하면서 의미를 전달하는 방법을 말한다. 은유는 수용자가 어떤 대상이 갖는 특성을 더 쉽게 이해하거나 더 분명하게 이해하도록 돕는 기

---

20 은유는 연상이나 대조, 유사 등을 통해서 효력을 발생시키는 언어의 수사적 비유법, 사물의 본뜻을 숨기고 주로 보조관념들만 간단하게 제시하는, 직유보다 한 단계 발전된 비유법이다.

능을 가지고 있다. 특히 광고 분야에서는 제품의 특성이나 가치를 강조하고 또 효과적으로 전달하기 위해 은유를 활용하는 경우가 많다. 영국에서 실시한 어린이 대상 광고 내용 분석 연구에 따르면, 어린이 광고의 약 1/3이 은유를 사용하고 있음이 밝혀졌다(Young, 1990). 이러한 경향은 국내 어린이 광고에서도 유사하게 관찰되고 있다(이영석, 1986; 나은영, 2006).

은유는 대상의 특성을 더 쉽게 이해하거나 더 분명하게 전달할 수 있는 언어적 기법으로 사용된다. 그러나 어린이들이 이렇게 은유를 통한 의미를 제대로 이해하고 있는지에 대해서는 논란이 있다. 어쨌든, 은유는 이미 어린이 광고에서도 일반적인 광고의 설득 소구 방법 중 하나로 빈번하게 사용되고 있다.

은유가 광고에서 이렇게 빈번하게 사용되는 이유는, 소비자들이 익숙하지 않은 제품이나 제품의 특징을 이해하기 쉬운 개념으로 바꿔서 설명하는 방법으로 활용되기 때문이다. 이러한 과정에서 은유는 복잡하거나 낯선 내용을 친근하고 쉬운 내용으로 전달할 수 있게 도와주며, 동시에 강한 이미지도 전달할 수 있다(Gunter et al., 2005).

이러한 은유의 활용은 광고의 설득력을 높이는 데에 효과적이며, 소비자들의 제품 인식 및 인지도를 높일 수 있는 동시에, 강렬한 이미지로 인해 제품에 대한 긍정적인 인식을 형성하는 데에도 유용하게 활용될 수 있다.

일반적으로, 은유에서 제시된 의미는 어린이들이 이해할 수 있는 영역 내에 있거나 이미 경험한 것으로 나타난다. 또한 광고에서는 추가적인 정보나 이미지를 제공하여 어린이들이 은유를 더욱 잘 이해할 수 있도록 돕는 경우도 많다. 이러한 접근 방식은 어린이들이 은유를 쉽게 이해하고 제품에 대한 긍정적인 인식을 형성하는 데 효과적일 수 있다.

그러나 어떤 연구에서는 어린이들이 은유를 이해하는 데 어려움을 겪는다는 결과도 나타났다. 이러한 결과는 은유를 활용하는 광고와 직설적인 언어를 사용하는 광고를 비교할 때, 어린이들의 광고에 대한 회상과 인식에 큰 차이가 없다는 것을 제시하면서, 어린이들을 대상으로 하는 은유 기법의 사용에 대한 부정적인 의견을 제시하기도 하였다(Pawlowski et al., 1998). 이러한 결과는 은유를 사용하는 광고가 어린이들의 이해와 인지에 항상 유리한 것은 아니라는 것을 보여주고, 어린이들의 인지 능력을 고려하여 광고 기법을 사용하는 것이 중요하다는 것을 의미한다.

은유는 의미를 전달하거나 강조하는 데에 유용한 언어적 기법이지만, 어린이들을 대상으로 하는 광고에서 이러한 은유를 사용할 때에는 주의가 필요하기도 하다. 어린이들은 아직 미숙한 인지 능력과 경험을 가지고 있으므로, 이런 은유가 혼란스러울 수 있다. 따라서 광고주들은 광고에서 은유를 사용할 때, 은유의 의미가 명확하게 전달될 수 있도록 노력해야 한다.

◇ 특수 효과(Special Effects)

특수효과는 어린이 광고에서 자주 사용되는 광고 기법 중의 하나이다. 특수효과를 사용하면, 장난감 등이 작동하는 이야기를 재미있고 효과적으로 전달하거나, 환상적인 배경에서 과자나 시리얼을 소개하는 등이 가능해진다. 특수효과는 음향 기술, 빠른 움직임, 애니메이션 캐릭터와 상호작용하는 방법 등의 기술들을 포함한다. 또한 대상의 변형, 나타남과 사라짐, 왜곡 등의 카메라 기법을 활용하여 광고의 효과를 높이는 데에도 사용되기도 한다.

이러한 특수효과 기술은 광고의 효과를 극대화하기 위해 노력하는 광고주들에 의해 자주 사용되며, 어린이들을 대상으로 하는 광고에서는 더욱 빈번하게 사용되고 있다. 광고주들은 이런 방법을 통해 제품에 대한 어린이들의 관심과 인지도를 높이고, 제품의 이미지를 강화하는 데에 큰 역할을 한다(Gunter et al., 2005).

이러한 기술들은 메시지를 감각적이고 자극적으로 만들어서 어린이들의 주의를 끌 수 있고, 광고된 제품과 광고 자체에 특수효과와 연관된 재미를 더할 수 있는 장점이 있다. 그러나 어린이들이 이러한 특수효과 기술의 특성을 제대로 이해하지 못한다면, 특수효과로 과장되게 묘사된 결과를 제품으로부터 기대하도록 어린이들을 잘못 이끌어서 혼란스럽게 할 수 있다는 문제가 있다.

나이가 적은 어린이들은 특수효과 기술을 제대로 이해하지 못하기 때문에, 광고에서 본 흥미로운 제품 기능과 이미지와는 다른 실제 제품 경험과의 차이로부터 느끼는 실망이 관찰되기도 한다. 이는 어린이들이 특수효과로 과장되게 묘사된 결과를 실제 기대할 수 있는 결과로 인식하기 때문이다. 따라서 어린이들이 이해하기 쉬운 형태로 메시지를 전달하고, 광고된 제품의 실제 사용 결과와 광고에서 본 특수효과와의 차이를 최소화하기 위한 노력이 필요하다. 이러한 노력을 통해 광고에서 어린이들이 불필요한 혼란과 실망을 얻게 되는 것을 방지할 수 있다.

어린이들은 특수효과가 사용된 광고의 제품을 더 쉽게 회상하는 것으로 나타났고, 연령이 증가함에 따라 나이가 든 어린이들은 특수효과가 제품의 매력도를 높이고 판매를 향상시키기 위한 목적으로 사용된다는 것을 점차 이해하게 된다는 결과가 나왔다. 이러한 연령에 따른 이해력의 차이는 나이가 어린 어린이들이 특수효과의 기법을 제대로 이해하지 못할 수도 있다는 결론을 도출할 수 있다.

특수효과는 광고에서 자주 사용되는 기법 중 하나로, 제품과 제품 기능의 이미지를 창조하는 데에 사용된다. 특히, 어린이들은 이러한 특수효과를 제대로 이해하지 못할 수 있다는 것이고, 광고에서 본 제품과 제품 기능의 이미지와 실제 제품 사용 결과의 차이로 인해 어린이들은 실망하거나 혼란스러워질 수도 있다. 따라서 광고 제작자들은 어린이들의 이해력에 맞추어 특수효과를 사용하고, 이해를 돕기 위한 적절한 설명과 안내가 필요하다는 것을 고려할 필요가 있다.

◇ 스테레오타입[21](Stereotype)

미디어는 수용자들에게 현실을 구성하거나 현실을 이해할 수 있는 기준을 제시하는 역할을 수행하고 있다. 그 중에서도 텔레비전은 사회적 현실에 대한 시청자의 인식과 태도에 큰 영향을 미치는 강력한 미디어로 인정받고 있다.

우리는 현실을 직접 경험할 수 있는 한계적인 인식 능력을 가지고 있기 때문에, 다른 출처로부터 얻은 정보를 통해 현실을 간접적으로 인식하고 또 구성하게 된다. 이러한 정보는 보통 미디어를 통해 전달되며, 그중 텔레비전은 다양한 정보와 콘텐츠를 제공함으로써 큰 역할을 수행하고

---

21 어떤 특정한 대상이나 집단에 대하여 많은 사람이 공통으로 가지는 비교적 고정된 견해와 사고이며, 고정관념이라고 번역, 대개의 경우 뚜렷한 근거 없이 감정적인 판단에 근거하고 있다.

있다. 그러나 미디어의 정보가 현실과 항상 일치하지 않을 수도 있다. 또한 미디어에서 제시하는 정보와 가치관은 편향되어 있을 수도 있으며, 때로는 특정한 의도나 목적을 가지고 전달되는 경우도 있다.

광고 또한 강력한 미디어 콘텐츠 중 하나로, 수용자들이 현실 속의 대상들을 어떻게 생각하게 될지에 영향을 줄 가능성이 크다. 이러한 영향은 수용자들에게 특정 대상에 대한 스테레오타입을 형성하게 할 수도 있다.

미디어에서 등장하는 스테레오타입은 여러 가지 종류가 있으며, 우리의 신체에 대한 스테레오타입부터 성역할, 인종 등과 관련된 스테레오타입도 자주 등장한다. 이러한 스테레오타입은 광고에서도 자주 관찰되며, 이를 통해 어린이들은 현실에 대해 잘못된 스테레오타입을 형성할 수도 있다. 특히 광고가 어린이들에게 인종, 성역할, 신체 등에 대한 스테레오타입을 형성할 수 있다는 점이다. 이렇게 형성된 스테레오타입은 어린이들의 인식과 태도에 영향을 미치게 되며, 이는 어린이들에게 장기적으로 부정적인 영향을 미칠 수 있다.

일반적으로 어린이들은 미디어 프로그램뿐만 아니라 광고에 등장하는 스테레오타입에 의해서도 영향을 받는 것으로 나타났다(Martin et al., 1999). 어린이 대상 광고는 광고되는 제품과 서비스에 대한 영향력을 넘어서서 어린이의 가치관과 생활습관으로 확장되어 광고에서 제시된 정보들이 편견과 스테레오타입을 이들에게 전달하기도 한다(안순태, 2020).

특히 신체와 관련된 스테레오타입에 대한 우려가 제기되었는데, 이는 어린이 비만과 관련되어 있으며, 동시에 이러한 스테레오타입이 어린이들의 달성할 수 없는 매력적인 신체를 얻기 위한 다이어트에 대한 과도한 집착에도 영향을 줄 수 있다는 것이다. 실제로 미디어에서 등장하는 유명인들은 현실에서는 달성하기 어려운 마른 체형을 가지고 있으며, 이는 성인을 대상으로 하는 광고에서도 크게 다르지 않다. 마케터들은 제품을 판매하기 위해 현실에서는 보기 어려운 매력적인 이미지를 광고에 사용하는 것이 일반적이다. 이러한 광고에서는 모델로 등장하는 사람의 신체적인 매력을 과하게 강조하고 있다. 신체에 대한 스테레오타입으로부터 나타나는 우려스러운 결과는 어린이들은 아홉 살이 되기 전에 이미 마른 신체를 매력적이고 또 바람직하다고 인식하고, 살이 찐 신체를 부정적으로 인식하는 스테레오타입이 자연스럽게 자리 잡는다는 것이다.

마케터들은 제품을 촉진할 때 외모가 매력적인 모델들을 주로 사용하는 경향이 있다는 것은 Downs & Harrison(1985)의 연구에서 밝혀졌다. 이러한 연구 결과는 TV 광고가 매력적인 모델들을 사용하는 스테레오타입을 형성하는 중요한 미디어라는 것을 의미한다. 이러한 광고 전략은 결국 시청자들에게 현실에서 달성하기 어려운 매력적인 외모에 대한 욕구를 유발하고, 이로 인해 불가능한 육체적인 스테레오타입을 형성할 수도 있는 문제가 있다.

같은 맥락에서, 매력적인 모델을 사용하는 잡지 광고는 자신에 대한 열등한 신체 이미지를 가진 소녀들에게 더 효과적이라는 연구 결과도 있다. 이는 매력적인 모델을 사용하는 광고가 제품 사용으로 이미지를 크게 개선시킬 수 있다고 믿는 소비자들에게 더 효과적인 마케팅 수단이 될 수 있다는 것이지만, 반면에 육체적 아름다움을 강조하는 이미지는 이미 자신에 대해 부정적인 신체 이미지를 가진 소녀들에게 더 취약할 수 있다는 것을 의미하기도 한다. 따라서 광고가 이미 자신에 대한 부정적인 열등감을 가진 소녀들의 열등감이 더욱 심화되어, 현실에 대해 좌절하고 더 부정적인 자기 이미지를 갖게 만드는 등의 부정적인 결과를 가져올 수 있다.

청소년기의 소녀들은 정서적으로 민감하기 때문에, 자신의 신체 이미지에 대한 부정적인 자아 인식을 가질 가능성이 높다. 이러한 소녀들은 아름다운 모델이 등장하는 광고에 노출됨으로써 부정적인 영향을 받을 가능성이 높아진다. 특히, 매력적인 모델이 출현하는 광고는 소녀들에게 제품에 대한 특별한 욕구를 유발할 수 있으며, 이런 과정에서 소녀들은 여성과 아름다움에 대한 왜곡된 스테레오타입을 형성할 수도 있다. 육체적인 아름다움을 강조하는 광고에 노출된 소녀들은 그렇지 않은 소녀들보다 이후에 아름다움을 더 많이 추구하는데 그 이유는 '아름다움이 유명해지거나 사랑받는 데 중요하다'라는 일반적인 의견에 더 많이 찬성하게 되기 때문이다(Fox, 1996).

또한 이런 광고들은 달성하기 어렵고 거의 불가능한 광고모델의 아름다움의 이미지를 추구해야 하는 젊은이들에게는 큰 스트레스로 작용할 수도 있다. 이런 신체적 이미지에 대한 스테레오타입으로 심지어 초등학생까지 참여하는 다이어트 열풍이 지난 수십 년간 세계적으로 지속되고 있다(Hill et al., 1992). 이 연구에서는 영국에서 어린이와 청소년의 다이어트 관련 행동이 증가하는 원인을 조사하였다. 결과의 분석에 의하면, 상당수의 어린이들이 다이어트 관련 행동을 하고 있는 것으로 나타났으며, 이런 다이어트 행동의 이유는 체중과 외모에 대한 걱정이었으며, 친구와 미디어로부터의 압력이 이 과정에서 중요한 요인이었다.

많은 국가에서는 가족 구조가 이미 변화했으며, 이전 세대와는 다른 가족의 형태와 삶의 모습이 관찰된다. 그러나 어린이를 대상으로 하는 광고에는 이런 변화가 제대로 반영되지 못하는 경우가 많아, 어린이들이 사회의 다양성을 경험하지 못할 수도 있다. 이는 광고가 사회적인 현실과 다른 광고에 필요한 이미지만을 강조하는 경향이 있기 때문일 수도 있다(Hahlo, 1999). 이 연구에서는 가족 구성의 다양성이 증가하면서, 현대 가족의 모습이 변화하는 것을 분석하면서, 이런 변화에 맞추어 어린이들이 성장하는 환경도 변화하고 있으며, 이를 고려한 마케팅 전략 수립이 필요함을 설명하고 있다.

스테레오타입 광고(출처: 이투데이)

전통적인 가족 및 가족 구성원의 모습이 대부분 광고에서 여전히 자주 사용되고 있다. 여기서 여성은 가정 내의 역할로 한정되어 묘사되며, 남성은 밖에서의 역할이나 사회적인 관계로 묘사되는 것이 일반적이다. 남성은 여성보다 권위적이고 중요한 역할로 묘사되는 경우가 많고, 광고 속에 등장하는 어린이들도 이런 전통적인 스테레오타입의 틀을 벗어나지는 못하는 것으로 나타났다(조문헌 & 박현주, 2005). 이 연구에서 광고에 등장하는 어린이의 이미지를 분석해 본 결과, 연령은 광고 제품 특성과 관련이 있었고, 등장하는 모델은 유아가 가장 많은 것으로 나타났다. 모델의 성별은 광고 성격에 따라 차이가 있었고, 광고의 표현 과정에서 성 유형화를 관찰할 수 있었다. 등장인물은 사회경제적으로는 중·상류층이었으며, 외모는 잘생기고 날씬한 몸이 주를 이루었다. 어린이 모델은 성인과의 관계에서는 보조적인 역할이었고, 어린이의 성별에 따른 역할은 전통적인 이미지를 나타내고 있는 것으로 나타났다.

광고는 실제로 존재하는 현실의 모습을 그대로 보여주는 것이 아니라, 사람들이 원하는 또는 좋아할 수 있는 가상의 이미지를 활용하여 제품을 긍정적으로 촉진하는 데 사용된다. 따라서 광고 속의 스테레오타입은 쉽게 변하지 않을 가능성이 크다고 할 수 있다. 이러한 광고 속의 스테레오타입은 어린이에게 특정 인식이나 행동 패턴을 형성하는 데 영향을 미칠 수 있기 때문에, 부정적인 영향을 미칠 수도 있다고 우려할 수 있다.

광고의 이런 자극적인 효과가 계속해서 누적되면, 어린이들도 전통적인 성역할의 스테레오타입을 받아들이고 내재화할 수도 있다. 현재 성적인 측면의 스테레오타입과 관련된 광고 내용이 과거의 내용과 비교해서 크게 나아지지는 않은 것으로 보인다. 결국 광고는 아름다운 모델의 이미지를 중심으로 만들어지고, 이런 과정에서 여성에 대한 고정된 성역할의 이미지를 벗어나기가 어렵기 때문이다(리대룡 & 최은섭, 2004; 조문헌 & 박현주, 2005). 광고에 등장하는 어린이들을 질적으로 조사한 연구에서도 이런 고정된 성역할의 모습을 찾을 수 있었다(리대룡 & 최은섭, 2004; 조문헌 & 박현주, 2005).

TV 시청을 많이 하는 어린이들을 적게 하는 어린이들과 비교했을 때, 시청을 많이 하는 어린이들은 세 살 정도의 어린 나이에도 성별에 맞는 직업이 있다고 굳어진 태도를 보이는 것으로 연구 결과가 나타났다. 이는 어린이들이 TV의 성역할 스테레오타입에 노출되어 영향을 받고 있는 현실을 보여주는 것으로 이해할 수 있다. 광고는 성역할에 대한 스테레오타입을 통해서 성에 대한 편견적 태도를 어린이들이 가지게 할 수 있다.

광고를 살펴보면, 남자 어린이가 여자 어린이보다 더 많이 등장하며, 남자 어린이는 주로 주도적인 역할을 하는 것으로 묘사되고 있다(Browne, 1998). 이 연구는 1990년대 어린이를 대상으로 한 TV 광고에 성역할 스테레오타입이 어떻게 나타나는지에 대해서 분석했다. 결과에 의하면, 어린이들이 많이 노출되는 TV 광고에는 성역할에 대한 스테레오타입이 관찰되는 경우가 많은 것으로 나타났다. 특히 광고에서는 남자는 힘과 행동을 강조하는 이미지로, 여자는 외모와 가족에 중점을 둔 이미지로 표현되는 경우가 많았다. 또한 광고에서는 성역할에 따라 제품 유형도 달라지는 경우가 많았는데, 남자 대상 제품은 스포츠, 가전제품, 자동차 등과 연관된 이미지로 구성되었으며, 여자 대상 제품은 화장품, 주방용품, 어린이 제품 등과 연관된 이미지로 구성되었다. 또한 남자는 권위 있고 위엄 있게 묘사되고 있었으며, 여자는 수동적인 인물로 묘사되기도 했다.

미국과 영국을 비교했을 때, 영국에서는 성별에서 중립적인 형태를 띤 등장인물이 미국보다 더 많았다(Furnham et al., 1997). 그러나 두 나라 모두 남성이 중심적인 권위적인 위치에 있음을 보여주었다. 문화적인 차이를 고려하면, 우리나라에서는 광고에서 남성 위주의 고정적인 성역할이 더 강조되고 있을 것으로 예측된다. 이러한 성역할의 스테레오타입은 광고를 보는 어린이들의 성역할에 대한 인식에 영향을 미칠 가능성이 있다.

소년과 소녀를 각각 대상으로 하는 광고에서도 특징적인 차이가 관찰되었다. 소년을 대상으로 하는 광고는 빠른 편집과 시끄러운 음악, 활기찬 행동 등을 사용하는 것으로 나타났다. 반면 소녀를 대상으로 하는 광고에서는 정적인 카메라 편집 기술인 페이드(fade) 기법[22]와 디졸브(dissolve) 기법[23] 등을 많이 사용하며, 부드러운 음악과 조용한 행동의 모습을 더 많이 활용하는 것으로 조사되었다.

소년과 소녀를 동시에 대상으로 하는 광고에서는 대체로 소년을 중심으로 캐릭터를 설정하는 경향이 있었다. 소녀들은 광고에서 소녀나 소년 캐릭터 모두에게 긍정적인 반응을 보였지만, 소년들은 소녀 캐릭터를 받아들이는 것에 어려움을 겪는 것으로 나타났다.

어린이 광고에 등장하는 성 관련 주제에 대한 표현은 사회의 빠른 변화의 속도에 제대로 발맞추지 못하는 것으로 보인다(남경태, 2018). 이 연구에서 광고와 관련된 윤리적 쟁점에 대한 소비자들의 인식에 대해 조사한 결과에 의하면, 광고의 윤리적 문제점으로는 “과장된 내용”과 “성적인 내용”이 가장 높게 인식되고 있었다. 광고의 진실성과 신뢰성, 개인정보 보호 등에 대한 관심도 높은 것으로 나타났다. 특히, 광고의 성적인 내용이나 여성을 대상으로 하는 성적 상품화에 대한 인식은 여성 참가자들이 특히 크게 우려하고 있었다. 광고에 나오는 모델들의 신체적 외모와 관련된 부분도 중요한 윤리적 쟁점으로 인식되고 있었다.

이미 시간이 많이 지났지만, 어린이 광고 내의 성 관련 스테레오타입의 표현이 지금도 크게 달라지지는 않은 것으로 나타났다. 국내에서 어린이 인쇄 광고에 대한 내용분석을 진행했는데, 등장하는 어린이의 성별 구성비, 어린이의 행동, 성별어의 사용 등에서 대부분 전통적인 스테레오타입이 반

---

22 영상 분야에서 서서히 영상이 엷어져서 소멸되거나 나타나는 기법이다.
23 한 화면이 사라지면서 다른 화면이 나타나 두 장면이 융합되는 영상편집 기법이다.

영되는 성유형화 현상이 여전히 존재하는 것으로 밝혀졌다(최은섭, 2005). 이 연구는 내용분석을 통해 어린이 대상 인쇄매체 광고의 내용을 소비자 정보 유형과 성 유형화의 측면에서 살펴보고자 하였다. 광고의 분석 결과에 의하면, 광고에서 제공하는 소비자 정보는 대부분 기능적인 측면에 대한 내용으로 구성되어 있었다. 또한 광고에서 사용되는 성 유형화는 대부분 전통적인 성역할과 관련된 내용으로 나타났다. 성별에 따른 제품의 사용 범위, 모습, 행동, 표현 등이 다르게 표현되는 것이 이런 성 유형화에 해당한다. 이러한 연구의 결과는 성역할에 대한 스테레오타입이 지금도 광고에 반영되어 있음을 보여주고 있다.

광고의 성 유형화와 관련된 국내의 연구에서도 남자 어린이는 게임기/조립완구, 학습지 등에 자주 등장하는 것으로 나타났고, 여자 어린이는 인형류나 음료수, 학용품 등의 광고에 자주 등장하는 것으로 나타났다(리대룡 & 최은섭, 2004). 이 연구는 TV 광고에서 어린이들이 어떤 이미지로 묘사되는지, 그리고 그 이미지에서 성유형화가 어떤 역할을 하는지를 분석했다. 이 분석 결과에 의하면, 광고에서 어린이들이 다양한 역할을 수행하는 것으로 나타났는데, 가장 많은 역할은 소비자 역할(69.3%)이었으며, 그 다음으로는 친구 역할(12.1%), 가족 역할(10.2%), 그리고 학생 역할(8.4%) 등으로 나타났다. 성유형화는 광고에서 어린이들의 역할을 묘사할 때 중요한 역할을 수행하는 것으로 나타났다. 남자 어린이들이 활발하고 능동적인 이미지로 묘사되는 반면, 여자 어린이들은 보호받는 이미지로 묘사되는 것으로 나타났다. 또한 남자 어린이들은 대부분 운동을 하거나 공부를 하는 이미지로 묘사되고 있었으며, 여자 어린이들은 대부분 가사일을 돕는 이미지로 묘사되고 있었다. 이처럼 광고에서 제시되는 스테레오타입은 어린이들의 성역할 인식에 영향을 주는 것으로 나타났다.

이런 성적 스테레오타입은 어린이들에게 부정적인 영향을 미칠 수 있으며, 다른 연구에서도 이런 결과를 반복해서 확인할 수 있었다. 광고 속에서 소녀를 대상으로 하는 부드러운 클로즈업과 소년을 묘사하는 대담하고 거친 표현에서 성적 스테레오타입이 발견되기도 했다. 또한 어린이 광고모델은 주로 능력, 희망, 착함, 안정, 귀여움의 속성으로 묘사되며, 제품의 종류나 활동성에 따라 남녀 어린이의 묘사가 다른 것으로 나타났다(남경태 & 김봉철, 2004). 이 연구는 광고에 등장하는 어린이 모델의 이미지에 대해 분석한 내용을 다루고 있다. TV 광고를 대상으로 하여, 광고 속에 등장하는 어린이 모델의 이미지에 대해 내용 분석을 실시하였다. 어린이 모델이 등장하는 광고의 종류, 성별, 나이, 피부색, 헤어스타일, 옷차림, 표정, 행동 등의 다양한 특징을 내용분석으로 조사했다.

리대룡과 최은섭(2004)은 TV 광고에 등장하는 어린이 모델의 성 유형화 현황을 분석한 결과를 발표하였다. 이 연구에서는 TV 광고에서 어린이 모델의 성역할 스테레오타입이 양적인 측면에서는 거의 나타나지 않았다는 결론을 제시했지만, 어린이 모델의 행동이나, 연관된 장소 등의 질적인 측면에서는 여전히 전통적인 성역할 스테레오타입이 존재하는 것으로 밝혀졌다.

한편, 미국에서는 최근의 연구에서 1970년대와 유사한 성역할 스테레오타입이 여전히 존재하며, 광고에서는 전통적인 남성상의 관점에서 묘사되는 남성의 이미지가 여전히 자주 사용되고 있다는 연구 결과도 있다.

스테레오타입을 다루는 연구에서는 인종적인 스테레오타입 또한 중요한 주제로 제시하고 있다. TV 광고의 등장인물은 주로 백인으로 구성되어 있으며, 어린이 광고에서도 등장하는 인물은 금발의 머리와 백색 피부, 푸른 눈을 가진 어린이일 가능성이 높다는 결론이 나왔다. 이에 반해, 흑인 어린이가 광고에 등장하는 것은 드물며, 등장하더라도 주인공 역할이 아니며, 그 활동성이 제한적이며 또 수동적으로 묘사되는 경향이 있다는 것이 이 연구의 결과이다.

최근에는 이런 인종적인 불균형이 의도적인 노력으로 일부 해소되고 있으나, 이는 콘텐츠를 제작하는 과정에서 의식적으로 이런 인종적인 혹은 문화적인 균형을 맞추려고 노력하는 과정 속에서 이루어지고 있다. 이러한 노력은 다양한 인종이나 문화적 배경을 가진 인물들을 콘텐츠에 포함시키는 것을 그 목표로 하고 있으며, 인종, 문화, 성별 등의 다양성을 존중하는 미디어의 새로운 흐름으로 자리 잡았다. 그러나 이런 노력이 지나치게 되면 또 다른 갈등을 낳을 가능성도 있다. 예를 들어, 콘텐츠 제작 과정에서 인종적인 혹은 문화적인 다양성을 강조하기 위해, 지나치게 특정 인종이나 문화를 대표하는 인물들을 많이 사용하거나, 일부 문화를 지나치게 부각시키는 상황이 있을 수도 있다. 균형을 유지하며 적절한 대표성을 반영하는 것이 중요하다.

미국에서도 청소년을 대상으로 하는 채널의 광고 내용에서 위와 같은 불균형적인 특징이 발견되었다는 연구 결과가 있다. 연구에서는 광고 속에 등장하는 인종적인 다양성을 분석했으며, 결과적으로 광고 내용에서는 백인인 10대가 주된 등장인물인 경우가 많은 것으로 나타났다. 시청자들은 광고의 내용을 통해 현실에 등장하는 사람들에 대한 인식을 형성하게 되는데, 광고 내용이 이 과정에서 반영된다. 광고 내용이 인종적 다양성을 반영하지 못하는 경우에는 이러한 현실에 대한 인식이 실제 현실과 차이가 있거나, 왜곡된 형태로 형성될 가능성도 있다.

스테레오타입에서 균형을 잡으려는 노력이 계속되고 있지만, 더 바람직한 상황은 균형을 잡으려는 특별한 노력이 필요 없는 그런 광고를 만드는 것이다. 물론, 부모들은 이런 스테레오타입의 어린이에 대한 영향을 일부 제어할 수 있지만(Ward et al., 1977), 광고가 어린이들의 가치관 등에도 영향을 미칠 수 있다는 점을 고려할 필요가 있다(Browne, 1998).

사회 속에서 만들어진 스테레오타입 이미지에 대한 소비자의 인식이 광고로부터 전적으로 만들어진 것은 아니라고 하더라도, 스테레오타입의 광고가 어린이와 청소년이 이미 가지고 있을 수도 있는 스테레오타입의 이미지를 강화할 수도 있다는 사실 자체를 부인하기는 어렵다(Martin et al., 1999).

실제로, 스테레오타입은 광고뿐만 아니라 다른 미디어 콘텐츠에서도 자주 나타나는데, 이들도 어린이들의 인식과 태도에 큰 영향을 미칠 수 있다. 따라서 광고 속의 스테레오타입뿐만 아니라, 어린이와 청소년의 사회화 과정에 영향을 줄 수 있는 미디어 전반의 문제로 이 스테레오타입 문제를 인식할 필요가 있다. 광고주와 미디어 제작자들은 스테레오타입의 내용을 피하고, 다양성과 포용성을 반영하는 콘텐츠를 생산하는 데 노력해야 하며, 부모나 교육자들도 어린이와 청소년들이 노출되는 미디어 콘텐츠에 대해 관심을 갖고, 어린이들에게 스테레오타입을 인식하고 대처하는 방법에 대해 가르쳐줄 필요가 있다.

◇ 불건전한 제품 광고

한 연구의 결과에 따르면, 어린이들은 일반적인 제품을 대상으로 하는 광고뿐만 아니라, 주류, 담배, 약 등과 같은 사회적 우려를 불러일으키는 불건전한 제품들의 광고에도 노출되고 있다는 것이 밝혀졌다(Strasburger,

2001). 어린이들은 다양한 유형의 광고에 노출되며, 특히 텔레비전 광고에 노출될 확률이 높다. 이러한 광고는 어린이들이 건강과 안전에 대한 문제를 야기할 수도 있기 때문에 사회의 걱정을 불러일으키기도 한다. 어린이 TV 프로그램의 주변에서 집행되는 광고뿐만 아니라, 일반 프로그램과 함께 집행되는 광고도 어린이들에게 노출되고 있는 것으로 알려졌다. 특히 어머니를 대상으로 하는 광고들은 어머니가 어린이와 함께 TV를 시청하는 경우가 많기 때문에 어린이들에게도 노출될 확률이 높아지고, 이런 이유로 어린이 대상 프로그램 주변에서도 어머니를 목표로 하는 성인 대상 광고가 집행되기도 한다.

일반적으로 사회적으로 불건전하거나 위험할 수 있는 제품에 대한 광고는 국가의 규제 상황에 따라 어린이들에게 얼마나 노출되는지가 결정된다. 예를 들어, TV와 같이 가장 침투적인 미디어에서 술이나 담배 등의 광고는 이미 여러 국가에서 금지되고 있다. 예를 들어, 프랑스, 노르웨이, 스웨덴, 핀란드 등 유럽 국가들은 TV와 같은 매체에서의 주류 광고를 전면적으로 금지하고 있고, 미국의 일부 주(state)에서는 TV와 라디오에서 주류 광고를 제한하고 있는 것으로 알려져 있다. 미국 캘리포니아주에서는 주류 광고가 방송되는 시간을 제한하고 있으며, 연방거래위원회(Federal Trade Commission, FTC)는 미국 내의 주류 광고를 감시한다. FTC는 건강에 해로운 음주나 미성년자를 대상으로 한 주류 광고를 엄격하게 규제하고 있으며, 거짓이나 과장된 주류 광고를 금지하고 소비자를 보호하기 위해 기능하고 있다.

이런 주류 광고의 금지는 건강한 삶을 추구하고 알코올과 관련된 위험을 줄이기 위한 국가의 노력 중 하나이다. 주류 광고는 알코올 소비를 촉진하고, 특히 어린이와 청소년에게 부정적인 영향을 미칠 가능성이 있기 때문에 이에 대한 규제는 중요한 문제로 다루어지고 있다.

자동차 경주에서의 담배 광고(출처: Sportz Business)

하지만, 여전히 일부 국가에서는 이런 광고가 허용되고 있기 때문에 어린이들이 주류, 담배, 약 관련 광고에 노출될 가능성이 남아있다. 이에 따라 부모는 어린이들이 이런 광고에 노출되는 것을 방지하기 위해 노력해야 한다. 또한 일부 기업들은 광고에 대한 규제를 피하기 위해, 스포츠 팀과의 협력과 이벤트의 후원 등 다른 마케팅 방법을 찾기도 한다.

주류나 담배와 같이 사회적으로 위험한 제품에 대한 광고가 금지되어 있더라도, 어린이들은 다른 커뮤니케이션 경로를 통해 이들 브랜드에 노출될 수 있다. 기업들은 비교적 규제가 덜한 스포츠 행사나 다른 미디어의 콘텐츠에 주류나 담배 브랜드를 노출시키는 경우가 있다. 이런 상업적 메시지는 어린이들에게 직접적으로 노출되는 것을 목표로 하는 것은 아니지만, 우연한 기회로 노출될 수 있기 때문에 우려가 될 수도 있다. 따라서 사회적으로 위험한 제품에 대한 마케팅 규제는 점점 강화되고 있는 실정이다.

특정 제품들에 대한 광고가 어린이와 청소년에게 특별히 효과적인 경우가 있는데, 어린이와 청소년이 매력적으로 느끼는 삶의 방식과 광고되는 제품이 연관되어 있다고 느끼는 경우에, 그 제품의 광고 효과가 매우 클 것으로 기대할 수 있다(Gunter & McAleer, 1997). 연예인들이 어린이나 청소년들에게 가장 효과적인 광고모델인 것은 결국 어린이와 청소년들이 가장 원하는 삶의 방식을 연예인들이 보여주고 있기 때문이다. 연예인들은 행복한 파티에서 음주나 흡연의 이미지를 제공하기도 한다.

주류 광고는 심지어 주류를 소비할 수 없는 연령대의 어린이나 청소년들의 주류 브랜드 선호와 이후의 선택에까지 영향이 있다는 것이 연구를 통해서 밝혀졌다(Grube & Wallack, 1994). 이 연구에 의하면, 방송 미디어는 청소년들에게 중요한 주류 관련 정보원으로 밝혀졌고, 맥주 광고를 인식하고 있는 어린이들은 음주에 대해서 긍정적인 신념을 더 많이 가지며, 성인이 되면 음주할 계획을 더 가지고 있으며, 맥주 브랜드와 브랜드의 슬로건에 대해 더 많은 지식을 가지고 있는 것으로 밝혀졌다.

어린이와 청소년들은 자신들이 선호하는 삶의 방식이 음주와 연관되어 있다고 느끼는데, 이러한 기대는 그들이 시청한 광고에서 어느 정도 영향을 받는 것으로 나타났다. 주류 광고에서 묘사되는 시간은 즐겁고 유쾌한 친구와의 시간, 재미있는 놀이와 파티와 같은 시간으로 표현되며, 고민이 많은 청소년들이 원하는 삶의 모습을 담고 있어서 특히 매력적으로 느끼는 것으로 보인다. 이에 따라, 어린이와 청소년들은 주류 광고에서 묘사되는 삶의 방식에 대한 영향을 받을 수도 있을 것으로 보인다(Gunter & McAleer, 1997).

맥주 광고(출처: Michelob)

청소년들은 성인들을 대상으로 하는 주류나 담배 광고에 우연히 노출되기도 하지만, 애니메이션 캐릭터나 열정적인 문구 등을 사용하여 어린이와 청소년을 직접적인 마케팅 대상으로 삼는 일부 주류나 담배 광고는 특히 우려의 대상이 될 수 있다. 이러한 광고들은 청소년들이 제품과 브랜드에 긍정적인 인식을 갖게 만들고, 그들이 음주나 흡연을 시작하게끔 유도할 수 있을 것으로 생각된다. 이러한 이유로 이러한 광고들은 매우 신랄하게 비판을 받기도 한다(Gunter et al., 2005).

이와 유사한 방식으로, 담배 회사들은 청소년들의 담배에 대한 관심과 미래 고객으로 유치하기 위해 다양한 마케팅 전략을 사용하고 있다. 이들 중 하나는 각종 방송 프로그램에 대한 후원으로, 이런 노출이 청소년들의 담배 브랜드 기억에 영향을 미칠 수 있다. 특히 거대한 이벤트나 행사, 프로그램의 후원은 청소년들에게 담배 브랜드를 손쉽게 노출시키는 좋은 기회가 될 수 있다. 이러한 이유로 일부 담배 회사들은 광고 캠페인에서 의도적으로 청소년을 그 대상으로 하고 있다는 비판을 받기도 한다. 이러한 상황에서 청소년들은 담배와 연관된 긍정적인 인식을 갖게 되고,

미래에 흡연의 가능성이 높아지는 등 부정적인 결과를 가져올 수 있다.

담배와 주류 제품이나 브랜드는 여전히 여러 가지 방법으로 청소년들에게 노출되고, 이런 커뮤니케이션의 부정적인 영향이 우려되긴 하지만, 그 영향을 명확하게 분리하는 것은 쉽지 않다는 주장도 있다. 그 예로 TV 프로그램에서 음주는 생활 속의 축하, 파티, 회식 등의 긍정적인 상황과 연계되어 묘사되며, 다른 미디어 콘텐츠에서도 대부분 긍정적으로 묘사되고 있다. 음주에 의한 만취 상황의 문제나 음주로 인한 건강 악화와 같은 부정적인 측면은 미디어 내에서 드물게 묘사되고 있는 것으로 나타났다.

실제로 음주는 우리 삶에서 매우 자연스러운 일상 행동 중 하나이며, 이런 음주 행동은 성인뿐만 아니라 어린이와 청소년들에게도 미디어 콘텐츠를 통해 자연스럽게 노출되게 된다. 미디어 콘텐츠 내에서 음주는 일상적인 즐거운 상황과 연계되며 긍정적으로 묘사되는 것으로 나타났다. 따라서 이런 결과를 특정 미디어나 특정 콘텐츠(예: 광고)의 효과로 명확하게 분리해서 묘사하기는 어렵다는 것이다.

술과 담배와 같은 사회적 우려의 제품은 어린이와 청소년들에게 마케팅 하는 것은 바람직하지 못하다. 그러나 기업들은 여전히 다양한 방법을 통해 마케팅 커뮤니케이션을 전개하고 있으며, 이를 통해 이런 제품들이 어린이와 청소년들에게 긍정적인 이미지로 자리 잡을 수도 있다. 이런 부정적인 결과를 막기 위해서는, 마케팅 전략에 대한 보다 신중한 검토가 필요하며, 어린이와 청소년들이 노출될 수 있는 채널과 콘텐츠에 대한 적극적인 규제가 필요하다. 특히 사회적 책임과 윤리를 고려한 기업의 마케팅 접근이 필요하다.

지금까지 어린이 광고의 특징과 함께 광고들로 인해 나타날 가능성이 있는 여러 가지 부정적인 효과에 대해 논의했다. 먼저 식품 광고는 지방과당 함유가 높은 제품을 촉진하는 특징으로 어린이들의 건강에 해가 될 가능성이 있는 것으로 평가되고 있다. 하지만 앞에서 언급한 대로, 현재 어린이들에게 광고되는 제품군은 여전히 과거와 큰 차이가 없는 것으로 나타났다. 광고 또는 미디어와 관련된 환경이 빠르게 변화하고 있다. 미디어 채널의 다양성이 증가하면서 그 안에서 시청자들은 더 많은 콘텐츠 선택권을 갖게 되었다. 이런 변화를 고려할 때, 새로운 변화들을 반영하여 여기서 설명된 여러 연구들을 보완하고 업데이트하는 노력이 필요하다. 더욱이, 어린이를 대상으로 하는 광고의 효과와 함께 부정적인 측면을 더 깊이 탐구하고, 어린이들의 건강과 건전한 성장을 위해 식품 광고를 비롯한 다양한 광고를 연구하고 그 결과를 반영하고 개선하는 노력이 필요하다.

광고를 완전히 이해하는 나이는 광고 규제와 관련된 정책을 수립하는 데 있어서 중요한 기준으로 사용된다. 따라서 어린이를 대상으로 하는 광고를 평가하고 규제하기 위해서는 가장 먼저 어린이가 광고를 어떻게 이해하는지에 대한 설명이 필요하다. 이러한 광고 이해와 관련된 연구에서는 상반되는 결과가 제시되기도 한다. 예를 들어, 6세에서 7세 정도의 어린이가 광고의 설득적인 의도를 이해할 수 있다는 주장에 대해서도 여러 연구에서 완전하게 일치되는 의견을 찾기는 어렵다.

예를 들어, 스웨덴에서는 광고를 금지하는 기준이 되는 나이를 12세로 정하고 있으며, 이 나이 이하의 어린이들에 대한 광고는 전면적으로 금지되어 있다. 이러한 규제 정책은 12세 미만의 어린이들이 광고를 올바르게 이해하지 못할 가능성이 크기 때문에 실행되고 있는 것이다. 하지만 광고 이해와 관련된 연구에서는 아직도 많은 부분에서 의견이 다양하다. 따라서 광고를 대상으로 한 연구에서는 이러한 상반되는 결과를 일치시키고, 지금까지 결과를 보완하는 연구가 더욱 필요하다.

Chapter 05

Advertising to Children

광고에 대한 이해

1) 광고에 대한 기초적인 이해
2) 광고의 설득적인 의도에 대한 이해
3) 종합적인 광고의 이해
4) 미디어 리터러시/광고 리터러시

Chapter

05

광고에 대한 이해

1) 광고에 대한 기초적인 이해

어린이는 광고를 처음 접하는 단계에서 광고에 대한 초기 이해를 형성한다. 이 초기 이해는 광고를 제작하는 산업, 광고를 시청하는 매체, 광고를 통해 제공되는 정보 등 다양한 요소에 의해 형성된다. 그러나 이 초기 이해 단계에서는 광고의 목적을 파악하기 어렵기 때문에, 예술적으로 제작된 광고나 광고와 실제 제품 사이의 차이 등이 어린이들에게 혼란스럽고 불분명하게 느껴질 수 있다.

또한 어린이들은 광고를 통해 제공되는 정보를 있는 그대로 받아들이는 경향이 있다. 이는 광고에 대한 비판적 사고력이 부족하기 때문이다. 따라서 광고가 제공하는 정보에 대해 깊은 이해를 하지 않고도, 전달되는 그대로 받아들이기 쉽다.

어린이들은 세상을 처음 접하는 단계에서 광고에 대한 이해력이 부족하다. 이는 광고가 제품을 홍보하는 것이라는 것을 이해하지 못하고, 광고에 나오는 내용을 그대로 받아들일 가능성이 높기 때문이다. 따라서 광고 산업은 어린이들의 광고에 대한 이해력을 고려하여 광고를 제작하고 방영해야 하는 윤리적인 책임이 있다.

어린이와 관련된 이해관계자들은 TV 광고가 어린이들에게 완전히 이해되지 않는 불공정한 상황에 놓여있는 것에 대해 깊은 우려를 표명하고 있다. 그러나 이와는 대조적으로 광고주나 마케터들은 어린이들이 이미 광고를 충분히 이해하고 있으며, 더 이상의 과도한 규제나 어린이 광고 효과와 관련된 연구가 필요하지 않다는 주장을 전하며 부모와 관계자들을 안심시키기 위해서 노력하고 있다.

실제로 광고를 어느 정도 이해하고 있는지는 어린이 광고와 관련된 중요한 주제 중의 하나이다. 어린이들이 광고를 이해한다는 것은 곧 어린이들이 광고의 목적과 의도를 인지하고 제대로 이해하고 있다는 의미이며, 이는 곧 불공정하지 않은 상황에서 광고에 대처할 수 있다는 것을 의미한다. 반면에 광고를 이해하지 못한다면, 광고는 이미 그 존재가 불공정한 커뮤니케이션이다.

마케터들은 어린이 광고가 해가 없다는 주장을 뒷받침하기 위해 마케팅과 관련된 문헌에서 발표된 연구 결과를 인용하기도 한다(Donohue et al., 1980). 이 연구는 TV 광고를 대상으로 하는 어린이들의 인지력과 이해력을 조사하는 것을 그 목표로 했다. 어린이를 대상으로 세 가지 실험을 진행하였다. 첫 번째 실험에서는 광고의 의도와 제품의 특징을 파악하는 능력을 조사하였다. 두 번째 실험에서는 광고에 대한 인지력을 높이기 위한 추가 정보를 제공하였으며, 세 번째 실험에서는 광고와 제품에 대한 기억력을 측정하였다. 실험 결과는 어린이들이 TV 광고의 목적과 의도를 이해할 수 있으며, 특히 4~7세의 어린이들은 광고와 제품의 특징을 파악할 수 있다는 것을 보여주었다. 또한 광고와 제품에 대한 추가 정보를 제공하면 광고에 대한 이해도가 높아지는 것으로 나타났다. 적어도 4세 정도의 어린이들도 광고의 설득적인 성격을 이해할 수 있다는 결과를 얻었으며, 이러한 결과는 어린이를 대상으로 하는 광고에 대한 비판을 방어하는 데 활용될 수 있었다.

이와 대조적으로 스웨덴과 같은 일부 국가에서는 12세 이하의 어린이들이 광고의 의도와 목적을 완전히 이해하기 어렵다는 이유로 대상 연령을 목표로 하는 광고를 전면적으로 금지하는 정책을 적용하기도 한다. 이러한 결정은 광고에 대한 이해를 어떻게 정의하고 기준을 어디에 두느냐에 따라 결정되며, 이는 어린이 광고에 대한 규제 및 연구에 대한 논의를 불러일으키고 있다.

광고와 관련된 논란의 첫 번째 논쟁거리는 어린이들이 광고와 인접한 TV 프로그램을 구별할 수 있는지의 여부와 어린이들이 광고에 대한 초기 인식능력을 가지고 광고의 기본적인 특성을 이해할 수 있는지의 여부이다. 이러한 논쟁은 어린이의 광고 인식능력에 대한 연구와 광고에 대한 초기 이해 과정에 대한 연구가 중요하다는 것을 나타낸다.

두 번째로, 광고에 대한 어린이의 인식이나 이해를 측정하는 방법에 대한 논란이 있다. 측정 방법은 광고에 대한 어린이의 인지나 이해를 증가시키거나 감소시키는 요인을 파악하는 데 중요한대 사용하는 방법에 따라서 다른 결과를 얻을 가능성도 있다.

따라서, 광고와 관련된 논란을 해결하려면 어린이의 광고 인지능력과 어린이의 광고에 대한 초기 이해 과정을 측정하고, 이러한 인식이나 이해를 증가시키거나 감소시킬 수 있는 요인을 파악하는 연구가 필요하다. 이를 통해 어린이가 광고와 인접한 프로그램을 구별하고 광고의 기본적인 특성을 이해하는 능력을 향상시킬 수도 있을 것이다.

어린이들은 언어 능력이 아직 완전히 성숙하지 않았기 때문에 연구를 수행하기가 어렵다. 특히, 나이가 매우 어린 어린이를 대상으로 연구를 수행하는 것은 어린이와의 커뮤니케이션 과정에서 특별한 어려움이 발생할 수 있다. 이로 인해 연구자들은 다양한 방법으로 어린이를 대상으로 하는 연구를 수행하고 있으며, 이로 인해 서로 일치하지 않거나 때로는 상반된 결과를 얻기도 한다. 따라서 프로그램과 광고를 분명히 구분할 수 있는 어린이의 연령과 광고의 설득적인 특성을 이해할 수 있는 나이에 대한 연구자들의 의견이 상이해질 수 있다. 이러한 의견의 불일치는 쉽게 해결하기는 쉽지가 않으며, 개별 어린이의 개인적인 차이를 고려한다면, 광고의 이해가 완전히 이루어지는 나이를 간단하게 결정하기는 쉽지 않다는 것을 알 수 있다.

본 장에서는 어린이의 광고 인지 능력과 초기의 광고 이해에 대한 특성을 설명한다. 또한 어린이의 광고 이해를 중심으로 한 이론적 관점을 다시 한 번 소개하고, 해당되는 이론적 관점과 관련된 광고 인지 및 어린이의 주의와 기억에 대한 능력을 다룬다. 마지막으로, 어린이의 설득적 의도 파악과 같은 광고 이해에 관한 연구 결과를 살펴보고, 어린이의 광고 인지 및 이해 능력을 향상시킬 수 있는 방법을 탐구한다. 이러한 방법으로, 미디어 리터러시의 개념과 광고 리터러시 개념을 포함하여 어린이의 광고 처리에 도움을 줄 수 있는 다양한 방법을 소개한다.

◇ 이론적 관점

이전 장에서 어린이 광고와 관련된 내용을 이해하기 위해 적용 가능한 이론적 관점을 자세히 다루었다. 많은 연구자들은 어린이와 TV 광고에 대한 연구에서 피아제(Piaget)의 인지발달 이론을 이론적 배경으로 자주 사용하고 있다. 이 이론은 광고를 이해하는 어린이의 능력은 그들이 현재 속한 인지 발달의 단계에 의해 결정된다고 설명하고 있으며, 이런 인지 발달 단계는 모두 개별적으로 독특한 특성을 보인다는 것을 강조하고 있다.

피아제는 이런 어린이의 인지발달 단계를 감각운동기(Sensorimotor stage; 0세~2세), 전조작기(Preoperational stage; 2세~7세), 구체적 조작기(Concrete Operational stage; 7세~11세), 형식적 조작기(Formal Operational stage; 11세~adulthood)의 4단계로 구분해서 설명하고 있다. 이론에서 각 단계는 어린이의 특정한 인지 능력의 발전과 인지 능력의 한계로 설명되고 있다. 피아제의 인지발달 이론에 대한 자세한 설명은 이전 장의 이론적인 부분에서 이미 상세하게 다루었다.

피아제가 그의 발달 이론을 상업적인 마케팅 분야에 직접적으로 적용하지는 않았지만, 마케팅과 광고 분야의 연구자들은 광고를 인지하고 이해하는 과정과 관련된 어린이의 인지 능력을 설명하기 위해 그의 이론을 활용해왔다. 특히, 이 이론에서 제시된 인지발달을 설명하는 각 단계를 적용하여, 어린이들이 어느 나이에 광고를 인지하고 또 이해하는 능력을 갖게 되는지를 이론적으로 명확하게 설명하고자 노력하고 있다.

한 연구에서는 전조작기 단계의 어린이들이 일반적으로 광고와 프로그램을 구분할 수 있으며, 광고를 시청하는 과정에서 어린이들이 수신된 특정한 지각 신호(perceptual cue)에 따라 광고를 인지하게 되고, 이러한 광고의 반응 과정에서 광고를 믿을만하고 재미있다고 평가한다는 결과가 제시되었다(John, 1999). 이에 따라, 전조작기 단계 어린이들은 일반적으로 광고에 대해 긍정적인 태도를 보이는 것으로 나타났다. 반면에, 구체적 조작기 단계의 어린이들은 광고에 대해 깊은 이해를 시작했기 때문에, 광고를 있는 그대로 단순히 받아들이는 경우가 적다는 것을 예측할 수 있다. John(1999)의 연구는 25년간의 연구 내용을 회고하여 어린이들의 소비자 사회화에 대한 이해를 다루는데, 어린이들이 소비자로서 성장하는 과정에서 어떤 영향을 받게 되는지와 함께, 그 영향이 어떻게 반영되는지를 다루고 있다. 또한 광고와 마케팅이 어린이들의 소비자 사회화에 미치는 영향도 다루고 있다. 특히, 이 연구에서는 광고와 어린이들의 인지 발달에 관한 연구의 결과도 다루고 있는데, 어린이들의 인지발달 단계에 따라 광고에 대한 태도와 반응이 달라짐을 설명하고 있다. 또한 광고와 어린이들의 관련성에 대한 인식도 중요한 영향을 미친다는 것을 제시하며, 광고에 대한 인지 및 이해 능력을 향상시키는 방법들을 제시하고 있다.

로더(Roedder)는 정보를 처리하는 어린이의 능력에 대한 관심에서 출발하여, 피아제의 인지발달 단계 중 광고 처리에 관한 전조작기 단계의 설명과는 달리, 광고를 인지하는 과정에서 어린이들이 단순한 지각 신호(perceptual cue)를 활용하는 것이 아니라, 실제로 광고를 인지하는 과정을 설명하려는 새로운 해석을 제시하고 있다.

이에 따라, 로더는 어린이들이 정보를 처리하는 능력이 나이가 들어감에 따라 향상되고, 정보를 획득하고, 부호화하고, 구조화하고, 인출하는 등의 활동을 보다 능숙하게 수행한다는 것을 주장하고 있다. 이는 광고 처리와 관련하여, 전조작기 단계보다는 구체적 조작기 단계에 해당하는 어린이들이 광고에 대해 보다 인지적인 처리를 수행한다는 것을 의미한다. 로더는 광고를 처리하는 과정에서 어린이들의 인지적 능력을 특히 강조하고 중요시하고 있다.

전조작기 어린이들은 8세 미만으로 기억력(short-term memory)이 제한적인 정보처리자로 이해할 수 있으며, 8세에서 12세 사이의 어린이는 적절한 자극이 주어지면 신호처리자(cued processor)로 작용하여 기억으로부터 그 자극과 관련된 정보를 인출하고 주어진 정보를 처리할 수 있다. 반면 12세 이상의 어린이들은 충분한 전략처리자(strategic processor)의 능력을 갖추어 정보를 효율적으로 저장하고 인출할 수 있다. 이러한 인지 발달 단계에 따른 어린이들의 정보 처리 능력은 광고를 인지하고 이해하는 과정에서 각각 중요한 역할을 할 수 있다.

위에서 소개된 어린이의 정보처리 과정에 따른 이해는 8세 미만의 어린이들이 광고를 처리하는 과정에서 광고에 대해 비판적인 관점을 가지기 어렵다는 사실과, 광고에 대한 특정한 지각 신호에 따라 광고를 믿을만하고 재미있는 메시지로 받아들일 수도 있다는 점을 알려준다. 이러한 사실들은 최소한 8세 미만의 어린이들은 성인들과 비교하여 정상적인 정보 처리 과정을 통해 광고를 처리하기는 어렵다는 것을 보여준다.

피아제와 로더의 이론에서는 정보 처리와 관련된 어린이의 나이에 대해 비교적 유사한 결과를 보여주고 있다. 광고에서의 설득적 의도를 이해하는 능력은 피아제의 이론에서는 7세 이상의 구체적 조작기 단계에서, 로더의 이론에서는 8세 이상의 신호처리자 단계에서 각각 충분히 발달할 수 있는 것으로 설명할 수 있다. 즉, 어린이들이 광고 정보를 체계적으로 처리하기 시작하는 시기는 대략 7세에서 8세 사이의 나이라고 볼 수 있다. 이러한 이론적 근거로, 광고가 수용자에게 어떤 영향을 주도록 의도적으로 디자인되었다는 사실을 이해하는 능력은 이 나이 근처의 발달 단계에서 나타나는 것으로 추정된다.

어린이의 광고 인지와 이해에 관한 연구들은 대부분 피아제와 로더의 이론에 기반을 두고 있기 때문에, 최신 이론을 적용하는 시도도 필요하다는 점이 지적되고 있다. 이론들은 모두 한계를 가지고 있고, 문제를 바라보는 관점이 고정되어 있기 때문이다.

이러한 관점에서, 다른 최신 이론을 어린이 광고 분야에 적용하는 연구도 필요할 수 있다. 앞선 장 이론적 접근의 설명 부분에서 피아제 이론과 인지발달 이론의 광고 연구 활용과 관련된 내용을 상세히 다루었다. 이어지는 내용에서는 어린이의 광고 인지와 이해에 대한 실증적인 결과에 대해서 다루기로 한다.

◇ TV 광고의 개념

어린이의 TV 광고 인식은 그들의 인지 발달 단계에 따라 달라지며, 광고의 성격, 내용, 그리고 배치된 위치 등에 따라도 영향을 받는다. 전조작기 단계의 어린이들은 광고와 프로그램을 구분하는 데 어려움을 겪지만, 전략처리자로 이해할 수 있는 형식적조작기의 12세 이상의 어린이들은 광고를 비판적인 관점으로 바라볼 수 있다.

한편, 광고의 성격이나 광고의 위치도 어린이의 광고 인식에 영향을 미친다. 광고와 프로그램이 구별이 잘 되지 않는 경우, 광고가 프로그램의 일부로 보이는 경우, 그리고 광고가 어린이들의 주요 관심사에 부합하는 경우에는 어린이의 광고 인식이 증가한다는 연구 결과가 있다.

또한 광고와 관련된 개인의 심리적 요인도 어린이의 광고 인식에 영향을 미친다. 예를 들어, 광고 내용이 어린이의 가치관과 부합하거나, 유머와 같은 긍정적인 감정을 자극하는 경우에는 어린이의 광고 인식이 높아진다는 연구 결과가 있다.

하지만, 광고에 대한 인식이 높다고 해서 반드시 광고에 대한 평가도 긍정적이라고 할 수는 없다. 어린이는 광고가 마케팅 전략의 일환으로 만들어졌다는 것을 이해하지 못하기 때문에, 광고 내용에 대해 비판적인 관점을 가질 수 있는 능력은 아직 부족하다.

어린이들은 TV 광고를 이해하는 능력이 제한적이며, 이해의 범위도 그리 넓지 않다. 또한 일반적인 TV 프로그램을 수용할 때에도 어린이들은 그 내용에 대해 충분히 이해하지 못하고 있을 수 있다. 이러한 이유로, 어린이를 대상으로 하는 프로그램은 대상이 되는 어린이의 나이에 맞춘 적절한 수준의 내용으로 구성하는 것이 일반적이다.

광고와 인접한 프로그램은 모두 소리와 이미지가 연결되어 있기 때문에 어린이들이 처음에는 이 두 가지를 쉽게 구분하기 어려운 것으로 나타났다. 한 연구에서는 5세 정도의 어린이를 대상으로 실험이 진행되었으며, 광고와 프로그램을 시청하는 동안 어린이들이 시각적인 주의를 안정적으로 유지했다는 결과를 제시했다. 이는 결국 어린이들이 광고와 인접한 프로그램을 명확하게 구분하지 못한다는 것을 의미하고 있다(Ward & Wackman, 1977). 이 연구는 어린이들이 정보 처리 기술을 어떻게 발전시키는지에 대한 내용을 다루고 있는데, 특히 광고와 같은 소비자 정보들이 어떻게 어린이의 정보 처리 기술에 영향을 미치는지를 분석했다. 연구는 두 부분으로 나뉘어져 있는데, 첫 번째 부분에서는 인지 발달 이론에 근거하여 어린이들이 광고와 정보를 어떻게 처리하는지를 조사하였고, 두 번째 부분에서는 광고와 정보 처리 기술 간의 관계를 파악하기 위하여 일련의 실험을 수행하였다. 연구 결과에 의하면, 어린이들이 광고를 인지하는 것은 나이가 많아질수록 개선되며, 광고 내용을 인지하기 위해서는 광고 관련 지식과 경험이 필요하다는 것을 발견했다. 또한 광고 내용의 정확성과 어린이들이 이를 어떻게 인식하고 있는지도 중요한 요소라는 것을 확인할 수 있었다. 마지막으로, 광고가 어린이들의 소비자 정보 처리 기술에 미치는 영향은 광고의 유형과 소비자 정보 처리 기술의 유형에 따라 다르게 나타난다는 것을 발견하였다.

일부 다른 연구에서는 아주 어린 어린이들도 광고와 프로그램을 분명하게 구분할 수 있다는 주장을 연구 결과와 함께 제시하기도 한다(Wartella & Ettema, 1974). 이들의 연구는 어린이들이 광고에 주목하는 방식과 이에 대한 인지발달과 관련된 내용을 다룬다. 이 연구의 실험에서는 어린이들을 대상으로 광고를 포함하고 있는 영상을 보여주고, 각 광고의 내용을 파악하고 있는지를 조사하는 질문을 던지고, 어린이들의 응답을 분석하였다. 결과적으로, 연령이 증가함에 따라 광고에 대한 주의가 증가하였으며, 광고에 대한 정보 처리가 많아지는 것을 보여주었다. 또한 광고와 관련하여 다양한 전략들이 있는 것으로 밝혀졌는데, 어린이들은 광고의 내용이나 제품에 대한 정보뿐만 아니라, 광고에 등장하는 인물들과 그들의 행동에 대해서도 주목하고 있는 것으로 나타났다. 이런 결과들은 어린이들이 광고를 어떻게 인지하고 또 이해하는지 어린이의 인지발달적 특성을 파악하는 데 중요한 의의를 갖는다.

주의력은 어린이의 성장과 함께 변화되며, 광고 이해도와 밀접한 관련이 있다는 주장이 있다. 이러한 주장은 광고가 어린이의 지각과 인지 발달에 미치는 영향을 보다 잘 이해하고 이를 통해 보다 효과적인 광고 전략을 수립하는 데 중요한 역할을 할 수 있다는 것을 의미한다(박혜원 & 부경희, 1998). 이 연구에서는 어린이들이 노출되는 미디어 콘텐츠가 어린이의 정보처리에 미치는 영향을 조사하였다. 어린이들의 콘텐츠에 대한 주의와 이해도가 어떻게 변화하는지를 조사하고, 이러한 변화가 어린이들의 인지 발달과 어떤 관련이 있는지를 분석하였다. 연구 결과에 의하면, 어린이들의 주의력은 연령이 증가함에 따라 자연스럽게 발전하는 것으로 나타났다. 또한 어린이들의 광고 이해도 역시 연령이 증가함에 따라 발전하였으며, 광고 이해도는 어린이들의 프로그램 이해도와 유사한 발달 형태를 보였다. 또한 광고와 프로그램에 대한 주의력과 이해도는 서로 밀접한 관련이 있었으며, 특히 광고에 대한 이해도와 주의력은 높은 상관관계를 나타내고 있었다. 이러한 결과는 미디어 콘텐츠가 어린이의 인지 발달에 영향을 미치며, 특히 광고에 대한 이해도와 주의력이 어린이의 정보처리 능력에 중요한 역할을 한다는 것을 의미하고 있다.

물론 이러한 주의의 변화가 광고와 프로그램에 대한 구분 능력을 반영하는 것은 아닐 수도 있으나, 어린이들이 광고를 인지하고 구분하는 데 있어서 중요한 첫 번째 단계로는 평가받을 수 있다. 특히, 광고와 프로그램 사이에서 발생하는 어린이의 주의 차이는 광고를 프로그램과 구분할 수 있는 능력과 관련이 있다는 것을 증명할 수도 있다. 또한 어린이들이 광고와 프로그램에 노출될 때 발생하는 주의의 변화는 음악, 음향효과, 색, 움직임 등의 지각 대상의 변화에 대한 어린이들의 단순한 반응일 수도 있다는 가능성도 있으나, 이러한 관찰은 또한 광고를 인지하는 과정에서 중요한 역할을 할 수 있다는 점에서 의의가 있다.

어린이들이 광고의 특성과 의도 등 광고에 대한 본격적인 이해를 시작하기 전에, 광고를 프로그램과 구분하여 인식할 수 있는 능력이 필요한 것은 분명하다. 그러나 어린이가 광고와 프로그램을 분명하게 구분할 수 있는 능력을 언제 갖추게 되는지는 명확한 결론이 없다. 이와 관련된 연구 결과에서도 다양한 결과가 나타나고 있다. 어린이가 광고를 구분할 수 있는 나이에 대한 결과는 다양하며, 이러한 추정 결과의 차이는 연구에서 사용된 측정 방법에 따라서도 영향을 받는 것으로 보인다.

이런 연구들에서 얻은 결과를 분석해 보면, 광고를 구분할 수 있는 나이를 더 어리게 제시한 연구는 비언어적인 측정 방법을 주로 사용한 것으로 나타났다. 이와는 대조적으로, 언어적인 측정 방법을 사용한 연구에서는 조금 더 높은 나이를 광고를 구분할 수 있는 나이로 제시하고 있는 것으로 나타났다. 이런 차이는 측정 방법이 연구 결과에 영향을 미칠 수 있다는 것을 보여주며, 어린이의 광고 이해력에 대한 연구를 수행하는 과정에서 적절한 측정 방법을 선택하는 것이 중요함을 보여주고 있다.

연구 대상인 어린이들이 너무 어리기 때문에, 광고 인지나 광고 이해를 측정하는 것이 어려운 과정으로 여겨진다. 또한 어린이들의 응답을 측정하는 과정에서는 응답할 수 있는 어린이의 언어 능력이 매우 중요하다는 것이 드러났다. 따라서 언어 능력이 낮은 응답자의 경우에는 광고 관련 측정에서 언어적인 방법 대신 비언어적인 방법을 사용할 필요성이 있을 수도 있다. 또한 언어 능력 자체가 광고의 인지나 광고의 이해와 매우 유사한 개념이라는 문제도 고려할 필요가 있다. 이는 연구 결과를 해석하는 과정에서 혼동을 일으킬 수 있는 변인 간의 관계로도 볼 수 있을 것이다. 따라서 광고 연구를 수행할 때는 언어 능력과 광고 인지, 광고 이해와 같은 요인 간의 관계도 고려해야 하며, 응답자인 어린이에 맞는 적절한 측정 방법을 선택하는 것이 중요하다.

TV 프로그램과 광고를 구분하는 능력을 측정하기 위한 연구에서는 언어적 혹은 비언어적 측정 방법, 또는 어린이에 대한 관찰 방법을 사용하기도 한다. 언어적인 측정 방법은 직접적인 질문을 통해 어린이의 응답을 얻는 방법이다. 이때 광고와 프로그램의 차이를 직접 설명할 것을 요구하기 때문에, 이 방법은 일정한 언어 능력을 가진 어린이들에게 적합하다는 것을 의미한다. 따라서 언어적인 방법을 사용하여 광고 이해력을 연구할 때는 적절한 연령의 어린이들을 대상으로 연구를 수행하는 것이 중요하다고 할 수 있다(Gunter & Furnham, 1998).

반면에 비언어적인 방법을 이용한 측정은 광고와 프로그램의 구분을 상대적으로 단순한 어린이들의 반응을 통해 측정한다. 예를 들어, 광고가 방송되기 시작했을 때 어린이들이 손을 들거나 사각형 모양에 손을 올리는 등의 반응을 통해 측정하는 것이다. 이러한 방법은 언어적인 방법보다는 상대적으로 간단하고, 언어 능력이 낮은 어린이들에게 사용하기에 적합하다는 장점을 가지고 있다(Bijmolt et al., 1998; Dorr, 1986; Stutts et al., 1981).

언어적인 기술을 크게 요구하지 않거나 매우 간단한 대답의 방법을 사용하는 언어적인 방법은 일부 연구에서 사용되기도 한다. 이러한 방법은 소리를 내거나 yes나 no와 같이 간단한 대답을 요구하기 때문에 언어적인 기술이 부족한 어린이들도 쉽게 응답할 수 있는 장점이 있다. 이러한 방법은 응답자의 언어적인 능력 차이의 효과를 최소화하기 위한 노력으로도 볼 수 있다. 일반적으로 비언어적인 측정 방법을 사용한 연구들은 언어적인 측정 방법을 사용한 연구들보다 광고와 프로그램을 구분하는 어린이의 나이를 더 낮게 제시하는 결과를 보여주고 있다는 점도 흥미롭다.

관찰 방법은 프로그램과 광고 사이에서 어린이의 시각적이나 청각적 주의 수준의 변화를 관찰하고 모니터링하는 방법이다. 이 연구에서는 프로그램이 진행되는 동안 관찰된 어린이의 주의 수준과 광고가 등장했을 때의 주의 수준을 직접 비교한다. 이때 어린이의 주의 수준 차이 발생이 어린이들이 광고와 프로그램을 구분해서 인지하는 증거로 받아들여진다

(Zuckerman et al., 1978). 이 연구는 어린이들이 TV 광고를 어떻게 기억하고 있는지에 대해 조사한 것이다. 이 연구에서는 어린이들을 대상으로 TV 프로그램과 광고를 함께 시청하게 하고, 이후에 어린이들이 시청한 광고를 얼마나 기억하고 있는지를 측정하였다. 연구 결과에 의하면, 광고와 프로그램의 차이와 어린이의 기억력에 따라 이 결과는 다르게 나타났다. 프로그램과 광고의 내용이 유사한 경우, 어린이들은 광고를 프로그램의 일부로 인식하고 광고를 프로그램과 함께 기억하는 경향이 있는 것으로 나타났다. 또한 어린이들이 프로그램에서 발생한 이벤트와 광고에서 발생한 이벤트가 유사한 경우에는 광고를 프로그램의 일부로 인식하고 광고를 프로그램과 함께 기억하는 경향이 더욱 강해졌다. 하지만 프로그램과 광고의 내용이 매우 다른 경우, 어린이들은 광고를 프로그램과 구분하여 인식하고, 광고를 덜 기억하는 경향이 있었다. 따라서 이 연구는 광고의 내용과 프로그램의 내용이 얼마나 유사한지에 따라 어린이들이 광고를 인지하고 기억하는 과정에 차이가 있다는 것을 보여주었다.

언어적, 비언어적, 관찰 방법 이외에도 어린이들이 광고와 프로그램을 구분할 수 있는 능력을 측정하는 또 다른 방법으로, 어린이들의 기억을 활용하는 방법이 있었다. 이 방법은 어린이들에게 광고나 프로그램을 시청하게 한 후, 그들의 기억력을 검사하여 광고와 프로그램을 구분할 수 있는 능력이 있는지를 측정하는 것이다. Zuckerman 등(1978)은 어린이들이 광고를 시청한 후, 그 광고에 등장하는 제품이나 인물의 이미지를 추출하여 어린이들에게 제시하고, 이 이미지를 얼마나 잘 기억하고 있는지를 측정하여 광고의 인식과 기억력의 관계를 조사하였다. 프로그램을 시청한 후에 어린이들에게 광고나 프로그램에 등장하는 특정 캐릭터를 프로그램에서 보았는지 혹은 광고에서 보았는지를 대답하도록 묻는 방법도 사용했다

(Zuckerman & Gianino, 1981). 이 연구는 어린이들이 TV 광고에 대한 반응을 측정하는 방법에 대해서 조사했다. 이를 위해 언어적, 비언어적, 관찰 방법을 활용하여 어린이들의 광고 인식과 광고에 대한 반응을 분석하였다. 우선 언어적 방법을 통해 어린이들이 광고와 프로그램을 구분하는 능력을 측정하기 위해 직접적인 질문을 하여 답변을 얻었다. 다음으로, 비언어적 방법을 활용하여 어린이들이 광고에 대한 반응을 보이는 방식을 관찰하였다. 이 방법에서는 어린이들이 광고를 시청할 때, 특정한 행동이나 반응을 보이는지를 측정하였다. 마지막으로, 관찰 방법을 활용하여 어린이들의 눈동자 움직임, 반응 시간, 심박수 등을 측정하여 광고에 대한 반응을 파악하였다. 위와 같이 다양한 방법들로 광고에 대한 어린이들의 반응을 분석하였으며, 이를 통해 광고와 프로그램을 구분하는 능력이 낮은 어린이들이 광고로부터 영향을 더 많이 받는다는 것을 확인하였다.

이렇게 기억을 활용하는 방법으로는 광고를 포함하는 프로그램을 어린이들에게 보여주고 두 콘텐츠 안에 일어나는 사건을 묻고 그 질문에 어린이들이 yes나 no 등으로 답하도록 할 수도 있다. 여기서 얻은 응답을 통해서 어린이들의 광고에 대한 회상과 프로그램에 대한 회상의 정확성을 서로 비교할 수 있고, 이런 비교로부터 어린이들이 광고와 프로그램을 구분하고 있는지의 판단을 내릴 수 있다(Oates et al., 2002). 이들의 연구는 어린이들이 TV 광고에서 판매 의도를 이해하는 시기에 대해 조사한 것이다. 이를 위해 7세, 9세, 11세의 어린이들을 대상으로 실험을 진행하였는데, 실험에서는 어린이들에게 광고와 TV 프로그램을 보여주고, 광고의 판매 의도를 이해할 수 있는 지식을 가지고 있는지에 대한 질문을 했다. 연구 결과에 의하면, 7세 어린이들은 광고의 판매 의도를 이해하는 것이 어려웠지만, 9세 이상의 어린이들은 이런 판매 의도를 정확히 이해할 수 있었다. 또한 광고의 판매 의도를 이해하는 것은 어린이의 언어적 능력과 인지적 능력에 함께 영향을 받는 것으로 나타났다.

광고와 프로그램을 구분하기 위해 광고 안내문(ad break, separator)을 사용하는 경우가 있는데, 이러한 광고 안내문의 효과적인 사용에 대한 연구도 진행되었다. 이 연구에서는 광고 안내문이 광고가 프로그램의 일부가 아니라는 중요한 정보를 제공한다는 점에서 효과적임을 밝혔다. 광고 안내문이 적용된 실험 그룹과 그렇지 않은 실험 그룹을 비교한 결과, 광고 안내문이 적용된 그룹에서는 광고와 프로그램을 더 잘 구분하는 것으로 나타났다. 또한 광고 안내문이 광고와 프로그램을 구분하는 데에 더 큰 도움을 준다는 것은 어린이들의 언어적 능력과 관련이 있다는 것도 확인되었다. 이러한 연구 결과는 광고 안내문이 광고와 프로그램을 구분하는 데에 효과적이며, 어린이들이 TV 시청을 할 때 광고와 프로그램을 명확하게 구분하도록 도울 수 있다는 점에서 그 의의가 있다(Ward et al., 1977).

따라서 적절하게 잘 디자인된 광고 안내문이 어린이들의 광고에 대한 이해를 촉진할 수 있는 수단임을 주장하기도 했다. 즉, 광고 안내문을 적절하게 잘 디자인하게 되면 어린이들이 광고를 더 잘 인지하고, 더 잘 이해할 수 있게 된다는 것이다. 하지만 광고 안내문의 효과를 그리 크게 평가하지 않은 연구도 있다(Butter et al., 1986). 이 연구는 유치원 어린이들이 TV 프로그램과 광고를 구분하는 능력에 대해 조사했는데, 이를 위해 유치원 어린이를 대상으로 실험을 진행하였다. 실험에서는 TV 프로그램과 광고를 보여주고, 이들을 구분할 수 있는 능력을 측정하기 위한 질문을 하였다. 실험 결과에 의하면, 유치원 어린이들이 TV 프로그램과 광고를 구분하는 능력이 충분하지 않았으며, 특히 TV 프로그램과 광고가 유사한 색감, 배경 등을 가지고 있을 경우에는 더욱 구분하지 못하는 것으로 나타났다. 이런 연구 결과는 어린이들이 TV 프로그램과 광고를 구분하는 능력이 아직 부족하며, 이를 구분하는 과정에는 색감, 배경 등 광고와 프로그램의 시각적인 요소가 영향을 미치는 것으로 나타났다(Palmer & McDowell, 1979).

◇ 비언어적인 측정 방법

비언어적인 측정 방법은 언어적 능력이 부족한 대상을 조사할 때 주로 사용되는 방법으로, 특히 어린이들의 광고 이해력에 대한 연구에서 많이 활용되고 있다. 그 중에서도 Levin 등(1982)이 진행한 연구는 프로그램과 TV 광고를 구분할 수 있는 어린이의 능력을 설명하는 중요한 연구로 자주 인용되고 있다. 해당 연구에서는 3세, 4세, 5세의 어린이들을 대상으로 녹화된 TV 프로그램 영상 중 일부분을 보여주고, 최소한의 언어 기술을 사용해서 프로그램과 광고를 구분하도록 지시하였다(Levin et al., 1982). 이 연구는 어린이들이 TV 광고를 인지하고 이해하는 능력에 대해 조사한 것인데, 실험 결과에 의하면, 대부분의 어린이들이 TV 광고를 인지하고 이해할 수 있는 능력을 가지고 있다는 것이 밝혀졌다. 특히 5세의 어린이들도 광고의 판매 의도를 어느 정도 이해하고 있는 것으로 나타났다. 또한 어린이들의 이런 광고의 인지와 이해 과정에는 광고의 적절성, 유사성, 출현 빈도 등이 영향을 미치는 것으로 나타났다. 즉, 광고가 프로그램과 유사하거나 자주 출현할수록 어린이들이 광고를 더 쉽게 인지하고 이해할 수 있다는 것이다.

실험에서는 TV 영상의 전체 길이가 10초 정도였고, 어린이들에게 질문을 하여 광고와 프로그램을 구분하는 능력을 측정하였다. 실험 결과, 5세 어린이의 4/5 정도가 정확한 대답을 제시했으며, 3세와 4세 어린이는 2/3 정도가 정확한 답을 제시했다. 이러한 결과는 응답이 우연에 의한 결과가 아니라 광고와 프로그램을 구분할 수 있는 어린이들의 능력이 있다는 것을 보여주고 있다. 물론, 개인적인 차이가 있지만, 이러한 결과는 광고와 프로그램을 구분할 수 있는 능력이 어린이들에게 학습으로서 습득되는 것임을 의미한다. 또한 실험에서 사용된 TV 영상의 길이가 10초로 짧았기 때문에, 보다 긴 길이의 TV 광고나 프로그램을 사용했다면 어린이들은 더 많은 정보를 활용하여 광고와 프로그램을 구분할 수 있었을 것이며, 응답 결과의 정확도도 더 향상될 수 있을 것으로 예측되었다.

이 연구에서 얻어진 결과는 매우 중요한 의미를 갖는다. 그 이유는 3세 정도의 매우 어린 나이에도 광고와 프로그램을 구분할 수 있는 능력을 어느 정도 갖추고 있을 가능성을 보여주기 때문이다. 이러한 결과는 어린이들의 광고 이해력을 평가하고 개선하기 위해 광고 규제와 교육을 위한 대책을 마련하는 데 중요한 역할을 한다. 또한 이 연구에서 얻어진 결과는 이후 진행된 다른 연구에서도 비슷한 결과를 얻으면서 이 결과가 신뢰성 높은 것임을 보여주고 있다.

어린이들의 광고 이해력을 주제로 여러 연구들이 진행되어왔다. 예를 들면, 한 연구에서는 비교적 어린 나이인 4세와 5세의 어린이들도 어느 정도는 상업적 목적의 콘텐츠를 제대로 알아볼 수 있다는 것이 밝혀졌다. 이 연구에서는 30초 길이의 광고 4개를 어린이 프로그램의 여기저기 위치시키고, 어린이들에게 광고가 등장하면 직접 이야기하도록 지시하였다. 실험 결과, 4세 어린이의 3/4 정도가, 5세 어린이는 모두 정확하게 프로그램 내의 4개의 광고를 식별하고 있는 것으로 나타났다.

또 다른 연구에서도, 5세부터 8세까지의 어린이를 대상으로 광고의 인지와 함께 광고에 대한 이해에 관한 조사가 진행되었다. 해당 연구에서는 어린이들이 광고와 프로그램을 구분할 수 있는지와 함께 광고의 성격을 제대로 이해하고 있는지도 함께 조사되었다. 광고를 구분하는 실험을 진행하면서 화면에 광고가 등장하면 어린이들은 빨간 사각형에 손을 올리도록 지시를 받았다. 이렇게 이 연구는 비언어적인 측정을 활용하여 진행되었는데, 연구 결과에 따르면, 실험에 참여한 90% 이상의 어린이들이 프로그램에서 광고로 또 광고에서 프로그램으로의 두 가지 전환을 정확하게 인지하고 있는 것으로 나타났다. 하지만 어린이들이 광고와 프로그램의 차이를 직접 말로 설명해야 하는 상황에서는 5세와 6세 어린이의 약 8% 정도만이 어느 정도 광고와 연관된 설명을 제시하는 것으로 나타났다. 이는 어린이들이 광고와 프로그램 둘 사이를 구분하고는 있지만, 광고가 가진 성격을 제대로 이해하고 있는지는 다시 한 번 생각해 볼 여지가 있다는 것이다.

지금까지 살펴본 연구 결과를 단순히 받아들이는 것에는 무리가 있다. 실험 진행 과정에서 연구자가 지시했기 때문에 어린이들은 프로그램과 광고를 구분하기 위해 더 큰 노력을 기울였을 가능성이 존재하기 때문인데, 이런 어린이들의 추가적인 노력은 광고를 인지하는 데 있어서 더 좋은 결과를 만들어낼 수도 있다. 또한 어린이가 매우 어린 경우에는 언어 능력에 한계가 있으므로, 질문에 대한 응답 과정에서 원하는 응답을 충분히 표현하지 못한 경우도 있을 수 있다. 그러나 이러한 어려움에도 불구하고, 어린이들의 광고와 프로그램을 구분하는 능력에 대한 기초적인 이해를 얻을 수 있었다는 점에서 이러한 연구 결과들은 중요하다고 할 수 있다.

- 주의(Attention)를 이용한 방법

주의(Attention)는 인지적 처리를 위해 인지 자원을 할당하는 심리학적 기능으로, 인간이 외부 자극을 받아들이고 정보를 인지하는 과정에서 중요한 역할을 한다. 주의는 선택, 유지, 분배, 그리고 초점으로 구성되며, 각각은 특정 자극에 주의를 집중하는 능력, 지속적으로 주의를 기울이는 능력, 여러 자극에 동시에 주의를 기울일 수 있는 능력, 그리고 목표를 달성하기 위해 주의를 집중하는 능력 등을 의미한다.

주의력은 일상생활에서 매우 중요한 역할을 한다. 높은 주의력은 일상적인 업무 수행 및 학습, 기억력 등에서 긍정적인 영향을 미치며, 그 반대로 주의력이 떨어지면 일상적인 업무 수행에 어려움을 겪을 수 있다. 따라서 효과적인 주의력 관리는 개인의 일상적인 기능 수행에 매우 중요한 역할을 한다고 이해할 수 있다. 이런 주의가 광고 인지 여부를 특정하기 위해 사용되기도 한다.

광고 인지를 측정하는 데 자주 사용되는 방법 중 하나는, TV 시청 시 광고를 시청하는 순간과 그렇지 않은 순간에서 어린이들의 주의 수준의 변화를 직접적으로 관찰하여 이전과 이후의 차이를 확인하는 것이다. 즉, TV 프로그램 시청 시점에서 광고 시청 시점으로의 전환 지점에서 어린이들의 주의의 변화를 추적하는 것이다.

어린이를 대상으로 12개의 광고가 포함된 TV 프로그램을 사용하여 주의를 이용한 연구를 수행하였다. 3세에서 8세 어린이들이 프로그램을 시청하는 동안 광고와 프로그램 사이의 전환에서 주의가 변화하는 지를 관찰하였다. 결과적으로, 실험에 참여한 모든 어린이들이 광고와 프로그램 사이의 전환을 어느 정도 인지하고 있음이 관찰되었다(Wartella & Ettema, 1974). 이 연구는 어린이들이 대상이었으며, 그들을 실험과 대조군으로 나뉘어 실험을 진행하였다. 실험군은 광고가 포함된 TV 프로그램을 시청하였고, 대조군은 광고가 포함되지 않은 TV 프로그램을 시청하였다. 연구 결과, 광고와 프로그램 사이의 전환 시점에서 광고에 대한 인지도가 가장 높게 나타나며, 광고의 반복 시 광고에 대한 인지도가 더욱 높아지는 것으로 나타났다. 또한 광고에 대한 반응은 광고의 내용과 종류에 따라 달라지며, 어린이들이 광고를 선호하는 요인으로는 광고의 높은 음량과 강한 시각적 자극 등으로 응답했다.

Levin 등(1976)의 다른 연구에서도 광고에 어린이들이 주의를 기울이는 모습이 관찰되었다(Levin & Anderson, 1976). 이 연구는 어린이의 주의력 발달에 대한 연구이며, TV 광고와 프로그램 간 전환 시 어린이들의 주의 변화를 측정하고, 주의력의 발달에 대한 이론도 검토하였다. 어린이들을 실험군과 대조군으로 나누어 실험을 진행하였다. 실험군은 광고가 포함된 TV 프로그램을 시청하였고, 대조군은 광고가 포함되지 않은 TV 프로그램을 시청하였다. 연구 결과에 의하면, 광고와 프로그램 간 전환 시점에서 실험군이 대조군에 비해 주의력이 더 많이 감소하는 것으로 나타났다. 이러한 결과는 광고가 어린이의 주의력에 미치는 영향이 크다는 것을 보여주며, 광고와 프로그램 간 전환 시점에서 주의력 감소가 발생하였다는 것을 알 수 있었다. 또한 광고가 강조되는 경우에는 더욱 주의력 감소가 크게 나타난다는 것도 확인되었다.

주의를 기울이는 어린이의 행동을 관찰한 결과, 음성이나 영상 신호를 통해 광고나 프로그램을 인식한다는 것이 확인되었다. 또한 프로그램을 방해하는 광고가 등장할 때 이러한 개입으로 인해 어린이의 주의가 많이 전환된다는 것도 확인되었다. 주의는 연구자가 직접 측정할 수도 있으며, 때로는 부모나 어린이가 스스로 시청 행동을 보고하여 질문을 통해 측정할 수도 있다.

일반적으로 독립적인 관찰자의 평가와 비교할 때, 부모들은 TV 광고에 대한 자녀의 주의 정도를 더 높게 평가한다는 것이 확인되었다. 이러한 높은 평가는 부모들이 자녀의 TV 시청 행동을 적극적으로 측정하면서 이미 가지고 있는 어린이의 TV 시청의 부정적인 기억에 의존하기 때문인 것으로 추측된다. 집에서 어린이들의 TV 시청 행동을 측정한 결과, 10세 이하의 어린이들은 광고가 방송되는 시간 중 거의 반 이상의 시간 동안 TV 광고를 시청하는 것으로 나타났다.

설문과 실험 일지를 활용한 연구에서는 어린이들이 프로그램과 광고를 어느 정도 구분하고 인식하는지에 대한 내용을 조사했다. 이 연구의 결과에 의하면, 4세에서 13세 어린이의 약 2/3 정도가 TV에서 방송되는 대부분의 광고를 시청하고 있음이 확인되었다. 어린이의 나이에 따른 차이는 크게 나타나지 않았으나, 성별에 따른 차이가 있었는데, 일반적으로 여자 어린이들이 남자 어린이들보다 광고에 더 많은 주의를 기울이는 것으로 나타났다.

여기서 주의 변화가 어린이들이 광고와 프로그램을 정확히 구분할 수 있다는 것을 반드시 뜻하지는 않는다는 점에 유의할 필요가 있다. 프로그램과 광고는 영상의 형식과 그 내용에서 차이가 있을 수 있으며, 색이나 음악 등 다양한 요인들의 변화로 인해서 어린이들의 주의 변화가 발생했을 수도 있다. 이러한 요인들은 광고와 프로그램을 구분할 수 있게 만들어줄 수도 있다.

- 기억(Memory)을 이용한 방법

기억(memory)은 과거의 경험과 정보를 인지, 저장, 유지, 검색하고 활용하는 능력을 말한다. 인간은 일상생활에서 다양한 경험과 정보를 받게 되는데, 이러한 정보들은 각각의 경로를 통해 인지된 후 기억 체계에 일정하게 저장된다. 저장된 기억은 필요할 때 검색되어 다시 인지적 활동에 활용된다.

기억은 일반적으로 세 가지 단계로 구성된다. 첫째, 인지 단계에서는 정보를 인지하고 인식하는 과정이 이루어진다. 이후, 저장 단계에서는 정보를 장기 기억 체계에 저장하게 된다. 마지막으로, 검색 단계에서는 필요한 정보를 검색하여 다시 활용하게 된다. 이러한 각 단계는 인간의 일상적인 인지적 활동에서 필수적으로 사용되곤 한다.

기억은 정보 처리 시스템으로서 인지, 저장, 검색의 세 가지 단계를 거치면서 정보를 처리한다. 이러한 과정에서 기억은 자신의 구성요소들 간의 연결, 연관성 등을 통해 구성되며, 이를 통해 정보를 기억하고 이후에 인지적 활동에 활용할 수 있다. 기억은 또한 시간의 흐름에 따라 변화하고 변질될 수 있다는 점도 이해할 필요가 있다.

TV 광고에 대한 어린이의 기억은 다양한 방법으로 조사될 수 있다. 덴마크에서 진행된 어린이들을 그 대상으로 한 연구에서는 어린이들이 광고를 어떻게 처리하는지를 이해하기 위해 설문 조사를 진행하였다. 연구 결과에 의하면, 어린이들은 광고를 주로 오락거리로 보는 경향이 있으며, 광고 메시지에 사용된 징글, 음악, 슬로건과 같은 주변 단서들을 잘 기억하고 이후에는 이러한 기억에 반응하고 있는 것으로 나타났다. 어린이들은 주변통로를 통한 설득을 활용하고 있으며, 광고 메시지 전체에 대해서 주의를 기울이는 것으로 나타났다. 그러나 실제로 광고 메시지가 전달하는 중심이 되는 주제의 내용에 대해서는 제대로 대답하지 못하는 경우가 많았다. 이는 어린이의 중심통로의 인지적인 처리를 위한 설득 주장은 제대로 전달되지 않고 있다는 것으로 이해할 수 있다.

연구 결과에 의하면, 광고 메시지에 사용된 주변 단서가 어린이들이 주의를 기울이는 메시지의 내용이었으며, 어린이들은 이러한 주변 단서들을 비교적 빠르게 잘 기억하는 것으로 나타났다. 이와 비교해서, 어린이들이 광고 메시지가 전달하는 중심 내용을 기억하기 위해서는 같은 광고에 여러 번 반복적으로 노출되어야 하는 것으로 나타났다.

3세에서 4세의 어린이들을 대상으로 한 다른 연구에서도 어린이들이 광고 메시지의 처리 과정에서 중심 정보보다는 주변 정보를 잘 기억하고 있는 것으로 나타났다(Levin et al., 1982). 이 연구에서는 실험에서 어린이들을 대상으로 하는 광고와 어른을 대상으로 하는 광고가 함께 사용되었다는 특징이 있다. 이 연구에서는 실험을 활용하여 어린이들이 TV 광고와 프로그램을 어떻게 인식하는지를 조사하였으며, 주변 정보와 중심 정보의 상대적인 중요성을 평가하였다. 실험 대상으로는 어린이들이 참여하였고, 이들에게 광고와 프로그램을 시청하도록 한 뒤 설문지를 통해 어린이들의 광고 인식 및 기억을 조사하였다. 연구 결과에 의하면, 어린이들은 TV 광고와 프로그램을 어느 정도 구분할 수 있는 것으로 나타났다. 어린이들은 광고 메시지에 사용된 주변 정보, 예를 들면 광고에 사용된 음악, 슬로건 등을 더 잘 기억하고 있었다. 그러나 광고가 전달하는 중심 내용에 대한 기억은 상대적으로 미약한 것으로 나타났다. 4세의 어린이들이 어른을 대상으로 하는 광고에서는 주로 주변 정보를 기억하는 것으로 나타났으나, 어린이를 대상으로 하는 광고에서는 중심 정보를 어느 정도는 기억하고 있는 것으로 나타났다. 이러한 현상은 어린이의 광고에 혹은 제품에 대한 관여의 문제로 설명할 수 있다. 제품이 어린이에게 중요한 경우에는 어린이들이 광고의 중심 내용을 기억했지만, 본인들과 관련이 없는 성인을 대상으로 하는 광고에서는 주로 주변 단서를 이용하여 메시지를 빠르고 효율적으로 처리하고 있는 것으로 이해할 수 있다.

한 연구(Oates et al., 2002)에서는 어린이들의 재인[24]과 회상[25]을 조사하기 위한 실험을 수행하였다. 이 연구에서는 6세에서 10세의 어린이들을 대상으로 하였으며, 실험 대상으로는 다른 국가에서 방송된 적이 있는 이 어린이들에게는 낯선 3개의 광고가 사용되었다. 연구 결과에 의하면, 어린이들은 이런 새로운 낯선 광고를 잘 기억하지 못한다는 것이 나타났다. 이러한 결과는 어린이들의 인지 능력이 아직 부족하기 때문일 수도 있으며, 새로운 광고에 대한 경험 부족이 이와 관련되어 있을 수도 있다. 어린이들이 만화 프로그램을 시청하는 중에 노출된 광고에 대한 기억력을 조사하기 위한 실험을 진행했다. 실험은 세 그룹으로 나뉘어져, 광고를 한 번 시청한 그룹과 두 번, 세 번 시청한 그룹으로 나누어졌다. 실험 과정에서는 프로그램의 시작, 중간, 마지막에 위 광고가 배치되었고, 광고 시청 후 하루가 지난 후 어린이들의 광고에 대한 회상을 측정하였다. 회상을 측정하기 위해 브랜드 이름 제시, 간단한 yes/no 질문, 그리고 광고에 대한 사진 선택을 시행했다. 실험 결과를 살펴보면, 세 번 시청한 그룹에서도 6세 어린이들은 본인들이 본 브랜드의 이름을 거의 기억하지 못했으며, 광고 내용에 대한 질문에서도 그리 좋은 결과를 얻지는 못했다. 그러나 3번까지 반복된 시청이 회상의 정확도를 어느 정도 향상시키기는 했다. 한 번 시청한 그룹에서는 광고에 대해 전혀 회상하지 못하고 있는 결과를 얻기도 했

24 기억 활동의 한 형태로, 개인이 현재 대하고 있는 인물, 사물, 현상, 정보 등을 과거(이전)에 보았거나 접촉했던 경험이 있음을 기억해 내는 인지 활동이다.

25 어떤 단서를 제공해 주지 아니하고 바라는 표적 내용을 기억에서 생성해 내는 것을 의미, 실험 참가자가 아무런 단서도 없이 정보를 재생한 기억량(파지량)이다.

다. 광고에 대한 재인을 측정한 사진 선택에서는 비교적 좋은 결과를 얻었는데, 6세 어린이의 약 72%가 한 번 본 광고에서 가져온 사진을 정확하게 선택하는 것으로 나타났다. 세 번 시청한 어린이들은 83%가 정확하게 사진을 선택하는 것으로 나타났다.

어린이들은 새로운 광고를 시청한 후 그 내용을 회상하는 데는 어려움이 있었으나, 광고를 재인하는 데는 큰 문제가 없었음을 확인하였다. 연구에서는 TV 프로그램과 광고를 구분할 수 있는 나이로 6세를 설정하여 이를 초과하는 연령대의 어린이를 대상으로 실험을 진행하였다. 또한 선택을 위한 보기를 주고 선택하는 재인의 경우에는 자신들이 시청한 광고를 제대로 알아볼 수 있었지만, 아무것도 제시하지 않고 기억을 설명하는 과정에서는 제대로 회상할 수 없었다는 결과를 얻었다.

다른 연구(Kunkel & Roberts, 1991)에서는 다섯 살 이하의 어린이들이 TV 광고를 프로그램과 구분하지 못하므로, 이를 인식하는 능력을 보유하게 되는 나이는 이보다 더 높을 것으로 추정되었다. 해당 연구는 비언어적인 측정 방법을 사용하는 다른 연구들의 결과와 상이한 결과를 보이기도 하였으나, TV 광고를 인식하기 위해서는 먼저 프로그램과 광고를 구분하는 것이 중요하다는 것이 일반적인 견해를 제시하고 있다. 이러한 구분은 광고를 인식하는 첫 번째 단계로 받아들여질 수 있으며, 이를 통해 광고의 전반적인 의미를 파악할 수 있게 된다. 이 단계에서는 광고의 세부적인 내용을 이해하기는 어렵지만, 어린이들은 자신이 이전에 본 광고를 기억하고 재인할 수는 있다는 것이다. 이 연구는 어린이들이 TV 광고에 노출될 때 어떤 영향을 받는지, 특히 시청자의 관점에서 어린이들이 TV 광고와 프로그램을 구분하는 능력을 평가하는 방법에 대해 논의하였다. 연구 결과에 의하면, 어린이들이 TV 광고와 프로그램을 구분하는 능력은 나이에 따라 다르게 나타난다는 것을 발견하였다. 다섯 살 이하의 어린이들은 TV 광고와 프로그램을 구분하기 어려웠다. 이러한 결과는 이 어린이들이 TV 광고에 노출될 때 영향을 받을 수 있는 가능성이 높다는 것을 의미하기도 한다.

TV 광고와 프로그램을 구분할 수 있는 어린이의 나이에 대한 논의는 매우 중요하다. 이는 광고와 프로그램 간의 실질적인 차이를 이해하지 못한 어린이들이 많기 때문이기도 하고, 어린이들이 광고와 프로그램을 구분할 수는 있지만, 그 이유를 명확히 이해하지는 못하기 때문이기도 하다.

프로그램과 광고의 물리적인 특성의 차이가 어린이들의 주의 변화나 반응 차이에 영향을 미칠 수 있다는 것은 이전에도 언급한 바 있다. 그러나 이 둘의 구분에 사용되는 지각적인 신호가 어린이들이 광고를 인지하는 과정에 중요한 역할을 할 수 있다는 가능성도 있다. 일부 비언어적인 측정을 사용하는 실험에서는, 어린이들이 프로그램과 광고를 구분하는 것이 내용 이해의 차이 때문이 아니라, 광고에서 수신되는 각기 다른 지각 신호에 따라서 반응했을 가능성도 있다고 설명하고 있다.

이러한 지각 신호에는 광고의 길이나 색감, 등장 대상의 행동 속도, 제품을 설명하는 성인의 목소리 등이 포함될 수 있다. 즉, 광고와 프로그램의 구분에는 어린이들이 지각적으로 느낄 수 있는 정보들이 중요한 역할을 할 수도 있다는 것이다. 따라서 광고 메시지에서 수용자의 주의를 끌고 유지하기 위해 사용되는 여러 가지 광고 구성 요인들이 어린이들이 광고를 구분하는 단서로 사용될 수 있다는 것이다.

◇ 광고 인지 저해 요인

어린이들이 광고와 프로그램을 구분하는 능력에는 호스트셀링이라는 광고 기법이 부정적인 영향을 미칠 수 있다. 호스트셀링은 프로그램의 주인공을 이용하여 브랜드와 제품을 광고하는 방식으로, 주요 캐릭터를 광고에 활용하고 이를 프로그램과 연계하여 사용하는 것이다. 이러한 방법은 광고와 프로그램에 동일한 캐릭터가 등장하므로 어린이들이 이를 구분하기 어려워지게 되는 결과를 예측할 수 있다(Kunkel, 1988). 이 연구는 미국에서 방영된 어린이들을 대상으로 한 호스트셀링 광고에 대한 조사를 진행했는데, 호스트셀링 광고가 어린이들의 광고 인지 및 광고의 이해력에 미치는 영향을 다루고 있다. 연구 결과에 의하면, 호스트셀링 광고는 어린이들의 광고와 프로그램을 구분하는 능력에 부정적인 영향을 미치는 것으로 나타났다. 즉, 호스트셀링 광고에서 프로그램과 동일한 캐릭터가 등장하면 어린이들이 광고와 프로그램을 구분하기 어려워지는 것으로 밝혀졌다.

특히, 만화 프로그램 주변에서 그 만화의 캐릭터를 사용하는 광고는 어린이들에게 혼란스러운 상황을 만들 수 있다. 이는 광고와 프로그램을 구분하기 위해 사용하는 지각 신호를 혼란스럽게 해서 어린이들이 이 둘을 구분하기 어렵게 할 수도 있다는 것을 의미한다(Kunkel & Roberts, 1991). 이 연구에서는 어린이들을 대상으로 하는 TV 광고에 대한 문제점과 함께 그 대응책을 다루고 있다. 연구 결과에 의하면, 어린이들은 선별적으로 광고를 인지하며, 광고와 프로그램을 구분하는 능력을 가지고 있지만, 광고의 목적이나 편향성에 대해서는 이해가 부족하다는 것이 밝혀졌다. 특히, 광고에서 사용되는 언어나 이미지 등의 광고 전략들이 어린이들의 시선과 지각과정에 영향을 미치는 것으로 나타났다. 또한 광고가 어린이들의 가치관 및 행동에 미치는 영향에 대한 문제도 이 연구에서 다루고 있다.

어린이를 대상으로 하는 광고의 비판할만한 특성 중의 하나로, 제품과 직접적으로 관련된 프로그램의 개발도 있다. 이러한 프로그램을 개발할 때는 어린이들이 실제로 구매할 수 있는 장난감 캐릭터를 프로그램의 주인공으로 활용하고 있다. 최근 어린이를 대상으로 하는 전용 미디어 채널의 만화 프로그램(예: 헬로카봇)을 보면, 주인공들이 등장하는 장면에서 사용하거나 가지고 있는 제품들이 판매되기도 하며, 주인공들 자체가 장난감으로 판매되기도 한다.

어린이들의 광고 인지 과정에서 혼란을 일으키는 요인들이 존재하는 반면, 어떤 요인들은 오히려 어린이들이 광고와 프로그램을 구분하는 데 도움을 줄 수도 있다. 특히, 광고 규제에서 요구되는 광고에 대한 표시 혹은 안내 문구는 어린이들이 광고와 주변 프로그램을 쉽게 구별할 수 있는 표지 역할을 할 수 있다(안순태, 2014). 이들이 어린이들이 광고를 구분하는 것과 광고를 이해하는 것까지도 도울 수 있다는 것이다. 광고 표시나 안내 문구는 어린이들의 광고 인지 및 판단력 향상에 기여할 수 있으며, 어린이들이 광고와 프로그램을 구분하는 능력을 스스로 갖출 수 있도록 돕는 데 중요한 역할을 할 수 있다.

현재 사용되고 있는 대부분의 광고 표시 혹은 안내 문구는 글씨가 작거나 빠르게 지나가는 등 어린이들의 눈에 잘 들어오지 않는 문제점이 있으며, 이러한 한계로 인해 광고와 프로그램을 구분하는 데 큰 도움이 되지 않을 수 있다는 점이 지적되곤 했다. 그러나 일부 연구에서는 이러한 불충분한 광고 표시 또는 안내 문구가 어린이들의 인지를 증가시키는 데 효과를 거두고 있다는 결과가 제시되기도 한다(안순태, 2014). 광고 표시나 안내 문구는 어린이들이 충분히 인지할 수 있는 크기와 속도로 광고에 표시되어야 하며, 어린이들의 실제 인지능력과 과정을 고려하여 만들어져야 한다.

광고를 프로그램 중간에 삽입하는 것이 아닌, 프로그램 시작 전과 끝난 후에 블록 단위로 광고를 방송하는 것이 어린이들이 광고와 프로그램을 구분하는 데 도움이 될 수 있는 또 다른 방법이다. 하지만 이러한 방식은 마케터의 입장에서는 광고 혼잡도를 높이고 동시에 광고 효과를 감소시키는 등의 문제가 생길 수도 있다는 우려도 존재한다.

2) 광고의 설득적인 의도에 대한 이해

어린이의 TV 광고에 대한 이해는 연속적인 몇 단계를 거쳐 이루어진다. 처음에는 어린이들이 광고를 제대로 인지하지 못하며, 주변 TV 프로그램의 내용과 광고를 명확하게 구분하지 못한다. 보통 5세 정도가 되면 어린이들은 광고와 프로그램에서 제공되는 감각적인 지각 신호를 활용하여 이 구분이 가능하게 된다. 하지만 이 나이대의 어린이들은 광고의 상업적인 의미를 명확하게 이해하지 못하며, 광고를 오락거리 중 하나로 간주하고 광고에 대해 긍정적인 태도를 가지고 있다는 것이 밝혀졌다.

어린이들은 초기 인지 단계를 지나 광고의 정보 제공 기능 및 판매 혹은 설득의 목적을 점차 이해하게 된다. 이러한 광고의 성격과 의도를 이해하는 것은 어린이들이 광고를 믿거나 거부하는 데 영향을 미치기 때문에 매우 중요하다(Young, 1990). 이러한 순차적인 과정을 거쳐 어린이들이 광고에 대한 이해를 보다 정교하게 완성해 나가는 것으로 나타났다.

한 연구에서는 6세부터 11세 사이의 어린이를 대상으로 광고 처리 능력에 대한 조사가 진행되었다(Robertson & Rossiter, 1974). 이 연구는 어린이들을 대상으로 광고 처리 능력에 대한 조사를 수행하였다. 이를 위해 광고의 존재 이유와 목적에 대한 질문을 통해 어린이들이 광고의 의도를 이해하는 데 필요한 선행 조건을 파악하고자 했다. 이 과정에서 광고를 이해하려면 프로그램과 광고의 구분, TV 광고 출처(광고주)의 파악, 광고된 제품과 실제 제품의 차이 등 광고와 관련된 기초적인 인식이 필요하다는 결과가 도출되었다. 따라서 광고의 목적을 이해하려면 이러한 기초적인 인식이 선행되어야 하며, 이후에 광고의 의도나 목적을 이해할 수 있게 된다는 것이다. 이 연구는 어린이들이 광고를 보고 어떻게 인식하고 판단하는지를 조사하였는데, 광고에 대한 어린이들의 인식 과정을 이해하기 위해 귀인이론(attribution theory)을 사용하였다.

유사한 연구 결과에 따르면, 대다수의 어린이들이 광고가 제품을 홍보하거나 판매를 촉진하는 역할을 한다는 것을 알고 있지만, 6-7세 어린이 중 절반 정도만이 광고의 설득적 의도를 이해하고 있는 것으로 나타났다. 연령이 증가함에 따라 이런 설득에 대한 이해도가 증가하여, 어린이들은 광고의 의도를 더 잘 파악하고 이에 대한 적절한 대처 방법을 습득하게 된다고 주장하고 있다(Wright, Friestad & Boush, 2005). 이 연구는 어린이, 청소년, 그리고 청년층을 대상으로 하고 있다. 연구에서는 시장 영향력과 관련된 지식의 발전 과정을 이해하기 위해 광고의 목적, 광고에서 사용되는 수법, 그리고 광고에서 전달되는 정보의 신뢰성이라는 세 가지 인지 요소를 조사하였다. 연구 결과에 의하면, 어린이는 광고가 판매를 목적으로 하고 있다는 것을 이해하고 있었으며, 일부 광고에서 사용되는 광고 기법을 파악할 수 있었지만, 전반적으로 광고에서 전달되는 정보의 신뢰성을 평가하는 능력은 아직 부족한 것으로 나타났다.

어린이들이 광고의 설득 의도를 이해하는 데 영향을 미치는 요인 중 하나는 제품에 대한 직접적인 실망의 경험이다. 어린이들이 광고에 속아서 실망한 제품을 구매했을 때, 광고와 현실의 차이에 대해 생각하게 되어 광고가 제품을 과장하는 데 사용된다는 것을 깨닫게 된다. 이러한 경험을 통해 어린이들은 광고가 실제 제품과 다를 수 있다는 것을 학습하게 되고, 광고를 더욱 비판적으로 바라보게 된다.

다양한 연구에서 광고에 대한 어린이들의 이해력을 조사하였으며, 광고에 대한 이해가 시작되는 나이는 대체로 7세~8세 정도로 나타났다(Chan, 2000; Kunkel & Roberts, 1991). Chan(2000)의 연구에서는 홍콩에 거주하는 7-12세 어린이들의 TV 광고에 대한 이해력을 이해하기 위한 조사가 진행되었다. 이를 위해 어린이들을 대상으로 설문조사와 인터뷰를 진행했는데, 연구 결과에 의하면, 어린이들이 TV 광고를 이해하는 능력은 연령에 따라 차이가 있었는데, 7세~8세 어린이들은 광고와 프로그램의 차이를 이해할 수 있었지만, 광고의 설득적인 의도나 제품의 특징 등은 제대로 이해하지 못하는 경우가 많았다. 반면 11세~12세 어린이들은 광고의 의도를 이해할 수 있었으며, 광고와 프로그램을 잘 구분하고 있는 것으로 나타났다. 또한 이 연구에서는 부모님의 광고 규제와 관련된 인식과 어린이들의 광고 이해력 간에도 연관성이 있음을 발견할 수 있었다. 광고 규제를 인식하고 있는 부모들의 자녀들이 광고와 프로그램을 더 잘 구분할 수 있었으며, 광고의 의도에 대해서도 더 잘 이해하고 있었다.

그러나 광고의 설득적 의도를 이해하는 능력을 갖게 되는 나이는 다양하게 제시되었다(Donohue et al., 1980). 이 연구는 5세~10세의 어린이들의 TV

광고 이해력을 조사하기 위해서 어린이들을 대상으로 질문지를 배포하고 인터뷰를 진행했다. 연구 결과에 의하면, 어린이들은 TV 광고의 의도를 이해하는 데 어려움을 겪는 것으로 나타났고, 제품을 판매하기 위한 광고의 목적을 제대로 이해하지 못하는 경우가 많았으며, 대부분의 어린이들은 광고와 프로그램을 잘 구분하지 못했다. 또한 어린이들이 광고에서 가장 눈에 띄는 부분으로 생각한 것은 광고의 캐릭터나 배경음악 등의 비주얼적인 요소였으며, 광고의 내용에 대한 이해는 미약한 것으로 나타났다. 그러나 이러한 어린이들의 광고 이해력은 연령에 따라 차이가 있었는데, 연령이 증가함에 따라 광고와 프로그램의 구분, 광고의 목적에 대한 이해 등이 향상되는 것으로 나타났다.

이러한 연구 간의 결과 차이는 연구에서 사용된 언어적 혹은 비언어적 측정 방법에 따라 나타나는 것으로 생각할 수도 있다. 비언어적 측정 방법을 사용한 연구에서는, 광고 이해 능력이 더 어린 나이에서부터 발달한다는 결과가 나타났는데, 광고 규제 정책을 결정하는 데에 있어서 이러한 연구들은 어린이의 나이에 대한 기준을 정하는 고려 요인 중 하나가 될 수 있다. 따라서 어린이들이 광고를 이해하는 능력에 대해서는 여러 연구를 통해 논의가 계속해서 이루어져 왔으며, 이를 바탕으로 광고 규제 정책의 결정에 있어 기준이 되는 나이가 중요한 요소 중 하나로 논의되고 있다(Kemp, 1999). Kemp(1999)의 기사는 어린이들이 TV 프로그램에서 노출되는 광고에 대한 문제를 다루었는데, 광고가 어린이들의 소비 행동에 큰 영향을 미치고 있다는 것이다. 광고 규제에 대한 다양한 의견과 논의가 필요하다는 의견을 제시했는데, 일부 전문가들은 어린이들이 광고에 노출되는 것을 최소화해야 한다는 견해를 제시하며, 광고를 금지하는 방안까지 제안하기도 한다. 그러나 다른 전문가들은 광고 규제가 광고 산업과 경제 발전에 부정적인 영향을 미칠 수 있다는 점을 우려하고 있었다. 어린이들의 광고 노출을 최소화하기 위한 규제 방안과 광고 산업의 발전을 고려한 균형 잡힌 방안이 필요하다는 것이 이 기사에서 강조된다.

어린이와 청소년을 대상으로 한 질적 연구에서도, 어린이들이 TV 광고의 판매 의도를 이해하는 데에 어느 정도 성공했다는 결론을 얻을 수 있었다. 광고는 때로는 흥미롭고 즐거울 수도 있지만, 어린이들도 광고의 주된 목적이 제품을 알리고, 판매하기 위한 것임을 인식하고 있었다.

광고에 대한 기본적인 이해 수준이 있다는 것은 광고의 의도나 목적을 어느 정도 이해할 수 있는 능력이 있다는 것을 의미하고 있지만, 이것만으로 어린이들이 광고를 적절하게 처리할 것을 보장하는 것은 아니다. 어떤 능력을 가지고 있다는 것이 밝혀져도, 실제로 그 능력을 적극적으로 활용하여 광고를 처리하는 것은 다른 과정이며, 능력을 가지고 있어도 광고에 적극적으로 대처하지 않을 수도 있다는 점도 고려할 필요가 있다.

한 연구에서는 만화 캐릭터가 등장하는 시리얼 광고를 어린이들에게 보여준 후에, 이 광고에서 원하는 행동을 그림에서 선택하도록 하는 실험이 진행되었다(Donohue et al, 1980). 이 실험에서는 두 가지 그림 중 하나를 선택하도록 하는데, 하나는 어머니와 어린이가 시리얼을 쇼핑하는 사진이고, 다른 하나는 어린이가 TV를 시청하고 있는 사진이었다. 어린이가 어머니와 함께 시리얼을 쇼핑하는 사진을 선택하면, 광고의 목적이 제품을 구매하도록 유도하는 것이라는 것을 어린이가 이해하고 있다는 해석이 가능하다. 연구 결과를 분석한 결과, 2세~3세 어린이 중 75%, 4세 어린이 중 70%, 5세 어린이 중 76%, 6세 어린이 중 96%가 쇼핑하는 사진을 원하는 행동의 그림으로 선택하는 것으로 나타났다. 이를 통해, 어린이들은 2세~3세부터 광고의 판매 목적을 이해할 수 있다는 결론이 도출되었다.

그러나 이 연구에 대해서 어린이의 광고 이해 능력을 과대평가하고 있다는 비판이 제기되고 있다. 연구자들이 사용한 시리얼을 포함한 사진과 TV 시청 사진 중 하나를 선택하도록 한 것이 주요 비판 대상이다. 어린이들이 쇼핑 그림을 선택한 이유가 이미 TV에서 본 시리얼 제품이 그림에 포함되어 있기 때문일 가능성이 있다는 것이다. 따라서 이 연구 결과는 어린이들이 광고의 상업적인 특성을 이해하고 있는 것보다는 단지 TV에서 본 제품을 인식하고 있는 것을 나타내는 결과일 수도 있다는 비판이 제기될 수 있다. 또 다른 비판은 선택의 예로 사용된 그림이 2개뿐이라는 것이다. 이 경우에는 어린이들이 우연에 의해 쇼핑 그림을 선택할 확률도 이미 50%가 된다는 것이다. 따라서 이러한 한계점을 제대로 고려해야만 이 연구의 결과를 적절히 해석할 수 있다는 것이다(Macklin, 1987).

이러한 비판을 고려하여, 후속 연구에서는 두 장의 그림 대신 열 장의 그림을 사용하여 같은 실험을 진행하였다. 열 장 중에 쇼핑하는 그림 한 장을 포함시켰다. 이번 연구에서는 어린이들이 시리얼 광고를 시청한 후, 광고가 어린이에게 원하는 행동이 무엇인지를 나타내는 그림을 선택하도록 하였다. 이를 통해, 이전 연구에서 발생한 한계점을 보완하고 더욱 정확한 결과를 얻을 수 있었다(Macklin, 1987).

새롭게 설계된 연구에서는 실험의 완성도가 높아졌고, 이를 통해 얻은 결과는 이전 연구에서의 결과와는 다르게 나타났다. 3세 어린이는 쇼핑 그림을 선택하지 않았으며, 4세 어린이의 8%, 5세 어린이의 20%만이 쇼핑하는 그림을 선택했다. 이 결과는 이전 연구에서 얻은 결과와 일치하지 않는데, 이전 연구에서 어린이들이 쇼핑 그림을 선택한 이유는 그림이 시청한 제품을 포함하고 있기 때문이거나 우연히 선택한 결과일 수도 있다는 것을 고려할 때, 어린이들이 광고의 상업적 의도를 제대로 이해하고 있는 것을 나타내는 것은 아니라는 것이다. 새롭게 설계된 연구에서는 4세에서 5세 어린이들의 쇼핑 그림 선택이 우연에 의한 것으로 나타났다. 또한 3세에서 4세 어린이들의 경우 광고의 설득 의도를 제대로 이해하지 못하는 것으로 나타났다.

비록 실망스러운 결과지만, 5세 어린이 중 20%가 쇼핑 그림을 선택한 결과는 주목할 가치가 있지만, 이 20%도 우연히 쇼핑 그림을 선택할 확률 10%보다 약간 높을 뿐이라는 것도 고려해야 한다. 이 연구 결과로부터 5세가 광고의 상업적 의도를 이해하기 시작하는 나이라는 결론을 내릴 수 있지만, 실제로 이 결과가 해당되는 어린이가 매우 적다는 점을 감안해야 한다. 따라서 5세 어린이가 광고의 설득적 의도를 이해하기 시작했다는 결론을 단정 짓기 위해서는 이 연구 결과만으로는 부족하다.

이렇게 재설계되어 진행된 연구에 대해서도 비판이 있었다(Harvey & Blades, 2002). 10장의 그림 중 실제 광고 제품이 등장한 것이 세 장뿐이기 때문에 어린이들이 광고된 제품을 단순히 고를 수 있는 가능성이 존재하며, 따라서 이 연구의 결과로 어린이들이 광고의 설득적인 의도를 이해하고 있다는 결론을 내리기에는 충분한 근거가 부족하다는 것이다.

2002년에는 이전 두 연구의 설계를 새롭게 하여 다시 실험 연구가 이루어졌다(Harvey & Blades, 2002). 이번 연구는 이전 실험과 동일한 방법으로 진행되었지만, 6장의 그림 중 1장이 쇼핑 그림이었고, 모든 그림이 광고되는 제품을 포함하도록 설계되었다. 실험 대상은 4세부터 6세 어린이였는데, 4세와 5세 어린이들의 쇼핑 그림 선택의 결과는 우연에 의해 이 그림을 선택할 확률과 크게 다르지 않았다. 그러나 6세 어린이들 중 1/3이 쇼핑 그림을 선택했고, 우연에 의해 선택할 확률인 1/6과 비교할 때, 매우 높다는 결론은 내리기는 어렵지만, 우연보다는 확실하게 높은 확률이라는 결론을 내릴 수 있었다. 연구에서 밝혀진 사실은 4세와 5세 어린이들이 TV 광고의 상업적인 혹은 설득적인 의도를 제대로 이해하지 못한다는 것과 6세 어린이들의 일부가 이런 광고의 의도를 이해하고 있다는 것이다.

이 연구들에서는 비언어적인 측정 방법을 사용하여 어린이들의 광고 이해를 조사했다. 어린이들이 특정한 그림을 선택하는 것이 광고의 설득적인 의도를 이해하는 것을 의미한다고 해석했다. 그러나 이 과정에서 미처 고려하지 못한 것은 광고의 이해를 의미하는 그림을 우연에 의해서 선택할 확률이 존재한다는 것이다. 이러한 우연에 의한 선택 확률은 선택에 사용된 그림 숫자에 따라 결정된다.

그림 선택이 아닌 다른 비언어적인 측정 방법을 사용한 다른 연구도 있었다. 이 연구에서는 3세, 4세, 5세 어린이들을 대상으로 광고의 의도를 이해하고 있는지 여부를 파악하기 위해 실험이 진행되었다(Macklin, 1987). 해당 실험에서는 어린이들이 시리얼 광고를 시청한 후, 미리 준비된 세 개의 놀이 공간으로 안내되었다. 이 공간들은 부엌, 핫도그 판매 스탠드 및 식사 장소, 그리고 가게의 모습으로 준비되어 있었으며, 모든 공간에는 광고에서 시청한 시리얼 제품이 놓여 있었다. 어린이들은 세 공간을 살펴보고, 광고가 원하는 행동과 연관된 장소를 선택하도록 했다.

실험 결과를 살펴보면, 3세와 4세 어린이들은 제품 구매와 관련된 가게를 선택하지 않았으며, 관련 행동도 하지 않았다. 그러나 5세 어린이들 15명 중 5명은 쇼핑과 연관된 가게를 선택하는 것으로 나타났다. 이러한 결과는 5세 어린이들의 일부가 광고의 설득적인 의도에 대해 이해하고 있을 수 있다는 해석의 근거로 사용될 수 있다.

이 실험도 광고를 시청하지 않은 통제 그룹을 사용하지 않았기 때문에 연구자들로부터 비판을 받았다. 만약 광고를 시청하지 않은 어린이 집단이 있었다면, 이 집단과 광고를 시청한 집단을 비교하여 보다 타당한 결과를 얻을 수 있었을 것이라는 의견이다. 또한 이전에 지적한 것과 마찬가지로, 세 개의 놀이 공간 중에서 우연히 한 개를 선택할 확률이 이미 1/3이나 된다는 사실도 고려해야 한다.

어린이들의 광고 이해에 대한 측정을 위해 광고의 결말 부분을 삭제하고 시청하도록 한 후, 그 광고의 결말을 어린이들 자신이 원하는 대로 완성하도록 하는 실험이 진행되었다(Young, 2000). 어린이들이 선택한 결말 중에서, 4세에서 5세 어린이의 대부분이 오락성이 나타난 결론을 선택하였으며, 6세 어린이 중에서도 홍보성의 결말을 선택한 어린이는 1/3에 그쳤다. 이를 통해 4세에서 6세의 어린이들은 광고의 의도와 목적을 재미와 흥미 등의 오락으로 이해하고 있다는 결론을 내릴 수 있었다.

◇ 촉진 의도의 이해

마케팅의 일반적인 특성 중 하나는 촉진적인 특성이다. 이는 마케팅이 제품이나 브랜드에 대해서 긍정적인 측면의 주장만을 주로 제시하고, 부정적인 측면을 드러내지 않는 경우가 많기 때문이다. 만약 광고나 마케팅 메시지에서 제품이나 브랜드에 대한 부정적인 정보를 제시하고 있다면, 이는 광고 기법으로 아이러니[26](irony)를 활용하거나, 수용자에게 평소의 규칙을 깨는 색다른 자극을 주는 형태로 소비자의 주의를 끌기 위한 수단으로

26 낱말이 문장에서 표면의 뜻과 반대로 표현되는 용법, 반어로 해석되기도 하며, 그 어원은 그리스어의 에이로네이아(eironeia:위장)이다.

사용된 경우일 가능성이 크다. 광고나 마케팅 메시지에서 제품이나 브랜드에 대한 부정적인 정보를 제시하는 경우, 그 부정적인 정보를 상쇄시킬 수 있는 메시지 전략이 필요하다. 이러한 전략 중 하나는 2등 마케팅[27] 메시지를 활용하는 것이다. 광고의 의도에 대한 이해를 마케팅 혹은 광고의 일반적인 촉진적 성격의 관점을 포함하여 다양한 관점으로 살펴볼 필요가 있다(Young, 2000).

4세에서 7세 어린이들을 대상으로 광고의 촉진적인 성격에 대한 이해를 조사한 연구(Young, 2000)가 진행되었다. 이 연구에서는 7개의 광고를 시청한 후, 광고 이후의 결말 장면으로 "촉진적인", "중립적인", "오락적인" 등의 내용을 포함하는 세 개의 사진을 제시하고, 그중 한 개를 결말로 선택하고 그 이유를 설명하도록 지시했다. 결과적으로 4세와 5세 어린이들의 대부분이 오락적인 내용을 담고 있는 사진을 선택했지만, 6세 어린이의 1/3 정도는 촉진적인 내용을 광고의 결말로 선택했다. 이를 통해 6세 어린이들의 일부는 광고의 촉진적인 성격을 이해하고 있다는 결론을 내릴 수 있다.

따라서 광고의 촉진적 성격에 대한 이해는 연령에 따라 다르게 발전한다는 것을 알 수 있으며, 이에 따라 광고 콘텐츠의 설계와 표현 방식도 연령을 고려해야 할 필요가 있다는 것을 의미한다. 또한 광고와 같은 콘텐츠의 올바른 이해를 위해서는 광고의 목적과 촉진적 성격을 이해하는 것이 중요하며, 이를 달성하기 위해서는 광고에 대한 교육이 필요하다는 것

---

27 자사의 제품이 현재 시장에서 2등이라는 것을 밝히는 마케팅, 대표적인 예로 AVIS의 "We are No.2. Therefore we work harder." 광고 메시지가 있는데, 2등이라는 것만을 강조하는 것이 아니라 그로 인해 더 열심히 노력한다는 긍정적인 메시지를 강조하고 있다.

을 알 수 있다. 이 연구에서는 어린이를 대상으로 하는 브랜드 및 로고에 대한 인식에 대한 연구가 진행되었다. 이를 위해 취학 전의 어린이들을 대상으로 실험이 진행되었으며, 실험은 브랜드 로고와 포장을 먼저 보여주는 것으로 시작되었다. 이를 통해 어린이들이 어떻게 브랜드 로고와 포장을 인식하는지에 대한 결과를 도출하고자 하였다(Dammler & Middelmann-Motz, 2002). 모든 나이대의 어린이가 브랜드를 인식할 수 있는 것은 아니지만, 3세에서 4세의 어린이들이 브랜드 로고만을 보고도 로고와 관련된 제품을 제대로 묘사할 수 있었다는 결과가 나왔다.

또한 다른 연구에서는 매우 어린 2세 어린이들도 브랜드가 없는 제품보다 브랜드를 가진 제품을 더 잘 인식하고 선호하는 것으로 나타났다(Hite & Hite, 1995). Hite와 Hite(1995)는 어린이들이 브랜드에 의존하는지의 내용에 대한 연구를 수행하였다. 이를 위해 2세에서 7세 사이의 어린이들을 대상으로 설문조사를 진행하였다. 설문조사 결과, 매우 어린 어린이들도 브랜드를 인식하고, 브랜드를 가진 제품을 더 선호하는 것으로 나타났다. 또한 어린이들은 브랜드를 인식하는 데에 제품 포장이나 광고와 같은 시각적인 자극이 중요하다는 것을 보여주었다.

물론 이와는 다른 결과를 보여주는 연구도 있는데, 어린이들이 산타에게 보낸 편지를 분석한 이 연구에서는 크리스마스 시즌을 목표로 광고되는 장난감 브랜드 중에서 약 90% 이상이 어린이들의 선물 목록에 실제로는 등장하지 않는다는 것을 그 결과로 제시했다. 이 결과를 어린이들이 실제로 그들이 시청한 광고나 마케팅 메시지로부터 브랜드 이름을 정확하게 회상하는 능력이 부족했다는 것으로 해석할 수도 있다. 하지만 어린이들은 그들이 원하는 선물을 오래전에 결정했을 수도 있고, 크리스마스 시즌의 광고라고 해도 실제로 이 광고가 어린이들에게 제대로 노출되었는지를 확인할 수도 없다는 문제도 있다.

이렇게 해석하기 어려운 결과에도 불구하고, 상업적인 콘텐츠를 포함하는 TV를 더 많이 시청하는 어린이들이 일반적으로 산타에게 보내는 편지에서 더 많은 수의 선물을 요청했으며, 또 편지에 요청한 받고 싶은 선물로 브랜드가 있는 제품을 선호하는 것으로 나타났다.

어린이들이 광고의 의도를 이해하고 있는지를 연구하는 과정에서, 광고 이해의 개념적인 정의 문제가 발생할 수 있다. 광고를 이해한다는 것이 무엇을 의미하는지 명확하지 않기 때문이다. 광고 이해라는 추상적인 개념 안에는 광고와 프로그램의 구분, 광고의 설득적인 의도 및 촉진적인 의도의 이해 등 다양한 측면이 함께 고려되어야 한다. 이러한 이유로 어린이들이 광고의 의도를 이해하는 능력을 측정하고자 할 때는 이에 대한 명확하고 구체적인 정의가 필요하다. 이런 과정을 통해 연구 결과의 일관성과 타당성을 높일 수 있다.

광고 리터러시(Advertising Literacy)[28] 개념에서 다루어지는 광고 이해의 개념이 여기서 유용하게 사용될 수 있는데, 조금 더 구체적으로 광고의 의도에 대한 이해의 개념을 제시하고 있기 때문이다.

어린이 광고 분야의 대표적인 연구자인 영(Young)은 어린이가 광고를 이해하기 위해서는 몇 가지 선행되는 인식의 단계가 필요하다고 설명하고 있다(Young, 1990). 먼저 광고 제작자의 의도를 인식하는 것은 광고에 대한

28 리터러시: 문해력, 문자해독능력 등으로 해석, 문자화된 기록물을 통해 지식과 정보를 획득하고 이해할 수 있는 능력, 리터러시가 단지 언어를 읽고, 쓰는 피상적인 의미만을 내포하는 개념은 아니며, 복잡한 사회적 환경과 상황 속에서 그 본질을 이해할 수 있는 복잡한 개념이다. 이제 리터러시는 단지 언어를 읽고 쓰는 능력에서 더 나아가 변화하는 사회에서의 적응 및 대처하는 능력으로 그 개념이 확대되기 시작, 미디어 리터러시, 광고 리터러시처럼 특정 분야의 적응 및 대처 능력에 대한 표현으로 확장할 수 있다.

기본적인 이해를 위해 필수적이다. 광고 제작자는 제품이나 브랜드를 소비자들에게 구매하도록 유도하고자 하며, 이를 위해 수용자들을 설득하고자 한다. 이러한 의도를 이해하기 위해서는 어린이들이 다른 형태의 커뮤니케이션 또한 각각 다른 의도를 가지고 있음을 이해해야 한다. 이러한 기초적인 이해가 광고 의도 이해의 출발점이라 할 수 있다.

어린이들이 광고에 대한 이해를 더욱 깊게 하기 위해서는 광고의 특징에 대한 구체적인 이해가 필요하다. 이를 위해서는 누가 광고비를 지불하는지, 누가 광고를 만드는지, 누가 광고로부터 혜택을 보는지, 왜 광고가 특정한 채널을 통해서만 전달되는지 등의 광고의 특징에 대한 자세한 이해가 필요하다. 이러한 광고의 특징들에 대한 이해는 어린이들이 광고 의도를 깊게 이해하는 데 있어서 필요하다.

광고의 기능을 정보적인 기능과 설득적인 기능으로 나누어서 이해할 수도 있다(Macklin, 1987). 이 연구는 유아들이 광고의 정보적 기능에 대한 이해를 어떻게 발전시키는지 과정에 대해 조사한 것이다. 연구에서는 유아들에게 광고와 광고가 아닌 콘텐츠를 보여주고, 각 콘텐츠가 정보를 제공하는 용도로 사용되었는지 여부를 평가하도록 요청하였다. 결과적으로 연구는 유아들이 광고가 제품과 브랜드에 대한 정보를 제공하는 용도로 사용되는 것을 이해하고 있었음을 보여주었다. 이러한 결과는 광고의 정보적 기능을 이해하는 데 있어서는 유아들이 높은 수준의 이해를 보여준다는 것을 의미한다. 그러나 이 연구는 광고의 설득적 기능에 대한 이해를 평가하지는 않았으며, 따라서 광고의 이해에 대한 완전한 그림을 제공하지는 않는다. 결론적으로, 해당 연구는 유아들이 광고의 정보적 기능에 대한 이해를 가지고 있음을 보여주며, 광고의 이해가 어린이의 인지 발달에 따라 진화한다는 것을 밝히고 있다.

광고의 정보적인 기능은 상점에서 구매가 가능한 제품에 대한 필요한 정보를 알려주는 것이다. 반면, 광고의 설득적인 기능은 더욱 세분화하여 설명할 수 있다. 광고의 정보제공자는 수용자와는 다른 관심을 가지며, 수용자를 설득하려는 의도가 있다. 또한 광고의 설득적인 메시지는 일반적으로 편파적이다. 이러한 편파적인 메시지를 처리하기 위해서는 수용자가 정보적인 메시지를 처리할 때와는 다른 메시지 해석 전략이 필요하다.

어린이의 광고 이해를 가능하게 하기 위해서는 광고의 수용자와 전달자인 광고주의 역할에 대한 이해가 필수적이다. 그러나 어린이의 광고 이해가 시작되는 나이는 사용된 연구 방법에 따라 다르며, 이런 연구 방법론의 차이가 광고 의도의 이해와 관련이 있다는 연구 결과도 있다. 따라서 어린이의 광고 이해에 대한 연구에서는 방법론의 선택에 주의해야 한다.

메타분석을 활용해서 어린이 광고 관련 연구들을 종합한 결과, 광고 이해와 방법론에서의 몇 가지 요인이 서로 관련이 있다는 것을 알 수 있었다. 이러한 요인들은 나이와 광고 의도의 이해 사이의 관계를 조정하고 있다. 관계를 조정하는 세 가지 주요한 요인들이 확인되었는데, 첫 번째는 비언어적이거나 언어적인 측정 방법의 사용이다. 두 번째는 어린이가 이해하는 광고 의도의 강도 차이이며, 세 번째로는 광고 노출의 종류이다. 이러한 외부 요인들에 대한 통제나 조작을 통한 추가적인 새로운 연구가 필요하다고 결론 내릴 수 있다. 이러한 노력들이 광고 이해에 대한 더욱 정확하고 구체적인 이해를 만드는 데에 도움이 될 것이다.

3) 종합적인 광고의 이해

어린이들은 나이가 들수록 광고를 이해하는 능력이 향상되는 것으로 나타났다. 유아 시기에는 광고의 개념 자체를 이해하지 못하며, 단순히 화려한 이미지나 소리에 반응하는 것으로 나타났다. 그러나 유치원 시기에는 광고와 제품 간의 관계를 이해하기 시작하며, 광고가 제품이나 서비스를 판매하고 있으며, 광고가 어떤 매체를 통해 전달된다는 것을 이해할 수 있었다. 초등학교 시기에는 광고가 제품에 대한 긍정적인 평가를 제공하는 것을 이해하면서도, 광고가 자신들의 선택과 행동에 영향을 미칠 수 있다는 것을 이해하며, 광고의 의도를 분별하고 비판할 수 있는 능력을 갖추게 된다.

12세 이상에서는 광고와 관련된 소비문화와 미디어의 역할을 이해하고, 광고가 시청자의 인식과 태도를 변화시킬 수 있다는 것을 이해하는 것으로 밝혀졌다. 이러한 능력을 통해, 어린이들은 광고의 대상이 되거나 광고를 사용하는 측면에서 제대로인 인식과 비판적인 사고 능력을 보유하게 된다. 따라서 어린이들의 광고 이해 능력은 나이와 함께 증가하며, 광고의 의도와 효과를 이해하는 능력을 갖추게 된다.

최근의 연구결과에 따르면, 광고 이해력은 어린이의 인지능력 발달과 함께 증가한다는 것이 확인되었다. 이론을 설명하는 이전 장에서 언급된 바와 같이, 7세에서 8세 정도의 나이에서 어린이는 광고에 대한 기본적인 인지 능력을 형성하기 시작하며, 이후로는 더 정교하고 복잡한 광고에 대한 이해력을 발달시키는 것으로 나타났다. 이 연구에서는 이러한 광고 이해력의 발달을 측정하기 위해, 어린이가 자신의 생각을 말이나 문자로 표현할 수 있는 능력을 갖추고 있는 7~8세 정도의 나이를 가진 어린이를 주요 대상으로 하였다. 이들에게 광고에 대한 이해를 측정하기 위해 말이나 문자를 이용한 방법이 사용되었다. 이 연구에서는 어린이들이 광고의 성격과 특성을 제대로 이해하는지, 그리고 광고의 진실성에 대한 의견은 어떠한지 등을 조사하였다. 또한 광고에 등장하는 유명한 캐릭터 등이 어린이들에게 어떤 영향을 미치며, 그 영향 받는 과정을 어린이들이 이해하고 있는지도 함께 조사되었다.

최근 어린이와 광고를 주제로 한 연구에서는, 어린이들이 나이가 들어감에 따라 광고에 대한 이해력이 점차 높아지고, 광고에 대해 더 비판적이고 냉소적인 시각을 가지며 광고의 진실성에 대한 의문을 갖게 된다는 결과를 얻을 수 있다. 이러한 발전 과정으로 어린이들이 광고를 점차 더 싫어하게 되는 이유를 설명할 수 있다.

특히 10세 정도의 나이가 되면, 어린이들은 광고의 설득적인 성격을 완전히 이해할 수 있을 정도로 광고에 대한 이해력이 높아진다는 것이 확인되었다. 그러나 광고의 이해가 무엇을 의미하는지 그 정의에 따라서 일부 연구에서는 광고의 이해가 더 어린 나이에 이루어진다고 주장하기도 하고, 또 다른 연구에서는 이보다 더 늦은 나이에 광고의 이해가 이루어진다고 주장하기도 한다.

8세에서 18세 사이의 어린이와 청소년을 대상으로 한 연구(Martensen & Hansen, 2001)에서는, 8세와 9세 어린이 중 약 2/3 정도가 광고의 의도를 이해할 수 있는 것으로 나타났다. 그러나 이러한 이해력은 나이가 들어감에 따라서 점차적으로 증가하며, 10세에서 12세 사이의 어린이에서는 약 3/4의 매우 높은 수준으로 광고를 이해하는 어린이들이 나타나는 것으로 확인되었다. 이러한 결과를 바탕으로, 대부분의 어린이가 광고를 제대로 이해하기 시작하는 나이는 10세~12세 정도라고 볼 수 있다.

연구결과를 종합해 보면, 10세에서 12세 정도의 어린이들은 대체로 광고의 의도를 이해할 수 있지만, 모두가 이를 완전히 이해하는 것은 아니라는 결론을 도출할 수 있다. 일부 어린이들은 광고의 설득적인 의도를 완전히 이해하지 못하고 있으므로, 이러한 어린이들을 보호하기 위한 대응책이 필요하다는 점을 다시 한 번 고민해볼 필요가 있다.

독일에서 진행된 연구에서도 11세 어린이의 일부는 여전히 광고가 가진 판매를 촉진하기 위한 설득적인 의도를 제대로 이해하지 못하고 있는 것으로 나타났다(Bergler, 1999). 이 연구는 광고가 어린이의 행동, 태도 및 가치관에 미치는 영향을 조사한 것이다. 이를 위해 실험군과 대조군을 구성하여 광고가 가지는 영향을 비교하였는데, 실험군은 광고를 시청한 어린이들이며, 대조군은 광고를 시청하지 않은 어린이들이다. 연구 결과에 의하면, 실험군의 어린이들은 광고와 비슷한 내용을 담은 영상을 시청한 후 제품에 대한 긍정적인 태도와 선호도가 증가하는 것으로 나타났다. 또한 광고가 어린이의 가치관에 영향을 미칠 수 있다는 것을 보여주었는데, 실험군의 어린이들은 광고에서 보여주는 가치관을 더욱 강조하는 모습을 보였으며, 이러한 영향은 광고의 인지적인 복잡성과 어린이의 성별에 따라 영향을 받는 것으로 나타났다.

홍콩 어린이를 대상으로 한 연구(Chan, 2000)에서도 8세가 어린이가 광고를 이해하는 데 중요한 나이임을 확인했다. 8세 미만 어린이들은 광고를 이루는 요소들을 이해하는 데 어려움을 겪었고, 12세의 어린이들 중 2/3는 광고가 제품 판매를 촉진하는 데 도움이 된다는 것을 이해하였다. 또한 광고의 목적을 질문했을 때, 대부분은 광고가 제품 판매를 촉진하거나 설득을 위한 것이라는 의도를 명확하게 이해하고 있었다.

Chan(2000)의 연구는 홍콩 어린이들이 TV 광고를 이해하는 정도를 조사한 것으로, 6세~14세 어린이들을 대상으로 설문지와 인터뷰를 이용하여 광고에 대한 이해도를 측정하였다. 연구 결과, 대부분의 어린이들이 TV 광고를 시청하는 것이 확인되었으며, 광고에 대한 이해도는 나이가 많을수록 높아졌다는 것이 나타났다. 특히 6세~7세 어린이들은 광고와 프로그램 사이의 차이를 이해하지 못하는 경우가 많았지만, 12세 이상의 어린이들은 광고의 목적과 의도를 이해하는 데 있어서 더욱 능숙해졌다는 것이 확인되었다. 또한 연구에서는 유명인이나 캐릭터가 어린이들의 구매 결정에 미치는 영향도 조사하였으며, 이에 따르면 대부분의 어린이들은 유명인이 광고를 진행할 때 더욱 관심을 가지며, 제품의 이미지와 인기에 대한 인식도 높았다는 것을 밝혀내었다.

다른 연구(Chan & Mcneal, 2002)에서도 중국의 9세에서 12세 어린이들은 TV 광고의 목적과 기능을 어느 정도 이해할 수 있었으며, 광고의 판매 의도와 공익광고(Public Service Announcement)[29]와 상업적 광고를 구분할 수 있는 능력도 가지고 있는 것으로 나타났다. 그러나 광고의 경제적 측면과 같은 조금 더 복잡한 내용에 대해서는 아직 완전하게 이해하지 못하는 것으로 나타났다.

이 연구는 중국 도시 지역에 거주하는 8세~12세 어린이들이 TV 광고를 어떻게 인식하고 받아들이며, 이에 대한 태도가 어떠한지를 조사한 것이다. 조사 결과에 의하면, 중국 어린이들은 TV 광고를 즐기며 광고와 프

29 기업이나 단체가 공공의 이익을 목적으로 하는 광고, 공익광고는 개인적인 이익이 아니라 나라와 국민 전체의 이익을 위하여 만든 광고, 담배는 몸에 해롭다든지, 에너지를 아껴 쓰자는 내용의 광고이다.

로그램 간의 구분을 명확히 이해하고 있음이 밝혀졌다. 또한 어린이들은 TV 광고를 통해 제품 정보를 얻을 수 있으며, 이로 인해 제품 구매에 대한 동기부여를 느끼고 있는 것으로 나타났다.

어린이의 광고 이해에 관한 여러 연구의 결과를 살펴보는 과정에서 중요한 문제는 이 연구의 대상이나 현상에 대한 개념적 또는 조작적 정의를 어떻게 내리느냐는 것이다. 이는 연구의 결과나 해석에 큰 영향을 미칠 수 있다. 따라서 연구에서 사용되는 대상이나 현상을 명확하게 정의하고, 연구자들이 이해할 수 있도록 구체적이고 명확한 용어와 정의를 사용하는 것이 중요하다(Gunter et al., 2005).

광고의 의도를 정의하고 측정하는 것은 중요한 이슈이다. 이는 광고의 의도에 대한 다양한 정의가 존재하기 때문이다. 광고는 제품을 인지하고 선호하게 만들거나 구매를 유도하는 것을 중심으로 하는 단순한 개념으로 정의될 수도 있으나, 경제적인 측면을 고려하여 장기적인 효과를 포함하는 조금 더 복잡한 개념으로도 해석할 수도 있다.

물론 어린이의 나이에 따라 광고와 광고의 의도에 대한 이해도 다양하게 나타날 것으로 예상된다. 어린이의 나이가 적을수록 광고와 광고의 의도를 단순하고 직접적인 개념으로 이해할 것이고, 나이가 많을수록 더 복잡하고 정교한 개념으로 이해할 것으로 기대된다.

어린이가 광고를 이해하기 위해서는 몇 가지 중요한 요소를 제대로 구분할 수 있어야 한다는 주장이 연구에서 제시되고 있다. 이러한 요소들은 광고와 프로그램의 구분, 광고 메시지의 출처 파악, 광고의 목표 대상자 파악, 광고에 등장하는 제품, 캐릭터, 상황 등의 상징적인 성격 파악, 그리고 광고된 제품과 실제로 경험한 제품의 비교와 이해 등이 있다(Gunter & McAleer, 1997).

어린이의 광고에 대한 태도는 광고의 설득적인 의도에 영향을 받을 수 있으므로, 어린이들이 광고의 설득적인 의도를 올바르게 이해하는 것이 중요하다. 이러한 이해 능력은 어린이의 연령에 따라 발전하며, 부모의 사회계층과 학력 수준 등과도 관련이 있다는 연구 결과가 있다(안순태, 2014).

광고에 대한 이해와 관련된 요소들은 대부분 광고의 설득적인 의도를 파악하는 능력과 연계되어 있다는 연구 결과가 있다. 이는 광고의 여러 측면, 예를 들어 광고의 내용, 제품, 캐릭터, 상황 등을 이해하면서 순차적으로 광고의 의도를 파악하게 된다는 것을 의미한다.

광고의 이해와 관련해서 밝혀진 중요한 사실 중 하나는 광고의 설득적인 의도를 충분히 이해하고 있는 어린이들은 광고를 덜 신뢰하는 경향이 있다는 것이다. 이는 광고의 목적이 제품을 판매하려는 것임을 이들이 인식하고 있기 때문으로 보인다. 이러한 신뢰 부족으로 어린이들은 광고를 싫어하게 되고, 광고를 싫어하기 때문에 광고되는 제품에 대한 구매 욕구가 작아지는 것으로 나타나고 있다.

광고에 대한 이해를 평가하기 위해서는 어린이들이 광고를 어떻게 처리하는지 이해하는 것이 중요하다. 예를 들어, 어린이들이 광고를 처리하는 과정에서 광고의 어떤 부분에 반응하는지, 또 어떤 부분을 기억하는지 등의 메시지 처리 과정의 세부적인 효과를 살펴보는 것이 유용할 것이다.

덴마크에서 진행된 어린이들을 대상으로 한 연구에서는 7세에서 9세까지의 어린이들이 광고를 처리하는 과정에서 주변 요인들을 주로 기억하고 중심 메시지는 기억하지 못하는 것으로 나타났다. 이들은 광고를 오락거리로만 인식하고 중요한 정보원으로 사용하지 않는 것으로 나타났다. 이에 반해 10세에서 12세의 어린이들은 광고 메시지의 중심 내용에 더 많은 주의를 기울이고, 광고되는 제품의 정보에 대해서도 더 많이 알고 있는 것으로 나타났다.

어린이들의 광고에 대한 이해를 조사한 결과, 8세에서 9세 사이의 어린이들은 광고와 관련된 다양한 이슈들에 대해서도 어느 정도는 알고 있다는 사실이 밝혀졌다(Lawlor & Prothero, 2003). 광고가 방송국에 의해 판매되어 방송되고, 이를 통해 프로그램이나 미디어 콘텐츠가 재정적으로 지원받고 있으며, 광고는 때로는 오락적인 특성을 가지며 감정을 불러일으키는 역할도 한다는 것 등 다양한 이슈들에 대해 어린이들이 일부는 알고 있다는 것이 확인되었다. 이 연구는 어린이들이 광고의 의도를 이해하기 위해 어떤 요소들이 중요한지에 대한 내용을 다루고 있다. 이를 위해 연구자들은 기존 연구를 검토하고, 광고 이해에 영향을 미치는 다양한 요인들을 정리하였다. 광고와 프로그램의 구분, 광고 메시지의 출처, 광고의 대상자, 제품, 캐릭터 및 상황 등의 상징적인 표현, 그리고 광고와 실제 제품의 비교 등이 광고 이해에 영향을 미치는 중요한 요인들이라고 밝히고 있다. 또한 어린이의 나이와 부모의 사회 계층 및 학력 수준도 광고 이해에 영향을 미치는 요인으로 나타났다. 이 연구는 이러한 요인들을 고려하여 광고 이해에 대한 연구 방향을 정하고 더 나은 광고 교육 방법을 제시하고자 하는 연구 목적을 가지고 있다.

◇ 광고와 제품 경험

한 연구는 어린이들이 광고를 이해하는 과정에서 자신들의 경험을 적극적으로 활용할 수 있다는 것을 제시하고 있다. 이러한 과정에서, 어린이들이 광고에서 묘사되는 제품의 경험과 실제로 제품으로부터 얻은 직접적인 경험의 차이를 어떻게 인지하는가는 중요한 문제 중의 하나이다 (Robertson & Rossiter, 1974). 이 연구는 어린이들이 광고에서 제시되는 제품에 대한 직접적인 경험과 광고를 통해 얻은 정보와의 관계를 설명하고 있다. 연구 결과에 의하면, 어린이들은 광고에서 제시되는 제품에 대한 직접적인 경험이 있을 경우, 광고 메시지의 내용에 노출되더라도 자신의 경험을 중심으로 제품을 평가하는 모습을 보였다. 반면, 제품에 대한 직접적인 경험이 없는 경우, 광고를 통해 제공되는 정보에 따라 제품을 평가하는 모습을 보였다.

나이가 어린 어린이들은 광고와 실제 제품 간의 차이를 분별하기 어려웠다. 그러나 어린이들이 성장하면서 이런 경험의 차이를 명확하게 인식하게 되며, 이는 광고를 믿지 않고 거부하는 주요 원인 중 하나로 파악되고 있다.

어린이들은 광고와 광고의 제품을 경험하는 과정에서 긍정적인 태도와 부정적인 태도 등을 보일 수 있다. 이는 어린이들이 광고와 실제 경험의 차이에서 실망할 때도 있지만, 일부 광고에서는 광고에서 나타난 기대를 실제 경험이 만족시키기도 하기 때문이다. 즉, 광고에 대한 부정적인 경험이 어린이들의 매력적인 장난감이나 새로운 초콜릿에 대한 욕구를 전체적으로 약화시키는 것은 아니다. 광고와 현실의 경험 차이에서 발생하는 어린이들의 불만은 주로 특정 광고 제품에 한정되며, 이는 모든 광고에 대한 어린이들의 일반적인 불신으로 확대되지 않는 것으로 나타났다.

어린이들은 광고의 설득적인 의도를 이해하는 과정에서 광고에서 사용되는 음향 효과나 특수 효과 등 광고의 제품을 더욱 눈에 띄게 만드는 기술들에 대해서도 이해하기 시작하는 것으로 나타났다. 11세에서 12세 사이의 어린이들은 광고에서 사용되는 기술적인 요소들, 예를 들면 광고에서 사용된 목소리의 톤, 단어나 문장, 표현에서의 과장, 광고 영상 속의 시각적 속임수 등을 인식하며, 이러한 기술의 사용이 광고에 대한 신뢰에도 영향을 미칠 수 있다고 응답했다.

어린이들이 광고에서 사용되는 기술이나 기법을 파악하는 능력은 광고에 등장하는 제품에 대한 주장을 비판적으로 평가하고, 광고에 대해 냉소적인 태도를 만들어낼 수 있다. 또한 광고 기법이나 기술이 실제 경험과의 차이를 평가할 때도 영향을 미치기 때문에 특수 효과나 음향 효과 등의 광고 기술이 어린이들의 기억에 더 쉽게 남는다고 응답했다. 만약 어린이들이 광고에서 사용되는 기법이나 기술에 대한 충분한 이해를 가지고 있다면, 해당 광고에서 사용된 기술이 부정적인 영향을 미칠 수 있는 가능성이 높아진다는 것이다. 이는 광고에서 사용된 기술이 광고와 실제 제품 간의 차이를 더욱 강조하거나, 제품에 대한 과장된 주장을 포함할 가능성이 있기 때문이다.

장난감 광고에서는 광고에서 묘사된 제품이 실제 제품에 미치지 못할 가능성이 크기 때문에, 여기서 사용되는 기술들은 특별한 비판의 대상이 될 수도 있다. 특히 장난감은 어린이에게는 중요한 제품이기 때문에, 광고에서 사용되는 표현에 어린이의 흥미를 유발하는 위해 과장된 소리나 역동적인 움직임을 사용하기도 한다.

부모와 어린이를 대상으로 한 장난감 광고에 대한 연구에서는, 어린이들이 광고에 등장하는 장난감의 크기나 움직임 등을 평가하는 과정에서는 자신이 이미 가지고 있는 비슷한 장난감과의 비교를 통해 어느 정도 이런 크기와 움직임 등을 정확하게 판단하고 있다는 결과가 나타났다. 같은 연구에서 파악된 또 다른 사실은, 어린이들이 광고에서 사용되는 특수 효과를 장난감을 더욱 좋게 보이게 만드는 기법으로 인식하고 있으며, 실제 현실에서는 같은 효과를 경험하기 어렵다는 것도 어느 정도 이해하고 있다는 것이다. 또한 일부 어린이들은 광고에서 제시되는 환상적인 배경은 장난감을 가지고 놀 수 있는 아이디어를 제공하고 상상력을 자극하기 위한 것으로 이해하기도 한다는 것이다.

하지만, 여전히 광고에서는 장난감의 조립, 부속품, 배터리 등과 같은 실제 사용과 관련된 측면에서 과장된 혹은 생략된 표현이 사용될 가능성이 있으며, 이는 어린이들에게 혼란을 줄 수 있고, 실제 장난감의 사용 과정에서 좌절감을 느끼게 할 수도 있다는 것이다(Liebert et al., 1977). 이 연구는 어린이들이 광고에서 제시된 제품에 대한 기대를 현실의 경험과 비교하여 불만족을 느낄 때 광고에서 제시되는 부가 정보(예: '실제 결과는 광고와 다를 수 있습니다')가 어린이들의 제품 기대에 미치는 영향을 조사하였다. 실험을 진행했으며, 실험 그룹은 광고 시청 후에 부가 정보를 보여주는 집단이고, 대조 그룹은 부가 정보를 제공하지 않는 집단이었다. 결과적으로 부가 정보가 제공되는 경우에는 어린이들이 광고에서 제시된 제품에 대한 기대를 현실적으로 조정하는 것으로 나타났다.

비록 이 문제를 광고의 단편적인 기술 문제로도 이해할 수 있지만, 어린이들은 광고에서 사용되는 다양한 기술의 문제점을 공정성의 문제나 사회적 책임의 문제로 인식할 가능성도 있다. 또한 어린이들은 이러한 광고의 기술적인 접근에 대해서 충분한 비판력을 갖추지 못하고 있을 수도 있으므로, 이런 문제점은 진지하게 고민할 필요가 있다.

◇ 광고에 대한 태도

광고에 대한 태도는 사람들이 광고에 대해 가지고 있는 긍정적인 혹은 부정적인 감정이나 태도를 의미한다. 광고에 대한 태도는 각 개인의 경험, 가치관, 문화적 배경, 교육 수준 등 다양한 요인에 따라 달라질 수 있다.

어린이들은 일반적으로 광고를 오락거리로 인식하며, 광고에 대해 긍정적인 태도를 가지고 있는 것으로 나타났다. 많은 나이의 어린이들은 광고에 대한 비판적인 태도를 보이는 것과 대조되며, 나이가 적은 어린이들은 광고에 대해 긍정적인 태도를 보이는 경향이 있다. 한 연구 결과에 따르면 6세 어린이들은 광고에서 나오는 내용을 실제로 믿는 경향이 있으며, 긍정적인 태도를 가진 어린이들은 광고를 즐거운 오락으로 인식하고 즐기고 있는 것으로 나타났다.

비록 6세 어린이를 대상으로 한 광고의 실험에서는 긍정적인 결과가 나타났지만, 10세에서 13세 사이의 어린이 중 절반 이상이 광고를 가끔 믿거나 전혀 믿지 않는다는 부정적인 반응을 보였다. 이는 10세 정도부터 어린이들이 광고의 주장에 대해 회의적으로 생각하기 시작하고, 12세 정도에는 대부분이 광고가 진실을 완전히 말하지 않는다는 것을 인식하게 된다는 사실을 나타내고 있다. 이러한 상반된 태도는 어린이들이 광고에 대해 회의적인 태도를 갖게 되며, 광고에 등장하는 제품과 브랜드에 대한 주장에 대해 비판적으로 생각하게 된다는 것이다. 특히 13세 정도가 되면 어린이들은 광고를 흥미로운 오락거리로 생각하지 않고, 노출된 광고에 대해 더 이상 주의를 기울이지 않게 된다는 것이다.

한 연구에서는 8세에서 18세 사이의 어린이와 청소년을 대상으로 광고의 신뢰성에 대한 평가를 조사했고, 이들이 광고에 대해 매우 냉소적인 태도를 보인다는 것을 발견했다. 구체적으로 살펴보면, 8세에서 9세 어린이의 80% 이상이 광고를 진실하다거나 믿을만하지 않다고 평가했으며, 이 비율은 13세에서 18세 사이에서는 90% 이상으로 크게 증가하는 것으로 나타났다. 비록 어린이들이 광고에 대해 부정적이고 회의적인 태도를 가지고 있더라도, 광고가 어떻게 그들을 속이고 이용하는지를 정확하게 이해하는 것은 여전히 어려운 것으로 나타났다. 어린이들은 광고에 어떤 문제가 있다는 불분명한 느낌만을 가지고 부정적인 태도를 발전시키는 것으로 판단된다.

8세에서 9세 어린이들이 광고 신뢰성을 판단하는 과정에서 세 가지 기준이 특히 중요하다는 것이 나타났다. 첫째는 광고에서 약속한 내용이 실제 제품을 만족시키는지, 둘째는 광고에서 제품이 실제보다 얼마나 더 좋아 보이는지, 셋째는 광고에서 이야기하는 내용을 믿을 수 있는지 등이다. 비록 이 기준들이 엉성하다고 생각될 수 있지만, 실제로 이들 기준은 광고의 신뢰성과 연관된 핵심 개념을 모두 포함하고 있음을 알 수 있다.

13세 이상의 어린이들은 광고에서 사용되는 미세한 기술이나 기법들을 잘 파악하고, 이를 광고 신뢰성을 판단하는 기준으로 활용하기도 한다는 것이 나타났다. 반면, 10세 미만의 어린이들은 광고에서 사용되는 기술이나 모호한 특성 등을 잘 이해하지 못하는 것으로 나타났다. 11세에서 12세 어린이들은 제품의 혜택을 과장해서 말하거나 시각적인 속임수를 사용하거나, 너무 많은 정보를 제공하는 광고에 대해 의구심을 나타내는 것으로 나타났다.

광고에서 자주 사용되는 제품에 대한 과장된 표현은 어느 정도 나이가 든 어린이들에게는 짜증을 유발하고, 거짓이거나 비현실적인 주장을 하는 광고에 대해서는 이들이 매우 비판적인 태도를 보인다는 것이 나타났다. 반면, 9세에서 10세 어린이들은 광고에서 사용된 언어를 그대로 받아들이지만, 광고의 내용에 대해 어느 정도 의문을 가지기도 한다는 것이 나타났다. 어느 정도 나이가 든 어린이들은 과장되거나 비현실적인 광고에 대해 비판적인 태도를 가지며, 이런 광고들에 대해서는 호감을 잃고 그다지 관심을 두지 않는 것으로 나타났다. 그러나 이러한 광고에 대한 부정적인 태도가 광고되고 있는 제품이나 브랜드에까지 확장되어 부정적인 영향을 미치는 것은 아닐 수도 있다는 것도 밝혀졌다.

어린이를 대상으로 유명인을 사용하는 광고 기법은 마케터의 지속적인 관심을 받고 있다. 이는 어린이들이 자신이 좋아하는 유명인의 광고에서 보증을 보는 것으로 광고의 설득력을 높일 수 있는 강력한 요소임이 입증되어 있기 때문이다(곽동성 & 김성기, 2004; 곽동성 & 김성기, 2009). 여러 이슈들 중에서, 만화에 등장하는 캐릭터나 프로그램 등장인물을 광고에 사용하는 것은 어린이들이 광고와 프로그램을 구별하기 어렵게 만들 수 있다는 우려가 있다.

미국에서는 미식축구 선수나 팝송 그룹 등의 유명인들을 광고에서 사용하여 제품과의 연계를 통해 제품을 쿨하게 보이게 만들고 소비자에게 매력적으로 느끼게 하고 있다. 이러한 광고에서 유명인의 전문성과 호감성을 제시하는 것은 브랜드 태도에 영향을 미치는 요인으로 알려져 있다(곽보선 & 윤관호, 2008). 이와 같은 기법은 어린이 광고에 특히 많이 사용되며, 현실에서나 만화 속에서의 등장인물과 같은 가상의 캐릭터들도 모두 포함된다는 것을 알 수 있다.

유명인을 광고에 사용하는 것이 반드시 어린이들이 제품을 구매하고 사용하도록 만드는 것은 아니다. 유명인을 사용하는 광고는 어린이에게 매력적이지만, 이 광고만의 효과로 어린이들이 제품을 구매하는 것은 불충분하다. 따라서 광고에서 유명인을 사용하는 것은 다른 마케팅 수단과 연계해서 활용할 수 있는 기법으로 이해할 수 있다.

유명인을 광고에서 사용하는 것은 제품과 소비자 간의 관계에서 중요한 역할을 하고 있다. 광고에 유명인이 등장하는 것은 소비자에게 신뢰와 호감을 불러일으키기 때문에 광고에서 제품을 보증하는 역할을 하며, 이는 광고의 목적인 소비자의 선호를 높이는 데에 중요한 역할을 한다. 또한 유명인의 이미지를 활용하여 광고 제품에 소비자가 원하는 특성을 부여하는 것이 이 방법의 목적이기도 하다.

Chan(2000)에 따르면, 어린이들은 자신들이 좋아하는 TV, 영화, 팝 등의 스타들이 광고에 유명인으로 등장하기 때문에 그 광고를 좋아하는 경향이 있다. 또한 Chan과 McNeal(2002)의 연구 결과에 따르면, 어린이들은 자신이 좋아하는 유명인이 등장하기 때문에 광고의 진실성을 믿고 있는 것으로 나타날 수 있다. 하지만 11세 정도의 어린이들은 광고의 유명인이 제품을 시험 사용하지 않았을 것으로 생각하며, 이런 광고를 의심스러워하고 회의적인 태도를 보이기도 한다는 것이다.

유명인을 사용한 광고의 실제적인 효과는 여전히 명확하게 밝혀지지 않았다. 이전 연구에서는 유명인 사용의 효과가 일정 부분 확인되었으나, 다른 요인들과 함께 작용되는 경우가 많아서 유명인 사용의 단독 효과를 파악하는 것이 어려운 경우가 있었다. 그럼에도 불구하고, 유명인을 활용한 광고 전략은 이미 많은 광고에서 사용되고 있으며, 특히 순수한 어린이들에게는 유명인 사용이 더욱 효과적일 것으로 예상할 수 있다.

광고에 대한 어린이와 청소년의 태도에서는 때론 냉소적인 반응이 나타나는데, 이는 어느 정도 나이가 든 어린이와 청소년에게 광고를 통해 메시지를 전달하기 어렵다는 것과 함께 제품과 브랜드에 대한 호의를 얻기가 더 어려운 수용자임을 나타낸다. 이에 대한 근본적인 원인을 파악하기 위해서는 광고에 대한 회의적인 태도가 형성되는 과정을 탐구해야 한다.

어린이와 청소년들이 광고에 대해 냉소적이고 비판적인 태도를 갖게 되는 이유는 또래 집단(peer group)[30]의 영향력, 부모의 태도, TV 시청량, 시장 및 제품에 대한 지식 등의 다양한 요인들이 함께 작용하는 것으로 알려져 있다. 이러한 광고에 대한 회의적인 태도는 부모, 동료, TV 시청 및 이들과의 상호작용을 통해 형성되는 경우가 많다. 어린이와 청소년들은 제품 소비 시장에서 중요한 위치를 차지하며, 자신들이 직접 구매하고 소비하는 제품뿐만 아니라 가족의 소비 과정에서도 영향력을 행사하고 있기 때문에 기업에게 매우 매력적인 수용자로 여겨진다.

비록 어린이들이 대체로 광고에 대해 비판적인 태도를 가지고 있지만, 광고가 재미있는 오락거리로서 기능하기도 하며, 광고의 내용이 즐겁기도 하다는 점은 인정할 필요가 있다. 또한 이러한 광고가 어린이들의 사회에서 중요한 대화의 주제로 언급되기도 한다. 여기서 광고 자체가 대화의 주제가 되기도 하며, 광고에 등장하는 유명인이나 트렌드 관련 제품 등이 대화의 주제가 될 수도 있다.

어린이와 청소년들의 광고에 대한 부정적인 태도는 광고주들에게 큰 우려를 불러일으키고 있다. 이러한 부정적인 태도가 광고나 광고되는 제품에 치명적인 영향을 미칠 수 있는지, 또한 제품군에 따라 차이가 있는지

30 주로 놀이를 중심으로 비슷한 나이의 구성원들이 형성한 집단. 스위스의 심리학자 피아제(Piaget)의 이론은 또래 집단의 중요성을 강조하고 있는데, 또래 집단에서의 구성원 상호 간의 관계는 아이들과 그 부모 사이의 관계보다 민주적으로 이해가 가능하다.

등의 세부적인 내용들도 고려할 필요가 있다. 결국 어린이와 청소년들의 냉소적이고 비판적인 태도가 마케팅에 어떠한 영향을 미치는지, 광고 효과를 얼마나 떨어뜨리는지 등을 추가적으로 조사해야 할 필요가 있다는 것이다. 또한 이런 부정적인 효과가 발생하거나 발생하지 않는 데 영향을 줄 수 있는 요인들을 이해하는 것도 중요하다고 할 수 있다.

◇ TV 광고의 수용성

앞서 논의한 것처럼, 일정한 나이 이상의 어린이들이 광고에 대해 비판적이고 냉소적으로 변하는 것을 고려하면, 이들은 더 이상 광고 메시지에 영향을 받지 않을 것이라고 생각할 수도 있다. 그러나 광고에 대해 비판적이고 냉소적이라고 믿어지는 어린이나 청소년들도 광고 메시지에 더 이상 반응하지 않는 것은 아니며, 광고가 전혀 효과가 없는 것도 아니다. 이러한 모순적인 결과는, 광고에 대한 일반적인 태도와 개별 광고, 제품, 브랜드에 대한 구체적이고 특정적인 태도를 구분하여 이런 효과의 설명에 접근해야 한다는 것을 의미한다.

어린이들은 일반 성인들과 마찬가지로, 광고에 대한 부정적인 혹은 비판적인 반응을 보이더라도 여전히 광고에 어느 정도 영향을 받고 있는 것으로 나타났다. 언제나 광고를 믿을 수 없다는 것을 잘 알고 있지만, 나이가 많아질수록 이러한 광고의 영향력이 줄어들 수도 있지만, 이들은 여전히 광고된 제품을 다른 제품보다 더 많이 원하고 있는 것으로 나타났다. 이러한 결과는 그들이 가진 비판적이고 회의적인 태도와 대조되는 결과이다.

광고가 실제로 구매 행동에 직접적인 영향을 미치는지를 조사한 결과를 살펴보면, 청소년들이 비록 광고를 신뢰하지 못한다고 응답했지만, 그 중 5명 중 1명 정도가 광고된 제품을 그렇지 않은 제품보다 더 많이 구매한다는 결과가 나왔다. 즉, 광고에 대해 부정적인 태도를 가지고 있지만, 광고에 등장하는 제품이나 브랜드를 더 매력적으로 생각하고 구매하는 것으로 나타났다는 것이다.

다른 연구에서도 8세 이상의 어린이 중 상당수가 광고의 판매 의도와 광고가 언제나 진실하지는 않다는 것을 알고 있다고 응답했지만, 여전히 광고에 의해 영향을 받고, 광고되는 제품을 원하는 것으로 나타났다. 광고를 더 많이 시청하면 할수록 광고된 제품에 대한 욕구가 더 커진다는 것도 밝혀졌으며, 성인들에게 광고가 영향을 주는 것처럼, 어린이나 청소년들에게도 광고는 일정 수준의 영향을 미치고 있다는 것이다.

종합해보면, 어린이들이 광고에 대해 비판적이고 냉소적인 태도를 가지고 있더라도 광고가 여전히 그들에게 일정 수준의 영향을 미치고 있다는 것도 밝혀졌다. 하지만 일정 수준 이상 나이의 어린이들은 더 이상 광고의 무조건적인 영향을 받는 수동적인 수용자가 아니며, 광고를 그들의 목적으로 활용하고 있다는 것도 알 수 있다. 이러한 내용을 종합하면 광고의 타깃으로 어린이와 청소년들은 광고의 효과를 평가하기 어려운 그룹이지만, 여전히 그들은 소비자로서 광고에 의해 영향을 받고 있다는 것이다.

이런 모순적인 상황을 설명하는 이유에 대해서는 다음과 같은 주장이 있을 수 있다. 어린이들이 광고에 대한 부정적인 태도를 가지지 않는 이유는, 광고의 일반적인 특성보다는 특정 제품이나 브랜드의 특성이 어린이들에게 긍정적인 이미지를 제공하기 때문이다. 다시 말해, 어린이들은 광고에 대해 부정적인 태도를 가지면서도, 자신들이 좋아하는 제품이나 브랜드는 광고를 통해 유행하는 것이며, 특히 창의적이고 호감이 가는 광고는 긍정적인 평가를 받는다는 것이다.

4) 미디어 리터러시/광고 리터러시

미디어 리터러시는 미디어와 관련된 정보, 콘텐츠, 메시지 등을 이해, 분석, 비판적으로 평가하고, 창조적으로 활용하는 능력을 지칭한다. 이는 미디어를 소비하고, 제작하거나 수정하며, 전달하는 데 필요한 기술, 지식, 태도 등을 모두 포함하는 개념이다.

미디어 리터러시를 갖춘 개인은 미디어를 이용하는 데 있어서 능숙하며, 미디어 메시지의 제작과 전달도 능숙하다. 또한 미디어가 사회에 미치는 영향에 대한 이해도 가지고 있으며, 이를 비판적으로 분석하여 자신의 의사결정에 활용할 수 있다.

미디어 리터러시는 디지털 시대에 더욱 중요해졌다. 디지털 기술의 발전으로 인해 우리는 더 많은 정보와 콘텐츠에 노출되고, 다양한 미디어를 이용하게 되었다. 이에 따라, 미디어를 이해하고 활용하는 능력은 모두에게 필수적으로 요구되며, 이러한 능력을 갖춘 개인은 더 나은 미디어 환경을 조성하고, 미디어를 적극적으로 활용하여 자신의 삶과 사회에 기여할 수 있다. 따라서 미디어 리터러시는 현대 사회에서 필수적인 교육과제 중 하나이며, 이를 통해 개인은 미디어를 더욱 효과적으로 활용하여 미디어

생태계와 사회 전반에 긍정적인 영향을 미칠 수 있다.

어린이의 광고 이해에 관한 논의는 미디어 리터러시라는 더 넓은 맥락에서도 고려되어야 한다. 이에 따라 리터러시 개념이 새롭게 등장하는 기술이나 미디어와 연계되어 사용되기 시작했다. 리터러시(literacy)는 사전적으로는 문해력으로도 해석되며, 원래는 글을 이해하는 사람이 부족하던 시기에 글을 읽을 수 있고 또 글을 이해하는 능력의 개념으로 쓰였다. 그러나 이러한 개념은 다른 분야까지 확장되어 적용되며, 미디어 리터러시는 미디어에 대한 이해와 능숙함을 갖춘 개인들을 의미한다.

새로운 기술이나 미디어에 대한 이해와 활용 능력을 의미하는 리터러시 개념이 미디어 분야에서 강조되고 있다. 따라서 미디어 리터러시나 광고 리터러시는 미디어 혹은 광고 분야에서 관련된 기술과 개념들을 이해하고 불편 없이 사용할 수 있는 능력을 보유하고 있는지를 나타내는 개념이다. 미디어나 광고가 현대 사회에서 점점 더 중요한 역할을 하고 있기 때문에, 미디어 리터러시나 광고 리터러시는 이와 함께 새롭게 강조되는 개념이다.

어린이들은 광고의 이해력 및 인지능력이 아직 발달되지 않았기 때문에, 광고에 대해 취약한 상태에 놓일 수 있다. 또한 어느 정도 광고의 설득적 의도를 이해할 수 있는 연령대에 속한 어린이들도 광고를 시청하면서 이를 비판하는 능력을 활용하기는 어렵다. 이러한 이유로 인해, 어린이들이 광고에 대해 비판적인 시각을 가질 수 있도록 체계적인 광고 교육이 필요하며, 이러한 교육의 책임은 부모 및 교육기관에게 있다고 할 수 있다. 또한 광고 리터러시 교육이 실제 광고 시청 중에 어떻게 적용되는지를 조사하고, 이를 바탕으로 교육 프로그램의 효과 측정과 개선 가능성을 평가해야 한다.

미디어 리터러시와 관련한 한 연구에서는 초등학생과 중학생 600명을 대상으로 설문조사를 실시하였다. 설문 결과 분석에 따르면, 부모의 미디어 중재 행위는 자녀들이 미디어에 대해 비판적인 이해를 갖는 데 중요한 역할을 하며, 부모와 자녀 간의 대화가 많을수록 이러한 관련성이 더욱 높게 나타났다(안정임 외, 2013).

다른 연구에서는 광고 리터러시와 관련하여 초등학교 2학년, 3학년 학생들을 대상으로 한 연구의 결과, 조사에 참여한 어린이들의 광고 리터러시 수준이 높지 않았음을 보여주었다. 또한 높은 설득 지식을 가진 어린이들은 광고에 대해 조금 더 비판적인 태도를 가지고 있음을 발견하였다(안순태, 2012a).

어린이들이 광고에 대한 이해를 통해 광고에 대한 비판적 시각을 갖추면서 인지적 방어 능력을 갖게 되면, 광고를 있는 그대로 받아들이지 않고 비판적으로 평가하게 된다. 그리고 이런 과정을 통해서 광고에 대한 어린이의 취약성이 줄어들 수 있는 가능성이 있다고 주장하기도 한다(Buijzen, 2007). 이 연구는 광고가 어린이들에게 미치는 영향을 최소화하기 위한 광고 교육 프로그램의 효과를 조사한 것이다. 연구에서는 광고 교육 프로그램을 통해 어린이들이 광고의 내용을 비판적으로 분석하는 방법을 배우게 되어 광고의 설득적인 의도를 줄이는 것이 그 목표였다. 두 가지 유형의 광고 교육 프로그램이 시행되었는데, 첫 번째는 사실적인 내용을 강조한 프로그램으로, 어린이들에게 광고가 현실과 어떻게 다른지를 가르치는 것이 목적이었다. 두 번째는 광고의 평가에 초점을 맞춘 프로그램으로, 어린이들이 광고에 대해 비판적으로 생각하고 평가하는 방법을 배우게 하는 것이 목적이었다. 결과적으로, 어린이들이 광고 교육 프로그램을 제공받은 후에는 광고에 대한 비판적인 태도가 증가하였으며, 특히 두 번째 프로그램에 참여한 어린이들은 광고 평가에 더 능숙하게 대처하는 것으로 나타났다. 이러한 결과는 광고 교육 프로그램이 어린이들이 광고에 덜 노출되고 더 비판적인 태도를 갖게 함으로써 광고의 부정적인 영향을 최소화하는 데에 효과적일 수 있음을 나타낸다.

광고 리터러시의 핵심 내용인 설득 의도 탐지와 어린이의 나이가 밀접한 연관이 있다는 것이 이미 여러 연구에서 지적되었다(Rossiter & Robertson, 1974). 이 연구는 어린이들이 TV 광고에 노출될 때 그들이 어떤 방어적인 태도를 취하는지에 대해 조사한 것이다. 연구에서는 어린이들을 대상으로 TV 광고를 시청하게 한 후 그들의 광고에 대한 인식과 태도를 측정하였다. 결과적으로 어린이들은 TV 광고를 시청한 후 광고의 내용과 실제 세계 사이에 차이가 있음을 인식하고 있었다. 또한 어린이들은 광고에서 제시되는 정보에 대해 비판적으로 생각하였으며, 광고가 제품을 과장하여 소비자를 오도하려는 의도가 있다는 것을 이해하고 있었다. 이러한 결과는 어린이들이 광고에 대해 적극적이고 비판적인 태도를 가지고 있다는 것을 보여주며, 광고 교육 프로그램을 통해 어린이들의 이러한 방어적인 태도를 더욱 강화할 수 있을 것으로 기대할 수 있다.

초등학생 653명을 대상으로 한 설문 조사 결과, 어린이들의 광고 리터러시 능력은 부모의 소득과 연관이 있음을 보여주고 있다. 저소득층 어린이들은 광고의 전반적인 이해, 배너광고 및 기사 식별 능력 등에서 낮은 성과를 보이는 반면, 일반 가정 어린이들은 학년이 올라감에 따라 광고 리터러시 능력이 향상되는 경향이 있었다. 그러나 저소득층 어린이들은 이러한 향상이 크게 관찰되지 않았다(안순태, 2015). 이런 결과는 광고 리터러시 교육이 사회에서 소외된 특정 대상의 어린이를 위해서는 더 필요함을 보여주고 있다.

어린이들에게 광고와 관련된 내용을 교육하는 것은 가능하나, 이러한 교육이 광고를 시청하는 시점에서 어린이들이 반드시 비판적인 생각을 하도록 유도한다고 보장할 수는 없다. 사람이 정보를 이해하고 기억하더라도, 그 정보를 실제로 활용하는 것은 전혀 다른 문제가 될 수 있다. 광고를 잘 이해하고 있는 성인들도 실제 광고를 시청하는 동안에는 그 이해와 관련된 지식을 인출해서 광고에 대한 태도를 형성하는 것은 어렵다. 광고를 시청하면 먼저 제품에 대한 긍정적인 감정과 광고에 등장하는 광고 모델이나 음악 등의 감각적인 표현 기술로부터 얻는 감정을 먼저 느끼게 되기 때문이다.

한 연구에서는 광고의 설득적인 특성을 잘 이해하는 상대적으로 나이가 많은 어린이들도 실제로 광고를 시청할 때는 이러한 이해를 기반으로 한 인지적인 방어를 항상 성공적으로 활용하지는 않는 것으로 조사되었다(Brucks et al., 1988). 이 연구는 어린이들이 TV 광고에 대해 어떻게 반응하는지를 조사하기 위해, 어린이들의 인지적 방어 기술의 사용에 초점을 맞추어서 진행되었다. 연구에서는 어린이들을 대상으로 TV 광고를 시청하게 한 후 그들이 광고에 대해 어떻게 생각하고 있는지를 조사하였다. 결과적으로, 어린이들은 광고에 대한 반응을 형성할 때 다양한 인지적 방어 기술을 사용하고 있는 것으로 나타났다. 광고에서 제공되는 정보의 진실성에 대한 의심, 광고에서 제공되는 정보의 중요성에 대한 의심 등이 그 예시라고 할 수 있다. 이러한 방어 기술은 어린이들이 광고를 시청할 때 자신의 소비 결정에 영향을 미치는 광고의 의도를 파악하는 데 도움을 줄 수 있었다. 그러나 인지적 방어 기술을 사용하는 것이 언제나 광고의 영향력을 완전히 차단해 주지는 않았다. 일부 광고에서는 이러한 방어 기술을 대처하는 방법을 제공하거나, 광고의 제품에 대한 긍정적인 감정을 불러일으키는 방법 등을 사용함으로써 어린이들의 소비 결정에 영향을 미칠 수 있었다.

여기서 중요한 내용은, 어린이들이 광고의 의도를 알고 있는지만 조사하는 것으로는 광고로부터 어린이들을 보호할 수 없다는 것이다. 따라서 어린이들이 광고에 대한 이해를 어떻게 활용하고 있는지, 그리고 광고에서 어떤 요소가 어린이들의 인지적 방어를 활성화시킬 수 있는지를 연구하는 것도 필요하다.

9세에서 10세 정도의 어린이들을 대상으로 한 관찰 연구에서는, 어린이들이 광고를 시청할 때 광고와 관련된 사전 지식이나 정보를 자발적으로 쉽게 인출하지는 않는 것으로 나타났다. 그러나 다른 어떤 것에 의해서 이런 정보가 유도되는 경우에는 어린이들이 정보를 성공적으로 인출하고 또 활용할 수 있었다. 또한 광고를 잘 이해하는 어린이들도 광고를 시청하는 동안 비판적인 생각을 스스로 끄집어내지는 않는 것으로 나타났으며, 비판적인 생각을 활성화시키기 위해서는 특별한 유도 전략이 필요하다는 결과가 나왔다.

결론적으로, 어린이들을 광고로부터 보호하기 위해서는 광고를 이해하고 그것에 대한 비판적인 태도를 갖게 하는 것만으로는 부족하다는 결론이 나온다. 어린이들은 광고의 설득적인 속성에 대한 지식을 보유하고, 이러한 지식이 실제 광고에 노출될 때 인출되어 광고에 대한 비판적인 생각을 하도록 유도되어야 한다.

학교에서 광고 혹은 미디어와 관련된 리터러시 교육 프로그램을 운영함으로써 어린이들이 이런 인지적인 방어를 적극적으로 활용하게 도울 수도 있다. 이를 위해서는 정규 교육과정에 광고나 미디어와 관련된 내용이 포함되어야 하며, 이러한 교육은 어린이들이 광고에 대해 비판적인 태도를 가지고 인지적인 방어 기술을 강화하도록 도울 수 있다. 또한 부모나 미디어 등을 통해 광고에 대해 설명하고 대화를 나눌 수 있는 방법도 있다. 이러한 메시지는 어린이들이 광고를 시청할 때 비판적으로 접근하도록 상기시키는 역할을 하며, 광고에 대한 이해를 돕고 어린이들의 인지적인 방어 기술을 강화시키는 가능성이 있다.

한국 내에서는 광고 활용 교육이 실시되고 있으며, 이러한 교육은 광고 수용자에 대한 교육, 광고를 교육 수단으로써 활용하는 방법에 대한 교육, 그리고 광고를 비판할 수 있는 능력의 강화 등으로 그 목적을 분류할 수 있다. 이러한 교육들은 광고의 올바른 이해와 적극적 활용을 촉진하고, 광고에 대한 비판적 사고와 미디어 소비의 지식을 증진시키는 데에 기여할 수 있다(정연우, 2011). 어린이들이 광고를 이해하고, 광고에 대한 비판적 태도를 기르는 것이 필요하다는 주장을 제시하고 있는데, 이를 위해 광고에 대한 교육적인 접근이 필요하다는 것을 강조하고 있다(이희복, 2006).

어린이들은 매우 어린 나이부터 광고에 대한 인지를 시작할 수 있다는 것이 밝혀졌다. 실제로 두세 살 정도의 어린이들도 프로그램과 광고를 구분하는 능력을 가질 수도 있다는 것이 확인되었다. 어린이들이 광고를 인지하는 나이에 대한 연구 결과는 사용된 측정 방법에 따라 영향을 받을 수 있다는 것도 밝혀졌으며, 어린이들의 개인적인 특성도 이런 효과 연구에서 함께 고려해야 한다고 설명하고 있다.

어린이 광고와 연관된 연구의 개념적 혹은 방법론적 이슈들은 광고의 설득 의도에 대한 어린이들의 이해도에도 영향을 미친다. 이러한 이유로, 광고의 설득 의도를 이해하는 나이는 3세에서 12세까지 매우 다양하게 나타나는 것으로 보고되고 있다. 그러나 대부분의 연구자들은 8세 정도의 어린이들이 광고의 상업적 혹은 설득적 의도를 이해하기 시작하는 나이로 인정하고 있다.

광고의 인지와 이해에 대한 논의들은 명확한 결론을 내리기 어려울 수도 있다는 평가가 있다. 이는 몇 가지 이유로 설명될 수 있다. 가장 먼저, 광고에 대한 이해를 어떻게 정의하는가에 따라 연구 결과가 영향을 받을 수 있다는 것이다. 둘째, 연구에서 사용된 방법 자체가 불완전하여 연구 결과에 대해 다른 해석이 가능한 경우도 있다는 것이다. 셋째, 나이는 정확히 정해진 물질적인 것이 아니므로 어린이가 광고를 이해하는 정확한 나이가 존재하지 않는다는 것이다. 이는 어린이의 학습이 연속적인 과정이며, 어린이 각각도 개인적 차이가 있다는 것을 고려해야 하기 때문이다.

또한 광고를 잘 이해하지 못하는 어린이가 광고를 잘 이해하는 어린이보다 광고로부터 더 큰 영향을 받는다는 것을 증명한 연구도 아직 없다. 이런 광고 효과만을 고려하여 어린이 광고의 주제를 논의할 수는 없다. 만약 어린이가 광고의 상업적 혹은 설득적인 의도를 모르는 경우, 이는 궁극적으로 어린이를 대상으로 한 모든 광고가 불공정한 것일 수도 있다는 것을 의미한다. 따라서 여전히 성숙하지 못하고 자라나고 있는 어린이의 광고 처리 능력에 대해 조사하는 것이 필요하다.

물론 연구 결과에서는 일부 일치하지 않는 결과가 있을 수 있다. 그러나 기존 연구들은 어린이와 어린이 광고와 관련된 분야의 주제를 구체화하고, 관련 개념을 정의하는 것이 가능하도록 했으며, 정책 입안자와 광고주들에게 중요한 정보를 제공하는 역할을 해왔다. 또한 이러한 기존 연구들의 메타 분석에서는 여러 연구에서 얻어진 결과 사이의 차이를 설명할 수 있는 몇 가지 요인을 확인하고 제시하고 있다.

지금까지 살펴본 광고 이해에 대한 내용을 종합해보면, 7세에서 8세의 어린이들이 광고의 상업적 혹은 설득적인 의도를 완전히 이해한다는 결론을 내릴만한 뚜렷한 근거는 아직 부족하다. 그러나 8세 정도의 나이부터 광고에 대한 초기 이해가 시작된다고 이해하는 것은 가능할 수도 있다.

국내에서는 어린이들의 광고 리터러시가 매우 저조한 것으로 나타났다. 2학년부터 3학년을 대상으로 한 조사에서는 약 30%의 어린이들만이 광고의 설득적 의도를 제대로 이해하고 있었으며, 나머지 어린이들은 광고의 목적을 정보를 전달하는 것으로 알고 있다고 파악되었다(안순태, 2012a).

또 다른 연구에서는 어린이들이 광고를 능동적으로 비판적으로 수용할 수 있도록 하는 미디어 교육이 필요하다는 주장을 내놓았다. 이러한 교육이 함께 이루어지는 경우, 광고 규제가 더욱 구체화되어야 하며, 현재 광고 규제 책임기관을 일원화해야 한다는 주장도 제시되었다. 또한 어린이들이 합리적이고 비판적인 소비자로 성장할 수 있도록 소비자 정보를 제공하는 광고 환경이 필요하다는 주장을 내놓은 연구도 있다(김희정, 2003).

Chapter

06

어린이 광고와 구매

광고는 대개 제품의 구매 결정에 일정한 영향을 미치는 것으로 알려져 있다. 이 장에서는 TV 광고가 실제로 어린이의 제품 선택과 소비에 어느 정도로 영향을 미치는지를 살펴보고자 한다. 이에 따라, 광고가 신념, 태도, 행동에 미치는 효과 중에서 특히 최종적인 구매 행동 결과에 미치는 영향에 집중한다. 제품 구매와 연관된 이 주제는 광고주에게 매우 중요하고 관심이 있는 주제이다. 다시 말해, 광고는 제품의 인지도를 높이고, 긍정적인 태도를 형성하며, 최종적으로 제품 구매를 유도하는 과정에서 가장 중요한 효과를 발휘하는 것이다.

광고는 주로 새로운 태도를 형성하거나, 기존 태도를 변경하거나, 강화하는 세 가지 효과를 기대하여 사용되는 설득커뮤니케이션의 한 형태이다. TV 광고도 광고하는 제품이 관련 제품군의 시장에 진입하기 위한 런칭 광고, 경쟁 제품 사용자를 광고하는 제품의 사용자로 전환하거나, 광고된 제품의 브랜드 충성도를 높이기 위해 설계된다. 어린이들을 대상으로 하는 경우에도 이러한 광고의 목적은 유사하다. 이러한 인지나 태도의 변화를 통해 소비자의 행동 변화를 유도하는 것이 광고의 최종적인 목표라고 할 수 있다.

어린이들이 광고에 노출되어 제품을 구매하도록 유도되는 과정에서는 성인과 다른 특징이 있으며, 이는 어린이들이 독립적인 경제적 능력을 가지고 있지 않기 때문이다. 따라서 어린이들은 원하는 제품을 직접 구매할 수 없으며, 부모나 보호자 등 다른 사람에게 구매를 의존해야 한다. 이에 따라 어린이에 대한 광고의 효과는 광고가 어린이들이 제품을 직접 구매하도록 설득하는 것뿐만 아니라, 어린이들이 원하는 제품을 부모나 보호자에게 요청해서 대신 구매해 주도록 하는 행동으로도 측정할 수 있다는 것이다.

TV 광고는 최종적으로 소비자의 브랜드 구매 결정 및 행동에 영향을 주는 과정에서 몇 단계의 심리학적 과정을 거치는 것으로 보인다. 이러한 광고 효과 중에서도 소비자의 구매 행동에 직접적으로 영향을 주는 것은 중요하다. 이전에는 광고가 어린이의 제품과 브랜드에 대한 인지를 증진시키고, 소비자의 태도, 신념, 가치 등에 영향을 미치는 역할을 한다고 설명했다. 그러나 광고가 소비자의 구매 의도나 행동에 직접적인 영향을 미치는 것으로 이해할 수도 있다. 이러한 태도, 신념, 가치 등으로부터 최종적으로 구매 행동이 만들어지기 때문이다.

광고주들은 광고가 자사 브랜드 제품을 경쟁 제품보다 선호하고 선택하도록 유도하여 구매 행동을 촉진하는 최종적인 효과에 주목하고 있다. 그러나 광고 규제를 필요로 하는 학부모와 교육 종사자 등의 이해관계자들은 광고가 어린이들이 필요하지 않은 제품들도 원하도록 유도하고, 이러한 제품을 구매하도록 만들 수도 있다는 우려를 가지고 있다. 또한 일부 광고가 어린이들의 건강을 해치는 제품의 소비를 과도하게 부추기는 것으로 생각된다는 우려도 있다.

당연히, 광고 노출과 소비자의 구매 행동 사이의 관계는 직접적이거나 단순하지 않다. 광고가 제품과 브랜드에 대한 소비자의 인지를 높이거나, 브랜드에 대한 소비자의 태도를 개선시킨다는 것은 일부 증명된 사실이지만, 이렇게 높아진 인지나 개선된 태도가 반드시 실질적인 구매로 이어진다는 것을 보장할 수 없다. 다시 말해, 소비자가 특정 브랜드에 대한 긍정적인 태도를 가지고 있다고 해서 그 브랜드를 반드시 구매한다는 것은 아니라는 것이다. 어린이의 경우에도 이와 같은 현상이 관찰되며, 긍정적인 태도를 가지고 있다고 해서 어린이가 해당 제품을 모두 구매하거나 부모님에게 구매를 요청하는 것은 아니다.

자칫 단순해 보일 수 있는 신념과 태도와 구매 행동의 불일치는 여러 가지 이유로 설명될 수 있다. 첫째, 어린이의 신념과 태도가 실제 구매 행동과 이어지는 시간의 차이가 클 수도 있다. 즉, 신념과 태도가 만들어진 시점과 실제로 구매를 하는 시점 사이에 간격이 있다는 것이다. 이러한 경우, 특히 중요하지 않은 제품이나 브랜드의 경우, 시간 간격의 효과가 더 커질 수 있다. 둘째, 소비자가 실제로 신념과 태도를 가지고 있지만 구매 시점에서는 제대로 활성화되지 않을 수 있다. 가격 할인 등 다른 자극요인들이 먼저 소비자에게 눈에 띄었거나, 제품 디자인 등의 요소가 소비자의 주의를 성공적으로 이끌었을 수도 있다. 셋째, 기억 속에서 필요한 요소들이 제대로 인출되지 않았을 수도 있다는 것이다. 시간이 적게 걸리는 구매일수록 소비자는 인지적인 노력을 덜 기울이는 현상이 관찰된다. 이러한 이유들로 인해, 단순한 신념과 태도와 구매 행동의 직접적인 연결이 보장되지 않는다는 것이다. 또한 이런 제품의 구매를 생각하고 실제로 구매하는 과정에서 소비자에게 영향을 줄 수 있는 신념과 태도 이외에도 다양한 다른 요인들이 있다는 사실을 고려할 필요가 있다.

광고 효과를 연구하는 분야에서는 다양한 방법론적 접근을 활용하여 보다 명확한 결과를 도출하고 있다. 이러한 방법론에는 실험, 설문 조사, 인터뷰 등이 포함되며, 연구에서 가장 빈번하게 활용되는 방법론으로 실험과 설문 조사가 있다. 이들에 대해서 간단히 살펴보기로 한다.

1) 실험 연구

실험은 보통 사전사후 설계를 이용하여 자극과 반응을 조작하고 통제하여 광고 효과를 측정하는 방법으로, 어린이들이 광고에 대한 통제된 노출 이후에 소비자의 제품이나 브랜드 선택에 대한 직접적인 측정을 수행한다. 이 방법은 관련된 변인들을 조작하고 통제할 수 있기 때문에 인과관계를 밝히는 데 주로 사용되며, 변인 간의 여러 효과를 분리하고, 그중 일부만을 관찰하여 효과의 유무를 조사하는 데 적합하다(사경환, 2010).

하지만 실험에서는 조작과 통제를 적극적으로 사용하는 방법의 특성상, 실험이 진행되는 환경이 현실의 환경과는 많이 다르기 때문에 실험 결과를 현실 세계로 일반화하는 것이 어려울 수 있다. 따라서 실험에서 얻은 결과를 그대로 현실 세계에 적용하는 것은 한계가 있을 수 있다. 이러한 한계를 극복하기 위해 다양한 방법론과 접근법을 활용하여 보다 정확한 연구 결과를 도출하려는 노력이 필요하다(사경환, 2010).

어린이에 대한 광고 효과를 조사한 많은 연구에서도 실험이 가장 주요한 연구 방법으로 사용되었다. 실험은 변인 간의 인과관계를 조사하는 것을 가능하게 하며, 연구자들이 광고에 대한 어린이들의 노출의 성격과 정도 등을 정확하게 조작하고 통제하는 것을 가능하게 했다. 이러한 광고의 노출에 대한 조작과 통제는 일상적인 생활환경에서는 거의 불가능하기 때문에 실험이 중요한 연구 방법으로 인식되고 있다(Goldberg, 1990). 따라서 다른 변인이나 개별적인 환경을 모두 고려하는 것은 실험에서는 불가능하다. 이러한 이유로, 실험에서는 일반적으로 광고에 대한 노출 이후 어린이의 반응을 측정하여 연구의 자료로 활용된다.

대부분의 실험에서는 광고 노출 과정의 설계에서 어린이를 대상으로 하는 TV 프로그램에 포함된 TV 광고를 시청하게 하는 것으로 진행되었다. 이러한 실험에서는 어린이들이 좋아하는 스낵, 사탕, 시리얼, 장난감 등의 제품들에 대한 광고 중 일부를 미리 연구자의 의도대로 선택하여 사용한다. 그리고 실험 대상인 어린이들은 이러한 광고에 노출된 후 여러 제품이나 브랜드 중에서 1개의 제품이나 브랜드를 선택하도록 한다. 이를 통해 광고 노출과 선택 사이의 통계적인 관계를 검증한다. 이러한 방법론에서는 구매 의도나 행동이 주요 관심사가 되며, 앞서 살펴본 인지와 태도 등의 여러 가지 항목보다는 구매 행동에 대한 데이터를 수집하는 것이 중요하다.

실험의 목적은 비록 실험이 현실과는 다른, 조금은 부자연스러운 상황에서 진행되는 문제가 있지만, 광고에 노출된 제품을 선택하도록 영향을 미치는 광고 효과가 존재하는지 여부를 밝히기 위한 것이다. 이러한 실험에서는 잘 통제된 환경에서 관찰하고자 하는 두 변인 간의 관계만을 조사한다. 이러한 방법으로 수행된 다수의 연구에서, 광고 효과가 실험을 통해 관찰되었다는 결과가 나왔다.

한 연구(Gorn & Goldberg, 1980)의 예를 살펴보면, 어린이에 대한 광고 효과와 함께 광고의 반복 노출의 효과를 검증했는데, 8세에서 10세 사이의 어린이들에게 아이스크림 브랜드 광고를 다양한 반복 횟수로 노출시킨 후, 그들이 선택한 아이스크림을 실제로 먹을 수 있도록 했다. 이 과정에서 선택한 아이스크림의 양도 기록되었다. 이 연구 결과에 따르면, 광고에 등장한 브랜드의 아이스크림이 다른 경쟁하는 브랜드에 비해서 어린이들에게 더 많이 선택되었다. 그러나 어린이들이 먹은 아이스크림 양에는 유의미한 차이가 없었다.

광고의 반복 효과에 대해서는, 한 번 광고했을 때와 비교해서 여러 번 반복했을 때의 효과가 크게 다르게 나타나지는 않았다. 실험에서는 이런 반복의 효과를 관찰하기 어려운 것이 사실이지만, 그 이유는 통제된 환경에서 광고에 노출되기 때문에, 1번의 광고 노출에서도 집중하고 있는 참가자들이 제품과 브랜드에 대해서 많은 정보를 받아들이는 것으로 나타났다.

5세와 6세 어린이들을 대상으로, 이전 연구와 유사한 설계를 사용하여 실험을 수행하였다. 실험에서는 어린이들이 선호하는 과자와 아침식사 시리얼 브랜드의 광고를 사용하였고, 결과적으로 광고가 어린이들이 브랜드를 선택하는 데 일정 수준의 영향을 미치는 것으로 나타났다. 이는 어린이들이 브랜드 선택 과정에서 광고에 노출된 브랜드에 반응한다는 것을 의미한다(Goldberg et al., 1987).

실험 과정에서 광고 시청이나 브랜드 선택 등을 조작하여 측정하는 방식은 일반화에 관한 우려가 있을 수 있다. 이러한 방식은 실제 환경에 적용이 어려울 수 있기 때문이다. 그러나 이러한 우려가 있음에도 불구하고, 우리는 실험 환경에서 어린이들에 대한 광고 효과의 존재를 실증적으로 입증할 수 있었다. 광고 노출과 광고 효과 간의 인과관계를 증명하였으며, 이러한 결과는 단순히 효과의 존재를 입증한 것으로 받아들여야 한다.

다음 중요한 문제는 이러한 광고 효과가 어린이들이 일상적으로 소비하는 제품 환경에서도 동일하게 나타나는지에 대한 것이다. 이러한 문제를 해결하기 위해, 인공적인 실험 환경을 벗어나 실험을 진행하는 노력이 이루어졌다. 예를 들어, 5세에서 8세의 어린이들을 대상으로 한 여름 캠프 실험에서는, 자연스러운 캠프 환경에서 허용된 시간 동안 TV 시청을 통해 어린이들에게 식품과 음료의 브랜드 광고를 노출시켰다. 이후 선택 과정에서, 어린이들은 광고에서 본 브랜드를 다른 브랜드보다 더 많이 선택하는 결과가 나타났다. 이러한 결과는 자연스러운 환경에서도 광고 효과가 유지될 수 있음을 의미한다(Gorn & Goldberg, 1982).

앞에서 언급한 것처럼, 어린이를 대상으로 하는 광고는 건강에 해로운 제품을 선택하도록 유도할 수 있기 때문에 또 다른 우려가 존재한다. 예를 들어, 어린이를 대상으로 가장 많이 광고되는 식품 제품들은 보통 설탕이나 지방이 많이 함유되어 있어서, 광고로 인해 이런 건강에 해로운 제품의 소비가 증가하고, 결과적으로 어린이들의 건강에 영향을 미칠 수 있다는 것이다.

어린이의 식품 선택에 대한 광고 효과를 직접적으로 검증한 연구들이 있으며, 이러한 부정적인 광고의 영향을 줄일 수 있는 방법으로 건강에 좋은 제품들을 촉진하는 광고 메시지의 효과를 조사한 연구도 있다. 이러한 연구들은 어린이들이 건강에 유익한 제품을 선택하도록 도와주는 광고 전략을 개발하고, 건강한 식습관을 형성하는 데 기여할 수 있을 것으로 기대된다(Galst, 1980).

Galst(1980)의 연구에서는 3세에서 7세 어린이들을 대상으로, 건강한 식습관을 장려하는 공익광고와 함께 식품 광고가 포함된 미리 녹화된 만화 프로그램을 시청하도록 하였다. 이 프로그램을 시청한 후에는 실험 대상 어린이들이 다양한 제품 중에서 원하는 식품과 음료를 선택하도록 하였다. 실험 도중 추가된 변수는 건강에 좋은 공익광고 메시지를 강조하는 어른의 설명이다.

연구 결과, 어린이들은 보통 설탕이 많이 함유된 제품을 선택하는 것으로 나타났으며, 이는 TV 광고의 영향력으로 더욱 강화되는 것으로 나타났다. 그러나 건강한 식습관을 강조하는 공익광고나 어른의 설명에 의해 부분적으로 이러한 선택 효과가 감소하는 것으로 나타났다. 공익광고와 건강과 관련된 어른의 설명 등이 함께 작용하여, 어린이들이 영양학적으로 더 건강한 식품을 선택하는 데 어느 정도 성공적으로 기여하고 있다는 것이다.

어린이들의 소비자로서의 행동에는 또래 집단도 강한 영향력을 미친다는 것이 확인되었다. 이러한 또래 집단의 영향력이 광고 효과를 증가시키거나 감소시키는 요인으로 작용하는지에 대해서도 알아볼 필요가 있다. 물론, 또래 집단도 어느 정도 이미 광고의 영향을 받는 것으로 추정할 수 있다.

한 연구(Stoneman & Brody, 1982)에서는 또래 집단에 대한 실험이 진행되었다. 실험에 참여한 어린이들은 먼저, 자신과 비슷한 또래 집단에 속하는 다른 어린이들이 좋아하는 음식에 대해 이야기하는 것을 들었다. 이후, 여러 가지 음식이 스크린에 영사되면서 어린이들은 그 중에서 좋아하는 음식을 선택하도록 한 실험이었다. 실험 참여 어린이들은 앞서 등장한 다른 어린이들에게 어떤 음식을 선택할 것인지를 미리 지시한 연구자의 역할을 모르고 있었고, 또래 집단의 의견을 고려하여 선택을 진행했다. 실험 중에는 어린이들이 특정 식품에 대한 TV 광고를 보고 나서 선택을 진행하도록 한 단계도 포함되었다.

실험 결과에 따르면, 광고는 어린이들이 식품을 선택하는 데에 있어서 단기적으로 영향을 미치는 것으로 나타났으며, 이 광고의 효과는 이전에 다른 어린이들이 본인과 같은 선택을 한 것을 알고 있는 경우에는 더 강화되는 것으로 나타났다. 즉, 또래 집단의 영향이 광고의 효과를 극대화시키는 것으로 확인되었다. 이러한 결과는 어떤 유행이나 트렌드가 어린이나 청소년들 사이에서 빠르게 전파되는 과정에서 또래 집단의 영향력이 큰 역할을 한다는 점에서도 의미가 있다.

위에서 살펴본 연구에서는 실험 방법이 몇 가지 한계를 가지고 있음을 알 수 있다(Gunter et al., 2005). 첫째, 실험에서는 어린이의 행동 결과를 제품 구매가 아닌 제품 선택으로 측정하기 때문에 실제 구매와는 차이가 있다. 둘째, 실험은 광고의 단기적인 효과만을 측정하고 누적적이고 장기적인 효과를 측정하지 않는다. 셋째, 실험에서는 광고 효과를 이미 가정하고 광고가 광고된 브랜드를 선택하는 어린이들에게 항상 직접적으로 작용한다고 가정한다. 넷째, 실험은 자연스러운 시청 환경에서 광고 효과를 검증하지는 못했다.

일부 연구자들은 실험 방법이 어린이에 대한 광고의 효과를 측정하는 과정에는 적합하지 않다는 주장을 제기하고 있다. 그러나 모든 연구 방법은 각자가 가진 한계점들로 인해 제한되며, 이러한 한계점을 완전히 극복하는 것은 불가능하다. 따라서 실험은 변인 간의 인과관계를 검증하고, 실제 자극과 반응 관계의 존재 여부를 확인하는 최적의 연구 방법으로 여겨진다. 결국, 어떤 검증을 원하는지에 따라 적절한 연구 방법을 선택해야 하며, 이는 실험을 포함한 모든 연구 분야에서 적용되는 원칙이기도 하다.

2) 설문 연구

설문 조사는 일반적으로 응답자의 자기보고식 설문지를 통해 지나간 과거의 소비자 관련 행동과 미디어 노출 정도에 대한 데이터를 수집하는 방법이다. 이는 실험에 비해 자연스러운 환경에서 광고의 노출이 일어난다는 장점이 있지만, 광고 노출 및 광고 효과 발생 과정에 연구자가 전혀 관여할 수 없는 사후 분석 경향이 강하다는 단점이 있다(사경환, 2010). 이런 사후 분석에서는 정확하게 인과 관계를 증명하기가 쉽지 않다.

다시 말해, 설문 조사 방법은 광고 노출과 효과 발생의 현실적인 과정을 고려하지만, 연구자가 개입할 수 없으므로 내가 원하는 자극과 반응의 관계만을 관찰하기는 어렵다는 한계가 있다. 또한 다양한 외부 변인들이 이런 과정에 작용할 수도 있으며, 개별적인 상황을 모두 고려하기는 어렵다는 한계도 있다.

일부 연구자들은 어린이들에 대한 광고의 효과를 조사하기 위해 설문 조사를 사용하여 데이터를 수집하는 방법을 선택했다(Goldberg, 1990). 설문 조사에서 얻어지는 데이터는 응답자가 개인적으로 보고하는 자기응답식 응답 내용에 근거하고, 어린이를 연구 대상으로 조사하는 경우에는 때로는 부모가 대신 제공하는 응답에 의존하기도 했다.

설문 조사는 어린이의 광고 노출이나 제품 구매에 대한 환경을 조작할 필요가 없으며, 노출과 구매 모두 사건이 벌어진 이후에 그 벌어진 사건을 조사하는 사후 조사의 접근 방법으로 이해될 수 있다. 사후 조사의 장점은 자연스러움이며, 단점은 그 과정에 연구자가 전혀 개입할 수 없다는 것이다. 따라서 연구자들은 어린이들의 소비자 행동과 광고에 대한 경험을 전혀 통제할 수 없으며, 광고에 대한 노출이 발생한 그대로를 상세히 조사하기 위해 노력해야 한다.

설문 조사 방법의 장점 중 하나는 실험에 비해 훨씬 더 큰 타당성을 가지며, 이를 통해 실제 광고 효과가 발생하는 상황에 대한 유추가 가능하다는 것이다. 또한 설문 조사는 광고뿐만 아니라 다른 여러 요인을 함께 측정하여 어린이의 제품이나 브랜드 선택과 구매가 어떻게 이루어지는지를 넓은 범위의 관점에서 이해할 수 있도록 해준다. 반면에 설문 조사의 약점은 기술적인 한계로 인해 변인 간의 인과관계를 직접적으로 증명할 수 없다는 것이다. 설문 조사 결과만으로 정확하게 인과관계를 주장하기는 어렵고, 상관관계[31]를 제시할 수는 있다. 또한 자극과 반응 과정에서 변인들에 대한 조작과 통제가 부족하기 때문에 무엇이 원인이고 무엇이 결과인지를 명확하게 지정하기 어렵다는 한계가 있다. 설문 조사에 대한 추가적으로 주의해야 할 사항은 광고 노출과 제품 구매 행동 사이의 관계가 다른 변수와 연관되어 있을 수 있다는 것이다. 또한 이러한 관계가 우연히 만들어졌을 가능성도 있다

소비자의 제품 선택은 광고에서 제공된 정보에 직접적인 영향을 받을

---

31 두 변인 중 한쪽이 증가함에 따라, 다른 한쪽이 증가 또는 감소할 때 두 변인 간의 관계, 증가할 때를 양의 상관관계, 감소할 때를 음의 상관관계라고 함, 상관연구는 연구 대상 간의 상호 관련성을 알아보는 데 사용, 관계성의 정도는 상관계수(correlation coefficient)라고 불리는 수치로 나타낸다.

수 있지만, 광고를 처리하는 인지 능력이 서로 다른 소비자들은 같은 정보를 처리하더라도 해석된 내용에 따라서 정보로부터 발생하는 행동에 차이가 있을 수 있다. 또한 광고에 노출되는 상황은 각 소비자마다 다를 수 있으며, 이러한 상황은 광고 처리 과정에 큰 영향을 미치며, 어떤 상황에서는 광고의 가장 중요한 장면에서 다른 요인들에 의해 소비자의 주의가 흐트러질 수도 있다. 이러한 경우, 광고의 내용을 제대로 처리하는 것이 어려워질 수도 있다.

광고 효과의 차이를 만들어내는 잠재적인 요인들이 다수 존재하므로, 광고의 영향력을 강화하거나 저하시키는 요인들을 포함한 중개 요인들을 정확하게 파악하고 측정하는 것은 매우 중요하다(Ross et al., 1984).

어린이들의 구매 행동에 대한 광고의 영향은 가족이나 또래 집단과 같은 사회적 요인들에 의해 조절될 수 있다는 사실이 밝혀졌다. 이러한 사회적 요인들은 제품 정보에 대한 출처 역할을 함과 동시에 어린이들이 광고에 대한 의견이나 판단을 형성하는 데 중요한 정보 출처로 작용할 수 있다. 그러나 이러한 사회적인 요인들이 어떻게 작용하는지는 각 어린이마다 상황에 따라 다를 수 있으며, 부모와 자녀의 소통 방법, 또래 집단과의 관계 형태 등을 고려해야 할 요소이다. 또한 어린이들이 친구들과의 연결이나 친구 간의 네트워크 연결 등에서 서로 차이를 가질 수 있으며, 개인적인 차이도 존재하기 때문에 결과는 개인마다 다를 수 있다. 예를 들어, 부모와 자녀 간의 소통 방법은 광고 효과를 중개하는 과정에서 다른 효과가 발생할 수 있게 하며, 어린이 개성도 광고 효과가 발생하는 과정에 큰 영향을 미칠 수 있다.

비록 방법론적인 한계가 있음에도 불구하고, 이러한 방법들을 사용하여 TV 광고가 어린이들의 구매 행동에 미치는 효과를 조사할 수 있었으며, 이를 통해 어린이와 TV 광고에 대한 중요한 사실들을 확인할 수 있었다. 광고는 어린이의 제품 및 브랜드 인지, 브랜드 이미지, 브랜드 선호 및 선택 등의 일련의 과정에 영향을 미침이 밝혀졌다. 그러나 광고가 영향을 미치는 데 있어서 광고만이 작용하는 것은 아니며, 어린이의 인구 통계학적 특성과 개성, 생활 환경, 부모와의 관계, 부모의 양육 스타일, 친구들과의 사회적 연결, 그리고 제품의 종류 등에 따라 광고의 효과가 다양하게 나타날 수 있음이 또한 확인되었다.

3) 커뮤니케이션 중개자로서의 부모

부모의 역할은 어린이의 소비자로서의 행동과 밀접한 연관성을 가지며, 어린이 시장을 대상으로 하는 제품 및 브랜드는 부모의 반응에 따라 성공 또는 실패할 수 있다. 실패한 제품 및 브랜드의 경우, 부모들에게는 효과적인 마케팅 전략이 부족한 것으로 분석되며, 따라서 어린이 시장에서 성공적으로 자리 잡기 위해서는 어린이 고객뿐만 아니라 부모의 제품에 대한 반응도 함께 고려해야 할 필요가 있다. 이를 위해서는 어린이를 대상으로 하는 제품의 마케팅 전략 수립 과정에서, 부모들이 자신들의 아이들에 대해 느끼는 우려와 관심사를 함께 고려해야 할 필요성이 있다.

물론 부모가 하는 이런 역할은 어린이가 소속된 가정의 특성에 따라 차이가 있을 것으로 예측할 수 있다. 일단 부모는 그들의 자녀와 커뮤니케이션 하는 유형이 다 다르고, 따라서 가정 내에서 어린이들이 소비자로 사회화가 되는 방식도 다를 수 있다. 이런 가정의 차이가 의미하는 것은 결국, 부모마다 그들 자녀의 소비자 사회화와 제품 구매 등의 소비 행위와 관련해서 그 과정에 개입하는 정도가 모두 다를 수 있다는 것이다.

부모의 양육방식에 따라 개입의 차이는 어린이들이 광고에 대해 갖게 되는 태도에 직접적인 영향을 미칠 수 있다. Carlson과 Grossbart(1988)는 이와 관련하여, 어린이들이 부모로부터 소비자로서의 행동 및 가치관을 배우는 과정인 소비자 사회화의 측면에서, 부모의 양육방식이 어린이들의 소비자 사회화에 미치는 영향을 파악하였다. 이 연구에서는 부모의 양육방식이 어린이의 소비자 사회화에 큰 영향을 미치며, 부모의 소비자적인 태도와 행동이 자녀들에게 소비자 사회화에 대한 모델로 작용하고, 자녀들도 부모의 소비자적 태도와 행동을 따라하게 된다는 것이 확인되었다. 부모의 양육방식이 어린이들의 소비자적 태도, 가치관, 구매결정 및 구매행동에도 큰 영향을 미치며, 구체적으로 자율적인 양육방식을 취하는 부모의 자녀들은 자신의 소비 결정에 대해 더 많은 자신감을 가지며, 부모의 권위적인 양육방식을 취하는 부모의 자녀들은 소비자적 태도 및 가치관에서 부정적인 영향을 받을 가능성이 높다는 것을 밝혀내었다.

부모의 유형은 어린이의 경제 인식을 구성하는 가장 강력한 요인 중 하나로 간주될 수 있다. 특히 어린이들은 부모의 역할이 매우 중요하다. 이러한 소비자로서의 경제 인식은 어린이의 소비자 행동, 제품 구매 결정 및 광고에 대한 태도 등에 영향을 미칠 수 있다. 따라서 부모의 역할을 이해하는 것은 어린이의 광고에 대한 태도와 행동을 이해하는 데 있어서 중요한 요소이다. 부모의 커뮤니케이션 및 양육 방법이 어린이의 경제 인식과 광고에 대한 태도 및 행동에 어떤 영향을 미치는지 이해하는 것은 어린이 시장에서 제품을 판매하는 데 있어서 중요한 고려 사항이다.

4) 또래 집단

부모를 제외한 어린이들에게 있어서, 주요한 사회적 영향력을 미치는 대상은 시간이 지남에 따라 또래 집단이 될 것으로 추측된다. 이전 연구들은 또래 집단이 어린이들의 구매 행동, 의견 형성 및 행동 양식 등에 종합적인 영향력을 미치는 것으로 나타나고 있다. 특히, 어린이들이 경제적, 사회적으로 독립하기 시작하면서 또래 집단의 영향력은 점차 커지고 뚜렷해지는 것으로 파악된다. 5세에서 10세 사이의 어린이들도 또래 집단의 영향을 받는 민감한 시기이나, 제품 또는 브랜드 선택의 경우에는 10세 이상 어린이 및 청소년들이 친구들로부터 가장 많은 영향을 받는 것으로 알려져 있다. 이러한 이유로 인해, 또래 집단의 영향력은 10세 이후의 어린이 및 청소년 시기에 더욱 분명해지는 것으로 나타난다.

브랜드가 가진 의미와 상징적 가치는 해당 브랜드의 제품 특성 외에도, 브랜드가 어떤 것을 대표하는지에 따라서 브랜드의 힘을 결정한다. 브랜드의 상징적인 가치와 함께 이를 소비하는 것이 또래 집단에서 어떤 의미를 지니는지를 고려해야 한다. 이러한 이유로, 어린이와 청소년들은 자신의 이미지를 표현하는 것을 통해 또래 집단의 일원으로 인정받고자 하는 사회적 욕망을 느끼게 된다. 이러한 사회적 욕망으로 인해 또래 집단의 의견이 점점 더 중요해지는 것으로 이해할 수 있다(Saunders et al., 1973).

어린이들이 10대로 진입하면서, 자신의 정체성에 대한 고민과 함께 원하는 이미지를 표현할 수 있는 특정한 브랜드의 제품까지 구매 대상으로 생각하게 된다. 이 때, 제품의 범위는 오락이나 즐거움과 연관된 제품뿐만 아니라, 자신의 원하는 이미지를 표현할 수 있는 제품들로 확장된다. 패션 분야가 그 대표적인 예로, 청소년들은 특정한 패션 브랜드나 스타일을 선택하는 경우가 많다. 이는 또래 집단에서의 인기나 트렌드와 관련이 깊은데, 청소년들은 또래 집단의 패션이나 트렌드에 매우 민감하다. 그렇기 때문에, 비록 본인이 특정 제품이나 브랜드를 좋아하더라도, 또래 집단이 싫어할 것이라고 믿는다면 그 제품이나 브랜드를 구매할 가능성이 낮아지는 것으로 예상된다.

또래 집단은 어린 소비자들의 광고에 대한 태도 형성에도 영향을 미치며, 어린이와 청소년은 자신의 친구들과 함께 광고나 광고에 등장하는 제품 및 모델에 대한 대화를 자주 나누는 것으로 알려져 있다. 이러한 대화에서 어떤 광고가 최고의 광고로 선정되거나 가장 즐거운 광고로 여겨지는 경우도 있으며, 이를 통해 그 광고는 청소년들 사이에서 어떤 유행을 만들어내기도 한다. 이러한 이유로, 또래 집단은 특정한 광고나 광고 캠페인에 대한 어린이나 청소년들의 반응을 형성하며, 그 광고가 실제로 미치는 영향력에도 영향을 미칠 수 있다.

어린이들은 광고되는 제품에 대해 어떤 기대를 가지게 될 수도 있다. 이 경우에는 제품이 광고에서 제시한 기대를 충족시키는 것은 마케팅에서 중요한 역할을 한다. 만약 제품이 이렇게 기대를 충족시키지 못한다면, 그 제품은 광고에서 만들어진 매력을 잃게 되고, 어린이들은 그 제품을 다시 구매하지 않을 가능성이 높아진다. 그리고 이러한 상황에서는 어린이들이 그 브랜드에 대한 충성도를 가지기 어렵다. 게다가, 제품에 형성된 광고의 기대가 깨져서 오히려 제품에 대해 부정적인 태도를 가질 수도 있다.

5) 가족에 대한 구매 요청

어린이들이 소비자로서 나타내는 독특한 행동 중 하나는 부모를 조르거나 설득하여 자신이 원하는 제품을 구매하도록 유도하는 것이다. 이러한 행동은 어린이들에 대한 광고의 영향으로 나타나는 행동 중 하나로 이해할 수 있다. 어린이들은 시장에 존재하는 제품을 알게 되면서, 자신이 원하는 제품에 대한 태도와 소유욕구가 발전하는 것으로 나타났다.

TV 광고에서 제품을 보고 소유하려는 욕구를 느끼는 어린이들은 가족에게 해당 제품을 구매해달라고 조르기도 한다. 이러한 구매 요청(조르기)은 원하는 제품을 얻기 위해 부모나 어른들에게 도움을 요청하는 행동이다(Proctor & Richards, 2002). 이런 어린이의 구매 요청은 합리적이기 보다는 감성적이고 충동적인 행동으로 이해할 수 있다. Proctor와 Richards의 연구에서는 어린이들의 소비 행동 결정에 영향을 주는 요인 중 부모의 영향력과 입소문 마케팅의 영향을 분석하였다. 결과에 의하면, 어린이들이 제품 구매 결정에 있어 부모의 영향력이 더 크다는 것을 확인하였으며, 구매 요청보다 오히려 더 큰 영향력을 갖는다는 것도 밝혀냈다. 또한 입소문 마케팅이 어린이들의 소비 행동에도 상당한 영향을 미치는 것으로 확인되었다.

어린 시기에는 본인이 원하는 제품을 구매하기 위한 소비능력이 부족하기 때문에 그들을 위해서 주로 제품을 사주는 역할을 하는 부모에게 제품의 구매를 의존하게 된다(Galst & White, 1976). 이 연구에서는 텔레비전 광고가 어린이들의 구매 행동에 미치는 영향을 조사했는데, TV에서 방영되는 식품 광고를 시청한 어린이들이 구매할 제품을 선택하는 데 있어서 광고에 노출되었던 제품을 선택하는 경향이 있음을 발견하였다.

실제로 많은 부모는 이런 어린이들의 구매 요구를 어느 정도는 긍정적으로 수용하고 있는 것으로 나타났다(Ward & Wackman, 1972). 이 연구는 텔레비전 광고가 어린이들의 구매 행동과 부모의 구매 결정에 미치는 영향을 조사한 것으로, 어린이들과 그들의 부모를 연구의 대상으로 하였으며, 어린이들이 광고에서 본 제품을 부모에게 구매해달라고 요청하는 경우, 부모들이 이에 대해 어떻게 대처하는지의 행동을 분석하였다. 연구 결과에서는 부모들이 자녀의 구매 요청에 대해 비교적 유연하게 대처하는 것으로 나타났다. 부모들이 광고에 노출된 제품과 관련된 정보를 더 많이 가지고 있을수록, 어린이들의 구매 요구에 대해 더 적극적으로 대응하는 경향을 보였다.

어린이의 조르기 행동이 실제 쇼핑하는 과정에서 나타나기도 하는데, 일반적으로 소비자는 어린이와 함께 할 때에 어린이와 함께하지 않을 때보다 쇼핑 과정에서 더 많은 제품을 구매하는 것으로 나타났다(Parker, 2001). 이 연구에서는 마케팅이 어린이들의 돈에 대한 태도와 행동에 영향을 미치는 방법과, 마케터가 제품과 브랜드에 대한 욕구를 만들기 위해 어린이들을 대상으로 하는 마케팅의 방법에 대해 논의하고 있다. 어린이들이 돈에 대해 교육을 받아야 할 필요가 있으며, 부모나 교육자들은 광고의 설득력에 대해 이해하도록 어린이들을 교육하는 것이 필요하다고 주장하고 있다. 이런 연구의 결과로 미루어 볼 때, 어린이들이 어른들을 대상으로 하는 조르기에서 비교적 성공적인 결과를 얻고 있다는 것을 알 수 있다.

이런 조르는 행동은 나이가 어릴수록 더 많이 관찰되는 것으로 나타났고, 가족 내의 커뮤니케이션이 활발하지 않은 경우에 더욱 강하게 나타나는 것으로 밝혀졌다(Buijzen & Valkenburg, 2003). 이 연구에서는 텔레비전 광고가 어린이들의 물질주의적 태도, 부모-자녀 간 충돌, 그리고 불행감 등에 미치는 영향을 조사하였다. 연구 결과에 의하면, 어린이들은 TV에서 방영되는 광고에 노출될 때, 더 물질주의적인 태도를 보이는 것으로 나타났다. 또한 광고 시청이 많을수록 이런 물질주의적 태도가 더 강해지는 것으로 나타났다. 또한 부모와 자녀 간의 충돌 역시 어린이의 광고 시청과 관련하여 발생하였다. 광고에 많이 노출된 어린이들은 부모보다 더 많은 제품을 요구하게 되며, 충돌과 갈등이 생길 가능성이 컸다. 이러한 충돌과 갈등은 어린이의 정서적 안정에 영향을 미치는 것으로 나타났다. 또한 어린이들의 물질주의적 태도가 높을수록 그들이 느끼는 불행도 더 높아졌음이 이 연구에서 밝혀졌다.

어린이들이 일상생활 중에 노출되는 광고의 수를 고려할 때, 부모가 사줄 수 있고 또 사주고 싶은 제품보다는 어린이들은 더 많은 제품을 알고 또 요구하고 있을 것으로 추측할 수 있다. 이렇게 부모와 어린이의 구매를 위한 제품에는 차이가 생길 수밖에 없고, 이런 차이는 가족 간의 충돌을 일으키거나 최소한 갈등의 원인이 되는 스트레스로 작용할 수도 있다고 밝혀졌다(박영화, 1996; 윤희중, 1991).

어린이가 원하는 제품이 너무 비싸거나 또는 부모가 자녀에게 적절하지 않다고 판단해서 구매를 거부할 수도 있는데, 이런 경우에는 어린이의 조르기 행동의 결과가 부모와 자녀 간의 불화나 충돌로 나타나기도 하고(Feldman & Wolf, 1974; Feldman et al., 1977), 정도가 심하면 어린이가 분노, 좌절, 실망 등을 느낄 수도 있다(Atkin, 1978). 어린이들은 광고를 통해 물질주의적인 세계관에 관심을 갖지만 부모는 교육적인 차원의 비물질적인 다른 측면에서 어린이의 요청에 접근하기 때문에 이런 갈등이 발생하는 것으로 이해할 수도 있다(Feldman & Wolf, 1974; Feldman et al., 1977).

어린이가 부모를 조르는 행동에 대한 연구는 어린이를 소비자로 이해하는 과정에서도 중요한 주제 중 하나이다. 이러한 행동은 주로 어린이가 소비자로서 활동하는 사회적 맥락에서 관찰되고 있기 때문이다. 한 연구에서 어린이가 광고된 제품의 구매를 위해 부모를 조르는 행동이 심하다면 가족 간 충돌의 원인이 될 수 있음이 밝혀졌다(Stoneman & Brody, 1981). 이 연구는 어린이 광고가 어떻게 부모와 자녀 간의 상호작용에 영향을 미치는지에 대한 내용을 다루고 있다. 연구 결과에 의하면, 부모와 어린이가 함께 시청하는 어린이 광고가 부모와 자녀의 상호작용에 영향을 미치는 것으로 나타났다. 특히, 광고의 제품이나 캐릭터와 관련된 대화는 부모와 자녀 간의 대화를 자극시키며, 자녀들의 호기심을 자극하는 효과를 보였다.

또 다른 연구 결과에 따르면, 어린이들의 TV 시청량은 TV에서 광고된 식품의 소비량과 어머니의 구매 결정에 영향을 주려는 어린이들의 시도의 횟수와 밀접한 관련이 있다는 것이 발견되었다. TV를 많이 시청하는 어린이들은 광고된 식품을 많이 소비하며, 또한 광고에서 본 제품을 부모님에게 요청하는 경우가 더 많이 발생한다는 것이다(Galst & White, 1976). 또한 광고 대상으로 자주 노출되는 식품은 어린이들이 가장 선호하는 제품으로 인식되며, 이러한 제품에 대한 구매 요청이 부모에게 가장 많이 이루어졌다.

어린이들은 제품 구매 결정 과정에서 어떤 논의를 통해 구매를 결정하는 경향이 있으며, 이 논의의 상대는 친구나 부모와 같은 어른일 가능성이 높다. 따라서 TV 광고 이외에도 다른 미디어 콘텐츠, 친구 및 부모와의 대화 등 다양한 요인이 어린이들의 구매 행동에 영향을 미치는 것으로 나타났다. 이러한 요인들이 때론 큰 영향을 미칠 수 있다(Young, 1990).

어린이들의 제품 구매 요청에 대한 부모가 허락하는 정도는 가족의 특징에 따라 다르게 나타났다. 이 과정에서 부모와 어린이들의 상호작용과 부모의 양육 유형 등이 중요한 역할을 하고, 어린이의 나이도 중요한 요인으로 나타났다. 어린이의 나이가 들수록 제품 구매를 요청하는 횟수는 줄어들지만, 이런 요청의 성공률은 오히려 높아지는 것으로 나타났다. 결국, 나이가 들수록 어린이들은 제품 구매를 자주 요청하지는 않지만, 요청할 경우 원하는 제품을 거의 얻을 수 있다는 것을 알 수 있다.

광고는 어린이들에게 제품과 브랜드에 대한 정보를 제공하는 중요한 정보원으로 자리 잡았다. 그러나 부모는 이러한 조르기에 항상 긍정적으로 반응하지는 않는다. 구매 요청에 대한 승낙 여부는 자녀가 요청하는 제품의 종류와 연관되어 있다. 자녀가 요청하는 제품이 자녀와 직접적으로 연관되어 있다고 생각할수록 부모가 그 구매 요청을 들어줄 가능성이 높아진다는 것이 연구에서 확인되었다. 또한 자녀가 그 제품을 중요하게 생각하거나 부모가 그 제품이 자녀에게 중요하다고 생각할 경우에도 그 구매 요청을 승낙할 가능성이 높아지는 것으로 나타났다(Ward & Wackman, 1972).

실험과 관찰을 함께 사용한 연구(Stoneman & Brody, 1982)에서는 어머니와 어린이가 함께 시청하는 미리 제작된 TV 프로그램을 활용하여 그들의 쇼핑 행동에 미치는 영향을 조사했다. 실험 집단의 반은 식품 광고를 포함하는 프로그램을 시청하였으며, 나머지 반은 광고가 없는 프로그램만을 시청하는 통제 집단으로 이루어졌다. 결과에 의하면, 광고를 시청한 어린이들이 어머니에게 더 많은 제품의 구매를 요청하는 경향이 있었다. 그러나 광고를 시청한 어머니들은 이런 구매 요청을 거부하는 경우가 많았고, 요청한 제품 대신 어린이가 고른 다른 브랜드를 그 대안으로 구매하는 경우가 많은 것으로 나타났다.

어린이가 광고와 부모로부터 동일한 제품에 대해 상이한 정보를 받게 되는 상황은 부모와 자녀 간의 새로운 갈등과 충돌이 발생할 가능성을 높이며, 이러한 불일치되는 정보를 고려하지 않고 제품을 구매하는 과정은 부모와 자녀 간의 추가적인 갈등을 초래할 수 있다.

한 연구(Prasad et al., 1978)에서 장난감 광고를 시청한 어린이들과 그렇지 않은 어린이들, 그리고 이들의 어머니들을 대상으로 진행된 실험을 통해, 부모의 태도가 어린이들의 구매 결정에 미치는 영향에 대해 조사했다. 이 실험에서는 어린이 중 일부가 장난감 광고를 시청했고, 일부 어머니들은 이들에게 장난감에 대한 부정적인 정보를 전달하도록 했다. 이때 어머니들은 매우 확신에 찬 태도로 정보를 전달하는 경우와 부드럽고 합리적인 태도로 정보를 전달하는 두 가지 경우로 나누어서 실험이 진행되었다. 또한 어머니가 아무런 정보도 전달하지 않은 어린이들의 집단도 있었다. 결과에 의하면, 어린이들이 장난감을 좋아하는 상황에서는 어머니가 따뜻하고 합리적인 톤으로 부정적인 정보를 전달하는 경우에는 어린이들이 어머니의 의견을 일정 부분 수용하는 것으로 나타났다. 그러나 어머니가 확신에 차고 권위적으로 이 정보를 전달할 경우에는 어린이들과 부모 간에 의견에 대한 충돌의 가능성이 증가하는 것으로 나타났다. 어린이가 해당 장난감을 정말로 원하는 경우에는 부모가 개입하는 방식과 상관없이 어린이의 구매 의도에는 변화가 없는 것으로 나타났다.

TV 시청량이 많은 어린이들, 즉 TV 광고에 노출되는 양이 많은 어린이들은 친구들과 사회적 연결에서 분리되어 있거나 사회적 연결성이 낮은 경우, 부모에게 제품에 대한 구매 요청을 더 많이 하는 것으로 나타났다. TV 시청량이 많은 어린이들 중에서도, 친구들과 연결이 잘 되어 있고, 높은 사회적 연결성을 갖는 어린이들은 부모에게 이런 요청을 상대적으로 적게 하는 것으로 나타났다. 이 결과는 소비자화의 과정에서 어린이들의 사회적 연결성이 중요함을 보여준다.

어린이들의 조르기에 대해서 다른 의견이 제시되기도 한다. 일부 마케터는 어린이의 조르기가 부모와 자녀 간 충돌의 원인이 아니라 자본주의 사회에서 구매에 대한 부모와 자녀 간의 협상 과정의 일부라고 주장하기도 하고(Pilgrim & Lawrence, 2001), 광고만이 어린이들이 부모를 조르게 하는 이유가 아니고 다른 이유도 존재한다고 주장하기도 했다(Proctor & Richards, 2002). 광고를 거의 안 하거나 매우 적게 하더라도 어떤 장난감은 시장에서 잘 팔리기도 하는데, 이 장난감이 현재 어린이들이 따르고 있는 유행에 속하기 때문이다. 광고 이외에도 어린이들의 구매 욕구를 자극하는 다른 원인들도 존재할 수도 있다는 것이다. 이런 구매 요청 혹은 조르기는 어린이의 특징적인 행동이고, 광고가 이런 행동에 어느 정도 영향을 주고 있다는 것은 분명한 사실로 보인다.

6) 어린이 관련 제품

◇ 선물

광고에 대해 비판적인 시각을 가진 사람들은 TV에서 자주 반복되는 광고가 어린이들이 크리스마스와 같은 뜻깊은 기념일을 상업적인 날로만 인식하게 만든다고 주장하기도 한다. 한 연구에서는 어린이들에게 선물

요청 편지를 쓰도록 하고 그 내용을 분석했다. 이 연구에서 나타난 결과는 TV 광고를 많이 시청한 어린이들이 그렇지 않은 어린이들보다 더 많은 선물을 원하는 것으로 나타났고, 그들이 원하는 선물을 특정 브랜드 이름을 사용해서 지정하는 경향이 있음이 발견되었다. 이 결과를 통해 TV 광고가 어린이들이 자신이 받고 싶은 선물을 선택하는 과정에서 큰 영향을 미칠 수도 있다는 것이 증명되었다(Gunter et al., 2005).

크리스마스 광고(출처: Milled)

실제로 어린이가 크리스마스 선물을 선택하는 데에 가장 큰 영향을 주는 요인을 친구라고 밝힌 연구가 있는데, 여기도 TV 광고 또한 이 선택 과정에 어느 정도 효과가 있는 것으로 나타났고, 특히 구체적인 브랜드의 선택에 있어서는 TV 광고의 효과가 큰 것으로 나타났다. 이 연구에서는 어린이들이 TV 광고를 보고 이 광고에 어떻게 반응하는지, 그리고 광고의 요소들이 어린이들의 광고에 대한 태도와 제품 선호도에 미치는 영향을 조사했다(손상희, 2008).

크리스마스와 같은 기념일은 상업적으로 매우 중요한 시기이며, 마케터들은 어린이들을 대상으로 다양한 제품을 판매하려는 목적으로 TV 광고를 이용하기도 한다. 이런 TV 광고는 어린이들이 선택하는 선물의 종류에 큰 영향을 미치며, 어린이들의 선물 선택의 과정에서 중요한 정보원 역할을 하고 있는 것으로 나타났다.

◇ 장난감 광고

장난감 같은 특별히 어린이를 대상으로 하는 제품군의 광고는 어린이의 건강과는 직접적으로 연관되지 않았기 때문에 식품 광고보다는 그 논란의 여지가 덜하다고 할 수도 있다. 하지만 이런 장난감 광고에도 여전히 우려할만한 측면들이 존재하는 것을 확인할 수 있었다.

일반적으로 부모들은 어린이 광고에서 소개되는 장난감이 그 광고의 표현 과정에서 비현실적으로 또는 부정확한 방법으로 묘사될 수 있는 점을 가장 우려하는 것으로 나타났고, 이런 과장된 묘사를 어린이가 제대로 이해하지 못할 것이라 생각하고 있었다(정민수, 2000). 정민수(2000)의 연구에서는 광고 규제에 대해서 설명하면서, 현재 광고 규제의 문제를 해결하기 위한 방안을 제시하기도 했다. 장난감 광고의 부정적인 효과 중 하나는 어린이들이 장난감을 구매한 후에 이 구매 경험이 실망으로 이어질 수도 있다는 것이다.

광고에서는 장난감을 과장되게 표현하는 것이 금지되고 있으며, 제품의 실제 크기나 작동 방식 등을 정확하게 보여줘야 한다는 규제가 있다.

하지만 연구 결과, 실제 방송되는 장난감 광고에서는 장난감의 움직임이 과장되거나, 큰 소리나 시각 효과를 활용해 장난감이 실제보다 더 매력적으로 묘사되는 경우가 많다는 것이 확인되었다. 이러한 과장된 묘사는 어린이들이 실제 장난감의 크기와 작동 방식을 제대로 이해하지 못하도록 하고, 구매한 후에 제품에 실망하거나 장난감 사용 과정에서 위험에 노출될 가능성이 있을 수도 있다는 점을 고려할 필요가 있다.

장난감 광고(출처: PassionforSavings)

어린이를 대상으로 장난감 광고를 집행하는 기업들은 장난감의 조립 필요 여부와 조립 과정에서 다른 사람의 도움이 필요한지 등의 여부를 자세히 표시할 것을 권고 받고 있으며, 장난감이 적절한 연령도 함께 표시할 것을 권장 받고 있다. 실제로 많은 장난감에서 이런 정보가 제공되고 있는 것으로 나타났다. 이런 노력들이 어린이들이 장난감을 안전하게 사용하고 또 즐길 수 있도록 도움이 될 수 있다.

여기서 관심을 가져야 할 중요한 이슈는 어린이를 대상으로 하는 장난감 광고에 대한 규제와 이를 따르는 기업들의 양심, 그리고 규제에 따라 제시되는 경고 문구나 안내 문구를 어린이가 과연 얼마나 이해할 수 있는지의 문제이다. 즉, 기업들이 자율적으로 광고 규제를 따르는 것도 중요하지만, 어린이가 제시된 정보를 얼마나 잘 이해할 수 있는지의 실제적인 능력을 고려하여 보다 효과적인 방식으로 어린이에게 도움이 될 수 있는 광고를 전달해야 한다는 것이다.

이런 사례로 어린이를 대상으로 하는 광고가 비록 작은 글자이기는 하지만 제품에 대한 정보를 알리는 문구를 포함하고 있는 것으로 나타났다(Kolbe, 1999)[32]. 그러나 이러한 경고 문구나 안내 문구는 광고에서 너무 빠르게 제시되고, 가시성도 낮은 문제점이 있다. 게다가 어린이들이 이런 빠른 문구를 제대로 읽을 수 있더라도, 그 안에 담긴 내용을 이해할 수 있는지는 불분명하다. 특히 장난감 광고는 어린이들에게 매력적인 스토리나 과장된 표현을 사용해 제품을 알리는데, 이러한 광고 기법은 어린이들이 광고 안의 메시지를 제대로 이해하지 못하게 되는 이유이다. 장난감은 어린이들이 가장 관심을 갖는 제품 중 하나이기 때문에, 광고 메시지에서 어린이들이 제품에 대해서 제대로 정보를 이해할 수 있도록 마케터가 노력할 필요가 있다.

---

32 국내에서는 방송법 시행령 제59조 제1항에서는 어린이를 주 시청대상으로 하는 프로그램의 전후 광고에는 화면 크기의 64분의 1 크기로 '광고방송'이라는 글씨를 내보내도록 규정하고 있다.

◇ 식품 광고

어린이들을 대상으로 하는 건강과 관련된 제품, 특히 식품과 관련된 광고는 어린이 건강에 부정적인 영향을 미칠 가능성이 있기 때문에 이에 대한 우려가 존재한다. 어린이들이 적절한 영양을 섭취하고, 설탕, 소금, 지방 등이 과도하게 함유된 음식을 제한하는 것은 건강에 중요한 일이고, 이러한 이유로 식품과 관련된 광고도 조심스럽게 다뤄져야 할 필요가 있다.

시리얼 광고(출처: Adweek)

어린이를 대상으로 하는 광고 중의 상당 부분이 식품이나 음료와 관련된 제품을 촉진하는 것으로 밝혀졌다(이영석, 1995; Gamble & Corugna, 1999). 이영석(1995)의 연구에서는 텔레비전 광고에 대한 어린이의 인식 실태를 조사했는데, 어린이들은 TV 광고를 많이 보는 것으로 나타났고, 광고 중에서도 특히 식품 관련 광고가 가장 많았고, 어린이들은 이런 식품 광고를 잘 기억하는 것으로 나타났다. 다른 연구에서는 연구에서 분석한 57개의 광고 중 23개(약 40%)가 식품 광고였고, 식품 광고 중 12개(약 52%)가 고칼로리의 음식과 음료를 다루고 있는 것으로 나타났다. 광고에서 특히 빈번하게 언급된 식품의 종류는 아이스크림, 사탕, 초콜릿, 시리얼, 쿠키 등이었으며, 광고의 주제로는 식품의 맛과 즐거움이 많이 사용되었다. 그리고 광고에서는 건강과 관련된 정보의 언급보다는 대체로 놀이와 재미, 친구와 함께하는 시간, 행복한 가족 모습 등을 강조하는 것으로 나타났다(Gamble & Corugna, 1999).

또 다른 연구에서는 미국에서 어린이를 대상으로 하는 광고 중 60%가 음식 광고인 것으로 밝혔으며(Barcus, 1980), 영국에서 집행되는 광고 중 약 절반은 식품 광고인 것으로 나타났다고 설명했다(Young, 1990). 이 광고들은 시리얼, 사탕, 과자, 즉석식품, 간편식품 등 건강에 위험할 수 있는 제품을 촉진하는 경우가 많았고, 어린이의 식습관에 부정적인 영향을 줄 수 있는 내용으로 구성되어 있다고 우려하고 있었다.

식품 광고와 관련된 가장 큰 논란 중 하나는 식품광고와 어린이의 건강과 비만에 대한 우려이다. 건강에 좋지 않은 식품들이 어린이들을 포함하는 소비자들에게 주로 광고되고 있기 때문에 이런 비판을 받고 있다. 이러한 식품들은 성장하고 있는 어린이에게는 더욱 해가 될 수 있으므로 식품 광고의 건강에 대한 우려가 크게 제기되고 있다. 어린이들은 아직 성장하고 있는 단계이기 때문에, 건강에 해로울 수 있는 식품들이 더욱 더 위험할 수 있다는 비판은 어린이들을 대상으로 하는 과도한 설탕, 지방, 소금 등이 함유된 과자, 사탕, 음료수, 패스트푸드 등의 식품 광고에서 특히 강조되고 있다.

초콜릿 광고(출처: 핀터레스트)

이와는 대조적으로 어린이를 대상으로 하는 건강한 식생활을 강조하는 메시지를 찾아보기는 힘들기 때문에, 건강에 해로울 수 있는 제품을 촉진하는 이런 식품 광고는 편파적이라고도 추가적으로 비판 받을 수도 있다(Conner & Armitage, 2002). 한 연구에서는 건강에 해로운 식품을 홍보하는 광고가 건강에 좋은 식품을 홍보하는 광고보다 두 배 이상 그 수가 많았음을 확인하였다(Conner & Armitage, 2002). 미국에서 방영되는 어린이 광고의 식품 광고 내용을 조사했는데, 이 결과에 의하면, 100여 개의 광고 중 70여 개가 식품 광고였음을 발견했고, 이 광고들 중 66%가 건강에 해로운 식품을 광고하고 있었고, 나머지 34%는 건강에 좋은 식품을 광고하고 있는 것으로 나타났다.

어린이들은 과도한 당을 함유한 음료와 과자 등을 선택하도록 설득하는 많은 TV 광고 메시지에 노출되고 있었으며, 이런 제품들의 대안인 건강한 식품을 강조하는 메시지는 부족한 편중된 커뮤니케이션 상황에 놓여있다고 비판받고 있는 것이다. 이런 상황을 고려할 때, 식품 광고에 의무적으로 제품의 정확한 영양 정보를 포함하거나, 건강한 영양 섭취에 대한 내용을 포함해서 광고를 만들도록 강제하기도 했다.

영국에서는 어린이 대상의 식품 광고에서 설탕, 지방, 나트륨 함량이 높은 제품들의 광고가 제한되며, 건강에 좋은 성분이 포함된 제품이라고 광고하는 것은 가능하지만, 그 광고 내용에 대한 증거를 제출하거나, 광고 내용이 실제로 건강에 좋은 영향을 미치는지에 대한 검증이 필요하다. 이러한 식품 광고에 대한 적극적인 개입은 영국뿐만 아니라 유럽 일부 국가 및 호주, 뉴질랜드 등에서도 실행되고 있다.

전 세계적으로 어린이의 비만과 과체중 문제는 중요한 사회적 문제로 인식되고 있다. 식품 광고가 어린이를 잘 설득하는 속성 때문에, 어린이 비만 증가의 원인이 광고일 수도 있다는 주장이 있다(Strasburger & Wilson, 2002). 그들은 이 연구에서 전 세계적으로 어린이의 비만과 과체중 문제가 중요한 사회적 문제로 인식되고 있다는 것을 강조하며, 미국에서도 비만 어린이의 수가 계속해서 증가하고 있다는 사실을 제시하면서, 비만에 영향을 줄 수 있는 식품 광고에 대해 비판을 제기하고 있다. 물론 이러한 증가가 전적으로 광고의 책임만일 수는 없다.

Lvovich(2003)는 어린이 비만 문제를 광고와 무관하게 어린이의 생활양식 변화 등의 요인으로 설명하는 반론을 제시하기도 했다. 즉, 운동 부족, 자동차 등 교통 수단 사용 증가, 앉아서 하는 일 증가, TV 시청과 게임 시간 등의 증가, 그리고 즉석식품이나 간편식품 섭취 증가 등은 어린이 비만 상황을 설명할 수 있는 더 중요한 요인일 수도 있다는 것이다. 하지만, 여전히 광고에 등장하는 식품들이 어린이들에게 더 매력적이라는 사실을 부인하기는 어려울 것 같다.

마케터들은 식품 광고를 옹호하며 어린이들이 이미 학교나 가정에서 영양 정보를 받았으며 건강한 식습관에 대한 충분한 정보를 얻고 있다고 주장한다. 이들은 또한 광고를 통해 제공되는 정보가 제품의 맛이나 브랜드 이미지와 같은 요소들을 포함하여 제품에 대한 선호도와 구매 의사 결정을 돕는 목적으로 제공되는 것임을 강조한다. 마케터들은 광고의 책임이 어린이들이 건강한 식습관을 형성하는 데 있어서는 작은 역할을 하고 있다고 주장하면서 식품 광고와 관련된 규제에 반대하는 의견을 제시하기도 한다.

Strong(1999)은 어린이를 대상으로 한 식품 광고에서 사용할 수 있는 바람직한 방법으로 광고에서 건강한 식습관을 설명하고, 다른 정보원에게서 얻은 영양 정보를 보완할 수 있는 추가적인 영양 관련 정보도 함께 제공할 것을 제시하고 있다. 즉, 어린이들에게 필요한 건강 정보를 제공하는 광고의 책임성을 중요하다고 강조한 것이다. 광고는 어린이들의 식습관을 형성하는 과정에 큰 영향을 미칠 수 있기 때문에, 광고에 영양 성분과 칼로리 등 영양 정보를 제공하는 것이 필요하다는 것이며, 이를 통해 어린이들이 건강한 식습관을 형성할 수 있도록 도울 수 있다는 것을 주장하고 있다.

앞에서도 살펴본 것처럼 식품 광고는 어린이 광고 중 가장 많은 부분을 차지하는 광고이며, 어린이의 건강과 비만의 문제와 관련되어 있어서 많은 관심을 받고 있는 주제이기도 하다. 식품 자체의 영양성분을 개선하는 것이 물론 중요하겠지만, 마케터들은 식품과 관련된 커뮤니케이션 상황에서 어린이들이 건강한 또는 균형 잡힌 식습관을 갖도록 권장하는 메시지를 전달할 필요가 있다. 특히 어린이를 대상으로 하는 식품 광고에서는 식품 관련 정확한 정보를 제공하는 것뿐만 아니라, 광고에서 건강한 식습관을 만들 수 있는 메시지를 활용할 수 있도록 노력해야 한다는 것이다.

7) 광고 효과

어린이들의 제품에 대한 선호도는 광고에 의해 형성될 수도 있지만, 제품 속성, 브랜드 인식, 개인 경험, 제품 포장, 판매 촉진, 부모의 의견, 또래 집단의 영향 등 여러 가지 요인이 결합하여 형성될 수도 있다는 것을 알 수 있다. 따라서 단일한 요소가 제품과 브랜드에 대한 어린이들의 태도 형성 과정에 절대적인 영향을 미치는 것은 거의 불가능하다고 판단할 수 있다. 결국, 이런 다양한 영향 요소를 고려하여 효과적인 광고 전략을 구상하는 것이 시장에서 제품의 성공을 이루는 데 중요하다고 이해할 수 있다. 광고는 어린이들에게 제품에 대한 정보를 전달하는 정보원으로서의 역할을 하지만, 여러 가지 다른 형태로 다양한 채널을 통해 정보를 전달하고 있다. TV 광고뿐만 아니라 다른 미디어나 다른 채널을 통해서도 제품과 관련된 메시지가 전달되고 있다.

요즘 어린이와 청소년들은 제품과 관련된 정보를 얻기 위해 가장 중요한 정보원으로 인터넷과 같은 새로운 미디어를 활용하고 있다. 연령이 들수록 새로운 미디어를 더 많이 사용하며, 앞으로도 이런 추세는 더욱 강해질 것으로 예상된다. 또한 휴대성이 뛰어난 스마트폰은 어린이와 청소년들에게 가장 친숙한 미디어로 자리 잡았으며, 다양한 영역에서 역할을 수행하고 있다.

어린이들은 소비자로서의 경험이 부족하기 때문에 소비자 행동에서 자신감이 부족하며, 또한 전통적인 미디어의 압력에 쉽게 영향을 받는다. 이와 비교할 때, 인터넷과 같은 새로운 미디어는 간섭 없이 자유롭게 정보를 검색할 수 있기 때문에 어린이들에게 더 매력적으로 느껴질 수도 있다. 또한 스마트폰 등의 개인기기를 통해 다양한 미디어를 활용하여 제품 관련 정보를 찾는 것이 일반화되면서, 이러한 현상은 더욱 가속화되고 있다. 새로운 미디어는 제품, 브랜드, 또는 현재 유행에 대한 또래 집단과의 상호작용 또한 더욱 용이하게 만들어 주는 역할을 하기도 한다. 따라서 이러한 새로운 트렌드는 어린이와 관련된 마케팅에서 조금 더 자세히 다루어야 할 필요가 있다.

영국에서 진행된 연구(Gunter et al., 1992)는 어린이와 청소년을 대상으로 심층 인터뷰[33](in-depth interview)를 진행했는데, 인터뷰에 참가한 어린이와 청소년들이 광고가 어떤 특정한 반응을 불러일으킬 수 있다는 것을 어느 정도 인지하고 있다는 것을 밝혀냈다. 응답자들은 광고에서 본 행동을 실제로 따라 하거나, 광고에서 사용된 징글이나 카피를 잘 기억하며, 때로는 이를 따라 하기도 한다고 했다. 또한 광고로 인해 제품을 좋아하거나 싫어하게 되는 경우도 있다고 언급하였다. 이 결과를 통해서 어린이와 청소

33 한 명의 응답자와 일대일 면접을 통해 소비자의 심리를 파악하는 조사 방법, 어떤 주제에 응답자의 생각이나 느낌을 자유롭게 이야기하게 함으로써 응답자의 내면 깊숙이 자리 잡고 있는 욕구·태도·감정 등을 발견하는 소비자 면접 방법, 표적집단면접법과 함께 마케팅조사에서 1차 자료를 수집하기 위해 사용하는 정성적인 조사 방법이다.

년들이 자신들에게 어떤 영향을 주는 광고의 효과를 스스로 인지하고 있다는 것을 확인할 수 있다. 부모들은 자녀들이 광고의 부정적인 영향을 받을 상황으로 광고에서 미화되거나 유쾌하게 묘사되는 위험한 행동을 모방할 가능성에 대해 진지한 우려를 표명하고 있다.

부모들은 광고 속에서 묘사되는 반사회적이거나 부정적인 태도가 어린이들에게도 부정적인 영향을 끼칠 수도 있다고 우려하고 있다. 부모, 교육 전문가, 어린이 교육 종사자들은 TV 광고가 어린이들에게 영향을 미칠 수 있음을 인지하고 있다. 광고는 부모를 조르는 구매 행동, 광고에서 묘사된 내용을 따르는 행동, 제품에 대한 긍정적인 인식을 형성하는 등의 여러 가지 결과로 그 효과가 나타나기 때문에 어린이들에게 어떤 영향을 미치고 있다는 것을 확신할 수 있다.

가족과의 상호작용이 부족한 어린이들은 광고와의 상호작용에서 부모의 영향이 부족하므로 광고의 부정적인 효과에 대한 우려가 더욱 크다. 왜냐하면 광고로부터의 부정적인 영향을 방지할 수 있는 개입이 부족할 수 있기 때문이다. 어린이들은 보통 광고에 대해 크게 걱정하고 있지는 않지만, 광고에 모방할 행동들이 있음을 인식하고 있다. 앞서 언급된 것처럼, 어린이들은 광고로부터의 부정적인 영향에 대처할 능력을 가지고 있지만, 광고에 대해 비판적으로 접근하고 광고의 영향력을 줄이기 위해 노력할 큰 필요성은 인식하지 못하고 있는 것으로 나타났다.

Chapter 07

Advertising to Children

결론

1) 어린이 광고의 내용
2) 광고 규제
3) 광고 리터러시(Advertising Literacy)
4) 맺음말

Chapter

07

결론

상업화 현상이 사회에서 일어나면서, 어린이들이 소비주의의 중요성을 이해할 수 있도록 도와주고, 소비자로서의 역할에 대해서도 이해하는 것이 중요해지고 있다. 이런 관점에서 마케팅 전략 중 어린이를 대상으로 하는 광고를 어린이가 이해하고 처리할 수 있는 능력을 갖는 것이 필요하며, 소비자로서의 역할과 소비주의에 대한 이해는 우리 사회에서 중요한 핵심적인 역할을 하고 있다.

미완성된 인지능력을 갖고 있는 어린이들은 어린이 광고를 성인과는 다르게 이해하고 해석할 수 있으며, 우리가 기대한 것과는 다른 효과를 불러올 가능성이 있다.

이러한 이유로 어린이는 사회적으로 보호되어야 하며, 이에 대한 관심이 높아지면서 어린이 광고와 관련한 많은 연구들이 수행되었다. 대부분의 연구는 어린이 TV 광고가 등장한 시기에 집중되었으며, 이 책에서는 TV를 중심으로 한 전통적인 미디어를 중심으로 어린이 광고와 관련된 주제에 대한 과거 논의와 결과를 요약하여 제시하고 있다.

어린이가 상업적으로 중요해지고, 그들을 대상으로 하는 마케팅 미디어가 등장함에 따라 어린이를 대상으로 하는 광고에 대한 관심이 증가하였다. 전통적인 미디어의 역할이 점점 줄어들면서 새로운 미디어가 등장하였지만, 기존 미디어에서 수행된 많은 연구의 결과들은 어린이 광고의 기초적인 이해에 적용될 수 있는 내용을 담고 있기 때문에, 전통적인 미디어의 연구를 통해서 어린이 광고의 내용을 조사하는 것이 필요하다.

1) 어린이 광고의 내용

어린이 광고의 실태를 파악하기 위해서는 우선 어린이 광고가 어떤 내용으로 집행되고 있는지를 이해하는 것이 필수적이다. 이를 위해 어린이 광고에 대한 내용분석 연구가 수행되어 왔다.

이러한 연구들에서 밝혀진 결과에 따르면, 미국과 한국에서 모두 어린이를 대상으로 한 광고에서는 식품과 장난감 등의 제품이 가장 많이 등장하였다. 특히, 식품 카테고리 중에서도 어린이를 대상으로 하는 제품들이 주요한 광고 대상이었으며, 장난감 카테고리는 어린이를 특정해서 대상으로 하는 제품이기 때문에 광고 대상으로 자주 등장하였다.

미국에서 수행된 TV 광고의 내용분석 연구에 따르면, 어린이 광고에 등장하는 주요한 제품 종류는 장난감, 시리얼, 사탕과 과자, 그리고 패스트푸드 식품 등이 있었다. 이와 더불어, 1970년대 광고에서도 이러한 제품들이 광고의 주요 대상이었음을 다른 연구에서도 확인하였다. 이러한 광고에서 사용되는 주된 주제로는, 이러한 제품들을 사용함으로써 얻을 수 있는 즐거움과 행복 등을 강조하는 내용이 있었다.

미국의 어린이 광고 심의 위원회의 규정을 어린이 광고에 적용한 내용 분석 연구의 결과에서도 흥미로운 내용을 찾을 수 있다. 이 연구에서는 규정의 내용을 적용하여 297개의 어린이 광고를 분석하였다. 연구의 결과에 따르면, 광고주들은 일부 심의 규정을 준수하고 있었지만, 그 이외의 다른 규정들을 준수하려는 노력은 부족한 것으로 나타났다. 기업이 표면적으로는 광고 관련 규정을 준수하는 것처럼 보이지만, 실제로 어린이를 보호하기 위한 규제의 최종 목적을 고려하고 또 광고에 반영하고 있는지는 의문과 우려가 제기되고 있다.

국내에서 수행된 어린이 광고의 내용분석 연구의 결과에 따르면, 미국에서 관찰된 것과 같이 광고 대상이 되는 주된 제품은 주로 과자, 음료 등의 식품과 장난감이다. 이러한 제품을 광고할 때, 맛, 향기, 냄새 등이 자주 사용되는 주요한 주제이며, 비교 및 은유적 표현 등이 메시지 표현 방식으로 많이 사용된 것으로 나타났다. 또한 광고에서 사용되는 주요한 주제로는 미국과 마찬가지로 제품 사용의 즐거움과 행복 등이 많이 사용되고 있었다.

어린이 광고에서 주로 다루는 과자, 음료 등의 제품들에 대한 내용적인 문제점을 살펴보면, 제공되는 제품과 관련된 정보의 유형이 제품명과 회사명, 제품의 포장이나 외형, 디자인 등을 나타내는 것으로 한정되어 있으며, 어린이들에게 중요하다고 생각되는 제품의 구체적인 정보인 가격, 경제성, 절약, 안정성, A/S와 같은 정보는 충분히 포함되지 않는 것으로 나타났다.

또한 어린이 광고의 내용에서 발견할 수 있는 또 다른 문제로는 성역할을 뚜렷하게 구분하는 스테레오타입을 찾을 수 있으며, 광고 내용의 구성은 주로 재미와 오락성에 치우친 것으로 나타났다. 광고에서 등장하는 모델들도 연예인에 집중되어 있으며, 제품명의 상당 부분을 차지하는 외국어, 특히 영어로 된 제품명이 광고에서 빈번하게 사용되는 것으로 관찰되었다.

또 주목해야 할 어린이 광고의 내용적인 문제점은, 제품과 직접적인 연관이 없는 추가적인 경품이나 프로모션이 과도하게 강조되어 사용되고 있다는 것이다. 어린이가 이 광고의 주요 대상자임을 고려하면, 이러한 내용은 어린이들에게 쉽게 이해될 수 없기 때문에, 이는 공정하지 못한 마케팅 전략일 가능성이 있다. 경품이나 프로모션 등은 아직 인지능력이 부족한 어린이들에게 매우 효과적일 수 있지만, 그 내용을 제대로 이해할 수 없다는 점에서 불공정한 수단이 될 수 있다.

위에서 정리된 어린이 광고에 대한 내용분석의 연구 결과들은 일반적으로 어린이를 대상으로 하는 광고 집행에 문제가 있을 수도 있다는 결론을 지지하고 있다. 그러나 이와 관련된 실태 연구 중에서 어린이 광고를 주기적으로 조사하고 분석하는 연구는 찾을 수 없었으며, 이는 어린이 광고의 변화를 지속적으로 추적하고 그 추세를 파악하는 것이 필요하지만 어렵다는 것을 의미한다.

최근에는 어린이 광고에 대한 관심이 부족해지고 있어, 어린이 광고를 주제로 조사하는 연구는 정체되어 있으며, 그 수도 크게 증가하지 않고 있다. 또한 새로운 미디어가 등장하고 발전함에 따라 어린이를 대상으로 하는 마케팅 메시지의 효과적인 이해 및 관리가 점점 어려워지고 있다. 이렇게 등장한 새로운 미디어에서는 상업적인 메시지를 다루는 내용분석 연구를 찾기도 어려워졌다. 어린이 광고의 실태를 파악하기 위한 추가적인 조사가 더욱 절실하다는 것을 알 수 있다. 특히, 어린이의 개인적인 미디어 사용이 증가하면서 이를 통해 어린이에게 전달되는 상업적인 메시지의 영향력이 커지고 있을 것으로 예측할 수 있기 때문에, 추가적인 연구가 더욱 필요할 것이다.

2) 광고 규제

◇ 광고 규제 연구

국내에서 진행된 연구들은 어린이 광고의 부정적인 효과에 대해서 특히 관심이 높은 것으로 나타났다. 이러한 연구들은 어린이를 보호하고자 하는 사회적 보호의 관점을 가지고 이루어졌으며, 다른 나라에서 실행되는 광고 규제에 대한 관심도 보였다. 이러한 연구들은 주로 어린이 광고의 역기능에 초점을 맞추어 연구가 진행되었으며, 그에 대한 잠재적인 해결책도 제시하고 있다.

어린이와 청소년은 인지발달과 사회화 단계에서 성인과는 사뭇 다르므로, 어린이를 대상으로 하는 광고의 내용을 분석하고, 이 광고들이 어린이와 청소년의 인지적, 정서적, 행동적 측면에 어떤 영향을 미치는지 파악하고 보호하기 위해서 광고 규제 관련 연구가 수행되기도 했다.

이 연구들은 어린이와 청소년이 일반 성인과 인지발달 단계와 사회화 단계에서 차이가 있음을 강조하며, 이들을 대상으로 하는 광고의 내용과 그 효과를 조사하고 있다. 또 이 결과에 따라 광고 규제와 미디어 교육이 중요한 주제로 다루어지고 있으며, 광고의 문제점을 해결하기 위해 광고주, 소비자, 규제 기관들이 적극적인 역할을 해야 한다는 촉구도 이루어지고 있다. 이 연구들은 어린이들이 광고를 비판적으로 이해할 수 있는 미디어 혹은 광고 교육의 필요성을 강조하고, 현재 진행되는 광고 규제의 현실화가 필요하다고 주장하고 있다.

한 연구는 어린이를 대상으로 하는 광고에 대한 법적 고려사항에 대해 분석하고 있다. 어린이를 대상으로 하는 광고는 인지 발달에 큰 영향을 미치기 때문에, 이에 대한 규제와 보호가 필요하다는 것을 강조하고 있다. 연구에서는 미국의 어린이 광고 규제를 중심으로 다루고 있으며, 아동 광고의 규제와 관련된 법적 규정을 세부적으로 분석하고 있다. 이를 통해, 광고주들이 어린이를 대상으로 한 광고를 기획할 때 법적으로 고려해야 하는 사항들에 대해 알아볼 수 있다. 또한, 어린이를 대상으로 하는 광고가 윤리적이고 합법적으로 이루어지도록 하는 것이 중요하다는 결론을 내리고 있다(Thomas & Dilenbeck, 2002).

광고 규제와 관련된 문제점과 함께 그에 대한 직접적인 해결 방안에 대해서도 다양한 의견이 있었다. 이 중에서는 마케터는 어린이의 인지발달 단계를 고려하여 광고를 제작하고 편성해야 한다는 자율적인 노력을 촉구하는 주장이 제시되기도 했다. 또한 어린이 건강에 부정적인 영향을 미칠 수 있는 식품 광고의 부정적인 효과를 방지하거나, 어린이에게 성인을 대상으로 하는 제품에 대한 구매를 조장하는 광고를 제한하는 것도 필요하다는 주장이 제시되었다. 이와 함께 어린이를 대상으로 하는 광고에서는 제품과 관련된 꼭 필요한 정보를 명확하게 제시할 필요가 있다는 주장도 제기되었다.

어린이들은 성인과는 달리, 정보 획득보다는 즐거움을 추구하거나 무의식적으로 광고에 노출되는 경향이 있다. 이로 인해 어린이들은 광고 메시지를 처리하는 인지적 능력이 상대적으로 부족하며, 광고를 기억하는 능력은 뛰어나지만 그 내용을 이해하고 평가하는 능력이 상대적으로 제한되는 것으로 나타났다.

현재 국내에서 시행 중인 어린이 광고 규제는 외국의 규제와 비교하여 구체적이고 상세하지 못하며, 실제 규제의 적용 과정에서 큰 효율성을 기대하기 어렵다는 의견이다. 이에 따라 효과적인 어린이 보호를 위해서는 어린이 광고 규제에 대한 조금 더 현실적이고 구체적인 기준이 마련되어야 한다는 주장도 제기되고 있다.

광고와 관련한 한 연구에서는 어린이를 대상으로 한 광고 집행에 대해 광고주가 고려해야 할 사항들에 대해 제시하고 있다. 이에 따르면, 광고주는 어린이의 지적 성숙도를 고려하여 광고를 제작하여야 하며, 허위 광고와 과장 광고가 어린이에게 미치는 부정적인 영향력을 고려해야 한다고 조언하고 있다. 또한 광고주는 어린이의 상상력을 마케팅에 이용해서는 안 되며, 어린이 광고는 제품에 대한 필요한 정보를 진실하고 정확하게 전달해야 한다고도 설명하고 있다. 광고주들은 더 나아가, 사회의 규범과 가치기준에 부합하는 광고를 자발적으로 만들도록 노력해야 한다는 주장이 제기되었다.

어린이 광고 규제에 대한 일반적인 연구뿐만이 아니라, 어린이의 건강과 밀접한 관련이 있는 식품 광고에 대한 사회적 우려에 대한 연구도 진행되고 있다. 특히, 어린이 비만이 사회적 문제로 대두되면서, 어린이를 대상으로 하는 식품과 함께 이 제품의 소비를 촉진하는 어린이 광고가 비만의 잠재적 원인으로 지목되고 있어, 이런 연구의 중요성이 크게 부각되고 있다.

이런 연구들의 결과에 따르면, 많은 어린이들이 TV 광고를 가장 많이 활용하여 식품 관련 정보를 습득하고 있으며, 광고 시청 후에는 광고된 제품을 반드시 또는 가끔 구매하고 있는 것으로 나타났다. 또한 어린이들이 TV 시청 시간대에 광고된 제품을 선호하는 경향이 거의 모든 제품군에서 관찰되었는데, 이 제품군은 과자류, 음료수, 패스트푸드, 시리얼 등을 포함한다.

이러한 문제를 해결하기 위해서는 먼저 어린이를 대상으로 하는 식품에 대한 직접적인 영양 교육 프로그램의 필요성이 제기되며, TV 식품 광고의 내용뿐만 아니라 방송 시간에 대해서도 적절한 규제가 필요하다는 주장이 제기되고 있다.

어린이 식품 광고와 관련된 다른 연구에서는, 전 세계적으로 어린이를 대상으로 한 식품 광고의 규제가 강화되고 있는 추세이며, 우리나라에서도 이러한 규제가 곧 현실화될 것으로 예측하며, 기존의 맛에만 초점을 맞춘 식품 광고 전략을 건강과 관련된 내용을 담는 광고 전략으로 변화시켜야 한다는 주장도 나왔다. 더불어, 이미지 중심의 광고보다는 올바른 식습관이나 선강 상식 등의 유용한 정보를 전달하는 내용을 중심으로 하는 정보 중심의 광고 메시지 전략으로 전환해야 한다고 강조하고 있다.

광고에 대한 사람들의 일반적인 태도를 조사한 결과, 광고에 대해서는 부정적인 태도를 관찰할 수 있었으며, 특히 어린이 광고에 대한 사람들의 태도는 일반적인 광고보다 더욱 부정적인 것으로 나타났다. 부모들은 어린이들이 광고에 자주 노출되고 있는 제품들을 매장에서 더 잘 알아보고 있다고 응답하였으며, 경품이나 증정품 등을 어린이 광고에 사용하는 것에 대해서도 깊은 우려를 표시하였다.

또 다른 연구에서는 어린이 광고들이 어린이의 물질주의적인 태도와 필요 없는 제품의 선택을 부추길 가능성이 있으며, 이로 인해 부모와 자녀 간의 갈등도 발생할 수 있다는 것을 지적하고 있다. 또한 어린이들이 광고에서 기대하는 것과 실제 제품의 경험이 일치하지 않아 실망하거나 원하는 제품의 구매에 실패하는 경험이 불행한 어린이를 만들 가능성이 있다는 사실도 언급되고 있다.

◇ 광고 규제

어린이가 광고를 이해할 수 있는 나이를 확정하기 위해서 많은 논의가 이루어졌는데(Oates et al., 2002), 이는 어린이 광고의 불공정한 효과에 대해 규제를 할 수 있는 기준으로 이 나이를 이용할 수 있기 때문이다.

어린이들이 TV 광고의 의도를 제대로 이해하지 못하면 이 광고는 불공정하며, 여기에 해당하는 어린이를 적극적으로 보호해야 할 필요가 있을 수 있다는 것이다. 어린이를 보호하기 위해서는 광고에서 사용하는 방법을 일정 부분 제한하거나, 광고 자체를 전면적으로 금지하는 조금 더 공격적인 방법도 활용할 수 있다. 이렇게 어린이가 광고의 의도를 제대로 이해하지 못하면 그들을 보호하기 위한 방안이 필요하다는 점에는 모두가 동의할 수 있을 것이다.

이미 어린이를 대상으로 하는 광고에 대한 규제는 여러 나라에서 실행되고 있다. 예를 들어, 그리스에서는 어린이를 대상으로 하는 장난감 광고를 특정한 시기에는 전면적으로 금지하고 있으며, 벨기에와 호주 등에서는 어린이 프로그램과 인접한 시간대의 광고를 제한하고 있으며, 스웨덴에서는 12세 이하의 어린이를 대상으로 하는 지상파 광고는 전면적으로 금지되어 있으며, 영국에서는 어린이를 대상으로 하는 광고를 실행하는 과정에서 지켜야 할 구체적이고 상세한 규정을 정하고 운영하고 있다.

하지만 이러한 규제는 광고의 의도에 대한 어린이의 이해와 관련된 서로 다른 신념을 기반으로 하고 있으며, 같은 의미에서 광고와 어린이에 대한 다양한 견해가 존재한다는 것도 고려해야 할 필요가 있다. 따라서 모든 나라에서 공통적으로 어린이 광고에 대한 표준화된 규제를 기획하고 실행하는 것 자체가 매우 어려운 일일 수도 있다.

부모들 대부분은 어린이들을 대상으로 하는 TV 광고에 대해 깊은 우려를 가지고 있는 것으로 나타났다. 실제로 영국에서 실시된 연구(Young et al., 2003)에서도 광고에 대한 다양한 국가에서 부모들의 태도를 조사한 결과에 의하면, 영국, 스웨덴, 뉴질랜드의 대다수 부모들이 국가에 상관없이 공통적으로 광고에 대해 부정적인 생각을 가지고 있음이 밝혀졌다. 부모들은 어린이들이 시청하는 광고가 너무 많아서, 이로 인해 어린이들이 실제로 필요하지 않은 제품을 원하게 되는 등의 문제가 발생한다고 생각하고 있는 것으로 나타났다.

특히 부모들은 광고가 어린이들이 제품을 구입하도록 부모를 조르도록 하는 과정에 상업적인 의도가 숨어있다고 생각하는데, 이러한 상황에서 어린이들은 이런 광고의 의도를 제대로 이해하지 못하고 부모에게 구매요청을 하게 되고, 결국 부모의 구매 결정에 큰 영향을 미치게 되는 것으로 생각하는 것으로 나타났다.

영국과 스웨덴은 이미 어린이 광고에 대한 엄격한 규제를 시행하고 있다. 그러나 한 연구의 결과에 의하면, 이 부모들은 더욱 강력한 규제가 필요하다는 의견을 가지고 있는 것으로 나타났다. 특히 스웨덴에서는 광고규제가 이미 가장 엄격하게 시행되고 있는 상황인데도 부모들은 보다 더 강력한 규제를 요구하는 것으로 보고되었다. 이러한 결과를 바탕으로 정책 결정자들은 더욱 강력한 광고 규제 방안을 모색하고, 부모들의 우려와 요구를 고려하여 효과적인 정책을 수립해야 할 필요성을 느낄 것으로 예상된다.

하지만 광고주와 마케터들은 어린이 광고에 대한 강화된 정부 규제에 반대하는 입장을 제시하고 있다. 이들은 매우 어린 나이의 어린이들도 광고를 이해할 수 있다는 연구 결과를 인용하여 자신들의 주장을 뒷받침하고 있다(Bowen, 2000). Bowen(2000)의 논문은 어린이 시장과 문화를 다루고 있는데, 어린이 시장이 어떻게 발전하고 있는지, 어린이들이 어떻게 소비자로서 작동하는지, 그리고 어린이들이 어떻게 광고와 마케팅을 인지하고 또 반응하는지에 대해 다루고 있다. 어린이들이 마케팅의 특성을 어느 정도 인지하고 있다는 연구 결과를 인용하면서, 마케팅이 공정하다는 주장도 함께 하고 있다.

이에 대한 예로, 어린이들이 브랜드 로고의 일부를 인식할 수 있다는 연구 결과를 언급하면서(Dammler & Middelmann-Motz, 2002), 어린이가 광고와 프로그램 사이의 차이를 구분할 수 있다는 단순한 결과도 그들의 주장의 근거로 사용하고 있다(Bijmolt et al, 1998). Dammler와 Middelmann-Motz(2002)는 어린이들이 브랜드 로고를 인식하고 이를 제품과 연결시킬 수 있는 능력이 있는지에 대해 그들의 연구에서 조사했는데, 다양한 연령대의 어린이들에게 브랜드 로고를 보여주고 이 로고가 어떤 제품과 관련이 있는지를 물어보는 실험을 진행했다. 그 결과에 의하면, 4세 이하의 어린이들은 로고와 제품의 관련성을 제대로 이해하지 못하는 경향이 있었지만, 5세 이상의 어린이들은 로고와 제품 사이의 관계를 어느 정도 이해할 수 있는 능력을 가지고 있는 것으로 나타났다. 이러한 결과는 어린이가 브랜드와 제품 간의 관계를 비교적 매우 어린 나이에도 이해하고 있다는 것을 의미하는 것으로 인용되고 있다.

다른 연구(Bijmolt et al, 1998)는 어린이들이 TV 광고를 이해하는 방법과, 이해의 차이가 남녀, 나이, 그리고 부모의 영향력에 따라 어떻게 달라지는지에 대해 조사했는데, 5-12세의 어린이들을 대상으로 설문조사를 실시했으며, 이들에게 광고의 목적과 효과, 그리고 광고와 프로그램 사이의 차이 등에 대해 질문했다. 결과 분석에 의하면, 광고와 프로그램 사이의 차이를 이해하는 데는 나이와 성별에 따라 차이가 있었으며, 부모의 교육 수준이 높을수록 광고를 더 잘 이해하는 것으로 나타났다. 이 연구에서는 또한 어린이들이 광고와 프로그램을 구분할 수 있는 시기가 있음을 보여주는 결과가 나왔는데, 5-6세 정도부터 어린이들이 광고와 프로그램을 구분하고, 광고가 특정 제품이나 브랜드와 연결되어 있다는 것을 이해할 수 있게 된다고 주장했다. 하지만 부모들은 여전히 어린이들이 광고의 상업적이고도 설득적인 의도를 충분히 이해하지 못한다고 우려하고 있으며, 광고 규제의 강화를 요구하고 있다.

어린이 광고에 대한 정부의 규제를 강화하자고 주장하는 입장과는 달리, 광고주와 마케터들은 어린이들이 광고를 이해하고 있으며 이에 효과적으로 대처할 수 있는 능력을 가진다는 주장을 하고 있다. 이런 주장을 뒷받침하는 연구들을 인용하고 있지만, 이들 연구의 대부분은 어린이들이 광고를 단순히 인지하는 정도를 측정한 것에 불과하며, 실제로 어린이들이 광고의 의도를 제대로 이해하고 이를 대처할 수 있다는 것은 이 연구들에서는 증명되지 않았다고 생각할 수 있다. 이에 따라, 광고에 대한 어린이들의 완전한 이해는 지금 제시되는 이른 나이보다는 한참 뒤에서나 가능한 것으로 판단할 수 있다.

어린이들의 광고에 대한 이해가 발달하는 데는 충분한 시간이 필요하기 때문에, 광고 규제에 대한 논의는 어린이들이 광고로부터 스스로 방어할 수 있는 능력을 가지게 되는 상황을 의미하는 광고에 대한 이해를 어떻게 정의하는지 그 개념에 달려있다(Goldstein, 1999). 이러한 광고 이해를 제대로 정의하고 측정하는 방법이 중요하며, 이에 대한 지속적인 고민이 필요하다는 것으로도 이해할 수 있다.

이 연구(Goldstein, 1999)는 어린이와 광고에 대한 연구의 결과를 다양한 측면에서 분석하고, 광고와 어린이 간 상호작용에 대한 이해를 얻기 위해 진행되었다. 광고와 어린이 간 상호작용이 중요한 이유와 어린이들이 광고를 어떻게 인지하는지에 대한 다양한 연구 결과를 소개하고 있으며, 광고가 어린이들의 구매 결정에 미치는 영향과 어린이들이 광고에 노출될 때 겪을 수 있는 부정적인 영향에 대한 논의도 함께 다루고 있다. 이런 상황에 대한 해결책으로는 광고와 어린이 간 상호작용에 대한 이해를 촉진하기 위해 미국에서 실시된 자율규제 프로그램을 소개하고 있는데, 이 프로그램은 광고 산업이 자율적으로 어린이들에게 보여줄 수 있는 광고의 종류와 내용을 규제하고, 어린이들의 광고에 대한 이해를 증진시키기 위한 관련 교육을 제공하는 것을 제시하고 있다.

이상에서 살펴본 것처럼, 마케터들은 어린이들이 광고에 대해 알고 있다는 증거로 비교적 어린 나이에 나타나는 어린이들의 광고에 대한 기초적인 인지를 그 예로 강조하고 있고, 어린이 광고에 대해서 비판적인 의견을 제시하는 사람들은 이 나이보다 훨씬 후에 이루어지는 광고의 설득적인 의도에 대한 완전한 이해를 어린이들의 광고에 대한 이해로 강조하고 있다.

어린이를 보호하기 위한 규제가 필요한 경우, 어린이가 언제부터 이런 광고를 이해하고 대처할 수 있는 능력을 갖출 수 있는지에 대한 결정이 중요한데, 이를 위해서는 광고에 대한 여러 가지 개념들이 어떻게 정의되는지, 그리고 어린이 광고에 대한 어떤 연구 결과가 인용되는지가 영향을 줄 수 있다는 것을 고려할 필요가 있다. 이러한 연령에 대한 지속적인 고민을 통해 적절한 규제 기준을 설정할 수 있을 것으로 기대할 수 있다.

일부 연구자들은 광고가 어린이들에게 거의 효과가 없다는 주장을 하며, 현재 시행되고 있는 광고에 대한 규제가 이미 충분하다고 주장하기도 한다(Furnham, 2000). Furnham(2000)은 이 연구에서 어린이 광고의 효과에 대한 논의를 다루었는데, 광고가 어린이에게 미치는 영향에 대한 서로 다른 주장을 분석하고, 어린이들이 광고를 어떻게 인식하고 이해하는지를 설명하고 있다. 가장 먼저 그는 광고가 어린이의 구매 행동에 영향을 미치는 정도에 대한 연구 결과에 일관성이 없다는 것을 지적하면서, 광고의 효과에 대한 연구의 결과는 어린이의 연령 및 특성, 광고 유형 및 내용 등의 다양한 요인들을 고려하지 않아서 일반화할 수 없다고 연구들의 문제점을 제기하고 있다. 어린이 광고의 효과에 대한 논의에서 다양한 측면을 고려해야 한다는 것을 강조하며, 광고의 내용과 형태가 어린이의 인지적 및 태도 형성에 미치는 영향을 더 깊이 탐구해야 한다는 결론을 제시하고 있다.

또 다른 연구자들은 어린이를 대상으로 하는 제품 중에서 특별히 광고를 하지 않는 제품도 시장에서 잘 팔릴 수 있다는 사실을 근거로, 어린이들 사이의 현재 유행이나 또래 집단의 압력이 광고보다 훨씬 더 중요한 요인이라고 주장하고 있다(Proctor & Richards, 2002). 이 연구는 광고와 어린이의 상호작용에 대한 연구이며, 어린이들이 광고를 어떻게 인지하고 그것에 반응하는지에 대해 실험을 진행하고 그 결과를 분석했다. 연구의 결과에 의하면, 광고가 어린이들의 구매 행동에 미치는 영향보다 더 중요한 것은 어린이들 또래 사이에서의 특정 제품이나 브랜드의 인기나 유행인 것으로 나타났다.

광고가 어린이들의 구매 욕구를 자극하는 많은 요인 중의 하나일 수도 있지만, 이를 이유로 광고 효과가 미미하다고 주장하는 것은 합리적이지 않아 보인다. 사실, 광고 관련자 대부분은 광고 효과를 측정하고 정확하게 파악하는 것이 어렵기는 하지만, 광고 효과는 분명히 존재한다는 것을 이미 알고 있다.

현재 시장에서 광고를 마케팅 수단으로 활용하는 기업들은 이미 TV 광고를 포함하는 마케팅 커뮤니케이션 전략에 막대한 예산을 투입하고 있다. 또한 어린이를 대상으로 하는 마케팅 커뮤니케이션도 빠르게 증가하고 있다. 이는 마케터들이 광고를 통해 더 많은 어린이들과 커뮤니케이션하고자 하는 열망을 보여주고 있고, 이러한 기업들의 적극적인 광고 활용은 결국 광고가 마케팅 과정에서 어린이들에게 효과적이라는 것을 증명하고 있는 것으로 해석할 수 있다.

또한 기업들이 어린이를 대상으로 하는 마케팅에 더 많은 자원을 투입하는 것은 해당 시장에서 경쟁에 유리한 조건을 만들어 준다. 어린이들은 제품 구매에 대한 영향력이 크기 때문에, 이들을 대상으로 한 광고가 효과적이면 제품의 매출에 큰 도움이 될 수 있다. 따라서 기업들은 광고를 이용해서 어린이들과의 커뮤니케이션을 지속적으로 강화하고, 제품에 대한 인지도를 높이며, 브랜드 이미지를 강화하는 데 큰 관심을 가지고 있는 것으로 보인다.

과거와 달리, 현재의 어린이들은 더 빠른 속도로 자신들의 라이프스타일을 결정하고, 이를 실제로 경험하고자 한다. 마케터들은 이를 인식하고, 어린이들이 선호하는 제품과 브랜드를 찾고 이를 활용하여 마케팅 전략을 수립한다.

과거에는 특정 연령대의 어린이들과 관련된 장난감 등의 제품이 연령대에 맞춰서 판매되는 것이 일반적이었지만, 지금은 과거보다는 더 나이가 어린 어린이들이 이러한 제품들을 구매하고 있는 것으로 이해할 수 있다. 이는 결국 어린이들이 패션 등의 활동을 포함하는 자신들의 라이프스타일을 과거보다 더 어린 나이에 결정하고 또 이를 실제로 경험하고자 한다는 것으로 이해할 수 있다(Smith, 2001).

이 연구에서 Smith(2001)는 어린이를 대상으로 하는 광고와 마케팅 전략에 대한 분석을 다루고 있는데, 사회적 우려가 커지고 있는 상황에서 광고와 마케팅 전략이 어린이들에게 미치는 영향과 그에 대한 대응책에 대해 논의하고 있다. 연구에서는 어린이들의 특성과 행동양식, 그리고 광고에 노출되는 상황에 대한 이해를 바탕으로 어린이를 대상으로 하는 마케팅 전략의 효과적인 수립 방법을 제안하고 있다. 또한 어린이들을 대상으로 하는 광고와 마케팅 전략이 사회적으로 문제가 될 수 있는 이유와, 이에 대한 대응책도 함께 다루고 있다.

과거와는 다른 현재의 어린이와 청소년의 빠른 라이프스타일 변화 추세를 고려할 때, 마케터들은 같은 제품을 더 어린 소비자들에게 마케팅하는 것이 더 효과적일 수 있다는 결론을 내릴 수 있고(Hastings, 2000), 이러한 마케팅 전략을 사용할 수 있는 이유는 과거와 달리 현재의 어린이들이 제품을 더 빠르게 받아들이고 있기 때문이다.

하지만 이런 논의가 현재의 어린이들이 과거의 어린이들보다 더 빨리 발달하고 있다는 생각과 혼동되기도 하는데, 현재 어린이들이 과거 어린이들보다 인지적으로 빠르게 발전한다고 주장하는 것이 가능하다는 생각이다. 만약 이 주장이 사실이라면, 어린이들은 과거보다 더 어린 나이에 광고를 이해하고 광고의 의도를 파악할 수 있게 된 것으로 기대할 수도 있고, 만약 그렇다면 어린이를 대상으로 하는 광고에 대한 규제가 과거보다 덜 필요할 수도 있다고 결론 내릴 수 있다(Gunter et al., 2005). 그러나 이러한 주장에 대해서는 논란이 있다. 빠른 라이프스타일의 선택이 반드시 어린이의 인지적인 발달이 빨라졌다는 것으로 설명할 수 있는 것은 아니라는 것이다.

과거와 현재 어린이의 인지 발달 속도를 비교한 연구에서는, 현재 어린이들이 과거보다 인지적으로 발달하는 속도가 더 빠르다는 증거는 없다는 결론을 제시하고 있다. 현재 어린이들이 광고에 대해 더 빠르게 인지하고 이해한다는 주장을 받아들이기는 어렵다는 결론을 내릴 수 있다는 것이다(Hastings, 2000). 이 연구에서는 광고와 어린이들 간의 관계의 국제적인 차이점과 이에 대한 대처 방안을 다루고 있는데, 내용에서는 광고가 어린이들에게 미치는 영향력과 이에 대한 규제의 필요성이 강조되며, 다양한 국가에서 어린이들의 문화적인 차이점과 이를 고려한 광고 전략의 필요성을 강조하고 있다. 또한 연구에서 나이의 압축(age compression)[34] 현상이란 개념을 제시하고 있는데, 이 개념은 어린이들이 더 어린 나이에 성숙한 취향과 행동을 보이는 것을 의미한다. 뒤이어서 이러한 나이의 압축 현상이 광고 산업에 어떤 영향을 미치는지에 대해 논의했는데, 이런 현상은 광고주들이 더 어린 어린이들을 대상으로 광고를 만드는 것을 유도하고, 더 성숙한 내용을 광고 콘텐츠로 사용하도록 하고 있다. 이러한 문제에 대한 대처 방안으로는 광고 산업과 교육기관이 협력하여 어린이들이 광고를

34 나이의 압축(age compression)은 현대 어린이들이 과거의 어린이들보다 더 어린 나이에 성인들의 라이프스타일과 관련된 제품이나 활동에 대한 관심을 보이는 현상을 말한다.

분석하고 이해하는 능력을 강화하는 것이 필요하다고 제안하고, 국제적인 광고 규제의 기준을 개발하여 광고주들이 어린이들에게 해가 될 수 있는 광고를 만드는 것을 방지할 필요가 있다고 강조하고 있다.

3) 광고 리터러시(Advertising Literacy)

광고 리터러시는 광고를 올바르게 이해하고 비판적으로 판단할 수 있는 능력으로, 어린이들이 교육을 통해 배우고 발전시켜야 할 중요한 능력으로 이해할 수 있다(김지은 & 한규훈, 2016).

김지은과 한규훈(2016)의 연구에서는 초등학생 대상으로 광고 리터러시 교육 프로그램의 효과를 조사하였는데, 이 교육은 광고에 대한 기본적인 개념, 광고의 목적, 광고의 표현방법, 광고에 내포된 메시지를 비판적으로 해석하는 방법 등에 대한 내용을 포함하고 있다. 이 교육 결과로 광고를 보면서 어떤 메시지를 전달하려는지, 광고에 사용된 표현 방법에 대해서 어떤 의도가 있는지, 광고의 정보가 얼마나 신뢰성이 있는지를 파악하는 비판적인 시각이 어린이들에게 형성된 것으로 나타났다.

연구의 결과에 의하면, 광고 리터러시 교육을 받은 학생들은 광고에 대해 비판적인 시각을 보였고, 광고에 대한 올바른 이해가 가능해진 것으로 밝혀졌으며, 광고에 내포된 메시지를 파악하고 이해하는 능력 또한 증가한 것으로 나타났다. 이러한 결과를 통해 광고 리터러시 교육이 광고의 올바른 이해와 비판적인 시각 형성에 효과적인 방법임을 확인할 수 있었던 연구였다.

이처럼 광고 리터러시는 미디어 리터러시에서 유래된 개념으로, 광고에 대한 비판적인 사고력을 기르는 데 중요한 역할을 한다. 이를 위해 초등학생 어린이들에게 광고를 직접 활용한 비판적 사고력 교육 프로그램을 실시한 연구(한규훈 & 김지은, 2016)도 있다. 이 연구는 초등학생을 대상으로 광고를 활용한 리터러시 교육이 어떤 효과를 가져오는지 조사했다. 초등학생을 대상으로 광고를 활용한 비판적 사고력 교육 프로그램을 실행하고, 그 결과로 얻은 학생들의 광고 리터러시 능력에 대한 분석을 진행했다. 이는 광고를 활용하여 학생들이 광고에 대한 비판적인 인식을 형성할 수 있는지, 이를 통해 광고 리터러시가 함양될 수 있는지를 조사한 연구였다. 여기서 사용된 교육프로그램은 광고에 대한 이해와 분석, 비판적인 사고력 함양 등의 내용을 다루었는데, 연구 결과에 의하면, 광고 리터러시 교육 프로그램에 참여한 학생들은 광고를 보는 시각이 다양해졌으며, 광고에 대한 비판적인 태도를 보이는 것으로 나타났다.

이러한 연구 결과를 토대로 광고 리터러시 교육이 광고를 올바르게 이해하고, 광고 내용을 비판적으로 인식할 수 있는 능력을 어린이들에게 함양할 수 있다는 것을 확인하였다. 이러한 결과는 광고 리터러시 교육의 중요성과 필요성을 강조하는 의미가 있다.

앞에서 살펴본 것처럼 여러 측면에서 논란이 될 수 있는 광고 규제의 강화보다는 어린이를 보호할 수 있는 능동적이고 효과적인 방법은 부모의 적극적인 개입이나 관련 교육을 통해서 어린이가 광고를 이해하는 것을 돕는 것이라는 주장이 있다(Furnham, 2000). 광고를 규제하는 것보다 광고를 수용하는 수용자의 처리 과정을 돕는 능동적인 접근이라고도 생각할 수 있다. 그는 부모들이 자녀가 광고에 노출되는 양과 종류를 감시하고 이 과정에서 광고에 대한 이해를 돕는 역할을 해야 한다고 강조했다. 또한 부모들은 자녀들의 미디어 리터러시와 비판적 사고력을 촉진해야 하며, 자녀들과 함께 광고를 보면서 이에 대한 이해를 함께 나눌 수 있는 기회를 가지는 것이 중요하다고 설명하기도 했다. 부모의 교육 수준이 높을수록 자녀들이 광고를 보고 이에 대한 비판적인 시각을 가질 가능성이 높다는 연구 결과도 언급하고 있으며, 이러한 결과는 부모의 교육적 역할이 광고 규제에 있어서 중요한 역할을 할 수 있다는 것을 시사하고 있다.

결국 부모가 광고에 대해 자녀와 대화하는 것으로도 광고의 특성이나 광고되는 제품을 충분히 알리고 또 교육할 수 있다고 주장하고 있으며, 어린이들이 광고를 더 이해하는 것을 돕기 위해서 부모가 실제로 사용할 수 있는 방법으로 사용할 수 있는 여러 예시를 제시하기도 했다(Furnham, 2000). 광고에 대한 더 많은 규제를 도입하는 것은 어린이가 의사를 결정하는 자율적 소비자로서 발전하는 자연스러운 과정을 저해할 수 있다고 주장하면서, 부모나 학교에서 광고나 마케팅이 포함된 경제 시스템을 어린이들이 이해할 수 있도록 교육하도록 노력하는 것이 더 바람직하다고 주장하고 있다. 광고 규제에 의존하기보다는 부모와 학교가 적극적으로 개입해서 어린이들이 광고나 마케팅을 이해하고 자신의 의사를 결정하는데 필요한 능력을 기르도록 하는 것이 중요하다는 주장이다.

이러한 주장은 어린이에 대한 보호를 책임져야 하는 부모나 사회의 역할을 강조하고 있어서 중요하지만, 이런 교육에 전적으로 의존하는 것에도 한계가 있을 것으로 생각된다. 결국 어린이를 보호하기 위해서는 이런 교육과 함께 직접적인 규제의 필요성을 인정하고 노력할 필요가 있다. 결국, 어린이의 수용자 능력을 향상시키는 것과 함께 마케팅 커뮤니케이션 메시지 자체에 대한 직접적인 규제를 함께 활용하는 것이 더 효과적일 수 있다는 것이다.

미디어 환경의 지속적인 변화 역시 이 과정에서 고려해야 할 문제 중 하나이다. 어린이들이 TV, 컴퓨터, 스마트폰 등을 개인적으로 소유하고, 가족과는 독립적으로 미디어를 사용하는 경우가 늘어나면서, 부모와 어린이 간 미디어와 관련한 대화를 나눌 수 있는 기회가 줄어들고 있다. 또한 어떤 미디어의 어떤 콘텐츠를 어린이들이 시청해야 하는지에 대한 부모의 직접적인 통제력도 약화되고 있는 것으로 나타나고 있다. 이러한 상황에서 부모들이 직접 어린이들의 미디어 사용을 통제하거나 교육할 수 있는 기회도 줄어들고 있는데, 이는 어린이를 보호하는 전략을 마련하는 데 있어서 고려해야 할 요인 중 하나이다.

쇼핑 중 자녀가 특정한 제품을 원할 때, 부모는 그 제품과 관련된 광고나 마케팅, 그리고 제품의 구매나 소비에 대해 자녀에게 교육할 기회를 얻게 된다. 그러나 이를 효과적으로 수행하기 위해서는 부모가 광고 관련 교육에 대한 지식이나 경험을 가지고 있어야 한다. 하지만 부모나 학교는 광고에 대한 교육의 능력이나 경험이 부족할 수 있으므로, 정부와 산업도 함께하여 어린이들이 광고와 마케팅에 대한 올바른 지식을 습득하고 적절하게 대처할 수 있는 교육 기회를 제공할 필요가 있다(Gunter et al., 2005).

부모와 어린이 사이에서 광고에 대한 대화가 이루어질 때, 일부 부모들은 자녀들의 광고 이해 능력을 과대평가하고 있음을 발견하였다. 더불어, 부모들은 광고나 마케팅에 대한 교육이나 규제에 대한 필요성을 심각하게 인식하지 못하고 있는 경우가 많았다. 사실 부모들 대부분이 어린이 광고에 대한 규제를 담당하는 기관을 모르거나, 규제 내용을 충분히 이해하지 못하고 있는 것으로 나타났다(Gunter et al., 2005). 이 결과는 부모들은 광고에 대해서 우려하고는 있지만, 자신의 자녀에게 미치는 광고의 영향에 대해서는 안심하고 있으며, 이런 이유로 실제 광고 규제에 대해 충분히 알지 못하고 있다는 결론을 내릴 수 있게 한다.

어린이들의 광고에 대한 이해를 증진할 수 있는 또 다른 효과적인 방법으로는 학교의 공식적인 교육 과정을 활용하는 것도 있다(Crags, 1992). 어린이들을 위한 미디어 리터러시 교육 수업은 광고에 대한 이해를 돕는 활동들을 포함하고 있으며, 광고에 대한 어린이들의 이해를 돕기 위한 효과적인 방법으로도 평가받고 있다. 하지만 미디어 리터러시 교육 과정에서 다루고 있는 미디어와 관련한 많은 주제를 배제하고 광고만을 이 안에서 중점적으로 다루는 것은 어렵고, 또한 광고라는 주제 자체가 교육하기 위해서는 전문적인 준비가 필요하다는 점이 또 문제가 될 수도 있다.

더 나아가서 다른 연구에서는 광고 자체를 교육 과정에서 적극적으로 활용하는 가능성을 탐구한 결과도 있다. 이 연구는 어린이들의 비판적 사고력 교육에 광고를 활용하는 접근 방식을 설계하고, 이를 실제로 진행하여 그 효과를 측정했다(김지은 & 한규훈, 2016). 이 연구의 결과에 의하면, 창의성 증진에 효과적인 광고활용 교육(AIE)이 어린이들의 비판적 사고력을 기르기 위한 교육에도 유용하다는 것이 밝혀졌다.

지금까지 설명한 어린이 광고 관련 이슈들은 서로 긴밀하게 연관되어 있으며, 쉽게 해결하기 어려운 복잡한 문제들이다. 마케터들은 어린이들과 효과적으로 소통하기 위해서 어린이들의 인지 발달 과정을 이해해야 할 필요가 있다. 어린이들이 어떤 것을 얼마나 이해할 수 있는지, 언제 그러한 이해가 이루어지는지와 같은 인지적인 광고 정보 처리와 관련된 어린이들에 대한 이해가 필요한 것으로 보인다.

하지만 또 다른 측면에서는 어린이들이 볼 수 있는 콘텐츠의 범위가 무엇인지가 어린이 광고의 공정성과 불공정성을 결정하는 데 영향을 미칠 것으로 예상할 수 있다. 이러한 사회적 결정과 광고 규제는 어린이의 발달 과정과 어린이 광고에 대한 연구 결과에 의해 영향을 받게 된다. 결국 어린이 광고를 규제하는 결정을 내리기 위해 필요한 것은 어린이 광고와 관련된 다양한 연구의 결과를 검토하는 것이라고 할 수 있다. 따라서 어린이와 광고를 주제로 진행된 많은 연구의 결과가 어린이 광고 규제를 결정하는 과정에서 중요한 역할을 할 것으로 기대할 수 있다.

4) 맺음말

광고에 대한 오랜 기간의 연구를 통해, 소비자의 욕구, 신념, 가치, 선택에 미치는 TV 광고의 영향력에 대한 이해가 이루어졌다. 이러한 연구 결과는 광고 발전 과정에서 텔레비전이 가장 주목받는 광고 매체로 부상하였으며, 독특하고 뛰어난 오락과 정보 제공의 미디어로 자리 잡았기 때문에 그리 놀랄 만한 결과는 아니었다.

이 책은 어린이와 TV 광고에 관한 주제로 연구된 내용을 토대로, 어린이를 대상으로 하는 TV 광고에 대한 다양한 질문과 이슈들을 정리하고자 하였다. 이를 통해 어린이 광고의 특성에 대한 이해와 어린이 광고와 관련된 주제를 이해하는 데 필요한 기초 지식을 제공하고자 한다.

물론 새로운 미디어가 전통적인 미디어를 대체하고 있는 현 시점에서는 새로운 미디어에서의 어린이 광고도 관심을 가질 필요가 있겠지만, 어린이 광고 등장 초기에 가장 많은 주목을 받았던 TV에서의 어린이 광고를 분석하는 것이 이 분야의 기초적인 이해를 갖추는 데 가장 효과적인 방법일 수도 있다.

책의 초반부에서 지적한 것과 같이, 어린이를 대상으로 하는 광고는 이와 연관된 사람들의 감정과 주관적인 입장에 따라 다르게 받아들여질 수 있는 주제이다. 이에 따라 어린이 광고의 윤리성 문제에 대해서는 이미 많은 논의가 이루어졌다. 광고주들은 언론의 자유와 경제적인 이익 추구를 강조하면서 자신들의 제품을 광고할 권리를 주장하기도 하지만, 어린이의 보호를 목적으로 하는 이와 같은 상반된 입장이 존재하는 것이 현실이다.

광고의 정당성을 입증하기 위해 가장 많이 사용되는 주장은, 광고가 제품 정보를 소비자에게 전달하는 정보원 역할을 하며, 소비자가 구매 여부를 결정하는 것은 전적으로 소비자 자신의 판단에 달려있다는 것이다. 또한 광고가 많이 되었다고 해도, 소비자가 원하지 않는 제품을 구매하도록 설득하는 것은 불가능하다는 것이다. 이러한 주장은 결국 광고가 브랜드 간 경쟁에서 새로운 제품을 판매하기 위한 수단임을 인정하지만, 광고는 소비자에게 정보를 제공하는 수동적인 역할을 수행한다는 것이다.

또한 광고주들은 광고의 긍정적인 효과로 광고로 인한 제품 판매 증가가 경제적인 발전과 고용, 투자, 발전 등과 연관되어 사회적인 경제 성장을 촉진한다는 주장을 하기도 한다. 또 다른 측면으로 광고가 각종 미디어를 경제적으로 지원하며, 광고 수입이 없다면 어린이 대상 프로그램의 질이 낮아지거나 프로그램 자체가 제작되지 않을 수 있다는 주장도 한다. 물론 이렇게 광고가 가지는 긍정적인 역할의 측면 또한 어느 정도 인정해야 할 필요가 있다. 한편, 소비자 단체와 부모들은 광고의 특성을 고려할 때, 아직 인지적인 능력이 완전히 발달하지 않은 어린이들을 대상으로 하는 어린이 광고는 불공정하다는 우려를 제기하고 있다.

어린이는 외부의 영향으로부터 보호되어야 할 약한 주체로, 사회에서 특별한 보호와 관심을 받아야 한다는 점에 대해서는 대부분의 사람들이 동의할 것이다. 이와 유사하게, 광고 산업에서도 어린이는 보호의 대상으로 인정받아야 하며, 일반적인 광고의 효과 이외에도 어린이를 직접적인 대상으로 하는 어린이 광고의 효과는 사회에서 더욱 관심과 주의를 기울여야 할 주제로 인식되고 있다.

피아제(Jean Piaget)의 인지 발달 이론에 따르면, 어린이는 자신의 나이에 맞는 인지 발달 단계에 있으며, 또한 해당 단계에 맞는 커뮤니케이션 처리 능력을 가지고 있다. 이러한 이유로 어린이는 마케팅 메시지를 인지적으로 처리하는 과정에서 성인과는 차이가 나는 미숙함을 보일 수 있으므로, 이것이 어린이 광고에 대한 우려의 출발점이라고 할 수 있다.

우리의 삶에 영향을 미치는 혹은 우리의 삶 자체가 되어가고 있는 미디어 환경의 빠른 변화는 어린이 및 청소년이 더 많은 미디어와 더 많은 채널을 통해 개인적으로 미디어를 소유하고 소비하게 되는 경향을 보이고 있다. 이러한 미디어 환경의 변화는 어린이 광고 규제에 대한 관심을 높이는 한편, 동시에 그 규제를 실제로 실행하기는 점점 더 어려워지는 이유가 될 수 있으므로 적극적으로 관심을 가져야 할 필요성이 있다.

어린이를 대상으로 하는 광고를 연구하는 데 있어서, 다양한 미디어를 대상으로는 아직까지 연구가 충분히 이루어지지는 못했다. 대부분의 연구는 어린이에게 가장 큰 영향을 미치는 TV 광고를 중심으로 진행되었다. 그러나 어린이 TV 광고 연구의 분석을 통해 어린이 광고에 대한 기초적인 이해를 얻을 수 있으며, 이를 바탕으로 어린이 광고와 관련된 다양한 이슈들을 설명할 수 있을 것이다.

어린이와 청소년은 발달 정도에 따라 구분되지만, 경계가 흐릿하므로 조금 더 폭넓은 연구 대상이 고려되어야 할 필요가 있다. 그러나 일단 어린이 광고의 대상은 만 12세 이전의 시청자로 정의되며, 이는 광고에 대한 충분한 이해가 시작되는 12세 근처의 나이 정도를 고려한 것이다.

또한 어린이 광고로 인정받는 기준은 주된 커뮤니케이션 대상이 어린이인 광고, 어린이가 시청하는 시간대에 나타나는 광고, 어린이가 자주 보는 광고, 어린이를 통해 어른에게 광고 효과를 전달하는 것을 목적으로 하는 광고 등으로 설명될 수 있다.

어린이를 대상으로 하는 TV 광고에 대한 가장 기본적인 우려는, 이러한 광고들이 커뮤니케이션 과정에서 과연 어린이들을 공정하게 대우하고 있는지에 대한 문제이다. 이 광고들이 공정하지 않은 경우, 어린이들이 실제로 필요하지 않은 제품을 구매하도록 설득하거나, 그들을 자극하여 부모님을 조르도록 하여 부모가 원치 않는 제품을 구매하도록 유도하는 등의 문제도 발생할 수 있다. 이러한 비판적 시각 때문에, 어린이 광고는 그 자체가 부정적으로 평가될 수도 있다.

TV 광고에서 제품을 보고 소유욕이 생긴 어린이들은 종종 부모나 가족 등 어른들을 상대로 하는 구매 요청(조르기)으로 원하는 제품을 얻으려 한다. 조르기는 어린이들이 원하는 제품을 얻는 일반적인 방법으로, 부모들은 종종 이러한 요청을 거부하기도 한다. 거부로 야기되는 갈등은 어린이와 부모 간의 불화나 충돌로 이어질 수도 있으며, 나이가 들면서 조르기의 빈도는 감소하지만, 그 성공률은 오히려 증가하는 경향을 보이는 것으로 나타났다.

어린이를 대상으로 하는 광고는 특정 제품군을 중심으로 이루어지는데, 특히 식품과 관련된 광고가 많은 것으로 나타났다. 어린이 광고는 다양한 제품을 다루기는 하지만, 주로 장난감, 시리얼, 과자 등과 같은 비교적 좁은 범위의 제품들을 대상으로 집중적으로 이루어지고 있음도 확인할 수 있다.

광고에서 제품을 묘사하는 내용이나 방식에 대한 우려는, 광고 내용이 사회적 스테레오타입을 암시하거나 강조할 경우에 발생할 수 있다. 이러한 스테레오타입은 광고에서 지속적으로 발견되며, 남성과 여성의 성역할에 대한 편견적인 묘사나, 완벽한 신체적 이미지의 중요성을 강조하는 등의 내용으로 어린이들에게 부정적인 효과를 일으킬 수도 있다.

마케터들은 제품을 홍보하기 위해 이상적인 이미지를 광고에 사용하는데, 이 과정에서 사회 속의 부정적인 스테레오타입을 더 강화할 수도 있다. 광고 속에서 묘사되는 여성은 주로 가정 내 역할에 한정되어 나타나며, 남성은 사회적으로 권위적이고 중요한 역할을 수행하는 모습으로 묘사된다. 어린이를 대상으로 하는 광고를 분석한 결과도 이와 유사한 성유형화 경향을 보인다.

어린이를 대상으로 하는 건강과 관련된 식품을 다루는 광고에 대한 우려도 존재한다. 이러한 광고가 소비자들에게 이롭지 않은 식품을 홍보한다는 이유로 비판을 받고 있으며, 특히 성장 중인 어린이에게 해로울 수 있다는 평가를 받고 있다. 이러한 식품들은 어린이들의 건강에 해를 끼칠 수 있으며, 어린이들의 비만 등과 관련하여 일정한 책임도 지고 있다는 비판이 제기되고 있다.

어린이들이 특히 좋아하는 장난감 광고에서도 문제가 되는 점을 찾을 수 있다. 부모들은 광고에서 소개되는 장난감이 비현실적이거나 부정확하게 묘사되었다는 비판을 제기하고 있으며, 이러한 비현실적이고 부정확한 표현은 이후 어린이들이 현실 경험에 대한 실망을 느낄 수 있게 된다는 우려가 있다.

어린이들은 제품에 대한 광고뿐만 아니라, 주류, 담배, 약 등과 같은 다른 제품들의 광고에도 우연히 노출될 수 있다는 것이 밝혀졌다. 이러한 광고가 어린이나 청소년의 지금과 미래에 어떤 영향을 미칠 수 있는지에 대한 우려도 제기되고 있으며, 이러한 노출이 의도적이 아니더라도 사회적 문제를 불러일으킬 수 있다는 점도 고려해야 할 만한 문제이다.

광고에서 어린이를 설득하기 위해 제품이 표현되는 방식에 대한 우려도 있다. 어린이나 청소년이 좋아하고 또 효과적일 수 있는 유명인이 제품을 보증하거나 지지하는 방법을 사용하는데, 이러한 광고 모델은 제품에 대한 어린이들의 선호도를 효과적으로 증가시킬 수 있는 방법 중 하나로 평가된다. 이 과정에서 제품 자체에 대한 평가보다는 믿을 만한 혹은 좋아하는 광고 모델에 의해 어린이들의 구매가 촉진되기도 한다는 것이다.

어린이들도 일반 소비자와 마찬가지로 마케팅의 목표가 되고 있으며, 마케터가 사용하는 특별한 기술에 노출되고 있는 현재의 상황도 고려해야 한다. 이러한 우려가 되는 기술이나 기법으로는, 광고에서 자주 사용되는 과장과 환상, 유명인 보증과 같은 특별한 설득 기법, 은유, 특수 효과 등이 있다.

광고의 설득 과정에서 자주 사용하는 주제는 설득 방법에 따라 구분할 수 있으며, 어린이 광고에서 자주 사용되는 세 가지 주제는 즐거움과 행복, 맛과 향기, 그리고 제품의 성능이다. 이러한 주제의 선택과 활용은 어린이들의 심리를 고려한 것으로 볼 수 있다. 그러나 이러한 주제의 문제점은 어린이들이 선호하는 주제이기 때문에 어린이들이 감정적이 되고 설득 메시지에 대해 비판적으로 접근하기 어려워질 수도 있다는 것이다.

어린이들은 광고의 내용이나 기술에 대해 민감하게 반응하는 것으로 밝혀졌는데, 그 이유는 광고를 만드는 과정과 광고를 만드는 의도를 제대로 이해하지 못하기 때문이다. 이렇게 광고의 본질을 제대로 이해하지 못하면, 어린이들은 광고를 있는 그대로 받아들일 수 있기 때문에 광고가 가지는 영향력이 더욱 강해질 수도 있다. 어린이 광고에 대한 이해와 관련된 연구는 어린이들의 연령대에 따라 차이가 있을 수 있기 때문에, 광고의 특성과 어린이들의 이해도를 분리해서 설명하는 것은 불가능하다. 또한 이 분야에서의 연구 결과는 서로 상반되거나 모순되는 경우가 많은데, 이는 어린이 광고를 연구하는 다양한 요인들이 이러한 차이를 가져오기 때문이다.

광고 규제 정책 수립을 위한 중요한 기준인 광고 이해가 시작되는 나이를 결정하는 것은 매우 중요하다. 만약 특정 연령대의 모든 어린이들이 성인처럼 광고를 이해하고 대처할 수 있다면, 해당 연령대를 대상으로 하는 광고는 규제가 필요하지 않을 것이다. 스웨덴은 광고 금지의 기준이 되는 나이를 12세 이하로 정하고 있으며, 이에 따라 이들을 대상으로 하는 광고는 전면 금지되고 있다. 대부분의 국가에서도 12세를 규제의 기준점으로 삼고 있는 것으로 나타났다. 이는 대다수의 어린이들이 12세~13세 정도에서 충분히 성인 수준의 광고 이해 능력을 보유할 것으로 가정되기 때문이다. 이와 관련된 여러 연구들도 이러한 가정을 지지하고 있는 것으로 보인다.

어린이가 광고의 특성을 이해하기 위해서는 특정 인지 발달 수준에 도달해야 할 수도 있다. 예를 들어, 상호 간 설득의 개념을 이해한 후에야 광고 메시지와 같은 다른 분야에서 이 설득 개념을 적용하여 이해할 수도 있다. 이러한 이유로, 어린이의 광고 이해에 대한 연구는 어린이의 인지 발달 능력과 관련된 내용을 고려하여 진행된다. 어린이의 일반적인 인지 발달 과정을 이해하면, 어린이의 광고 이해를 충분히 설명할 수 있을 것이다.

피아제와 로더가 제시한 두 가지 형태의 인지 발달 이론에서는 정보처리와 관련된 어린이의 나이에 대해 유사한 결과가 나타났다. 어린이들이 광고의 설득적인 의도를 이해하는 능력이 발달하는 나이는 피아제 이론에서는 구체적 조작기가 형성되는 7세 이상으로 제시되었고, 로더 이론에서는 신호처리자가 형성되는 8세 이상으로 제시되었다. 따라서 광고와 관련된 정보를 체계적으로 처리하기 시작하는 나이는 7세에서 8세 사이 정도로 이해될 수 있다. 이는 인지 발달의 이론적 관점에서 광고가 수용자에게 의도적으로 영향을 미치도록 제작된다는 것을 이해하기 시작하는 나이로 해석될 수 있다.

어린이들은 광고에 대한 초기 인식 단계를 지나면서, 광고가 정보를 제공하는 정보원으로서의 속성과 특성을 점차 이해하게 된다. 동시에, 광고가 가지는 상업적인 판매나 설득의 목적과 의도를 이해하기 시작한다. 이러한 광고의 성격, 목적, 의도를 이해하는 것은 어린이들이 광고를 신뢰하는 과정에 영향을 미치므로 중요하다. 나이가 들어가면서 어린이들은 광고의 상업적인 목적과 의도를 이해하고, 광고를 전해지는 그대로 받아들이지 않기 시작한다. 이러한 변화로 인해 광고에 대한 신뢰가 약해지고, 어느 정도 광고에 대한 인지적 방어의 기제를 구축할 수 있게 된다.

어린이들의 광고 이해에 대한 연구 결과는 세 가지의 주요 요인에 의해 영향을 받는다. 첫째, 비언어적이거나 언어적인 측정 방법의 사용이다. 언어 능력이 아직 제대로 발달하지 못한 어린이들의 경우 비언어적인 방법을 사용하는 것이 바람직하다. 그러나 비언어적인 결과의 해석에 어려움이 있을 수 있다는 점을 염두에 둬야 한다. 둘째, 어린이가 이해하는 광고 의도의 정도이다. 강한 설득 의도를 이해할수록 어린이들은 광고에 대해 비판적이고 회의적인 태도를 취하게 된다. 셋째, 광고 노출의 종류와 방법이다. 어린이들이 시청한 광고의 내용이나 형태에 따라 광고 효과가 다르게 나타날 수 있다. 이러한 다양한 요인들에 따라 광고 효과 결과가 다르게 나타나기 때문에, 이러한 요인들의 효과를 먼저 이해하는 것이 광고에 대한 어린이들의 이해를 설명하는 과정에서 중요한 역할을 한다.

현재의 규제를 더 강화하는 것보다, 부모의 적극적인 개입이나 공식적인 교육을 통해 어린이가 광고를 이해하는 것을 돕는 것이 더 효과적인 방법일 수 있다는 주장이 있다. 소비자 관련 교육의 필요성은 이미 오래전부터 강조되어 왔다. 이러한 맥락에서 어린이의 광고 이해에 대한 논의는 미디어 리터러시라는 넓은 맥락에서도 고려되어야 한다. 미디어 리터러시는 어린이가 미디어 콘텐츠에 접근하고 분석하고 이해하며 생산할 수 있는 능력을 갖추는 것을 의미한다. 광고 리터러시는 광고에 대한 기술과 개념을 이해하고 적극적으로 활용하는 능력을 말한다. 어린이들이 광고에 대한 적절한 대처 능력을 갖출 수 있도록, 광고 리터러시 교육을 개발하는 것이 중요하고, 이러한 교육은 미디어 리터러시 교육의 일부로 포함될 필요도 있다.

이미 몇몇 연구에서는 어린이들이 광고를 이해하기 시작하는 능력이 매우 어린 나이에서부터 형성됨이 밝혀졌다. 심지어, 세 살 정도의 어린이들도 프로그램과 광고를 구분할 수 있는 능력을 가진 경우가 있음을 보여주는 연구 결과도 있다. 당연히, 어린이들이 광고를 인지하는 나이는 사용된 측정 방법에 따라 영향을 받을 수 있으며, 이를 고려해야 한다. 또한 측정 방법의 차이뿐만 아니라 어린이들 간의 개별적인 인지 능력의 차이도 고려해야 한다.

3세에서 12세까지 다양한 연구에서 광고의 설득 의도를 이해하는 나이가 제시되고 있다. 그러나 대부분의 연구자들은 어린이들이 광고의 상업적 혹은 설득적인 의도를 이해하기 시작하는 나이로 7세에서 8세 정도를 인정하고 있다. 이런 결과에도 불구하고, 광고를 잘 이해하지 못하는 어린이가 광고를 잘 이해하는 어린이보다 광고로부터 더 큰 영향을 받는다는 것을 증명하는 연구는 아직 없다.

또한 광고의 효과가 누적적이고 장기적임을 고려하면, 광고의 직접적인 효과에만 한정되어 어린이 광고와 관련된 주제를 논의할 수는 없다. 만약 어린이가 광고의 상업적 혹은 설득적인 의도를 모른다고 가정한다면, 이는 결국 그들을 대상으로 하는 모든 광고가 이미 불공정하다는 것을 의미한다. 이러한 이유로, 어린이의 광고 처리 능력에 대한 연구에는 계속해서 관심을 가질 필요가 있다.

어린이와 광고와 관련된 대부분의 연구 결과에 따르면, 어린이들은 나이가 들어감에 따라 광고에 대해 더 많이 이해하게 된다. 이러한 이해는 어린이들이 광고에 대해 비판적으로 생각하도록 유도하며, 결국 광고의 진실성에 대해 의문을 가지게 만든다. 이러한 현상은 어린이들이 광고를 싫어하게 되는 과정의 일부로 볼 수 있다. 그러나 이처럼 광고에 대해 비판적으로 생각하더라도, 여전히 광고의 영향을 받고 있음을 인식하는 것도 중요하다.

프로그램과 광고의 구분, 광고주의 의도, 의도된 수용자의 이해, 광고 안의 상징성 이해, 광고된 제품과 실제 제품의 차이 인지 등 광고에 대한 다양한 이해 요소는 모두 광고의 설득적인 의도를 이해하는 능력과 연관이 있다는 것이 밝혀졌다. 사실, 광고의 이해는 광고 인지부터 시작하여 단계적으로 순서를 따라 진행되는 것으로 이해할 수 있다.

광고에 대한 이해 과정에서 중요한 주제 중 하나는 어린이들이 광고에 등장하는 제품과 실제 제품의 차이를 어떻게 인지하고 받아들이는지에 대한 문제이다. 광고와 제품에 대한 경험 과정에서 어린이들은 광고에 대해 긍정적이거나 부정적인 태도를 모두 보일 수 있는데, 그 이유는 일부 광고는 그들에게 실망스러울 수도 있지만, 일부 광고는 제품이 실제로 그들이 광고에서 제품에 대해 기대한 내용을 충족시키는 경우도 있기 때문이다. 나이가 적은 어린이들은 일반적으로 광고에 긍정적인 태도를 가지고 있으며, 광고를 오락거리로 생각하고 심각하게 받아들이지 않는 것으로 나타났다. 이들은 광고의 기능적인 측면보다는 광고를 재미있는 오락거리로 인식하는 경향이 있어 광고를 있는 그대로 즐기고 있음을 알 수 있다.

어린이가 광고에 대해 냉소적이고 비판적인 태도를 가지는 또 다른 이유로는 또래 집단의 영향과 부모의 광고에 대한 태도, TV 노출량 및 시장이나 제품에 대한 지식과 경험의 증가 등이 있다. 특히 이러한 냉소적인 태도는 부모, 또래 집단 및 TV와의 상호작용을 통해 형성되는 경우가 많다. 이러한 분석에도 불구하고, 실제로 부모나 또래 집단 구성원들도 광고의 설득적인 영향에서 완전히 자유로울 수는 없다는 관점도 존재한다. 일반적으로 시장에서 유행하는 제품이나 브랜드는 광고에 의해 영향을 받을 가능성이 높기 때문이다.

비판적이고 냉소적으로 알려진 어린이들도 광고에 대해 반응하지 않는 것은 아니다. 어린이들은 광고에 대한 부정적이거나 비판적인 반응을 보일 수 있지만, 이러한 광고도 여전히 어린이들에게 어느 정도의 영향을 미치고 있는 것으로 나타났다. 아마도 부정적이고 비판적인 태도는 광고 처리 과정에서 나타나지 않을 수도 있으며, 광고에서 사용된 모델이나 음악 등 광고의 다른 요소들이 그들에게 재미있거나 흥미로웠을 수도 있다.

어린이의 발달 과정은 이해하기 어려운 측면이 있지만 매우 중요한 문제이기 때문에 많은 연구자들이 관련 연구를 수행하고 결과를 축적해왔다. 이 중에서 스위스 출신 과학자인 피아제는 가장 영향력 있는 발달심리학자 중 한 명으로 인정받고 있다. 피아제는 성인의 사고 과정과 어린이의 사고 과정이 근본적으로 다르다는 사실을 강조했다. 피아제의 연구는 계속해서 발전하고 변화했지만, 이러한 연구들은 발전 과정에서 하나의 단계 이론을 구성하고 제시했다. 피아제의 인지 발달 단계는 4단계로 나뉘며, 각각의 단계는 전혀 다른 특성을 가지고 있다.

어린이의 정보처리 과정을 이해하기 위해서는 광고에서 사용되는 다양한 이론들을 이해하는 것이 중요하다. 광고의 효과에 대한 설명을 담고 있는 이론과 모형을 고려하면, 광고가 브랜드와 제품에 대한 정보를 전달함으로써 제품 정보의 출처 역할을 수행한다는 사실을 파악할 수 있다. 브랜드와 제품의 특성에 대한 정보를 기반으로 형성된 어린이의 신념이 브랜드와 제품에 대한 태도를 형성하는 데에 영향을 미치며, 이러한 신념과 태도는 어린이들의 구매 의사결정과 실제 구매에도 영향을 미칠 수 있다. 이러한 일련의 단계적인 과정은 광고의 일반적인 효과 과정으로 인식되며, 어린이가 광고를 이해하는 과정과 밀접한 관련이 있다.

광고의 효과를 단계적인 과정으로 강조하는 광고 모형으로 광고의 위계 모형이 있다. 이 모형은 광고 효과가 발생하는 일련의 심리적인 과정이 연속적으로 발생한다는 것을 가정하고 있다. 다속성 모델에서는 고관여 상황에서 소비자가 광고에서 제시된 정보를 처리하여 제품 속성에 대한 신념을 형성하고, 이를 바탕으로 긍정적 또는 부정적인 브랜드 태도를 형성하여 구매 의도를 결정한다는 태도 모형이 제시된다. 이 이론은 어린이들이 제품을 평가하고 선택하는 과정에서 어떤 항목으로 그 제품을 평가하는지 그 과정을 설명하는 데에 적용될 수 있다.

또 다른 광고 이론으로 "관여 모형"이 있는데, 이 모형은 행동 결정 과정이 외부 요인에 영향을 받는다는 가정에 초점을 두고 있다. 특정 종류의 행동이 요구되고, 기대되며, 장려되는 상황이 있을 때, 이러한 행동은 개인에게 특별한 중요성을 가지게 되며, 이에 따라 개인은 그 상황에 더 많이 관여하게 된다는 것이다. 이 이론은 어린이 광고에서도 어린이들에게 중요하게 관여가 많이 되는 제품, 광고의 내용, 형태 등이 존재할 수 있다는 것을 설명한다.

광고태도 모형은 광고에서 제시된 정보가 광고에 대한 신념 형성뿐만 아니라, 브랜드 태도와 선택까지 영향을 미친다는 내용을 주장하고 있다. 이러한 주장은 학습위계 모형에서 제품의 속성에 대한 긍정적인 신념이 우호적인 브랜드 태도 형성을 매개한다는 것과는 다른 광고 효과 발생 경로를 설명하고 있다. 이 모형에 따르면, 광고에 노출되는 동안 소비자가 느끼는 광고에 대한 우호적인 반응이 브랜드 태도와 구매에 자연스럽게 전이될 수 있다는 것이다. 이는 제품에 대한 긍정적인 신념 없이도 광고에 노출되는 동안 소비자가 느끼는 광고에 대한 반응이 브랜드 태도와 구매에 영향을 줄 수 있다는 것을 의미한다.

행동주의 학습이론에 따르면, 개인의 행동은 학습 과정을 통해 형성되고 수정될 수 있다. 이론에서는 인지학습과는 달리 반복적이며 습관화된 조건화를 학습의 한 방법으로 제시하고 있다. 행동주의 관점에서, 개인은 외부 자극에 반응하며, 학습은 적절한 자극을 제시하고 그에 맞는 반응을 강화시키는 과정을 통해 특정한 행동을 유도할 수 있다.

정보처리 모형은 때로 주의 모형으로 불리며, 소비자의 주의에 관련된 모형으로, 광고의 효과적인 정보 처리 과정의 중요성에 대한 설명을 제공한다. 이 모형에 따르면, 브랜드와 관련된 신념, 브랜드 태도, 구매 의도는 광고에 포함된 세부 정보 중 얼마나 많은 양의 정보를 소비자가 처리할 수 있는지에 따라 영향을 받게 된다. 이 모형은 광고 효과를 만들기 위해서는 광고의 반복 노출만으로는 충분하지 않고, 광고에 담긴 실제적인 정보 처리를 통해 광고 효과를 만들어내는 과정을 설명하고 있다.

일반적으로 광고는 효과가 있다고 인정되며, 이에 따라 어린이 광고도 효과가 있을 것으로 예측된다. 이에 대한 실험 연구에서 광고에서 제품을 본 어린이들이 다른 제품보다 광고된 제품을 선택할 가능성이 크다는 것이 밝혀졌다. 그러나 이러한 실험은 한계를 가지고 있어서 비판의 여지가 있다. 예를 들어 광고 시청과 제품 구매 사이에는 일반적으로 긴 지연 시간이 있기 때문에 실험에서는 이러한 시간 간격이나 제품 선택에 영향을 미칠 수 있는 다른 요인들을 고려하지 못한다는 것을 인정할 수밖에 없다.

선행 연구들에 따르면, 광고는 직접적으로 어린이들의 인지 및 감정에 영향을 미친다. 이러한 영향들은 브랜드, 제품 및 소비자 사회화에 관한 다양한 수준에서 상호작용하거나 작용할 수 있다. 또한 TV 광고의 효과를 측정하면서 어린이들의 지식, 태도 및 가치 등에 대한 영향이 항상 일정한 것은 아니다. 이러한 효과는 다른 변수의 존재에 따라 다르게 나타날 수 있으며, 이렇게 TV 광고 효과를 중개하는 변수로는 광고 노출의 횟수, 어린이의 나이, 가족 사회계급 및 부모의 역할 등이 있다. 더불어 광고의 효과는 때로는 우연히 발생하는 부수적인 효과와 소비자의 행동적인 수준에서 나타나는 효과가 함께 복합적으로 작용하기도 한다.

광고의 기본적인 목적은 제품 및 브랜드 정보를 전달하여, 소비자의 제품 및 브랜드 인식에 영향을 미치고, 소비자가 해당 제품 및 브랜드를 갖고 싶어 하도록 유도하며, 이를 통해 구매 의도를 유발하여 실질적인 구매로 유도하는 것이다.

광고의 효과는 광고에 노출되는 동안 제품 및 브랜드 정보가 소비자에게 어떻게 전달되고, 어떤 효과를 가져오는지에 따라 결정된다. 광고가 효과적으로 작동하기 위해서는, 먼저 소비자가 광고에 주의를 기울여야 하며, 이를 통해 광고 메시지를 이해하고, 메시지 안에 담긴 설득적인 주장을 받아들일 수 있어야 한다. 따라서 광고에 대한 소비자의 참여 정도 및 광고에 등장하는 제품의 종류가 정보 처리 과정에 영향을 미치며, 소비자들이 광고 메시지의 특정 부분에 주목하는 정도도 이를 결정하는 데 영향을 미칠 수 있다.

광고의 효과는 소비자의 심리학적 특성에 따라 서로 다른 수준에서 발생할 수 있다. 광고는 소비자의 제품 및 브랜드 지식, 제품 및 브랜드와 관련된 신념과 태도, 제품 및 브랜드에 대한 욕구, 실제 제품 구매 동기 등에 영향을 미칠 수 있으며, 이러한 영향은 소비자의 실제 구매 행동에 영향을 미치는 최종적인 단계까지 이어진다.

다수의 연구들에서 광고가 소비자의 브랜드 인식을 향상시키고, 브랜드에 대한 긍정적인 태도를 형성하는 데 도움을 줄 수 있다는 결과가 나타났다. 또한 광고는 일부 제품군에서는 제품에 대한 지식뿐 아니라 제품군 전반에 대한 폭넓은 지식을 형성하는 데도 영향을 미칠 수 있다. 마지막으로, 광고는 소비자주의와 관련하여 어린이들이 소비자로서의 역할을 수행하도록 하는 사회화에도 기여하고 있다. 특히, 어린이와 청소년 시기는 소비자 사회화 과정에서 매우 중요한 시기로 밝혀졌다.

광고는 보통 광고 대상인 어린이의 나이와 인지 발달 정도 등에 따라 효과가 다르게 나타날 수 있다. 또한 부모의 영향과 또래 집단의 영향과 같은 다른 요인들도 광고 효과 과정에 영향을 미칠 수 있다. 이러한 영향은 결국 사회적인 영향으로 이해할 수 있는데, 어린 시절에는 부모로부터 주로 영향을 받지만, 나이가 들면서는 또래 집단으로부터 더 많은 영향을 받게 된다.

어린이가 소비자로서의 행동과 관련하여 부모가 하는 역할은 매우 중요하다. 그러나 부모가 하는 역할은 어린이가 속한 가정의 특성에 따라 다를 수 있다. 부모가 하는 역할이 소비자로서의 경제에 대한 인식에 영향을 미치며, 이는 어린이의 소비자 행동 유형, 제품에 대한 구매 결정 과정, 광고에 대한 태도 등에도 영향을 줄 수 있는 것으로 나타났다.

어린이가 소비자로 사회화하는 과정에서 부모와 또래 집단은 큰 영향을 미치는데, 부모를 제외한 사회적 영향의 대상으로는 또래 집단이 가장 중요하다. 또래 집단은 어린이의 소비자로서의 가치, 의견, 행동에 대해 전반적으로 영향을 미치는 것으로 밝혀졌는데, 어린이가 점점 더 성장하고, 부모로부터 사회적, 경제적으로 독립하기 시작하면, 또래 집단의 영향은 더욱 더 크고 분명해진다. 물론 광고, 부모, 또래 집단 등의 요인 간의 관계는 매우 유동적이며, 특정 시점에서 어떤 요인이 상대적으로 중요한 역할을 하는지를 정확하게 결정하기는 쉽지 않다.

대부분의 연구는 어린이에 대한 광고의 영향력을 분석할 때, 부모나 또래 집단과 같은 매개변수를 고려하여 그 효과를 평가하고 있다. 이 때 또래 집단은 대면 관계에서 친구들로 구성된 집단을 의미한다. 그러나 최근에는 인터넷이나 스마트폰과 같은 현대 기술의 등장으로 인해 어린이들은 가족이나 또래 집단을 넘어서 인터넷 상의 친구와 동료, 대화방 등을 통한 낯선 사람들까지 교류할 수 있게 되었다. 이러한 이유로 현대 어린이들이 외부로부터 받는 영향은 전 세대와 비교하여 훨씬 더 폭넓고 복잡해졌다.

인터넷 접속은 어린이들이 필요로 하는 정보를 제공하는 가장 중요한 출처로, 그저 제품에 대한 아이디어와 영향만을 제공받는 것이 아니라 제품에 대한 세부 정보를 적극적으로 검색할 수 있게 해주고, 제품 구매 전에 광고에서 주장하는 내용을 검증할 수 있도록 도와준다. 따라서 어린이들은 부모나 또래 친구들로부터 정보를 수동적으로 받아들이는 것이 아닌, 스스로 정보 검색을 통해 독립적인 소비자로 성장하고 있다.

이와 함께, 어린이들은 나이가 들어감에 따라 직접 다양한 제품을 사용하고 이를 경험하여 광고 메시지의 내용을 실제로 검증할 수 있는 능력을 갖추게 된다. 이러한 직접적인 제품 경험은 광고에서 제공하는 제품 설명을 평가할 수 있게 만들어준다.

어린이가 성장함에 따라 인지 능력이 발달하고, 미디어 사용 능력이 향상되며, 소비자 경험이 쌓이면서 제품, 브랜드, 광고에 대한 회의적이고 비판적인 시각을 가질 수도 있다. 동시에, 어린이들은 광고를 포함한 마케팅에 대해 인지 방어 능력을 구축할 수도 있다.

광고는 어린이들에게 제품과 브랜드를 알리고, 소비주의에 대한 이해를 돕는 과정에서 어느 정도 효과를 발휘할 수 있지만, 항상 어린이의 구매와 소비에 큰 영향을 미치는 것은 아니다. 어린이에 대한 광고의 효과는 광고가 어떤 제품을 구매하도록 설득하는 데 어느 정도 기여하는지 뿐만 아니라, 어린이가 원하는 제품을 부모님에게 요청하여 구매하도록 유도하는 데도 영향을 미칠 수 있다.

어린이들이 어떤 제품을 선호하는 태도가 광고에 의해 형성될 수 있지만, 개별 제품의 특성이나 특정 브랜드에 대한 어린이들의 개인적인 경험, 제품의 포장 및 상점에서의 촉진과 같은 구매 시점에서 진행되는 마케팅, 부모의 제품에 대한 의견, 또래 집단의 영향 등도 영향을 미칠 수 있다. 어린이들의 태도 형성에 있어서 한 가지의 요인만이 전적으로 영향을 미치는 것은 거의 불가능하다. 결국, 이러한 다양한 요소들을 함께 고려하면서 광고 전략을 구성해야 어린이 시장에서 제품의 성공을 달성할 수 있다. 따라서 어린이들의 구매 결정 등 소비자로서의 행동이 TV 광고에 의해만 영향받는 것은 불가능하다는 점을 꼭 염두에 두어야 한다.

이러한 관점에서 TV 광고가 다른 요인들과 함께 어떻게 효과를 발휘하는지, 그리고 그 효과가 실제로 얼마나 큰지 등에 대한 논의가 필요하다. 어린이들의 제품이나 브랜드에 대한 선호와 실제 구매에 영향을 미치는 다양한 요인들을 조사한 연구 결과에 따르면, TV 광고가 어린이들이 장난감을 선택하는 과정에서 어느 정도 역할을 하고 있다는 것은 사실이지만, 매장의 브로슈어, 친구, 구매 시점에서의 장난감 시연 등 다른 요인들만큼은 중요하지 않은 것으로 나타났다.

위와 같은 의외의 결과를 고려하면, 광고가 어린이의 소비자 관련 행동에 영향을 미치는 것은 맞지만, 광고가 유일한 혹은 가장 중요한 수단은 아닐 수도 있다는 것을 알 수 있다. 광고는 어린이들에게 제품 정보를 전달하는 역할을 하지만, 광고는 다양한 형태로 정보를 전달한다. TV를 통한 광고뿐만 아니라 다른 미디어나 그 미디어의 채널을 통해서도 제품과 관련된 메시지가 전달되고 있다. 또한 광고는 또래 집단, 개인적인 경험, 제품 포장, 구매 시점의 마케팅 등 다양한 요인들과 함께 상호작용한다는 것을 이미 설명한 바 있다.

최근 어린이나 청소년이 제품 정보를 얻는 가장 중요한 출처는 아마도 인터넷 등의 뉴미디어 채널이라고 할 수 있다. 어린이와 청소년들은 나이가 들면서 제품 구매 과정에서 새로운 미디어를 점점 더 많이 활용하고 있는 것으로 나타났으며, 이러한 추세는 앞으로 더욱 강해질 것으로 예상된다.

어린 소비자를 대상으로 하는 제품 판매 활동이 늘어남에 따라, 이들의 소비주의에 대한 이해력이 점차 중요해졌다. 이러한 현상은 상업적 메시지에 대한 어린이와 청소년의 판단력이 성숙한지에 대한 우려를 불러일으켰기 때문이다. 어린이들은 심리적으로 미숙하여, 제품 판매를 위한 광고 메시지나 캠페인에 크게 반응할 가능성이 있다. 이러한 사실은 필연적으로 부정적인 결과를 초래하지는 않지만, 제품과 브랜드에 대한 거짓 정보를 포함한 잘못된 상업 메시지에 더 취약하다는 것을 의미한다.

현대 어린이들의 삶에서 가장 큰 변화 중 하나는 다양한 형태의 커뮤니케이션 미디어 및 채널의 급격한 증가이다. 특히, 온라인, 컴퓨터, 스마트폰 중심의 커뮤니케이션 방식을 통해 어린이들은 전 세계 다른 어린이들과 즉각적으로 연결될 수 있으며, 이러한 방법은 비용이 저렴하고 이동성이 높아져 모든 사람이 이용할 수 있다. 따라서 인터넷에 연결된 어린이들은 어디에서나 무엇을 하든 여전히 광고주들에게 매력적인 시장이 될 수 있다. 컴퓨터와 스마트폰 등 새로운 미디어를 통한 문자 및 영상 광고도 빠르게 증가하고 있어, 광고 산업에서도 이에 대한 대응이 필요하다. 이러한 상황에서 텔레비전 광고는 여전히 어린이를 대상으로 하는 마케팅에서 여전히 중요한 역할을 하고는 있지만, 다른 형태의 광고들이 증가하면서 이에 대한 비중은 점차 줄어들고 있으며 변화가 예상된다.

어린이들이 다양한 형태의 광고를 경험할 수 있는 상황에서는 모든 미디어를 고려하여 텔레비전 광고의 상대적인 영향력을 조사하는 것이 미래의 연구 주제가 될 수도 있다. 현재까지 수행된 대부분의 어린이 및 광고 관련 연구는 어린이들의 TV 광고에 대한 이해와 광고의 효과에 초점을 두고 있다. 이러한 연구가 많은 원인은 어린이 광고가 처음 등장했을 때 해당 분야에 연구가 집중되었기 때문일 것이다. 그러나 현재는 TV 광고가 어린이를 대상으로 하는 다양한 마케팅 방법 중 하나일 뿐이므로, 보다 넓은 상황과 맥락을 고려하여 어린이 광고에 대한 이해가 필요하다.

위와 같은 환경을 고려하면, 여기서 다룬 어린이 광고 관련 주제에 대해 더 많은 연구가 필요하다는 것은 분명하다. 미디어는 다양해지면서 동시에 더 많은 채널이 생겨나고, 시청자는 그 안에서 콘텐츠에 대해 더 많은 선택권을 가지게 되었다. 따라서 기존에 전통 미디어를 대상으로 한 연구들을 보완하고, 새로운 연구를 통해 이러한 변화를 반영하고 이해하는 것이 중요하다.

어린이 광고는 등장 초기에 매우 인기 있는 주제였으며, 이에 따라 어린이 TV 광고 분야에서 많은 연구가 수행되었다. 이 책에서는 TV 광고를 통해 어린이 광고에 대한 문제와 질문에 대한 기본적인 이해를 제시하고자 했다. 어린이 광고와 관련된 다양한 질문과 이슈들에 대해 TV 광고에서 진행된 연구의 내용을 중심으로 설명하고 있다. 먼저 어린이 보호 관점에서 어린이 광고에 대한 관심의 필요성을 제시하고, 어린이의 개념과 어린이 TV 광고의 일반적인 특성에 대해 설명하였다. 이후 인지발달 분야와 광고 분야의 이론과 모형을 토대로 어린이 광고에 대한 이론적 접근을 제시하고, 어린이 광고의 세부적인 내용과 함께 그 안에서 사용되는 다양한 광고 기법들도 설명하고 있다. 마지막으로 어린이의 광고 이해와 제품 선택 과정에서의 어린이 광고의 효과에 대해 설명하고 있으며, 광고 규제와 관련된 내용도 간략하게나마 다루고 있다.

미디어 환경이 복잡해지면서 규제나 통제 같은 접근 방식은 불필요하거나 불가능해지고 있다. 어린이들의 미디어 사용은 증가하고 있으며, 미디어, 채널, 콘텐츠가 점점 더 다양해지고 있다. 이렇게 너무 많은 콘텐츠가 만들어지는 상황에서 어린이 광고 영역도 더 이상 효과적인 규제나 통제를 하지 못 할 수도 있다. 따라서 공식적인 미디어 교육을 통한 리터러시 능력 함양이나 어린이 스스로가 이러한 환경에서 대처하는 능력을 갖출 수 있도록 하는 것이 더 현실적이라고 평가할 수 있다.

어린이 광고에 대해서는 여전히 의식적인 노력과 지속적인 관심이 필요하다고 생각한다. 이는 광고를 이용하는 시장에서 기업이 어린이보다 큰 힘을 가지고 있기 때문이다. 자본주의 시장에서 이익 추구는 보호의 관점보다 우선되며, 이로 인해 기업들은 어린이를 대상으로 경제적 이익을 추구하게 되고, 전문적인 커뮤니케이션 능력을 활용하여 어린이를 설득할 수 있는 효과적인 광고를 제작할 수 있다.

어린이는 여전히 보호와 관심이 필요하다. 이에 따라, 어린이 보호를 위한 상황이 지속적으로 어려워질지라도 어린이를 대상으로 하는 광고의 효과를 조사하고 그 부정적인 영향을 방지하기 위해서 이런 마케팅에 대한 관심과 노력이 필요하다는 결론을 내릴 수 있다. 어린이는 사회적 약자로서 사회적 관심과 보호를 받을 필요가 있다는 것이 어린이 광고에 대한 관심이 필요한 이유였고, 어린이 광고와 연관된 다양한 주제들에 대한 논의를 진행했다. 이제는 어린이를 대상으로 하는 새로운 마케팅 전략들에 대해서도 관심을 기울일 필요가 있을 것으로 예측된다.

Reference

참고문헌

곽동성, 김성기. (2002) 어린이들의 나이 차에 따른 유명인 광고모델 속성이 미치는 영향. 대한경영학회지, 33, 151-176.

곽보선, 윤관호. (2008). 정보원 속성에 따른 어린이소비자의 상표태도와 구매의도에 관한 연구. 경영교육저널, 13, 1-24.

김광협. (2010). 케이블 TV 어린이광고규제연구. 사회과학연구, 21(4), 69-90.

김경화. (2004). 광고와 어린이의 상호관계에 관한 연구. 한국전통상학연구, 18(1), 139-151.

김경희, 강금지. (1997). 어린이 시간대 식품 광고에 대한 어린이들의 수용 태도. 한국조리과학회지, 13(5), 648-660.

김미정, 김종배. (2009). TV 드라마에서의 제품배치가 브랜드 회상 및 태도에 미치는 영향. 경영관리연구, 2(1), 43-66.

김성기, 곽동성. (2005). 아동들의 나이와 구매제품유형에 따른 유명인 광고모델의 효과. 광고학연구, 16(2), 311-336.

김은미, 정화음. (2007). 청소년의 미디어 이용 격차에 관한 탐색. 언론정보연구, 43(2), 125-161.

김지은, 이경애. (2006). 아동신문 기사와 광고의 식품영양 정보 분석. 한국식생활문화학회지, 21(3), 233-240.

김지은, 한규훈. (2016). 초등학생의 비판적 사고력 향상을 위한 광고활용교육의 적용과 효과검증. 광고연구, 108, 5-30.

김희정. (2003). 어린이 TV 광고에 나타나는 소비자 정보에 관한 연구. 한국방송학보, 17(1), 39-74.

나은영. (2006). 광고 커뮤니케이션 수용자로서의 어린이와 청소년: 그 특성과 규제의 필요성. 한국심리학회지, 7(1), 131-163.

남경태. (2018). 광고 관련 윤리적 쟁점들에 대한 국내 소비자들의 인식. 지역과 커뮤니케이션, 22(4), 70-100.

남경태, 김봉철. (2004). TV 광고에 등장하는 어린이 모델의 표상에 관한 내용분석. 광고연구, 63, 55-77.

남기화, 여정성. (2005). 아동소비자 대상 방송광고 실태분석을 통한 규제방안 연구. 대한가정학회지, 43(1), 203-223.

남인용. (1999). 어린이 광고효과 연구의 현황과 과제. 한국광고홍보학보, 2(1), 43-66.

두경자, 윤용희. (2004). 어린이소비자의 광고 수용태도에 대한 영향요인. 한국가정관리학회 추계학술대회논문집, 103-103.

리대룡, 최은섭. (2004). TV 광고에 묘사된 아동층 내용분석: 성유형화를 중심으로. 한국방송학회 2004년 봄철 학술대회논문집, 117-150.

박명숙. (1988). 아동소비자의 TV 광고에 대한 이해도 신뢰도가 상품선택행위에 미치는 영향. 대한가정학회지, 26(1), 151-162.

박수경, 이기춘. (1990). 소비자사회화 측면에서 본 아동소비자의 TV 광고정보처리 능력. 한국가정관리학회지, 8(1), 31-47.

박종원, 김성기. (1997). 호스트셀링(Host-selling) 광고가 어린이들의 제품태도 형성에 미치는 효과에 대한 실험연구. 광고학연구, 8(1), 85-99.

박홍수. (1988). 어린이 TV 광고의 역기능과 시청시간대에 관한 연구. 광고연구, 1, 255-288.

박혜원, 부경희. (1998). 미디어가 아동의 정보처리에 미치는 영향: 어린이 프로그램과 광고에 대한 주의 및 이해도의 발달을 중심으로. 인간발달연구, 5(2), 33-47.

배진아, 조연하. (2010). 디지털 미디어와 가족 커뮤니케이션. 사이버커뮤니케이션 학보, 27(1), 53-91.

사경환. (2010). 사회조사분석사. 서울: 서원각.

손상희. (2008). 아동소비자의 상품 선호와 브랜드 요구: 어린이가 원하는 크리스마스 선물을 중심으로. 소비문화연구, 11(4), 147-166.

안순태. (2011). 광고게임(Advergame)의 설득의도에 대한 어린이의 이해와 광고게임에 관한 교육프로그램의효과. 광고학연구, 22(3), 29-50.

안순태. (2012a). 어린이의 광고 리터러시: 광고에 대한 이해와 태도. 한국언론학보, 56(2), 72-91.

안순태. (2012b). 어린이 대상 식품 광고 게임의 특성에 관한 연구: 인터넷 광고게임의 문제점과 개선방안을 중심으로. 한국방송학보, 26(3), 333-370.

안순태. (2014). 인터넷 신문 기사형 광고에 대한 어린이의 이해: 광고 리터러시와 광고 표식 효과. 한국언론학보, 58(2), 246-268

안순태. (2015). 소득수준에 따른 어린이 광고 리터러시. 한국방송학보, 29(2), 116-148.

안순태. (2020). 디지털 시대 어린이 광고. 서울: 한나래.

안정임, 서윤경, 김성미. (2013). 미디어 리터러시 구성요인과 부모의 중재 행위, 아동의 이 용조절 인식간의 상관관계. 언론과학연구, 13(2), 161-192.

유승엽. (2008). 광고맥락과 위치 및 모델평가에 따른 호스트셀링 광고효과: : 라디오매체를 대상으로. 광고학연구, 19(3), 69-85.

유승엽, 김구성. (2013). 광고윤리의식과 소비주의촉진인식 관계성 비교: 한중소비자의 인식을 중심으로. 디지털융복합연구, 11(3), 85-93.

유현재. (2010). 애니메이션 캐릭터를 활용하는 TV 패스트푸드 광고에 대한 어머니들의 태도에 관한 연구. 한국광고홍보학보, 12(3), 102-127.

윤각, 최호정. (1997). TV 호스트셀링 광고에 대한 초등학교 4학년과 6학년 학생들의 인지 및 태도에 관한 실험 연구. 커뮤니케이션학 연구, 10(1), 107-126.

윤희중. (1991). TV 광고가 어린이 및 청소년에게 미치는 영향에 관한 연구. 광고학연구, 2, 21-25.

이귀옥. (2007). 어린이 대상 식품 광고의 규제 변화와 광고메시지 전략. 한국방송학회 2007년 봄철 학술대회논문집, 140-146.

이귀옥. (2010). 어린이 대상 텔레비전 식품 광고의 특성. 방송통신연구, 72, 41-69.

이기춘, 박수경. (1990). 어린이 소비자와 광고. 광고연구, 10, 5-22.

이동성, 김성기. (2002). 어린이들의 나이 차에 따른 유명인 광고모델속성이 미치는 영향. 대한경영학회지, 33, 151-176.

이두원. (2010). 어린이 광고의 설득전략에 대한 기호학적 해독 연구. 커뮤니케이션학 연구, 18(4), 31-50.

이상민, 유승엽. (2004). 호스트셀링 광고효과에 관한 연구: 맥락효과와 프로그램 전후 및중간 광고 비교. 광고학연구, 15(5), 29-55.

이영석. (1995). TV 아동용 광고가 아동에게 미치는 영향. 미래유아교육학회지, 1, 175-208.

이우현, 임상호. (2013). 가족의 커뮤니케이션 유형이 아동의 미디어 이용에 미치는 영향에 관한 연구. 디지털융복합연구, 11(1), 173-179.

이의자. (1992). TV 광고가 물질주의 성향에 미치는 영향에 관한 연구: 어린이와 청소년을 대상으로. 광고연구, 14, 257-283.

이종은, 김경화. (2010). TV 애니메이션 광고가 어린이의 호감도에 미치는 영향에 관한 연구. 전문경영인연구, 13(1), 147-161.

정민수. (2000). 어린이와 청소년 광고의 규제에 관한 고찰. 광고연구, 49, 187-210.

정어지루. (2002). 광고가 어린이 사회화에 미치는 영향에 관한 연구. 2002년 광고홍보학회 춘계학술대회논문집, 1-37.

조문헌, 박현주. (2005). TV 광고에 나타난 어린이의 이미지 분석. 어린이미디어연구, 4, 21-39.

채서일. (2011). 사회과학조사방법론(3판). 서울:비앤엠북스.

최은섭. (2005). 아동층 인쇄매체 광고 내용 분석: 소비자 정보 및 성유형화를 중심으로. 언론과학연구, 5(1), 380-414.

최은섭. (2006). 광고의 성유형화 표현이 어린이소비자의 성별과 연령에 따라 광고효과에 미치는 영향. 한국광고홍보학보, 8(4), 94-127.

한규훈, 김지은. (2016). 어린이 대상 광고 리터러시 교육의 탐색적 접근: 광고를 활용한 비판적 사고력 교육의 효과 분석을 토대로. 광고PR실학연구,

9(4), 97-113.

한상필, 지원배. (2010). 어린이 대상 식품 광고의 현황과 내용분석 연구. 광고학연구, 21(4), 95-114.

홍연금, 김경자. (1997), 아동소비자의 소비자지식 수준과 소비자문제. 생활과학연구논집 17(1), 73-86.

Alexander, A., Benjamin, L. M., Hoerrner, K. L., & Roe, D. (1999). We'll be back in a moment. In M. C. Macklin & L. Carlson (Eds.), Advertising to Children: Concepts and controversies (pp. 97-116). Thousand Oaks, CA:Sage.

Ali, M., Blades, M., Oates, C. & Blumberg, F. (2009). Young children's ability to recognize advertisements in web page designs. *British Journal of Developmental Psychology, 27*(1), 71-83.

Alison, A., Benjamin, L. M., Hoerrner, K. & Roe, D. (1998). We'll be back in a moment: a Content Analysis of Advertisements in Children's Television in the 1950s. *Journal of Advertising, 27*(3), 1-9.

An, S. & Kang, H. (2019). Korean children's understanding of social media advergames: An exploratory study of ad recognition and skeptical attitudes toward advertising. *Journal of Consumer Behaviour, 18*(5), 387-398.

Atkin, C. K. (1976). Children's social learning from television advertising: research evidence on observational modeling of product consumption. *Advances in Consumer Research, 3*(1), 513-519.

Atkin, C. K. (1978). Observation of parent-child interaction in supermarket decision-making. *Journal of Marketing, 42*(4), 41-45.

Auty, S. & Lewis, C. (2004). Exploring children's choice: The reminder eff˙ect of product placement. *Psychology & Marketing, 21*(9), 697-713.

Bandyiopadhyay, S., Kindra, G. & Sharp, L. (2001). Is television advertising good for children? Areas of concern and policy implications. International Journal of Advertising, 20(1), 89-116.

Baron-Cohen, S., Leslie, A. M., & Frith, U. (1985). Does the autistic child have a "theory of mind"? *Cognition, 21*, 37-46.

Barcus, F. E. (1978). *Commercial Children's Television on Weekends and Weekday Afternoons*. Boston: Boston University, School of Public Communications.

Barcus, F. E. (1980). The nature of television advertising to children. In E.L. Palmer & A. Dorr (Eds.) Children and the Faces of Television: Teaching, Violence, Selling, 273-285. New York: Academic Press.

Barling, J. & Fullagar, C. (1983). Children's attitudes to television advertisements: a factorial perspective. *The Journal of Psychology, 113*(1), 25-30.

Barry, T. E. & Sheikh, A. A. (1977). Race as a dimension in children's TV advertising: The need for more research. *Journal of Advertising, 6*(3), 5-10.

Bartsch, K. & London, K. (2000). Children's use of mental state information in selecting persuasive arguments. *Developmental Psychology, 36*, 352-365.

Baxter, S. M., Kulczynski, A. & Illicic., J. (2015). Ads aimed at dads: Exploring consumers' reactions toward advertising that conforms and challenges traditional gender role ideologies. *International Journal of Advertising, 35*(6), 970-982.

Bergler, R. (1999). The effects of commercial advertising on children. *International Journal of Advertising, 18*(4), 411-425.

Bijmolt, T. H., Claassen, W. & Brus, B. (1998). Children's understanding of TV advertising: Effects of age, gender, and parental influence. *Journal of Consumer Policy, 21*(2), 171-194.

Blosser, B. J. & Roberts, D. F. (1985). Age differences in children's perceptions of message intent: Responses to tv news, commercials, educational spots, and public service announcements. *Communication Research, 12*(4), 455-484.

Borzekowski, D. L. & Robinson, T. N. (2001). The 30-second effect: an experiment revealing the impact of television commercials on food preferences of preschoolers. *Journal of American Dietetic Association, 101*(1), 42-46.

Boush, D. M., Friestad, M. & Rose, G. M. (1994). Adolescent skepticism toward TV advertising and knowledge of advertiser tactics. *Journal of Consumer Research, 21*(1), 165-175.

Bowen, M. (2000). Kids culture. *International Journal of Advertising and Marketing to Children, 2*(1), 19-23.

Boyland, E. J., Harrold, J. A., Kirkham, T. C. & Halford, J. C. (2014). Commercial food promotion to children. In Advertising to Children(pp. 50-69). London: Palgrave Macmillan.

Boynton-Jarrett, R., Thomas, T. N., Peterson, K. E., Wiecha, J., Sobol, A. M. & Gortmaker, S. L. (2003). Impact of television viewing patterns on fruit and vegetable consumption among adolescents. *Pediatrics, 112*(6), 1321-1326.

Browne, B. A. (1998). Gender stereotypes in advertising on children's television in the 1990s: A cross-national analysis. *Journal of Advertising, 27*(1), 83-96.

Brucks, M., Armstrong, G. M. & Goldberg, M. E. (1988). Children's use of cognitive defenses against television advertising: A cognitive response approach. *Journal of Consumer Research, 14*(4), 471-482.

Buijzen, M. (2007). Reducing children's susceptibility to commercials: Mechanisms of factual and evluative advertising interventions. *Media Psychology, 9*(2), 411-430.

Bushman, B. J. (1998). Effects of television violence on memory for commercial messages. *Journal of Experimental Psychology: Applied, 4*(4), 291-307.

Butter, E. J., Popovich, P. M., Stackhouse, R. H. & Garner, R. K. (1981). Discrimination of television programs and commercials by preschool children. *Journal of Advertising Research. 21*(2), 53-56.

Calvert, S. L. (2008). Children as consumers: Advertising and marketing. *The Future of Children*, 205-234.

Carlson, L. & Grossbart, S. (1988). Parental style and consumer socialization of children. *Journal of Conumer Research, 15*(1), 77-94.

Caron, A. & Ward, S. (1975). Gift decisions by kids and parents. *Journal of Advertising Research, 15*(4), 15-20.

Chan, K. (2000). Hong Kong children's understanding of television advertising. *Journal of Marketing Communications, 6*, 37-52.

Chan, K. & Mcneal, J. (2002). Children's perceptions of television advertising in urban China. *International Journal of Advertising and Marketing to Children, 3*(3), 69-79.

Christenson, P. G. (1982). Children's perceptions of TV commercials and products: The effects of PSAs. *Communication Research, 9*(4), 491-524.

Cooke, R. (2002). Kids and media. *International Journal of Advertising and Marketing to Children, 3*(4), 29-36.

Cowan, G. & Avants, S. K. (1988). Children's influence strategies: Structure, sex differences, and bilateral mother-child influence. *Child Development*, 1303-1313.

Culley, J. A. & Bennett, R. (1076). Selling women, selling blacks. *Journal of Communication, 26*, 168-178.

Dammler, A. & Middelmann-Motz, A. (2002). I want one with Harry Potter on it. *International Journal of Advertising and Marketing to Children, 3*(2), 3-8.

Dennison, B. A., Erb, T. A. & Jenkins, P. L. (2002). Television viewing and television in bedroom associated with overweight risk among low-income preschool children. *Pediatrics, 109*(6), 1028-1035.

Dens, N., De Pelsmacker, P. & Eagle, L. (2007). Parental attitudes towards advertising to children and restrictive mediation of children's television viewing in Belgium. *Young Consumers, 8*(1), 7-18.

Desmond, R. & Carveth, R. (2007). Advertising on children and adolescents: A meta-analysis. *Mass Media Effects Research: Advances Through Meta-Analysis*, 169-179.

Dixon, H. G., Scully, M. L., Wakefield, M. A., White, V. M. & Crawf˙ord, D. A. (2007). The effects of television advertisements for junk food versus nutritious food on children's food attitudes and preferences. *Social Science & Medicine, 65*(7), 1311-1323.

Donkin, A. J. M., Neale, R. J. & Tilston, C. (1993). Chidlren's food purchase requests. *Appetite, 21*(3), 291.

Donohue, T. R., Henke, L. L. & Donohue, W. A. (1980). Do kids know what TV commercials intend. *Journal of Advertising Research, 20*(5), 51-57.

Dorr. A. (1986). *Television and children: A Special medium for a special audience*. Beverly Hills, CA: Sage.

Downs, A. C., & Harrison, S. K. (1985). Embarrassing age spots or just plain ugly? Physical attractiveness stereotyping as an instrument of sexism on American television commercials. Sex Roles. *A Journal of Research, 13*(1-2), 9-19.

Eagle, L., Bulmer, S., De Bruin, A. & Kitchen, P. J. (2004). Exploring the link between obesity & advertising in New Zealand. *Journal of Marketing Communications, 10*(1), 49-67.

Feldman, S. & Wolf, A. (1974). What's wrong with children's commercials?. *Journal of Advertising Research, 14*, 39-43.

Feldman, S., Wolf, A. & Warmouth, D. (1977). Parental concern about child-directed commercials. *Journal of Communication, 27*, 125-137.

Feshbach, N. D., Dillman, A. S. & Jordan, T. S. (1979). Children and television advertising: Some research and some perspectives.

Journal of Clinical Child & Adolescent Psychology, 8(1), 26-30.

Fishbein, M. & Ajzen, L. (1975). *Belief, attitude, intention and behavior: An introduction to theory and research*. Reading, MA: Addison-Wesley.

Fishcher, M. A. (1985). A developmental study of preference for advertised toys. *Psychology and Marketing, 2*(1), 3-12.

Fujioka, Y. & Austin, E. W. (2002). The relationship of family communication patterns to parental mediation styles. *Communication Research, 29*(6), 642-665.

Furnham, A., Abramsky, S. & Gunter, B. (1997). A cross-cultural content analysis of children's television advertisements. *Sex Roles, 37*, 91-99.

Furnham, A., Gunter, B. & Walsh, D. (1998). Effects of programme context on memory of humorous television commercials. *Applied Cognitive Psychology, 12*, 555-567.

Furnham, A. (2000). The impact of television advertising on children from different socio-economic groups. *Journal of Consumer Policy, 23*(4), 447-456.

Galst, J. P. (1980). Television food commercials and pro-nutritional public service announcements as determinants of young people's snack choices. *Child Development, 51*, 935-938.

Galst, J. & White, M. (1976). The unhealthy persuader: The reinforcing value of television and children's purchase. influencing attempts at the supermarket. *Child Development, 47*, 1089-1096.

Gamble, M. & Cotugna, N. (1999). A quarter century of TV food advertising targeted at children. *American Journal of Health Behavior, 23*(4), 261-267.

Garde, A., Davies, S. & Landon, J. (2017). The UK rules on unhealthy food marketing to children. *European Journal of Risk Regulation, 8*(2), 270-282.

Goldberg, M. E. (1990). A quasi-experiment assessing the effectiveness of TV advertising directed to children. *Journal of Marketing Research, 27*, 445-454.

Goldberg, M. E. & Gorn, G. J. (1978). Some Unintended Consequences of TV Advertising to Children. *Journal of Consumer Research, 5*(1), 22-29.

Goldberg, M. E., Gorn, G. J. & Gibson, W. (1987). TV messages for snacks and breakfast foods: Do they influence children's preferences? *Journal of Consumer Research, 5*, 73-81.

Goldstein, J. (1999). Children and advertising-the research. *International Journal of Advertising and Marketing to Children, 1*(2), 113-118.

Gorn, G. J. & Goldberg, M. E. (1980). Children's responses to repetitive television commercials. *Journal of Consumer Research, 6*, 421-424.

Gorn, G. J. & Goldberg, M. E. (1982). Behavioral evidence of the effects of televised food messages on children. *Journal of Consumer Research, 9*(2), 200-205.

Greenberg, B. S. & Brand, J. E. (1993). Television news and advertising in schools: The "Channel One" controversy. *Journal of Communication, 43*(1), 143-151.

Grube, J. W. & Wallack, L. (1994). Television beer advertising and drinking knowledge, beliefs and intentions among school children. *American Journal of Public Health, 84*(2), 254-250.

Gunter, B., Furnham, A. & Beeson, C. (1997). Recall for television advertisements as a function of program evaluation. *Journal of Psychology, 131*, 541-553.

Gunter, B. & McAleer, J. (1997). *Children and television* (2nd ed.). London: Routledge.

Gunter, B., Oates, C. & Blades, M. (2005). *Advertising to Children on TV: Content, Impact and Regulation*. Mahwah, NJ: Lawrence Erlbaum Associates.

Hahlo, G. (1999). Millennium kids and the post-modern family. *International Journal of Advertising and Marketing to Children, 1*(3), 229-237.

Halford, J. C., Boyland, E. J., Hughes, G., Oliveira, L. P. & Dovey, T. M. (2007). Beyond brand effect of television(TV) food advertisements/commercials on caloric Intake and food choice of 5-7-year-old children. *Appetite, 49*(1), 263-267.

Halvey, H. & Blades, M. (2002). *Do four, five, and six year old children understand the selling intent of television advertising.* (Unpublished Manuscript, Department of Psychology). University of Sheffield, UK.

Hastings, R. (2000). International differences among kids and age compression. *International Journal of Advertising and Marketing to Children, 2*(3), 187-189.

Hill, A. J., Oliver, S. & Rogers P. J. (1992). Eating in the adult world: The rise of dieting in childhood and adolescence. *British Journal of Clinical Psychology, 31*, 95-105.

Hind, A. (2003). Brands for the under-3s: Teletubbies, a case study. *International Journal of Advertising and Marketing to Children, 4*(2), 25-33.

Hite, C. F. & Hite, R. E. (1995). Reliance on brand by young children. *Journal of the Market Research Society, 37*(2), 185-193.

Hoy, M. G. & Andrews, J. C. (2004). Adherence of prime-time televised advertising disclosures to the "clear and conspicuous" standard: 1990 versus 2022. *Journal of Public Policy & Marketing, 23*(2), 170-182.

Ji, M. F. & Laczniak, R. N. (2007). Advertisers' Implementation of CARU Guidelines for Advertising Targeted at Children. *Journal of Current Issues and Research in Advertising, 29*(3), 27-38.

John, D. R. (1999). Consumer Socialization of Children: A Retrospective

Look at Twenty-Five Years of Research. *Journal of Consumer Research, 26*(3), 183-213.

Kelly, B., Halford, J. C., Boyland, E. J., Chapman, K., Bautista-Castano, I., Berg, C. & Grammatikaki, E. (2010). Television food advertising to children: a global perspective. *American Journal of Public Health, 100*(9), 1730-1736.

Kemp, G. (1999). Commercial break: Should kids' TV ads be banned? Marketing Business, pp. 16-18.

Kinsey, D. F. (1987). The effects of repetition on cognitive and affective responses to advertising. *Advances in Consumer Research, 14*(1), 175-178.

Kinsey, J. (1987). The use of children in advertising and the impact of advertising aimed at children. *International Journal of Advertising, 6*, 169-177.

Kolbe, R. H. (1990). Gender roles in children's television advertising: A longitudinal content analysis. *Current Issues and Research in Advertising, 13*, 197-206.

Kline, S. (1993). *Out of the Garden: Toys, TV, and Children's Culture in the Age of Marketing*. Garamond Press: Toronto.

Krugman, H. E. (1965). The impact of television advertising: Learning without involvement. *Public Opinion Quarterly, 29*, 349-356.

Kunkel, D. (1988). Children and host-selling television commercials. *Communication Research, 15*(1), 71-92.

Kunkel, D. & Gantz, W. (1992). Children's television advertising in the multichannel environment. *Journal of Communication, 42*(3), 134-152.

Kunkel, D. & Roberts, D. (1991). Young Minds and Marketplace Values: Issues in Children's Television Advertising. *Journal of Social Issues, 47*(1), 57-72.

Lawlor, M-A. & Prothero, A. (2002). The established and potential mediating variables in the child's understanding of advertising intent: Towards a research agenda. *Journal of Marketing Management, 18*, 481-499.

Lee, E. B. & Browne, L. A. (1995). Effects of television advertising on African American teenagers. *Journal of Black Studies, 25*(5), 523-536.

Levin, S. R. & Anderson, D. R. (1976). The development of attention. *Journal of Communication, 26*(2), 126-135.

Levin, S. R., Petros, T. V. & Petrella, F. W. (1982). Preschooler's awareness of television advertising. *Child Development*, 933−937.

Lewis, C., Freeman, N. H., Kyriakidou, C., Maridaki-Kassotaki, K. & Berridge, D. M. (1996). Social influences on false belief access: Specific sibling influences or general apprenticeship? *Child Development, 67*, 2930-2947.

Lewis, M. K. & Hi11, A. J. (1998). Food advertising on British children's television: a content analysis and experimental study with nine-year olds. *International Journal of Obesity, 22*(3), 206-214.

Liebert, D., Sprafkin, J., Liebert, R. & Rubinstein, E. (1977). Effects of television commercial disclaimers on the on the product expectations of children. *Journal of Communication, 27*(1), 118-124.

Livingstone, S. & Helsper, E. J. (2006). Does Advertising Literacy Mediate the Effects of Advertising on Children? A Critical Examination of Two Linked Research Literatures in Relation to Obesity and Food Choice. *Journal of Communication, 56*(3), 560-584.

Lvovich, S. (2003). Advertising and obesity:쏟 research evidence. *International Journal of Advertising and Marketing to Children, 4*(2), 35-40.

Macklin, M. C. (1987). Preschooler's understanding of the informational function of television advertising. *Journal of Consumer Research,*

14(2), 229-239.

Maher, J. K., Hu, M. Y. & Kolbe, R. H. (2006). Children's Recall of Television Ad Elements. *Journal of Advertising, 35*(1), 23-33.

Martin, M. C. (1997). Children's understanding of the intent of advertising: A meta-analysis. *Journal of Public Policy and Marketing, 16*(2), 205-216.

McNeal, J. U. (1992). *Children as consumers: A psychological analysis of the young people's market*. University Press of America.

McNeal, J. U. & Yeh, C. H. (1990). Taiwanese children as consumers. *Asia Pacific Journal of Marketing, 2*, 32-43.

Mitchell, A. A. & Olson, J. C. (1981). Are product attribute beliefs the only mediator of advertising effects on brand attitudes? *Journal of Marketing Research, 18*, 318-332.

Mittal, B. (1994). Public Assessment of TV Advertising. *Journal of Advertising Research, 34*(1), 35-53.

Moore, R. L. & Moschis, G. P. (1978). Teenagers' reactions to advertising. *Journal of Advertising, 7*, 24-30.

Norris, C. E. & Colman, A. M. (1992). Context effects on recall and recognition of magazine advertisements. *Journal of Advertising, 21*, 37-46.

Norris, C. E. & Colman, A. M. (1993). Context effects on memory for television advertisements. *Social Behavior and Personality, 21*, 279-296.

Norris, C. E. & Colman, A. M. (1994). Effects of entertainment and enjoyment of television programs on perception and memory of advertisements. *Social Behavior and Personality, 22*, 365-376.

Oates, C., Blades, M., & Gunter, B. (2002). Chlldren and television advertising. When do they understand persuasive intent? *Journal of Consumer Behaviour, 1*, 238-245.

Oates, C., BIades, M., Gunter, B. & Don, J. (2003). Children's understanding of television advertising: A qualitative approach. *Journal of Marketing Communications, 9*, 59-71.

Ogden, J. & Mundray K. (1996). The effect of the media on body satisfaction: The role of gender and size. *European Eating Disorder Review, 4*, 171-181.

O'Donohoe, S. (1994). Advertising uses and gratifications. *European Journal of Marketing, 28*(8/9), 52-75.

Parker, C. (2001). More than just play dough: Children, money and marketing. *International Journal of Advertising and Marketing to Children, 3*(1), 47-51.

Pawlowski, D. R., Badzinski, D. M. & Mitchell, N. (1998). Effects of metaphors on children's comprehension and perception of print advertisements. *Journal of Advertising, 27*(2), 83-98.

Peskin, J. (1992). Ruse and representations: On children's ability to conceal information. *Developmental Psychology, 28*, 84-87.

Petty, R. E. & Cacioppo, J. T. (1979). Issue involvement can increase or decrease persuasion by enhancing message-relevant cognitive responses. *Journal of Personality and Social Psychology, 37*, 1915-1926.

Pilgrim, L. & Lawrence, D. (2001). Pester power is a destructive concept. *International Journal of Advertising and Marketing to Children, 3*(1), 11-21.

Pollay, R. W. (1995). Targeting tactics in selling smoke: Youthful aspects of 20th century cigarette advertising. *Journal of Marketing Theory and Practice, 59*, 1-21.

Prasad, V. K., Rao, T. R., & Sheikh, A. A. (1978). Mother vs commercial. *Journal of Communication, 28*, 91-96.

Prasad, V K. & Smith, L. J. (1994). Television commercials in violent programming: An experimental evaluation of their effects on children. *Journal of the Academy of Marketing Sciences, 22*(4),

340-351.

Preston, C. (2000). Are children seeing through ITC advertising regulations? *International Journal of Advertising, 19*(1), 117-136.

Preston, D. B. (1982). Children's exposure to television advertising: An overview of the literature and recommendations for future research. *Journal of the Academy of Marketing Science, 10*(2), 99-118.

Proctor, J. & Richards, M. (2002). Word-of-mouth marketing: Beyond pester power. *International Journal of Advertising and Marketing to Children, 3*(3), 3-11.

Rajecki, D. W., Lamb Jr, R. J., Oberecker, E. M., & Swearingen, C. E. (1994). Emotional appeals in children's advertising: an analysis of television commercials in the United States. *Journal of Consumer Affairs, 28*(1), 103-119.

Randrup, J. B., & Lac, A. (2000). The impact of advertising on childhood consumerism: Exploring parental mediation in a Brazilian context. *Journal of Consumer Marketing, 17*(4), 332-347.

Resnik, A. & Stern, B. L. (1977). Children's Television Advertising and Brand Choice: A Laboratory Experiment. *Journal of Advertising, 6*(3), 11-17.

Riecken, G. & Yavas, U. (1990). Children's general, product, and brand-specific attitudes towards television commercials. *International Journal of Advertising, 9*(2), 136-148.

Ritson, M. & Elliott, R. (1999). The social uses of advertising: An ethnographic study of adolescent advertising audiences. *Journal of Consumer Research, 26*(3), 260-277.

Roberts, M. & Pettigrew, S. (2007). A Thematic Content Analysis of Children's Food Advertising. *International Journal of Advertising, 26*(3), 357-367.

Robertson, T. S. (1979). Parental mediation of television advertising effects. *Journal of Communication, 29*, 12-25.

Robertson, T. S. & Rossiter, J. R. (1974). Children and commercial persuasion: An attribution theory analysis. *Journal of Consumer Research, 1*, 13-20.

Robertson, T. S., Ward, S., Gatignon, H. & Klees, D. M. (1989). Advertising and children: A cross-cultural study. *Communication Research, 16*, 459-485.

Roedder, D. L. (1981). Age Differences in Children's Responses to Television Advertising: An Information Processing Approach. *Journal of Consumer Research, 8*, 144-153.

Roedder, D. L., Sternthal, B. & Calder, B. J. (1983). Attitude-behavior consistency in children's responses to television advertising. *Journal of Marketing Research, 20*, 337-349.

Ross, R. P., Campbell, T., Wright, J. C., Huston, A. C., Rice, M. L. & Turk, P. (1984). When celebrities talk, children listen: An experimental analysis of children's response to TV ads with celebrity endorsement. *Journal of Applied Developmental Psychology, 5*, 185-202.

Rossiter, J. R. (1979). Does TV Advertising Affect Children?. *Journal of Advertising Research, 8*(2), 143-153.

Rossiter, J. R. & Robertson, T. S. (1974). Children's TV commercials: Testing the defences. *Journal of Communication, 24*, 137-144.

Saunders, J. R., Samli, A. C. & Tozier, E. F. (1973). Congruence and conflict in buying decisions of mothers and daughters, *Journal of Retailing, 49*, 3-18.

Shimp, T. A. (1981). Attitude toward the ad as a mediator of consumer brand choice. *Journal of Advertising, 10*, 9-15.

Sparks,R. (1999). Youth awareness of tobacco sponsorship as a dimension of brand equity. *International Journal of Advertising and Marketing to Children, 1*(3), 193-218.

Smith, C. (2001). Talking to kids. *International Journal of Advertising and Marketing to Children, 3*(1), 57-69.

Stoneman, Z. & Brody, G. H. (1982). The indirect impact of child-oriented advertisements on mother-child interactions. *Journal of Applied Developmental Psychology, 2*, 369-376.

Stutts, M. A. & Hunnicutt, G. G. (1987). Can young children understand disclaimers in television commercials? *Journal of Advertising, 16*, 41-46.

Szymanski, M. (2002). Marketing toys by developmental stages. *International Journal of Advertising and Marketing to Children, 4*(1), 25-32.

Thotson, E., Reeves, B. & Schleuder, J. (1985). Message complexity and attention to television. *Communication Research, 12*(4), 427-454.

Thomas, L. M. & Dillenbeck, M. S. (2002). Legal considerations for advertising to children. *International Journal of Advertising and Marketing to Children, 3*(4), 43-49.

Ward, S. (1978, Nov/Dec). Compromise in commercials for children. *Harvard Business Review*, 167-175.

Ward, S. & Wackman, D. (1972). Television advertising and intra-family influence: Children's purchase influence attempts and parental yielding. *Journal of Marketing Research, 9*, 316-319.

Ward, S., Wackman, D. B., & Wartella, E. (1977). *How Children Learn to Buy: The Development of Consumer Information Processing Skills*. Sage Publications.

Wartella, E. & Ettema, J. S. (1974). A cognitive developmental study of children's attention to television commercials. *Communication Research, 1*, 46-69.

Weiss, D. M. & Sachs, J. (1991). Persuasive strategies used by pre-school children. *Discourse Processes, 14*, 55-72.

Weller, D. C. (2002). When is a brand not a brand? *International Journal* of *Advertising and Marketing to Children, 3*(3), 13-18.

Wilson, B. J. & Weiss, A. J. (1992). Developmental differences in children's reactions to a toy advertisement linked to a toy-based cartoon. *Journal of Broadcasting & Electronic Media, 36*, 371-394.

Wiman, A. R. (1983). Parental influence and children's responses to television advertising. *Journal of Advertising, 12*, 12-18.

Wiman, A. R. & Newrllan, L. M. (1989). T'elevision advertising exposure and children's nutritional awareness. *Journal of Academy of Marketing Science, 17*(2), 179-188.

Wright, P., Friestad, M. & Boush, D. M. (2005). The development of marketplace persuasion knowledge in children, adolescents, and young adults. *Journal of Public Policy and Marketing, 24*(2), 222-233.

Young, B. (1990). *Children and television advertising*. Oxford, UK: Clarendon Press.

Young, B. (2000). The child's understanding of promotional communication. *International Journal of Advertising and Marketing to Children, 2*(3), 191-203.

Young, B. (2003). Does food advertising make children obese? *International Journal of Advertising and Marketing to Children, 4*(3), 19-26.

Young, B., De Bruin, A. & Eagle, L. (2003). Attitudes of parents toward advertising to children in the U.K., Sweden, and New Zealand. *Journal of Marketing Management, 19*, 475-490.

Zuckerman, P. & Gianino, L. (1981). Measuring children's response to television advertising. In J. Esserman (Ed.), *Television advertising and children*. New York: Child Research Service.

Zuckerman, P., Ziegler, M. E. & Stevenson, H. W. (1978). Children's viewing of television and recognition memory for commercials. *Child Development, 49*, 96-104.

Zuppa, J. A., Morton, H. & Mehta, K. (2003). Television food advertising: Conterproductive to children's health? A content analysis using the Australian Guide to Healthy Eating. *Nutrition & Dietetics, 60*(2), 78-84.

Author Introduction

저자 소개

김광협

오클라호마 주립대학에서 매스커뮤니케이션 석사 학위를, 노스캐롤라이나 주립대학에서 마케팅커뮤니케이션 박사 학위를 받았으며, 현재 계명대학교 광고홍보학전공 교수로 재직 중이다.
저서로는 마케팅의 이해, 설득커뮤니케이션, 영상미디어의 이해 등이 있다. 연구 관심 분야는 마케팅커뮤니케이션 그리고 미디어 효과 등이다. 광고와마케팅, 브랜드관리론, 커뮤니케이션이론 및 디지털시대와 사회 등의 과목을 강의하고 있다.